一問一答

滴天髓

一問一答 적천수 - 자평명리 최고의 진수

초판발행 2026년 03월 01일
초판인쇄 2026년 03월 01일

저　자 김 철 주
펴낸이 김 민 철

펴낸곳 도서출판 문원북
주　소 서울시 마포구 토정로 222 한국출판콘텐츠센터 422
전　화 02-2634-9846
팩　스 02-2365-9846
메　일 wellpine@hanmail.net
카　페 cafe.daum.net/samjai
블로그 blog.naver.com/gold7265

ISBN 978-89-7461-522-2
규　격 152mmx225mm
책　값 30,000원

一問一答

적천수

자평명리 최고의 진수

문원북

| 적천수 소개 |

滴天髓一書據為明朝誠意伯劉基所撰但原署京圖撰劉基註蓋劉基知明
祖朱元璋猜忌故假名京圖以示述而不作以避嫌而遠禍也.

적천수 책에 따르면 적천수는 명나라 성의백 유기가 제작하였다. 다만, 원
저자는 경도가 만들었고 유기는 원주를 달았다. 명태조 주원장의 시기함을
두려워한 유기(劉基)가 재앙이 올 것을 두려워하여 본인이 저술한 것을 부
정하고 경도(京圖)라는 가짜 이름을 빌린 것이고 이를 덮었다.

이 글처럼 유기(劉基)는 주원장의 시기를 두려워하였다. 유기(劉基)가 죽은
배경에는 주원장 주위 정적들의 모함(謀陷)이 있었기 때문이다.
왜? 경도(京圖)라는 이름을 빌려야 했는지 그 까닭을 짐작하게 만드는 역사
적 대목이 있다. 잠시 역사 실록을 빌려와 죽음에 관련된 일화를 소개한다.
1368년 통일된 명나라 건국 후 주원장은 개국 공신들에게 직위를 내리게
되는데 유기(劉基)는 성의백(誠意伯)이 되었다. 홍무 4년 홍문관 학사로서 벼
슬할 당시 다른 이들의 질투와 시기를 받아 결국 정치에 환멸을 느껴 관직
을 버리고 고향에 낙향한다. 그 때 그의 나이 61세이다. 후에 승상인 호유
용은 이미 낙향한 유기(劉基)를 두고 질투심 때문인지는 모르겠지만 모함(謀
陷)을 하게 된다.
유기(劉基)가 훗날 왕이 나올 터에 조상의 묘지를 잡았다는 말이었고, 그 말
을 들은 주원장은 유기(劉基)에게 남경으로 오도록 하였다.
그렇게 돌아온 유기(劉基)를 고향으로 돌아가지 못하게 고립시켜, 병이 든 유
기(劉基)에게 태의의 약을 마신 후 병이 더욱 악화하였다. 유기의 상태를 보
고 측은함을 느낀 주원장이 사람을 보내 유기를 고향으로 돌려보내게 하였
는데, 귀향 도중에 사망하였다고 전해진다. 이때 그의 나이 65세였다. 이러

한 역사적 사실로 볼 때 유기에게는 정적들이 많았음을 알 수가 있다. 언제 모함으로 죽어 나갈지 모르는 위험한 정국이니 유기(劉基)는 자기 이름으로 이런 비술(祕術)이 적힌 책을 세상에 퍼뜨리는 것도 상당히 위험함을 깨달았을 것이다. 그러하니 차명(借名)을 빌려 책을 쓰고 자신이 주석한 학자로 남으려고 했다는 점도 이해는 된다. 왜 이런 이야기를 하는가 하면 아직도 적천수의 저자가 유기(劉基)가 아니라는 속설들이 돌아다니고 있기 때문이다.

그런데 중국에서 발행이 된 임철초 평주가 실린 적천수천미(適天髓闡澂)를 보면 적천수 원본과 얼마나 차이가 나는지는 잘 모르지만 적천수의 저자가 누군가, 어느 정도 맥을 잡는 데 도움이 되는 기록이 발견된다. 특히 이 책의 처음에 실린 전문(前文)에 또 다른 이름으로 성의백비수천관오성(又名誠意伯秘授天官五星玄彻通旨滴天髓)이라는 표기가 눈에 들어온다. 성의백(誠意伯)이란 유기(劉基)의 다른 호칭이다. 분명한 것은 명리약언의 저자인 진소암 시절 이전에는 성의백 유기가 적천수의 저자라는 이름으로 책이 돌아다닌 것은 틀림이 없는 것 같다.

왜냐하면, 진소암이 집필한 적천수 집요서문에서 살펴보면 진소암은 다음과 같이 말하며 탄식하는 대목이 보인다. 적천수라는 책은 명리(命理)를 잘 아는 어떤 사람이 쓴 책인데 성의백(誠意伯) 유기(劉基)의 이름을 빌려 가탁(假託)한 것이다. 그 책은 간지(干支)의 성정에 통하고 음양의 변화에 통했으며 격국(格局)에 구애받지 않고, 신살을 사용하지 않았고 단지 명리를 추구하였다. 들어가면 들어갈수록 더욱 현미한 것이 진실로 차도(此道)의 전정(專精)이고 술가(術家)의 발췌(拔萃)이다. (중략) 애석하도다! 이와 같이 학식이 높고 이론이 탁월한데 어찌하여 성의백(誠意伯)이 제작하였다고 하며, 이름을 거짓으로 빌려 후세에 남겼단 말인가.

청대 초반의 진소암이 탄식(歎息)하면서 왜 성의백(誠意伯)유기(劉基)가 썼다고 말하는가? 하는 대목이 나온다. 이 내용으로 유추(類推)하여 생각해 보면 명나라 이후부터 청나라 초 진소암 생전까지 적천수는 성의백 유기의 작품으로 세상에 돌아다녔다는 사실 정황을 알 수가 있다.

| 목차 |

제1장 통신론(通神論)

제2장 육친론(六親論)

제1장

통신론(通神論)

1. 천도(天道)란 무엇인가.

삼원(三元)이라는 것이 모든 법의 근본임을 알려고 한다면 먼저 제재(帝載)와 신공(神功)을 살펴보아야 한다.

【原文】天有陰陽故春木夏火秋金冬水季土隨時顯基神功命中天地人三
【원문】천 유 음 양 고 춘 목 하 화 추 금 동 수 계 토 수 시 현 기 신 공 명 중 천 지 인 삼
元之理悉本于此.
원 지 리 실 본 우 차.

하늘에는 음양이 있는 까닭에 봄에는 목(木)이 있고 여름에는 화(火)가 있으며 가을에는 금(金)이 있고 겨울에는 수(水)가 있고 사계절에는 토(土)가 있다. 때를 어기지 않고 쫓아 꾀하므로 수시로 불가사의한 공(功)이 드러나게 한다. 사람 명(命)중의 천지인 삼원(三元)의 이치가 본래로부터 모두 이에 따른다.

구문풀이

▶ 삼원(三元)이라는 것이 모든 법의 근본임을 알려고 한다면 먼저 제재(帝載)와 신공(神功)을 살펴보아야 한다.

태극(太極)은 본래 임금으로 비유가 많이 되는데 태극(太極)이 운행하려면 음양(陰陽)으로 분화되어야 가능합니다. 그래서 태극이 음양에 실려 달려가는

모습이 마치 수레에 오르는 임금과 같다고 하여 제재(帝載)라고 말하는 것입니다.

그러므로 태극이 분화되어 음양으로 쪼개져 나타나므로 이것을 제재(帝載)라 하고 오행이 사계절에 분포되어 있을 때를 어기지 않고 쫓아 현공(顯功)하니 이것을 신공(神功)이라고 합니다. 그래서 제재(帝載)와 신공(神功)을 살펴보라는 것은 음양의 움직임과 오행이 계절별로 드러나는 특성을 살펴보라는 말이 됩니다. 이러한 것들이 천지인(天地人) 삼원(三元)으로 연결이 되어 사람들에게 차별하게 나타나는 것이므로 이것을 명(命)이라 합니다.

사람의 명(命)을 궁구한다는 것은 이 천지인 삼원의 도리를 깨우치는 것으로 만법의 근본이 되는 것입니다.

▶ 하늘에는 음양(陰陽)이 있는 까닭에 봄예는 목(木)이 있고 여름에는 화(火)가 있으며 가을에는 금(金)이 있고 겨울에는 수(水)가 있고 사계절에는 토(土)가 있다. 때를 어기지 않고 쫓아 꾀하므로 수시로 불가사의한 공덕이 드러나게 한다. 사람 명(命)중의 천지인(天地人) 삼원(三元)의 이치가 본래로부터 모두 이에 따른다.

오행이 사계절에 분포되어 때를 어기지 않고 불가사의 한 공(功)을 드러내므로 각 계절의 특성이 나타나는 것입니다. 이것을 현기(顯基)라고 표현하였고 "꾀하는 근본이 드러난다" 정도로 해석할 수가 있습니다.

명리에서는 삼원(三元)을 하늘과 땅과 사람을 가리키는 말이 됩니다. 이것을 삼재(三才)라고도 하는데 하늘은 천원(天元)이 되고 땅은 지원(地元)이 되며 사람은 인원(人元)이 되는 것입니다. 그래서 사람들의 타고난 운명(運命)은 모두 다 같지 않으나 이 삼원(三元)의 도리(道理)를 크게 벗어나지 못하는 것이므로 사람의 명(命)을 알고자 한다면 이 천지인 삼원(三元)의 도리를 깨우쳐 순역(順逆)하는 이치를 알면 되는 것입니다.

2. 지도(地道)란 무엇인가.

坤元合德機緘通五氣偏全論定吉凶
곤원합덕기함통오기편전논정길흉

대지의 근원이 덕과 합하니 기함(機緘)이 통(通)하는데 오행(五行)의 기(氣)가 편고(偏枯)하거나 완전함을 보아서 길흉을 정할 수 있다.

【原文】地有剛柔故五行生于東南西北中與天合德而感其機緘之妙賦于
【원문】지유강유고오행생우동남서북중여천합덕이감기기함지묘부우
人者有偏全之不一故吉凶定于此.
인자유편전지불일고길흉정우차.

대지는 강하고 부드러움이 있는 까닭에 동서남북(東西南北) 중앙(中央)에서 오행이 발생(發生)한다. 하늘이 덕(德)과 합하여 따르므로 그 기함(機緘)의 묘가 감응(感應)한다. 사람이 하늘에서 부여받은 것에는 치우치고 온전함이 같지 않으므로 길흉이 이로부터 정해지게 된다.

[구문풀이]

▶ 대지는 강하고 부드러움이 있는 까닭에 동서남북 중앙에서 오행이 발생하고 하늘이 덕과 합하여 따르므로 그 기함(機緘)의 묘가 감응(感應)한다.

땅에는 강함과 부드러움의 차이로 "세기(勢氣)"가 발생하게 됩니다.
그 결과로 오행(五行)이 동서남북 중앙으로부터 일어나게 되는데 이것은 대지의 근원이 덕과 합하여 땅에 베풀게 되므로 나타나는 자연현상이 되는

것입니다. "기함(機緘)의 묘"라는 것은 오행이 천지의 덕과 합하려는 움직임으로 "감응(感應)한다"라고 표현하고 있는 것입니다

▶ 사람이 하늘에서 부여받은 것에는 치우치고 온전함이 같지 않으므로 길흉이 이로부터 정해지게 된다.

사람마다 오행(五行)의 기(氣)가 고르게 분포된 것이 아니므로 길흉(吉凶)의 차별(差別)이 나타나는 것입니다.
이것은 사람이 태어나면서 하늘에서 부여(附與)받게 되는 오행의 기가 각기 다른 것을 의미합니다. 하늘이 덕과 합하여 만물을 부양하여 사람에게 베푸는 데 있어서 사람마다 차별을 보이므로 각기 다르게 받아들이는 결과물입니다.

그러므로 사람마다 길흉의 차이가 있게 되는 이유는 이때 만들어진 오행의 기(氣)가 치우쳐 편고(偏枯)하여 무정(無情)하다거나 고르게 분포되므로 온전하여져 유정(有情)하게 되는가에 따라서 팔자의 길(吉)과 흉(凶)이 정(定)해진다고 말하고 있는 것입니다.

3. 인도(人道)란 무엇인가.

하늘을 떠받들고 땅을 덮는 가운데 사람이 가장 귀하다. 도리를 따르면 길한 것이고 어긋나면 흉한 것이다.

세상에 있는 모든 만물(萬物)은 오행의 재천복지(載天覆地)를 얻지 않은 것이 없다. 그러나 오직 사람만이 오행을 두루 갖추어 있으므로 귀하다. 단지 사람마다 길과 흉이 다르게 나타나는 것은 이미 얻은 오행의 기가 도리(道理)에 따르는가 아니면 어긋나 있는가에 달려있다.

구문풀이

▶ 세상에 있는 모든 만물(萬物)은 오행의 재천복지(載天覆地)를 얻지 않은 것이 없다. 오직 사람만이 오행을 온전히 갖추어 있으므로 귀하다

재천복지(載天覆地)라는 것은 "하늘을 받들고 땅을 덮는다"라는 뜻으로 "살아있는 모든 만물"을 가리켜 말하는 것인데 반하여 천복지재(天覆地載)란 하늘이 덮어주고 땅이 실어준다. 라는 말로 매우 큰 은혜를 말합니다.

복(覆)이란 "뒤집어 덮는 것"이고 재(載)란 '실어서 운반하다"라는 뜻입니다. 그러므로 천간은 같은 오행의 지지에 실켜서 도움을 받거나 지지는 같은 오행의 천간을 덮으므로 도움을 받는 것을 말하는 것입니다.

이것은 천간과 지지의 상생관계를 말하고 있는 것입니다. 세상 만물은 이러한 오행이 재천복지(載天覆地)를 만나 태어나는 것인데 유독 사람만이 오행을 온전히 갖추어 태어나므로 귀하다고 하는 것입니다.

▶ 단지 사람마다 길과 흉이 다르게 나타나는 것은 이미 얻은 오행의 기가 도리에 따르는가 아니면 어긋나 있는가에 있다.

오행의 기가 도리(道理)에 따른다는 것은 오행이 편고(偏枯)하지 않고 어긋나지도 않아 순행(順行)한다는 말이 됩니다. 탄대로 오행이 치우치거나 메마르면 오행이 서로 다투게 되니 이것을 "도리에 어긋난다"라고 보는 것입니다. 그래서 사주에는 타고난 오행이 편고(偏枯)함과 온전함이 서로 불일치하므로 길(吉)과 흉(凶)이 다르게 나타난다는 말을 하는 것입니다.

4. 지명(知命)이란 무엇인가.

인간의 우매(愚昧)함을 깨우치게 하려면 모름지기 순역(順逆)의 도리가 모여 다스리는 이치를 알아야 한다.

사람의 명(命)을 알지 못하는 사람은 귀머거리나 소경과 같다. 사람의 운명(運命)을 안다는 것은 순역(順逆)의 도리가 모여 능히 다스려진다는 것이니 천하의 우매한 사람들을 깨닫게 할 수가 있는 것이다.

구문풀이

▶ 인간의 우매(愚昧)함을 깨우치게 하려면 모름지기 순역(順逆)의 도리가 모여 다스리는 이치(理致)를 알아야 한다.

지명(知命)이라는 뜻은 "사람의 명(命)을 안다"라는 의미입니다.
그래서 사람의 명(命)을 알려면 도리에 따르거나 거스른 세상의 이치를 알아야 합니다. 사람의 명을 모르는 사람들은 귀머거리와 소경과 같은 존재이므로 이것을 깨우치기 위해서는 순역(順逆)의 도리를 연구하지 않으면 안 된다는 것을 강조하고 있는 것입니다.

▶ 사람의 명(命)을 알지 못하는 사람은 귀머거리나 소경과 같다.

보지 못하고 듣지 못하는 사람은 세상 돌아가는 소식을 접할 수가 없게 되므로 세상 이치에 어둡게 마련입니다. 사람의 명을 알지 못하는 사람들은 마치 이와 같은 사람과 비슷하다고 말하고 있는 것입니다.

▶ 사람의 명을 안다는 것은 순역의 도리가 능히 모여 다스려진다는 것이니 천하의 우매한 사람들을 깨닫게 할 수가 있다.

사람의 명(命)을 안다는 것은 도리(道理)를 따르거나 거스르는 세상의 이치를 헤아려 분별할 수가 있다면 가능한 것입니다. 그래서 사람의 명(命)을 볼 때, 사주 오행의 쇠왕(衰旺)을 살펴 어진 것과 악한 것을 분별하는데 어진 것은 순리(順理)에 따르게 하고 악(惡)한 것은 거슬러 다스릴 수 있게 된다면 그 사람은 순역의 도리를 아는 사람으로 우매(愚昧)한 사람들을 깨우치게 할 수가 있다는 뜻입니다.

5. 이기(理氣)란 무엇인가.

理承氣行豈有常進兮退兮宜抑揚.
리 승 기 행 기 유 상 진 혜 퇴 혜 의 억 양.

이(理)라는 것은 기(氣)의 행로(行路)를 따라가는 것이니 어찌 변하지 않겠는가. 전진(前進)하던지 후퇴(後退)하든지에 따라 마땅히 억누르고 혹은 고양(高揚)시켜야 한다.

【原文】闔闢往來皆是氣而理行乎其間行之始而進進之極則爲退之機如
【원문】합 벽 왕 래 개 시 기 이 리 행 호 기 간 행 지 시 이 진 진 지 극 칙 위 퇴 지 기 여
三月之甲木是也行之盛而退退之極則爲進之機如九月之甲木是也
삼 월 지 갑 목 시 야 행 지 성 이 퇴 퇴 지 극 칙 위 진 지 기 여 구 월 지 갑 목 시 야
學者宜抑揚其淺深斯可以言命也.
학 자 의 억 양 기 천 심 사 가 이 언 명 야.

문을 열고 오고 가는 모든 것은 기(氣)라고 하는 것이 옳다.
그런데 이(理)라는 것은 그 틈에서 운행하고 있다. 움직이기 시작하면 앞으로 나가는 것이고 전진(前進)하여 극(極)에 도달하면 곧 기세가 물러서려고 하는 때이다. 예를 들어 3월의 갑목(甲木)이 바로 이러하다. 움직임이 왕성하면 물러서게 되는 것이고 후퇴하기가 극(極)에 도달하면 곧 앞으로 나가는 때가 되는데 9월의 갑목(甲木)이 바로 이러하다. 학자는 마땅히 그 깊고 얕음에 따라 억(抑)누르거나 고양(高揚)할 줄을 알아야 명(命)을 말할 수 있다고 하겠다.

▶ 이(理)라는 것은 기(氣)의 행로(行路)를 따라가는 것이니 어찌 변하지 않겠는가.

세상의 이(理)라는 것이 기(氣)에 따라 편승(便乘)하는 것이니 고정불변(固定不變)의 집합체가 아닌 것입니다. 이것은 비유하자면 세상이 변하고 흥왕(興旺)이 바뀌게 되면 세상을 다스리는 이치(理致)도 변하게 된다는 것을 말하는 것입니다. 세상은 변했는데 이에 맞는 이치(理致)가 나타나지 않게 되면 정국은 혼란에 빠지는 것과 같은 것입니다.

▶ 전진(前進)하던지 후퇴(後退)하든지에 따라 마땅히 억누르던지 혹은 고양(高揚)시켜야 한다.

진기(進氣) 하는 오행이던 퇴기(退氣) 하는 오행이던지 그 흉(凶)함과 길(吉)함을 잘 알아서 흉(凶)함은 누르고 길(吉)함은 고양(高揚)시키는 방편을 잘 가져야 이치(理致)에 따르는 것이라고 말할 수가 있는 것입니다.

▶ 움직이기 시작하면 앞으로 나가는 것이고 전진(前進)하여 극(極)에 도달하면 곧 기세가 물러서려고 하는 때이다.

기(機)의 진퇴(進退)를 살핀다는 것은 곧바로 오행의 왕상휴수(旺相休囚)를 말하는 것인데 이것은 사계절(四季節)에 따라 변하기 시작합니다. 앞으로 오는 것은 나아가는 것으로 상(相)이라 하고 앞으로 나아가 월령이 된 것을 왕(旺)이라 하고 공을 쌓고 물러서는 것을 휴(休)라 하고 물러서서 기가 없는 것을 수(囚)라고 합니다.

예를 들어 갑목(甲木)이 봄에는 자기 계절을 얻어 강해지므로 왕(旺)하다고 표현을 하고 갑목(甲木)이 여름철이 되면 봄철의 공(功)을 쌓고 물러가 쉬게 되는 것으로 휴(休)라고 표현을 하게 됩니다.

갑목(甲木)이 가을철에는 금기(金氣)가 강해서 목(木)이 금(金)의 기세에 눌려 가둬지게 되므로 수(囚)라고 표현을 하는 것입니다.

또한 갑목(甲木)이 겨울철에는 물을 얻어 생(生)을 얻기 시작하므로 상(相)이라 표현을 하는 것입니다.

그래서 사주배합에 있어서 일주와 희신은 왕상(旺相)한 것이 좋고 휴수(休囚)하면 좋지 않게 됩니다.

또한 흉살(凶殺)과 기신(忌神)은 휴수(休囚)한 것이 좋고, 왕상(旺相)하면 좋지 않게 됩니다.

이것은 "일주는 건왕하고 용신은 손상되지 않는다"라고 하는 원칙에 잘 부합이 되는 말입니다.

6. 배합(配合)이란 무엇인가.

천간지지의 배합(配合)을 상세하고 분명하게 해석해야만 사람의 길흉화복
(吉凶禍福)을 결정할 수가 있다.

【原文】天干地支相爲配合仔細推詳其進退之機則可以斷人之禍福災祥矣
【원문】천 간 지 지 상 위 배 합 자 세 추 상 기 진 퇴 지 기 칙 가 이 단 인 지 화 복 재 상 의

천간과 지지가 서로 배합되어 있는데 그 진퇴(進退)의 기틀을 자세히 추론
하여 알면 사람의 길흉화복을 정확하게 판단할 수 있다.

구문풀이

▶ 천간지지의 배합을 상세하고 분명하게 해석해야 한다.

천간지지의 배합을 상세하게 살피라는 말은 여러 가지가 있겠지만 특별히
색출(索出)하여 설명한다면 간지(干支)의 쳔복지재(天覆地載)를 말할 수가 있
습니다.
천복지재란 무엇인가요? 복(覆)은 덮는 것이고 재(載)는 실어주는 것입니다.
즉 천복(天覆)이란 덮어주는 천간의 뜻이고 지재(地載)란 실어주는 지지를 뜻
하는 것입니다. 간지(干支)를 취용(取用)함에 있어서 천간(天干)은 실어주는
지지(地支)가 절실(切實)하고 지지(地支)는 덮어주는 천간(天干)이 절실(切實)한
것입니다.

가령 팔자에서 갑을(甲乙)을 기뻐하는데 인묘해자(寅卯亥子)에 실렸으면 지재(地載)가 된 것이므로 길하여 생왕(生旺)한 것이고 신유(申酉)에 실렸으면 극패(剋敗)하게 되는 것입니다.

예를 들면 다음 아래를 살펴보겠습니다.

時	日	月	年
		甲	
		寅	亥

천간 갑목(甲木)은 지지 인해(寅亥)에 실렸으므로 왕성합니다.

時	日	月	年
		丙	
		亥	子

또한, 사주에서 병정(丙丁)을 꺼리는데 해자(亥子)에 실렸으면 병정(丙丁)은 제복(制伏)되고 인묘사오(寅卯巳午)에 실렸으면 병정(丙丁)은 방자(放恣)하게 날뛰게 됩니다.

時	日	月	年
		壬	癸
		寅	

또한 인묘(寅卯)를 기뻐하는데 갑을임계(甲乙壬癸)가 덮고 있으면 생왕(生旺)하고 경신(庚辛)이 덮고 있으면 극패(剋敗)합니다.

	時	日	月	年
			壬	癸
			巳	

사오(巳午)를 꺼리는데 임계(壬癸)가 덮고 있으면 제복(制伏)되고 병정갑을(丙丁甲乙)이 덮고 있으면 방자하게 날뛰게 됩니다.

천간(天干)이 지지(地支)에 통근(通根)하였는데 지지(地支)가 생부(生扶)를 만났으면 천간(天干)의 뿌리가 견고하여지고 지지(地支)가 충극(沖剋)을 만났으면 천간(天干)의 뿌리가 뽑히게 됩니다. 지지(地支)가 천간(天干)의 비호(庇護)를 받고 있는데 천간(天干)이 생부(生扶)를 만났으면 지지(地支)를 비호(庇護)함이 왕성(旺盛)하나 천간(天干)이 충극(沖剋)을 만났으면 지지(地支)가 받는 음덕(蔭德)이 쇠약(衰弱)해집니다. 무릇 명조(命造)에서의 사주간지(四柱干支)는 분명하게 길신(吉神)인데도 그 길(吉)함을 잃는 경우가 있고, 확실히 흉신(凶神)인데도 흉(凶)하지 않은 경우가 있는데 모두 이러한 까닭입니다.

▶ 그 진퇴(進退)의 기틀을 자세히 추론하여 알아야 한다.

이것은 갑목(甲木)이 봄에는 왕성하나 가을에는 쇠(衰)해지고 임수(壬水)가 겨울에는 왕성하나 봄에는 그 기세(氣勢)가 후퇴하는 것처럼 나아가고 물러가는 기(氣)의 흐름이 분명히 존재하는 것입니다.
이것을 진(進)하고 퇴(退)한다고 말하는 것인데 사주를 볼 때 이러한 변천의 흐름을 잘 파악할 수 있어야 간지의 배합을 잘 읽을 수가 있게 되는 것입니다.

예를 들어서 목(木)이 재성인데 재성이 인묘월(寅卯月)을 만나게 되면 진(進)을 만나서 재성이 왕(旺)하거나 또는 신유월(申酉月)을 만나 퇴(退)를 만나면 재성 운이 약해지는 것을 알 수가 있으니 재물의 득실(得失)을 살필 수가 있는 것입니다. 이것으로 이 사람의 재물 운을 가히 파악하여 말할 수가 있게 되는 것입니다.

▶ 사람의 길흉화복(吉凶禍福)을 분명하게 알 수 있다.

누구에게나 길흉화복(吉凶禍福)은 번갈아 교차하기 마련이지만 어떤 한 사람을 놓고 길흉화복(吉凶禍福)을 정확히 읽어 낼 수 있는 사람은 많지가 않을 것입니다. 그러나 위 내용처럼 간지배합을 잘 살필 수 있는 사람이라면 감히 길흉화복을 정확히 끊어서 읽어 낼 수가 있다는 말이 됩니다.

서자평 선생은 일찍이 **"일주(日主)는 건왕(健旺) 해야 하고 용신(用神)은 손상(損傷)되면 안 된다"**라고 말하였는데 이것을 임철초 선생이 설명하기를 "일주(日主)의 쇠왕을 분석하여 용신(用神)의 희기(喜忌)에 따라 억제할 것(忌神)은 억제해 주고 도와줄 것(喜神)은 도와준다고 하면 이것이 이른바 없애거나 남기거나 하는 것을 잘 배합(配合)시킨다는 것이다"라고 말하고 있습니다.
이렇게 하면 명(命)에 있어서 불행과 행운이 뚜렷하게 명백해지고 화복(禍福) 그리고 길흉(吉凶)이 하나도 맞지 않는 것이 없게 됩니다.

7. 천간론(天干論)

1) 병화는 양(陽)이 으뜸이고, 계수는 음(陰)이 지극하다.

> **五陽皆陽丙爲最五陰皆陰癸爲至**
> 오양개양병위최오음개음계위지

다섯 개의 양간(陽干)이 모두 양(陽)이지만 그 중에 병화(丙火)가 양(陽)의 성질이 가장 강하고 다섯 개의 음간(陰干)이 모두 음(陰)이지만 그 중에 계수(癸水)가 가장 음(陰)의 성질이 지극(至極)하다.

> **【原文】甲丙戊庚壬爲陽獨丙火秉陽之精而爲陽中之陽乙丁己辛癸爲陰**
> 【원문】갑병무경임위양독병화병양지정이위양중지양을정기신계위음
> **獨癸水秉陰之精而爲陰中之陰.**
> 독계수병음지정이위음중지음.

갑병무경임(甲丙戊庚壬)은 모두 양(陽)이지만, 그중에 유독 병화(丙火)가 양(陽)의 정수(精髓)가 있는 것으로 양(陽) 중의 양(陽)으로 간주한다. 을정기신계(乙丁己辛癸)는 모두 음(陰)이지만, 그중에 오직 계수(癸水)가 음(陰)의 정수(精髓)가 있는 것으로 음(陰) 중의 음(陰)으로 간주한다.

구문풀이

음양(陰陽)은 서로 도와 만물을 자라나게 하는 특성이 있는데 병화(丙火)는 순수한 양(陽)이고 계수(癸水)는 순수한 음(陰)을 대표합니다. 병화(丙火)와 계수(癸水)가 있으므로 모든 만물이 발생하고 자라나는데 양(陽)이 극(極)에 도달하면 음(陰)이 생(生)하고 음(陰)이 극(極)에 도달하면 양(陽)이 생(生) 하는 이치

는 열 개 천간의 기가 하나의 근원에서 나타난 것임을 증명하는 것입니다. 그래서 갑을(甲乙)은 하나의 목(木)이고 병정(丙丁)은 하나의 화(火)이고 무기(戊己)는 하나의 토(土)이고 경신(庚辛)은 하나의 금(金)이고 임계(壬癸)는 하나의 수(水)가 됩니다.

• 십간(十干)을 오행(五行)으로 분류한다.

甲	乙	丙	丁	戊	己	庚	辛	壬	癸
갑	을	병	정	무	기	경	신	임	계
목(木)		화(火)		토(土)		금(金)		수(水)	

• 양간(陽干)

甲	丙	戊	庚	壬
갑	병	무	경	임

• 음간(陰干)

乙	丁	己	辛	癸
을	정	기	신	계

분별하여 사용할 때는 양(陽)은 강하고 음(陰)은 부드러운 특성이 있는데 삼명통회의 천간비해에서 말하는 갑목(甲木)은 대들보라 하고, 을목(乙木)은 화초나 과일이라 하고, 병화(丙火)는 태양이라 하고, 정화(丁火)는 등잔이나 촛불이라 하고, 무토(戊土)는 성이나 담이라 하고, 기토(己土)는 전원이라 하고, 경금(庚金)은 단단한 철이나 쇠라 하고, 신금(辛金)은 주옥이라 하고, 임수(壬水)는 넓은 강물이라 하고, 계수(癸水)는 비나 이슬이다 라고 말하고 있습니다.

그러므로 이러한 천간들의 비유는 대자연 속에서 지지(地支)에 뿌리를 두고 나타나는 자연현상을 비유한 것인데 반ㅎ-여 삼명통회에 기록이 된 또 다른 십간분배천문(十干分配天文)에서 말하는 십간(十干)론은 순수한 하늘의 형상(形像)만으로 비유하고 있음을 알아야 합니다.

그러니까 갑목(甲木)은 우뢰(雨雷)가 되고, 을목(乙木)은 바람(風)이 되며 병화(丙火)는 태양(太陽)이고, 정화(丁火)는 별(星)이 됩니다. 무토(戊土)는 노을(霞)이 되고, 기토(己土)는 구름(雲)이 되며, 경금(庚金)은 달(月)이 되고, 신금(辛金)은 서리(霜)가 됩니다. 또한 임수(壬水)는 가을이슬(秋露)이 되고, 계수(癸水)는 봄비(春霖)가 되는 것이라고 말하고 있습ㄴ다.

예를 들어, **갑(甲)**은 천간(天干)에서는 우뢰(雨雷)가 되지만 지지(地支)에서는 순양목(純陽木)으로 웅장(雄壯)한 수목(樹木)이며 재목(材木)이 됩니다.

을(乙)은 천간(天干)에서는 바람이 되지만 지지(地支)에서는 지엽(枝葉)이 있는 수목(樹木)이 됩니다.

병(丙)은 순양성(純陽性)으로 매우 맹렬(猛烈)한 화(火)이고 태양(太陽)과 일광(日光)에 속하지만 지지(地支)에 있어서는 노야(爐冶)의 화(火)가 됩니다.

정(丁)은 음화(陰火)이고 양화(陽火)같이 호-세(火勢)가 강렬(强烈)하지 않으므로 유화(柔火)라 하는데 천간(天干)에게 있어서는 별(星)이고 지지(地支)에서는 등화(燈火), 용광로(熔鑛爐), 신탄(薪炭)의 화(火)가 됩니다.

무토(戊土)는 하늘에서는 노을이 되지만 지지에서는 양토(陽土)로 만물(萬物)을 실어(載)나르고 산(山)이고 육지(陸地)이고 제방(堤防)이 됩니다. 원래 토(土)는 천지(天地)의 중간(中間)에 위치(位置)하여 중심(中心)을 잃지 않으므로 중정(中正)이라 하고 방위(方位)는 사위(四位)에 있고 중심(中心)을 유지(維持)하고 목화금수(木火金水)의 중간(中間)에 있어 사계(四季)의 순환(循環)을 보충(補充)하므로 어떠한 것이라도 토(土)에 의지(依支)하지 않는 것은 없는 것입니다.

기토(己土)는 하늘에서는 구름이 되지만 지지에서는 전원(田園)의 토(土)로서 유(柔)하고 음토(陰土)에 속하게 되는데 그 성질(性質)은 비습(卑濕) 하므로 초목(草木)을 배양(培養)하고 오곡(五穀)을 발육(發育)하게 만들 수 있습니다. 기토(己土)는 무토(戊土)와 마찬가지로 사유(四維)에 있어 목화금수(木火金水)의 중간(中間)에 있으므로 중정(中正)이라 합니다.

경금(庚金)은 천지(天地) 숙살(肅殺)의 권세(權勢)를 갖고 천간(天干)에서는 있어서는 달(月)이고 지지(地支)에서는 철광(鐵鑛)이므로 양금(陽金)이고 강강(剛強)합니다. 경금(庚金)은 서릿발이고 강철(鋼鐵)이라서 오곡백과(五穀百果)는 추월(秋月)인 금(金)의 계절(季節)에 성숙(成熟)하고 결실(結實)하게 됩니다.

신금(辛金)은 천간에서는 서리가 되고 지지에서는 주옥이나 도검이 됩니다. 숙살(肅殺)의 강금(剛金)이 있으나 기세(氣勢)가 쇠(衰)하므로 온화(穩和)하니 청량(淸凉)한 기(氣)가 됩니다. 신금(辛金)은 강건해야 하는데 강건(强健)하지 않으면 연약(軟弱)이라 하고 차거나 덥지 않으므로 불한불서(不寒不暑)라 하여 온순(溫順)이라 하며 하늘이 높고 기가 맑으므로 천고기징(天高氣澄)하다 하여 청(淸)하다고 봅니다. 그래서 신금(辛金)은 성(性)이 유(柔)하고 질(質)은 약(弱)하므로 금은주옥(金銀珠玉)에 비유하는 것입니다.

임수(壬水)는 하늘에서는 가을의 이슬이 되지만 지지(地支)에서는 양수(陽水)로서 담수(淡水)이고 적수(適水)로써 흐르는 성질이 있는데 강물이 백천(百川)을 이루어 흐르므로 멈추지 않는 성질이 있습니다.

외적(外的)으로는 음(陰)하나 내적(內的)으로는 강(剛)하여 그 세(勢)는 실(實)로 위대(偉大)한 힘이 있으므로 왕양(汪洋)이라 하고 대해수(大海水/江河)라고 불리어 집니다.

계수(癸水)는 십간(十干)의 끝에 있어 순음지약(純陰至弱)이 되는데 천간(天干)에 있어서는 은하수(銀河水)이고 봄비가 되고 눈(雪)이 되지만 지지(地支)에서는 지소택지(池沼澤地)라 하여 못과 늪이나 펄이 됩니다. 흐르는 물이라고 하여도 가늘게 흐르는 시냇물이라 담수(淡水)인 임수(壬水)와 구별이 됩니다.

적천수 원문에 실린 천간(天干)론을 이해하려면 이러한 삼명통회에 실린 십간(十干)론의 특성을 잘 살펴보아야 합니다. 천간(天干)은 하늘에서 오행으로는 기(氣)가 되고 기(氣)는 형체(形體)가 없으므로 눈에 보이지 않으나 지지(地支)는 질(質)이고 사계절(四季節)이 유행(流行)하는 형체(形體)가 있는 것입니다. 그래서 하늘의 물상이 땅에 나타나야 그 실체와 윤곽이 보이기 시작하는데 만약 **갑(甲)**이 하늘에 있을 때는 우레(雨雷)로 소리만 있고 형(形)은 없다가 지지(地支)에 내려오면서 계절을 얻어 갑목(甲木)이 되는 것입니다. 마찬가지로 하늘에서 **을(乙)**은 바람으로 형체(形體)가 없는데 땅에 내려오면서 계절을 얻어 을목(乙木)이 되는 것입니다.

병(丙)은 하늘에서는 태양이나 엄밀히 말하자면 빛으로 일광(日光)이 되어 형체가 없는 것입니다. 이것이 땅에 내려오면서 사람 눈에 보이기 시작하므로 화로(火爐)가 되는 것입니다.

정(丁)는 별이지만 엄밀히 말하자면 별빛이고 성광(星光)이니 형체가 안 보이다가 지지로 내려오면서 정화(丁火)의 성품을 지닌 등촉(燈燭)이 되는 것입니다.

무(戊)와 **기(己)**는 하늘에서는 노을이고 구름이지만 이런 유형의 것들은 뚜렷한 형체가 없으면서 수시로 변화가 무쌍하니 오히려 형체가 없다고 말할 수 있는 것입니다. 이러한 것들이 지지로 내려오면서 형체를 얻게 되면 산이 되고 전원(田園)이 되는 것입니다.

경(庚)은 달이지만 엄밀히 살펴보자면 달빛이 되는 것으로 풍경이 아름답다고 할 것인데 달빛은 눈에 보이지 않겠지만 이것이 지지로 내려오면서 달빛을 머금고 자라나는 아름다운 기암석(奇巖石)이 되는 것입니다.

신(辛)은 하늘에서는 서리이지만 지지(地支)로 내려오면서 부드럽고 유약하나 온순하고 맑은 신금(辛金)의 특징을 그대로 가지고 있는 속성을 보여주는 금은주옥(金銀珠玉)이 되는 것입니다.

임수(壬水)와 **계수(癸水)**는 가을이슬이 되고 봄비가 되는 것인데 가을에는 결실하는 계절이니 물의 수요가 적어지므로 가을이슬이 그대로 적하(滴下)가 되어 대해수(大海水)로 흐르고 봄에는 생장하는 시절이라 물의 수요가 많아 내리는 봄비라도 부족하여 질퍽한 지소택지(池沼澤地)가 되는 것이므로 못과 늪의 모양으로 나타나는 것입니다.

2) 양간은 기(氣)를 따르고, 음간은 세력(勢力)을 쫓는다.

五陽從氣不從勢五陰從勢無情義.
오양종기부종세오음종세무정의.

오양(五陽)은 기(氣)에 따르지만, 세력(勢力)에는 따르지 않으며 오음(五陰)은
세력(勢力)에 따르므로 무정(無情)하여 의리(義理)가 없다.

【原文】五陽得陽之氣卽能成乎陽剛之事不畏財殺之勢五陰得陰之氣卽
【원문】오양득양지기즉능성호양강지사불외재살지세오음득음지기즉

能成乎陰順之義故木盛則從木火盛則從火土盛則從土金盛則從金水盛則
능성호음순지의고목성즉종목화성즉종화토성즉종토금성칙종금수성칙

從水於情義之所在者見其勢衰則忌之矣蓋婦人之情也.
종수어정의지소재자견기세쇠즉기지의개부인지정야.

如此若得氣順理正者亦未必從勢而忘義雖從亦必正矣.
여차약득기순리정자역미필종세이망의수종역필정의.

오양(五陽)은 양(陽)의 기질(氣質)을 얻은 것이니 능히 양의 강건(剛健)함으로
재성(財星)과 칠살(七殺)의 세력을 두려워하지 않는다.
오음(五陰)은 음(陰)의 성질을 얻었으니 순응(順應)하는 도리(道理)를 나타낸다.
때문에 목(木)의 기세(氣勢)가 왕성하면 목(木)을 따르고 화(火)의 기세가 왕성
하면 화(火)를 따르며 토(土)의 기세가 왕성하면 토(土)를 따르고 금(金)의 기
세가 왕성하면 금(金)을 따르며 수(水)의 기세가 왕성하면 수(水)를 따른다.
음간(陰干)의 정의(情義)를 논하자면 상대방의 세력이 쇠약(衰弱)해지는 것을
보면 이를 기피(忌避)하게 된다. 왜냐하면 음간(陰干)은 부녀자(婦女子)의 성정
(性情)과 같기 때문이다. 그러나 만일 음간(陰干)도 순리(順理)에 따라 올바른
기세(氣勢)를 얻는다고 하면 역시 세력(勢力)에만 따른다고 할 수는 없다.

또 의리도 망각(忘却)하지 않는다. 설사 종(從)을 하더라도 또한 반드시 순정
(純正)함을 갖게 된다.

▶ 오양(五陽)은 기(氣)에 따르지만, 세력(勢力)에는 따르지 않으며 오음(五陰)
은 세력(勢力)에 따르므로 무정(無情)하여 의리(義理)가 없다.

오양간(五陽干)의 기(氣)는 열려있어 활동적이기 때문에 밝고 형통(亨通)하다.
반면에 오음간(五陰干)의 기(氣)는 많은 것들을 수렴(收斂)하여 닫혀있습니다.
또한 오양간(五陽干)의 성정(性情)은 강건(剛建)합니다.
따라서 재성(財星)과 칠살(七殺)의 극제(剋制)를 두려워하지 않습니다.
그러나 오음간(五陰干)의 성정(性情)은 유순(柔順)합니다.
때문에 상대의 기세가 왕성함을 보게 되면 거스르기보다는 쉽게 순종(順從)
해 버린다.
따라서 이를 무정(無情)하다 말하는 것입니다.

▶ 음간(陰干)도 순리(順理)에 따라 올바른 기세(氣勢)를 얻는다고 하면 역시
세력(勢力)에만 따른다고 할 수는 없다. 또 의리도 망각(忘却)하지 않는다.

의리(義理)를 망각(忘却)하고 세력에 쫓아 따라가는 것은 교만(驕慢)하고 아첨
(阿諂)을 일삼는 무리의 처세(處世)로서 일반적으로 음기(陰氣)의 괴팍함이 됩
니다.
그러나 양중(陽中)에 음(陰)이 있으며, 음중(陰中)에도 양(陽)이 있습니다. 따라
서 외적으로는 양(陽)이지만 내적으로 음(陰)인 사람은 남을 해(害)하려는 마
음을 품게 됩니다.

그러나 외적으로 음(陰)이나 내적으로 양(陽)인 사람은 행동에 의심이 일어날 수는 있어도 결국 사람이 행하여야 하는 정도(正道)를 걷는 사람이 된다. 이러한 것들을 분석하면 그 사람의 성품이 단정(端正)한지 혹은 어긋나 있는지와 알 수 있게 됩니다.

따라서 음간(陰干)이라 하여도 무정(無情)하여 의리(義理)를 저버린다고 단정하기보다는 사주가 편고(偏枯)하여 흉(凶)이 많아 일어나는 경우가 많습니다.

3) 갑목론(甲木論)

甲木參天脫胎要火春不容金秋不容土火熾乘龍水宕騎虎地潤天
갑목참천탈태요화춘불용금추불용토화치승용수탕기호지윤천

和植立千古.
화식입천고.

갑목(甲木)은 하늘을 찌를 듯이 치솟고 탈태(脫胎)가 되려면 화(火)가 필요하다. 봄에는 금(金)을 허용하지 않고 가을에는 토(土)를 허용하지 않는다. 불길이 치열하면 용(龍)을 타야하고 수(水)가 거칠면 호랑이에 올라타고 땅이 윤택(潤澤)하고 하늘이 화창(和暢)하면 갑목(甲木)은 오랜 세월을 지탱할 수 있다.

【原文】純陽之木參天雄壯火者木之子也旺木得火而愈敷榮生於春則欺
【원문】순양지목참천웅장화자목지자야왕목득화이유부영생어춘칙기

金而不能容金也生於秋則助金而不能容土也寅午戌丙丁多見而坐辰則能
금이불능용금야생어추칙조금이불능용토야인오술병정다견이좌진칙능

歸申子辰壬癸多見而坐寅則能納使土氣不乾水氣不消則能長生矣
귀신자진임계다견이좌인칙능납사토기불건수기불소칙능장생의

순수한 양(陽)의 목(木)은 하늘 높이 치솟고 웅장(雄壯)하다. 화(火)란 목(木)의 자식인데 왕(旺)한 목(木)은 화(火)를 만나면 더욱 번성(繁盛)해진다. 봄에 태어난 목(木)은 금(金)을 업신여김으로 금(金)을 허용하지 않는다. 가을에 태어난 목(木)은 금(金)을 도와주니 토(土)를 허용하지 못한다. 인오술(寅午戌)과 병정(丙丁)이 가득하면 진토(辰土)위에 있어야 능히 귀속시킬 수 있고 신자진(申子辰)과 임계(壬癸)가 가득하면 인목(寅木)위에 있어야 능히 물을 거두어 드릴 수 있다.

만일 토(土)의 기(氣)가 마르지 않고 수(水)의 기가 없어지지 않게 되면 장생(長生)할 수 있게 된다.

구문풀이

▶ 갑목참천(甲木參天) 탈태요화(脫胎要火)

참천(參天)이라는 것은 하늘을 찌를 듯이 공중으로 높이 솟아서 늘어선다는 것을 말합니다. 그래서 갑목참천(甲木參天)이란 순양목(純陽木)인 갑목(甲木)이 하늘을 찌를 듯이 울창하게 늘어서 있는 것을 말하는데 이것을 더욱 번성시키려면 화(火)가 필요한 것입니다.
태양이 있게 되면 꽃을 피워 널리 흩어져 번성시킬 수가 있는 것인데 이것을 탈태(脫胎)라고 표현하고 있는 것입니다.

▶ 화(火)란 목(木)의 자식이다.

목(木)이 화(火)를 생(生) 하여 주는 것이니 목(木)은 어머니가 되는 것이고 화(火)는 자식이 되는 것입니다.

▶ 춘불용금(春不容金) 추불용토(秋不容土)

춘불용금(春不容金)이라고 하면 보통 "봄에는 어린싹을 죽이게 되므로 금(金)을 사용하지 못한다"라고 잘못 알려져 있습니다.
그러나 윗글에 나타난 원주(原注)를 살펴보면 "봄에 태어난 목(木)은 금(金)을 업신여김으로 금(金)을 허용하지 않는다"라고 말하고 있습니다. 이때 사용하는 춘불용금(春不容金)에서의 용(容)이란 쓸용(用)자가 아닌 용납(容納)하다의 용(容)자가 됩니다.

즉 "용납하지 않는다"라는 것이 되는데, 이것은 목견금결(木堅金缺)을 말하는 것인데 목(木)이 강하면 금(金)이 일그러지는 형세가 되는 것을 놓고 말하는 것입니다.

그러므로 금(金)이 봄철에는 휴수(休囚)에 있어 쇠약한 금(金)으로 왕(旺)한 목(木)을 극(剋)한다면 목(木)이 견고(堅固)하여 금(金)이 부서져 버리게 되므로 "봄의 목(木)이 금(金)을 허용(許容)하지 않는다"라고 해석해야 하는 것입니다. 또한 추불용토(秋不容土)라는 것은 가을에는 토(土)를 허용하지 않는다는 것인데 가을의 토양은 나무와 열매를 배양(培養)하느라 이미 기진맥진하여 쇠락(衰落)하므로 더는 흙으로써 사용할 수가 없다는 뜻이 됩니다. 그러므로 목(木)이 가을에 생(生)하게 되면 실시(失時)하겠으나 열매를 맺히게 하는 작용을 하게 되는데 다만 지엽(枝葉)이 조락(凋落)하더라도 천천히 성기게 됩니다. 그래서 뿌리가 땅바닥에 다다르게 되면 수렴(收斂)을 멈추고 흙이란 물건을 극(剋)해 영양분을 취하여 열매에 제공하는 역할을 하게 됩니다.

그러므로 가을의 토(土)는 금(金)을 생(生) 하게 하고 설기(洩氣)가 많아 최고로 땅이 허박(虛薄)하여 속이 비고 허전한 땅이 됩니다.

땅속을 공격하는 목(木)의 뿌리를 또다시 단나게 되면 흙은 고갈되어 더 이상 목(木)의 뿌리를 배양시키지 못하게 되므로 기필코 반하여 뒤집혀 파묻히게 되는 것을 당하는데 이런 연고(緣故)로 가을에는 토(土)를 용납하지 않는다고 말하는 것입니다.

【예시1】
묘월(卯月) 갑목(甲木)이면 양인격(陽刃格)을 구성한다. 그런데 인해(寅亥)합목과 을목(乙木)겁재가 투간하였으니 목(木)이 국을 이루었다.

그런데 신금(辛金)정관이 투간하였는데 춘불용금(春不容金)이 되어 봄철의 왕목(旺木)이 금(金)을 만나면 휴수(休囚)가 되어 사용할 수가 없게 되었다. 이것은 곧 목견금결(木堅金缺)의 상(象)을 가진 팔자(八字)를 의미하는 것이다.

그러므로 이 명조의 남자들은 한결같이 "정관이 일그러져 있다"

그래서 만나는 남자마다 비정상적인 관계가 나타났다. 처녀 때 유부남이면서 총각행세를 하는 남자에게 속아 임신(妊娠)하여 첩실(妾室)로 들어갔다. 또 다른 유부남(有婦男)에게 마음을 주게 되어 가출(家出)하게 되었다. 세 번째 만난 남자도 유부남(有婦男)인데 본처(本妻)와 이혼(離婚)한다는 약속을 믿고 무작정 동거(同居)를 시작하였다.

時	日	月	年	坤命
겁재		정관	정관	六神
乙	甲	辛	辛	天干
亥	寅	卯	丑	地支
편인	비견	겁재	정재	六神

▶ 화치승용(火熾乘龍) 수탕기호(水宕騎虎)

불길이 치열하다는 것은 사주에서 인오술(寅午戌)화국을 만들거나 병정(丙丁)화가 가득하여 화(火)의 세력이 강할 경우입니다. 이런 경우 진토(辰土)를 만나야 목(木)이 귀속되는 것입니다. 이때 진(辰)은 용(龍)으로 용을 타야 한다고 표현하는 것입니다.

또한 수(水)가 거칠다는 것은 신자진(申子辰)수국을 만들거나 임계(壬癸)수를 만나 수다부목(水多浮木)의 위험에 처하는 경우를 말하는 것인데 이때 뿌리가 깊은 인목(寅木)을 만나게 되면 부목(浮木)의 위험이 없어지게 된다는 것을 말하고 있는 것입니다.

이것을 여기에서는 "호랑이를 탄다"라고 표현하는 것입니다.

【예시2】

이 명조는 병화(丙火)가 투간하였는데 인오합(寅午合)이 되어 화국(火局)을 구성한다. 그런데 화치승용(火熾乘龍)이란 불의 기세가 승왕(乘旺)하면 마땅히 습토(濕土)인 진토(辰土)에 의지하라는 말이다. 따라서 화생토하는 진토(辰土)에 불이 귀속(歸屬)하고 있다.

時	日	月	年	乾命
甲	甲	丙		天干
辰	午	寅		地支

【예시3】

갑목(甲木)일간이 임수(壬水)가 투간하고 신자진(申子辰) 삼합 수국(水局)을 구성하였다. 그러므로 수(水)가 거칠고 방자(放恣)하니 부목(浮木)의 위험이 있다. 그러나 시지(時支)의 인목(寅木)이 뿌리가 되어 주어 버팀목이 된다면 곧 수탕기호(水宕騎虎)라 하는데 갑목(甲木)이 인목(寅木) 위에 올라탄다는 뜻이다.

時	日	月	年	乾命
甲	壬	壬		天干
寅	辰	子	申	地支

▶ 땅이 윤택(潤澤)하고 하늘이 화창(和暢)하면 갑목(甲木)은 오랜 세월을 지탱할 수 있다.

땅이 윤택하다는 것은 토(土)의 기(氣)가 마르지 않고 수(水)의 기(氣)가 없어지지 않게 되는 것이고 하늘이 화창(和暢)하다는 것은 태양과 비가 때에 따라 적절하게 내려주므로 나무가 잘 자랄 수 있는 환경이 조성되는 것을 말하는 것입니다. 그래서 나무라는 것은 땅이 윤택하고 하늘의 도움이 적절하다면 오랫동안 장생할 수가 있는 것입니다.

4) 을목론(乙木論)

乙木雖柔刲羊解牛懷丁抱丙跨鳳乘猴虛溼之地騎馬亦憂藤蘿繫
을목수유규양해우회정포병과봉승후허습지지기마역우등라계
甲可春可秋.
갑 가 춘 가 추.

을목(乙木)은 비록 유연하지만, 양(羊)을 가르고 소를 잡는다.
정화(丁火)를 품고 병화(丙火)를 포용하게 되면 봉황을 타 넘고 원숭이를 탈
수가 있다. 약하고 습한 땅에는 말을 타도 근심이나, 등라계갑(藤蘿繫甲)이
되면 봄도 좋고 가을이라도 좋다.

【原文】乙木者生於春如桃李夏如禾稼秋如桐柱冬如奇芭坐丑未能制柔
【원문】을 목 자 생 어 춘 여 도 리 하 여 화 가 추 여 동 주 동 여 기 파 좌 축 미 능 제 유
土如刲宰羊解割牛然只要有一丙丁則雖生申酉之月亦不畏之生於子月而
토 여 규 재 양 해 할 우 연 지 요 유 일 병 정 칙 수 생 신 유 지 월 역 불 외 지 생 어 자 월 이
又壬癸發透者則雖坐午亦難發生故益知坐丑未月之爲美甲與寅字多見弟
우 임 계 발 투 자 칙 수 좌 오 역 난 발 생 고 익 지 좌 축 미 월 지 위 미 갑 여 인 자 다 견 제
從兄義譬之藤蘿附喬木不畏斫伐也.
종 형 의 비 지 등 라 부 교 목 불 외 작 벌 야.

봄에 태어난 을목(乙木)은 도리과(桃李科)와 같으며 여름에 태어난 을목(乙木)
은 화가(禾稼)와 같고 가을에 태어난 을목(乙木)은 동주(桐柱)와 같으며 겨울
에 태어난 을목(乙木)은 기이한 파초(芭蕉)와 같다.
을목(乙木)이 축토(丑土)와 미토(未土)에 앉으면 능히 부드러운 토(土)를 제(制)
할 수가 있으니 과연 양을 갈라 다스릴 수 있고 소를 쪼개 해부할 수가 있
는 것이다. 비록 을목(乙木)이 신유(申酉)월에 태어났다고 하더라도 천간에
한 개의 병정(丙丁)화가 있다면 두려움이 없는 것이다.

을목(乙木)이 자월(子月)에 태어나고 천간에 임계(壬癸)수가 투출(透出)하여 발달(發達)된 사람은 비록 오화(午火)에 앉아 있다고 하더라도 역시 번성(蕃盛)하기 어렵다. 그러므로 축월(丑月)과 미월(未月)에 앉아 있는 을목(乙木)은 아름답다는 것을 알 수가 있겠다.

갑목(甲木)과 인목(寅木)의 무리를 많이 보게 되면 동생이 따르고 형은 의리가 있는 것이니 비유하건대 등라(藤蘿)가 된 을목(乙木)은 높은 교목(喬木)에 의지하므로 벌목(伐木)에도 두려워하지 않는 것이다.

구문풀이

▶ 을목(乙木)은 비록 유연하지만, 양을 가르고 소를 잡는다.

을목(乙木)은 연약하지만, 미토(未土)나 축토(丑土)를 소토(疏土)할 수가 있어서 능히 땅을 분해하여 뿌리를 내릴 수가 있는 것입니다.

축월(丑月)과 미월(未月)에 태어났거나, 혹은 을미(乙未)일, 을축(乙丑)일에 태어난 것을 두고 말하는 것인데 이것을 "양을 가르고 소를 잡는다"라고 표현하고 있습니다.

▶ 정화(丁火)를 품고 병화(丙火)를 포용(包容)하게 되면 봉황(鳳凰)을 타 넘고 원숭이를 탈 수가 있다.

을목(乙木)은 연약(軟弱)하므로 금(金)을 두려워하는데 천간에 병정(丙丁)화를 만나게 되면 지지가 금(金)이라도 두려워하지 않게 됩니다.

이것은 을목(乙木)이 신월(申月)과 유월(酉月)에 태어났거나 혹은 을유(乙酉)일에 태어난 것을 말하는데 여기서는 이러한 뜻을 "봉황(酉)을 타 넘고 원숭이(申)를 탄다"라고 표현하고 있습니다.

▶ 약하고 습한 땅에는 말을 타도 근심이나, 등라계갑(藤蘿繫甲)이 되면 봄도 좋고 가을이라도 좋다.

을목(乙木)이 자월(子月)에 태어나고 천간에 임계(壬癸)수가 투출(透出)하여 발달(發達)된 사람은 비록 오화(午火)에 앉아 있다고 하더라도 역시 번성(蕃盛)하기 어렵다는 것을 말하는 것입니다. 이것은 을목(乙木)은 태생적으로 뿌리가 약하고 지반이 견고하지 못하기 때문인데 흙이 약하고 물이 많게 되면 오화(午火)라는 말을 타더라도 지반(地盤)을 잃을 염려가 큰 것을 말하는 것입니다. 하지만 갑목(甲木)이나 인목(寅木)이 있어 등라(藤蘿)하게 되면 오히려 뿌리가 깊어지므로, 봄, 가을 때를 가리지 않고 잘 성장할 수가 있게 됩니다.

【예시1】
가을철에는 갑목(甲木)이 마른 고목이 되는데 을목(乙木)이 고목(枯木) 위에 자리를 잡고 자라나고 있다. 이것이 등라계갑(藤蘿繫甲)으로 격(格)을 이루었다고 말하는 것이다.

時	日	月	年	건 명
甲	乙	戊	辛	天干
申	丑	戌	亥	地支

【예시2】
을목(乙木)이 가을철에 숙살지기를 만났지만, 갑목(甲木)이 기둥이 되어 등라계갑으로 상서(尙書)에 올랐다고 한다. 을목(乙木)이 갑목(甲木)과 연계하면 계절과 관계없이 뿌리가 뽑히지 않는다.

時	日	月	年	건 명
甲	乙	乙	乙	天干
申	酉	酉	酉	地支

▶ 봄에 태어난 을목(乙木)은 도리과(桃李科)와 같으며, 여름에 태어난 을목(乙木)은 화가(禾稼)와 같고, 가을에 태어난 을목(乙木)은 동주(桐柱)와 같으며, 겨울에 태어난 을목(乙木)은 기이한 파초(芭蕉)와 같다.

을목(乙木)은 지엽(枝葉)이 있는 수목(樹木)입니다. 을목(乙木)은 유목(幼木)이고 화초(花草)이므로 을목(乙木)은 때에 따라 원(願)하는 것이 각각(各各) 다르게 나타납니다.

예(例)를 들면 봄에는 도리과(桃李科)에 속한 식물인데 복숭아와 자두와 같은 식물을 말하고, 여름에는 화가(禾稼)에 속한 식물이 되는데 벼과에 속한 곡식을 두고 말하는 것입니다. 가을에는 오동과(梧桐科)이고 교목(喬木)이라서 열매를 맺는 크고 웅장한 식물이 되고, 겨울에는 진기한 꽃으로 한란(寒蘭)과 같은 원과식물(苑科植物)로 보면 됩니다.

갑목(甲木)은 생목(生木)과 사목(死木)의 구분이 있겠지만, 을목(乙木)은 갑목(甲木)과 달라서 계절에 따라서 원(願)하는 것이 다르게 나타납니다. 그러니까 을목(乙木)이 봄에 태어나면 복숭아나무의 특성을 갖게되므로 도리과(桃李科)의 성질을 본받아 성장환경을 조성해 주면 됩니다. 을목(乙木)이 여름에 태어나면 이삭처럼 곡식이 익고 여무는 도리(道理)에 따라 성장환경을 조성해 주면 되는 것입니다.

을목(乙木)이 가을에 태어나면 교목(喬木)의 성질에 맞게 열매 맺고 수렴하는 도리(道理)에 따라 성장환경을 조성해 주고, 겨울에 태어나면 한란(寒蘭)이나 매화(梅花)와 같은 진기한 성질을 지닌 도리(道理)에 따라 주변 환경을 조성해 주면 좋은 것입니다.

이것은 사람으로 비유하자면 을목(乙木)은 가을 태생의 성품이 다르고, 겨울 태생의 성품이 다르다는 것으로 가을에 태어난 을목(乙木)은 오동나무와 같은 기질(氣質)을 지닌 것이고, 겨울에 태어난 을목(乙木)은 한란(寒蘭) 같은 기이한 기질(氣質)을 지닌 것으로 보고 성품(性品)을 말하라는 것입니다.

5) 병화론(丙火論)

丙火猛烈欺霜侮雪能煅庚金逢辛反怯土衆成慈水猖顯節虎馬犬
병화맹렬기상모설능단경금봉신반겁토중성자수창현절호마견

鄕甲木若來必當焚滅.
향갑목약래필당분멸.

【原文】火陽精也丙火灼陽之至故猛烈不畏秋而欺霜不畏冬而侮雪庚金
【원문】화양정야병화작양지지고맹렬불외추이기상불외동이모설경금

雖頑力能煅之辛金本柔合而反弱土其子也見戊己多而盛慈愛之德水其君
수완력능단지신금본유합이반약토기자야견무기다이성자애지덕수기군

也遇壬癸旺而顯忠節之風至於未遂炎上之性而遇寅午戌三位者露甲木則
야우임계왕이현충절지풍지어미수염상지성이우인오술삼위자노갑목칙

燥而焚滅也火陽精也丙火灼陽之至故猛烈不畏秋而欺霜不畏冬而侮雪庚
조이분멸야화양정야병화작양지지고맹렬불외추이기상불외동이모설경

金雖頑力能煅之辛金本柔合而反弱土其子也見戊己多而盛慈愛之德水其
금수완력능단지신금본유합이반약토기자야견무기다이성자애지덕수기

君也遇壬癸旺而顯忠節之風至於未遂炎上之性而遇寅午戌三位者露甲木
군야우임계왕이현충절지풍지어미수염상지성이우인오술삼위자노갑목

則燥而焚滅也.
칙조이분멸야.

병화(丙火)가 맹렬하면 서리를 업신여기고 눈을 모욕한다.

병화(丙火)는 능히 경금(庚金)을 단련할 수 있으나 신금(辛金)을 만나면 도리어 겁을 낸다. 토(土)의 무리가 있으면 인자(仁慈)해지고 수(水)가 날뛰면 절개가 드러난다. 호랑이, 말, 개가 있는 마을에 만약 갑목(甲木)이 오게 되면 틀림없이 목(木)이 불에 타서 분멸(焚滅)하게 된다.

화(火)란 본래 양(陽)의 정(精)인데 병화(丙火)는 타오르는 양(陽)이 극에 도달한 것으로 맹렬(猛烈)한 것이다. 그래서 가을을 두려워하지 않으므로 서리를

업신여기며 겨울을 무서워하지 않으므로 눈을 모욕한다고 말하는 것이다.
경금(庚金)이 비록 완고(頑固)하다지만, 병화(丙火)는 쇠를 단련시킬 능력이 있
다. 신금(辛金)은 근본이 유순(柔順)하나 합하므로 오히려 병화가 약해진다.
토(土)는 그 자식이니 많은 무기(戊己)토를 보게 되면 자애(慈愛)의 덕(德)을
채우게 되고 수(水)는 그의 군주이니 왕(旺)한 임계(壬癸)수를 만나게 되면 충
절의 성품이 드러난다. 아직 염상(炎上)의 성질에 이르지는 못하였지만, 인
오술(寅午戌) 3위자(位者)를 만나게 되어 갑목(甲木)이 노출되면 곧바로 말라
서 분멸(焚滅)을 면치 못하게 될 것이다.

구문풀이

▶ 병화(丙火)가 맹렬(猛烈)하면 서리를 업신여기고 눈(雪)을 모욕한다.

병화(丙火)는 순양(純陽)의 화(火)입니다. 그 기세(氣勢)가 맹렬(猛烈)하여 주변
을 태우고 녹이는데 서슴지 않으므로 가을에는 서리를 녹이고 겨울에는 눈
을 잠재우게 하니 이것을 두고 서리를 업신여기고 눈을 모욕한다고 말하는
것입니다.

▶ 능히 경금(庚金)을 단련(鍛鍊)할 수 있으나, 신금(辛金)을 만나면 도리어 겁
을 낸다.

병화(丙火)는 불의 기세가 맹렬(猛烈)하여 경금(庚金)이라도 녹여서 단련(鍛鍊)
시킬 수가 있습니다. 그러나 병화(丙火)가 신금(辛金)을 보면 병신(丙辛) 합(合)
으로 위엄지합(威嚴之合)을 이루게 됩니다.
곧 병화(丙火)는 임금이 되고 신금(辛金)은 어린 여자가 되어 위엄(威嚴)으로
합하는 것이지만, 합한 다음에는 병화(丙火)가 스스로 위엄(威嚴)을 버리고

수(水)로 변하므로 병화(丙火)의 성질을 잃게 되는 것을 봉신반겁(逢辛反怯)이라 하여 두렵다고 말하는 것입니다.

▶ 토(土)의 무리가 있으면 인자(仁慈)해지고 수(水)가 날뛰면 절개가 드러난다.

토중성자(土衆成慈)라는 의미는 병화는 토(土)의 무리가 많게 되면 많은 자식을 거느리게 되는 것이므로 사랑이 지극해지는 것입니다.
그러므로 모친의 인자(仁慈)함을 말하는 것입니다. 병화(丙火)는 양기(陽氣)를 품고 있는 순양지성(純陽之性)이므로 토(土)를 보게 되면 양기를 베풀어 토양(土壤)을 따뜻하게 하는데 토(土)란 능(能)히 병화(丙火)의 열기를 받아들일 수 있기 때문입니다.
그러므로 토중성자(土衆成慈)라는 뜻은 병화(丙火)가 토(土)를 이롭게 하는 자연현상을 두고 말하는 것이 됩니다. 또한 수창현절(水猖顯節)이라는 것은 물(水)이 범람(氾濫)하면 절개(節槪)가 나타난다는 것인데 물의 기세(氣勢)가 아무리 강하다고 하더라도 하늘에 떠 있는 태양을 끌 수는 없는 것입니다. 순양(純陽)의 위엄(威嚴)을 가진 병화(丙火)는 임수(壬水)의 극(剋)을 받더라도 포기하지 않고 끝까지 버틴다는 의미로 이해하면 되겠습니다.

【예시1】
이 명조는 신진(申辰)합작(合作)으로 임수(壬水)가 고지(庫地)에서 출현하였다.
그래서 화인위상(化印爲傷)으로 인수(印綬)가 상관(傷官)으로 변하였다.
그러므로 금수상관희견관(金水傷官喜見官)을 구성한다.
그런데 병화(丙火)는 존엄하니 수창현절(水猖顯節)이 되어도 그 절개를 지킨다고 하였다. 그러므로 그녀의 남편은 교육자이다.
그러나 자(子) 대운에는 신자진(申子辰) 삼합국을 이루고 전국이 물바다가 되었다. 병화(丙火)는 봉신반겁(逢辛反怯)이라 신금(辛金)을 만나면 오히려 두려워한다고 하였다.

그 이유는 지지가 신자진(申子辰) 삼합이 되면 신해(辛亥)일주는 병신합수(丙辛合水)로 변해 그 위엄(威嚴)을 잃게 되기 때문이다. 그러므로 자(子) 대운에 남편이 학생을 구하려다 물에 빠져 익사(溺死)하였다.

時	日	月	年	坤命
편관		상관	정관	六神
丁	辛	壬	丙	天干
酉	亥	辰	申	地支
비견	상관	인수	겁재	六神

▶ 호랑이, 말, 개가 있는 마을에 만약 갑목(甲木)이 오게 되면 틀림없이 분멸(焚滅)하게 될 것이다.

호랑이, 말, 개가 있는 마을이라고 하는 것은 인오술(寅午戌)을 말하는데 화(火)의 기세가 이미 너무 맹렬한 것으로 단약 여기에 갑목(甲木)이 또 와서 생(生)해 준다면 갑목(甲木)이 생(生)하기도 전에 갑목(甲木)이 스스로 불타 버리게 되는 것을 말하는 것입니다.
이것은 화다목분(火多木焚)으로 분멸(焚滅)이˘ 됨을 말하고 있는 것입니다. 즉 목(木)은 능히 화(火)를 생(生)할 수가 있지만, 불이 강하면 목(木)은 스스로 불타버리게 되는 것입니다.

【예시2】

이 명조의 요지(要旨)는 오오(午午)가 화(火)의 극왕지세(極旺之勢)가 존재하는
데 염열(炎熱)하다는 점이다. 따라서 천간의 병정화(丙丁火) 투출로 인해 오
미합화(午未合化)가 이루어진다.

이 경우에게는 인오(寅午) 화국(火局)이 되는데 곧 인목(寅木)이 화살위인(化殺
爲印)으로 불로 변하는 것이다. 그러므로 화(火)의 기세가 너무 맹렬하니 갑
목(甲木)은 분멸(焚滅)의 상(象)에서 벗어나기 어렵다.

경인년(庚寅年)에 남편이 작업장에서 작업하다 가스폭발로 사망하였다.

時	日	月	年	건 명
甲	戊	丙	丁	天干
寅	午	午	未	地支

6) 정화론(丁火論)

> 丁火柔中內性昭融抱乙而孝合壬而忠旺而不烈衰而不窮如有嫡
> 정화유중내성소융포을이효합임이충왕디불렬쇠이불궁여유적
>
> 母可秋可冬.
> 모가추가동.

정화(丁火)는 부드럽고 약하나, 그 내부는 밝고 융통성을 지니고 있다.

그래서 인수가 되는 을(乙)을 끌어 안으면 효성(孝誠)스럽다고 하며 관성(官星)

이 되는 임(壬)과 합하면 충성(忠誠)스럽다.

왕성(旺盛)한 시기를 만나더라도 맹렬(猛烈)하지 않고 쇠(衰)한 때가 돌아와도

궁(窮)하지 않다. 예를 들어 갑목(甲木)의 적모(嫡母)가 있어 따르게 되면 가을

에도 좋고 겨울에도 좋다.

【原文】丁干屬陰火性雖陽柔而得其中矣外柔順而內文明內性豈不昭融
【원문】정간속음화성수양유이득기중의외유순이내문명내성기불소융
乎乙非丁之嫡母也乙畏辛而丁抱之不若丙抱甲而反能焚甲木也不若己抱
호을비정지적모야을외신이정포지불약병포갑이반능분갑목야불약기포
丁而反能晦丁火也其孝異乎人矣壬爲丁之正君也壬畏戊而丁合之外則撫
정이반능회정화야기효이호인의임위정지정군야임외무이정합지외칙무
恤戊土能使戊土不欺壬也內則暗化木神而使戊土不敢抗乎壬也其忠異乎
휼무토능사무토불기임야내칙암화목신이사무토불감항호임야기충이호
人矣生於夏令雖逢丙火特讓之而不助其焰不至於烈矣生於秋冬得一甲木
인의생어하령수봉병화특양지이불조기염불지어렬의생어추동득일갑목
則倚之不滅而焰至於無窮也故曰可秋可冬皆柔之道也.
칙의지불멸이염지어무궁야고왈가추가동개유지도야.

천간의 정화(丁火)는 음(陰)에 속한다. 화(火)의 성질은 비록 양(陽)이지만 정화(丁火)는 그 중에 유순(柔順)한 것이다. 겉으로는 유순(柔順)하나 내면(內面)은 문명(文明)이 되어 밝다.

그러므로 성질이 어찌 밝게 화합(和合)하지 못하겠는가. 을(乙)은 신금(辛金)을 두려워하니 비록 을(乙)은 정화(丁火)의 적모(嫡母)가 아니더라도 정화(丁火)를 끌어 안으려고 한다. 이것은 병(丙)이 갑(甲)을 포용하여 갑목(甲木)을 오히려 분멸(焚滅) 시키거나 혹은 기(己)가 정화(丁火)를 포용하여 정화(丁火)를 어둡게 하는 것과는 다른 것이니 그 효(孝)가 남다른 것이다.

임(壬)은 정(丁)의 바른 군주이다.
임(壬)은 무토(戊土)를 두려워하므로 정(丁)과 합(合)하려 하는데 이것은 밖으로는 정화(丁火)가 무토(戊土)를 생(生)하여 구휼(救恤)하므로 무토(戊土)로 하여금 능히 임수(壬水)를 업신여기지 못하게 한다.
안으로는 암암리에 정임합(丁壬合)하여 목신(木神)으로 화(化)하여 무토(戊土)를 견제하니 무토(戊土)로 하여금 감히 임수(壬水)를 대항하지 못하게 하려 함이니 그 충성심이 남다른 것이다.

정화(丁火)가 여름철에 태어나 비록 병화(丙火)를 만나더라도 특히 겸양(謙讓)한 것은 불꽃을 돕지 않으므로 맹렬하게 타오르지 않는다.
정화(丁火)가 가을철과 겨울철에 태어나 갑목(甲木) 하나를 얻게 되면 곧 의지할 수 있으므로 불이 꺼지지 않는 것인데 이로써 불이 무궁(無窮)에 이른다고 하는 것이다.
옛말에 이르기를 정화(丁火)가 갑목(甲木)을 얻으면 가을도 좋고 겨울도 좋다고 하였으니 이것은 모두 유순(柔順)의 도리(道理)를 말하는 것이다.

▶ 정화(丁火)는 부드럽고 약하나 그 가운데에 밝고 융통성을 지니고 있다.

정화(丁火)는 내음외양(內陰外陽)의 불이고 화고유중(化故柔中)의 성질이 있어 뭉글뭉글하게 타오르는 불이기 때문에 염염(炎炎)하게 타오르는 병화(丙火)와는 다릅니다. 또한 병화(丙火)는 빛으로 일광(日光)의 성질을 가지고 있으나 정화(丁火)는 등촉(燈燭)으로 열(熱)에 가까워 소융(昭融) 한다고 보는데 소융(昭融)이란 밝게 빛나서 주변을 밝히는 효용이 있습니다.

그래서 정화(丁火) 일간은 한밤중에 태어나야 그 쓸모가 많은 것입니다.

또 등촉(燈燭)으로는 주변을 밝혀 어두운 장막(帳幕)을 여는 것이므로 우매(愚昧)한 정신(情神)을 일깨우게 하는 것이라서 문명(文明)의 상(象)으로도 보았던 것입니다. 한마디로 어두운 방에서 등촉(燈燭)을 피우게 되면 점점 밝아지면서 주변을 식별(識別)할 수가 있게 되는 모양이 마치 주변을 화합하여 녹이는 문명지상(文明之象)과 같다고 하여 소융(昭融)이라고 말하는 것입니다.

▶ 정화(丁火)가 을(乙)을 끌어안으면 효성스럽고 임(壬)과 합하면 충성스럽다.

을(乙)은 신금(辛金)을 두려워하는데 만약 정화(丁火)를 얻게 되면 정화(丁火)가 신금(辛金)을 극하여 신금(辛金)이 을목(乙木)을 해(害)하지 못하게 합니다.

그래서 정화(丁火)는 갑목(甲木)이 친모(親母)가 되고 을목(乙木)은 적모(嫡母)가 아니고 계모(繼母)가 되지만, 그래도 효(孝)를 다할 수가 있는 것입니다.

또한 임(壬)은 무토(戊土)를 두려워하므로 정(丁)과 합하고자 합니다.

이것은 밖으로는 정화(丁火)가 무토(戊土)를 구휼하려 생조함이니 무토(戊土)가 정화(丁火)의 눈치를 보아 임수(壬水)를 업신여기지 못하게 하는 역할을 하는 것입니다.

내부적으로는 암암리에 정임(丁壬)합 목신(木神)으로 화(化)하여 무토(戊土)를 극하는 것으로 무토(戊土)로 하여금 감히 임수(壬水)를 대항하지 못하게 하려 함이니 그 충성심이 높다고 표현하고 있는 것입니다.

▶ 병(丙)이 갑(甲)을 포용하여 갑목(甲木)을 오히려 분멸(焚滅) 시키거나 혹은 기(己)가 정화(丁火)를 포용하여 정화(丁火)를 어둡게 하는 것과는 다른 것이니 그 효(孝)가 남다른 것이다.

오월(午月)에 태어난 병화(丙火)가 갑목(甲木)을 안게 되면 갑목(甲木)의 생(生)을 받기도 전에 갑목(甲木)이 타서 스스로 전소(全燒)하게 되는데 이것을 분멸(焚滅)한다고 보는 것입니다.
이것은 도와주는 어머니를 더 극하여 병을 주는 것과 같은 것입니다.
또한 정화(丁火)가 무기(戊己)토를 많이 가지고 있게 되면 그 빛을 잃을 수가 있게 되는데 이것을 회광(晦光)이라고 말을 합니다.
그런데 을(乙)이 정화(丁火)를 만나게 되면 정화(丁火)가 신금(辛金)을 극하여 을목(乙木)을 구해주게 되는 것이므로 위의 열거한 폐해(弊害)와는 다르기 때문에 그 효(孝)가 남다르다는 것을 말하고 있는 것입니다.

▶ 왕성(旺盛)한 시기를 만나더라도 맹렬(猛烈)하지 않고 쇠(衰)한 때가 돌아와도 궁(窮)하지 않다.

정화(丁火)는 여름철에 태어나 병화(丙火)를 만나더라도 불꽃을 일으키며 타오르지 않습니다. 또한 겨울철에 태어나 수(水)를 만나더라도 갑목(甲木)이 있게 되면 궁(窮)해지지를 않는 것입니다.
이것은 왕성해지더라도 치열(熾烈)하지 않는다는 것이며 쇠약(衰弱)해지더라도 꺼지지 않는다는 것을 말하는 것인데 이것은 정화(丁火)가 태과불급(太過不及)의 결점(缺點)이 적은 십간(十干) 중의 하나이기 때문이며 또한 정화(丁

火)가 부드럽기가 적절함을 알려주는 것입니다.

▸ 적모(嫡母)가 있어 따르게 되면 가을에도 좋고 겨울에도 좋다.

정화(丁火)는 갑목(甲木)을 얻게 되면 가을철의 금(金)을 두려워하지 않으며 겨울철의 수(水)도 꺼리지 않는 것입니다.
이것은 정화(丁火)가 갑목(甲木)을 만나 도움을 얻게 되면 가을의 왕(旺)한 금(金)이 정화를 화식(火熄)하지 못하게 만들거나, 겨울의 왕(旺)한 수(水)가 정화를 꺼트리지 못하게 됨을 말하는 것입니다.

7) 무토론(戊土論)

戊土固重旣中且正靜翕動闢萬物司命水潤物生火燥物病若在艮
무토고중기중차정정흡동벽만물사명수윤물생화조물병약재간
坤怕沖宜靜.
곤파충의정.

무토(戊土)는 견고(堅固)하고 무거운 것이다. 이미 중정(中正)의 도(道)를 갖추었으니 고요하여 닫히면 수렴(收斂)하게 되고 움직이면 기(氣)를 열어 발생시키니 만물(萬物)의 명(命)을 관할한다. 수(水)로 윤택하게 하면 만물이 살아나고 화(火)로 조열하게 하면 만물이 병(病)이 든다. 만약 간곤(艮坤)의 위치에 인(寅)과 신(申)이 충(沖)하면 두려워하니 마땅히 움직이지 않아야 좋다.

【原文】戊土非城牆隄岸之謂也較己特高厚剛燥乃己土發源之地得乎中
【원문】무토비성장제안지위야교기특고후강조내기토발원지지득호중
氣而且正大矣春夏則氣闢而生萬物秋冬則氣翕而成萬物故爲萬物之司命
기이차정대의춘하칙기벽이생만물추동칙기옹이성만물고위만물지사명
也其氣屬陽喜潤不喜燥坐寅怕申坐申怕寅蓋沖則根動非地道之正也故宜靜
야기기속양희윤불희조좌인파신좌신파인개충칙근동비지도지정야고의정

무토(戊土)라는 것은 성(城), 담벽, 제방(隄防), 언덕을 말하는 것만이 아니다. 기토(己土)에 견주어 무토(戊土)의 성질은 특히 높고 두터우며 강하고 건조함을 강조하기 위해 그렇게 말한 것이다.
그러므로 무토(戊土)는 기토(己土)의 발원지로써 중용(中庸)의 기(氣)를 가졌는데 이로써 또한 공명정대(公明正大)하다.
봄과 여름에는 곧 기(氣)가 열리므로 만물을 자라나게 하고 가을과 겨울에는 곧 기(氣)가 뭉쳐 수렴(收斂)하므로 만물(萬物)을 여물게 만드는 것이다.

그러므로 만물의 명(命)을 관할한다고 말하는 것이다.

무토(戊土)의 기(氣)는 양(陽)에 속하는데 윤택(潤澤)한 것을 좋아하고 조열(燥熱)한 것을 기뻐하지 않는다. 인목(寅木)에 앉아 있으면 신금(申金)이 충(沖)하는 것을 두려워하고, 신금(申金)에 앉아 있으면 인목(寅木)이 충(沖)하는 것을 두려워한다. 충(沖)하면 곧 뿌리가 흔들리는 것이니 이것은 지도(地道)의 바른 도리가 아니다. 그러므로 마땅히 조용히 있는 것이 좋다고 하는 것이다.

구문풀이

▶ 수(水)로 윤택하게 하면 만물이 살아나고, 화(火)로 조열하게 하면 만물이 병(病)이 든다.

무토(戊土)는 원래 양토(陽土)로써 흙이 두텁고 건조한 성질을 가지고 있습니다. 때문에 마땅히 수(水)로 충족하게 해 주기를 바라는 습성(習性)이 있는 것인데 윤택(潤澤)해지면 만물을 소생시키는 능력이 나타나기 때문입니다.

그러나 건조한 흙을 화(火)로 더욱 가열(加熱)시키게 되면 조열(燥熱)해져서 흙바닥이 갈라지게 되는데 이렇게 되면 생물이 자라날 수 없으니 만물이 병(病)이 든다고 말하는 것입니다.

▶ 간곤(艮坤)의 위치에서 인(寅)과 신(申)이 충(沖)하면 두려워하니 마땅히 움직이지 않아야 좋다.

주역에서는 방위를 볼 때 북동을 간방(艮方), 남동을 손방(巽方), 남서를 곤방(坤方), 북서를 건방(乾方)이라고 하여 분별하여 표기하고 있습니다. 그래서 간곤(艮坤)이라고 하는 것은 북동(北東)과 남서(南西)를 말하는 것인데 이것은 북동(北東)방향은 인(寅)에 해당이 되고 남서(南西)방향은 신(申)에 해당이 되는 것입니다.

즉, 인월(寅月)과 신월(申月)을 말하는 것인데 무토(戊土)가 봄에 태어나면 목기(木氣)가 강해지므로 목(木)의 극을 받아 기가 허약하니 충(沖)하면 안 되는 것입니다. 따라서 지지는 조용히 있는 것이 좋고, 무토(戊土)가 가을에 태어나면 설기가 심하여 체질이 쇠약해지니 가만히 내버려 두어도 허약한 터인데 충을 당하게 되면 그 기가 절단되는 것은 당연한 일이므로 충(沖)하는 것을 두려워한다고 말하고 있는 것입니다.

혹은 무인(戊寅)과 무신(戊申)일이라 해도 무토는 장생지에 의지하니 장생지가 충하는 것을 두려워하는 것입니다. 이것은 약한 계절을 만난 무토(戊土)일간이 지지에서 충을 만나게 되면 지장간의 여기(餘氣)에 들어 있는 무토(戊土)가 파괴되어 붕괴되는 것을 두려워하는 것입니다.

▶ 무토(戊土)라는 것은 성(城), 담벽, 제방(隄防), 언덕을 말하는 것만이 아니다. 기토(己土)에 견주어 무토(戊土)의 성질은 특히 높고 두터우며 강하고 건조함을 강조하기 위해 그렇게 말한 것이다.

삼명통회(三命通會)의 천간비해에 기록된 내용을 보면 "무토(戊土)는 양토(陽土)로 만물(萬物)을 실어 나르며 산(山)이고 육지(陸地)이고 제방(堤防)이다"라고 설명이 되어 있습니다. 또한 십간분배천문에서는 "무토는 노을의 상을 가진다" 라고도 말하고 있는데 이러한 표현은 무토(戊土)의 한 성질을 대표하여 의인화(擬人化)하므로 비슷한 조건의 자연 현상물로 표현하는 것일 뿐입니다.

그러므로 무토(戊土)라는 고유한 성질은 기토(己土)에 비해 흙이 높고 두터우며 강하고 건조한 성질을 가지고 있다는 것을 잊지 말아야 하며 그러한 성질을 잘 이해하고 있어야 무토(戊土)가 성(城)이고 담벽이며 언덕이라는 표현법을 잘 응용할 수가 있는 것입니다.

▶ 무토(戊土)는 기토(己土)의 발원지로써 중용(中庸)의 기(氣)를 가졌는데 이로 써 또한 공명정대(公明正大)하다.

무토는 태극의 구궁 중에 중앙(中央)을 차지하고 있으면서 그 기(氣)를 팔방에 두루 미치고 있어서 가장 정대(正大)한 것으로 보고 있습니다. 원래 무토(戊 土)는 천지(天地)의 중간(中間)에 위치(位置)하여 중심(中心)을 잃지 않으므로 중 정(中正)이라 하고 방위(方位)는 사위(四位)어 있고 중심(中心)을 유지(維持)하고 목화금수(木火金水)의 중간(中間)에 있어 사계(四季)의 순환(循環)을 보충(補充)하 는데 어떠한 것이라도 토(土)에 의지(依支)하지 않는 것은 없는 것입니다. 그러므로 중용(中庸)의 기를 가지고 정대(正大)하다고 말하는 것입니다.

▶ 봄과 여름에는 곧 기(氣)가 열리므로 만물을 자라나게 하고 가을과 겨울 에는 곧 기(氣)가 뭉쳐지므로 만물을 여물게 만드는 것이다.

봄과 여름에는 기(氣)가 움직여 열리므로 단물을 출생(出生)시키고 가을과 겨 울에는 기가 고요하여 닫히므로 모든 것을 거두어 축장(縮藏)하는 것입니다. 그 자체가 곧 만물에 대한 명(命)을 맡아 관장하고 있는 것과 같아서 이것을 만물사명(萬物司命)이라고 한 것입니다.

8) 기토론(己土論)

己土卑溼中正蓄藏不愁木盛不畏水狂火少火晦金多金光若要物旺宜助宜幇
기토비습중정축장불수목성불외수광화소화회금다금광약요물왕의조의방

기토(己土)는 낮고 습한 전원토(田園土)로 모자라거나 넘치지 않으니 중정(中正)이라 한다. 치우침이 없으니 만물을 거두어서 저장한다.

그러므로 목(木)이 왕성해도 시름이 없고 수(水)가 창궐해도 두려워하지 않는다. 또한 화(火)가 약하면 회광(晦光)하니 어두워지고 금(金)이 많으면 빛을 발한다. 만일 만물(萬物)이 왕성(旺盛)하기를 원한다면 마땅히 생(生)하고 마땅히 도와줘야 한다.

【原文】己土卑薄軟溼乃戊土枝葉之地亦主中正而能蓄藏萬物柔土能生
【원문】기토비박연습내무토지엽지지역주중정이능축장만물유토능생
木非木所能剋故不愁木盛土深而能納水非水所能蕩故不畏水狂無根之火
목비목소능극고불수목성토심이능납수비수소능탕고불외수광무근지화
不能生溼土故火少而火反晦溼土能潤金炁故金多而金光彩反淸瑩可觀此
불능생습토고화소이화반회습토능윤금기고금다이금광채반청영가관차
其無爲而有爲之妙用若要萬物充盛長旺惟土勢固重又得火氣暖和方可.
기무위이유위지묘용약요만물충성장왕유토세고중우득화기난화방가.

기토(己土)는 낮고 엷으며 연하고 습하다. 이에 무토(戊土)의 지엽(枝葉)이 된다. 또한 중정의 뜻이 있으니 능히 축장(蓄藏)하고 만물(萬物)을 생육(生育)할 수 있다. 유연한 흙은 능히 목(木)을 생(生)할 수 있으니 목(木)이 토(土)를 극하지 못한다. 그래서 본래 목(木)이 왕성해도 시름이 없다고 하는 것이다.

또한 토(土)가 깊으면 능히 수(水)를 거두어들일 수가 있으니 수(水)가 토(土)를 쓸어버릴 수가 없는 것이다.

그러므로 수(水)가 날뛰어도 두려워하지 않는 것이다. 뿌리가 없는 화(火)는 습한 토(土)를 생할 수가 없는 것이다. 따라서 화(火)가 적으면 화(火)가 회화(晦火)하므로 오히려 어두워진다고 하는 것이다.

습한 토는 능히 금(金)의 기운을 윤택하게 만들 수 있으므로 금(金)이 많으면 금이 광채를 반사(反射)하여 맑고 밝으니 참으로 볼만하다.

그래서 이것이 바로 무위(無爲)가 유위(有爲)가 되게 하는 묘(妙)한 용도(用度)인 것이다. 만약 만물(萬物)을 충실하고 왕성하게 자라게 하려면 토(土)의 기세(氣勢)가 견고(堅固)하고 무거워야 하며 또한 화기(火氣)를 얻어 따뜻함이 이에 응해줘야 가능한 것이다.

구문풀이

▶ 기토(己土)는 낮고 습한 전원토(田園土)로 모자라거나 넘치지 않으니 중정(中正)이라 한다.

무토(戊土)가 높은 언덕에 있는 고항(高亢)하고 두꺼운 양토(陽土)인데 반하여 기토(己土)는 낮고 엷으며 비습한 음토(陰土)입니다.

무토(戊土)는 건조하므로 조열(燥熱) 해지는 것을 두려워하는 데 반해 기토(己土)는 원래 음습(陰濕)한 토라서 태양의 화기(火氣)를 얻게 되면 나무를 배양하는 힘이 있습니다.

무토(戊土)와 기토(己土)는 함께 태극의 중앙에 있으면서 그 기운을 팔방에 두루 미치게 하는 정대(正大)함이 있어서 중정(中正)이라 합니다. 사계(四季)에 다 통하기 때문에 모든 것들에 대한 생명요소로 되어 있는 것으로 만물을 거두어 모아 저장하는 능력이 있다고 하는 것입니다.

▶ 목(木)이 왕성해도 시름이 없고 수(水)가 창궐해도 두려워하지 않는다.

비습(卑濕)하고 유연한 흙은 능히 목(木)을 생할 수 있으니 목(木)은 이로 인해 기토(己土)를 극(剋)하지 못하고 친화(親和)하기를 바라는 것입니다. 그래서 본래 목이 왕성해도 시름이 없다고 하는 것이고 또한 토가 깊으면 능히 수(水)를 거두어들일 수가 있는 것인데 그것을 받아들여 수장(收藏)하는 능력이 있으므로 토는 능히 수(水)가 창궐(猖獗)해도 두려워하지 않는 것입니다.

▶ 화(火)가 약하면 회광(晦光)하니 어두워지고 금(金)이 많으면 빛을 발한다.

화소화회(火少火晦)는 뿌리가 없는 허약한 화(火)가 기토(己土)를 만나게 되면 화(火)가 어두워지는 현상을 놓고 말하는 것인데 유약한 정화(丁火)가 습토(濕土)인 기토(己土)를 만났을 때를 말하는 것이며, 금다금광(金多金光)이라는 것은 습한 토는 능히 금(金)의 기운을 윤택하게 만들 수 있으므로 금(金)이 많으면 금이 광채를 반사(反射)시키는 현상을 말하는 것으로 신금(辛金)이 기토(己土)를 만나 윤택해지는 경우를 말하는 것입니다.

▶ 만일 만물(萬物)이 왕성(旺盛)하기를 원한다면 마땅히 생(生)하고 마땅히 도와줘야 한다.

만물(萬物)을 충실하고 왕성하게 자라게 하려면 기토(己土)의 기세가 무토(戊土)처럼 견고하고 무거워야 하며 또한 기토(己土)는 비습(卑濕)하므로 화기(火氣)가 있어 따뜻하게 하여 자체의 음습(陰濕)함을 제거해 주게 되면 좋은 것입니다. 이것을 보고 마땅히 도와줄 수 있는 것들은 모두 모여 도와주어야 한다는 것을 말하고 있는 것입니다.

9) 경금론(庚金論)

庚金帶煞剛健爲最得水而淸得火而銳土潤則生土乾則脆能赢甲
경금 대 살 강 건 위 최 득 수 이 청 득 화 이 예 토 윤 칙 생 토 건 칙 취 능 영 갑

兄輸于乙妹.
형 수 우 을 매.

경금(庚金)은 살(煞)을 찬 것이니 강건(剛健)하기가 최고이다.

그러므로 경금(庚金)은 수(水)를 얻게 되면 맑아지고 불을 얻게 되면 예리(銳利)해진다. 또한 경금(庚金)은 토(土)가 윤택(潤澤)하면 생(生)을 받고 토(土)가 건조(乾燥)하면 물러진다.

형(兄)인 갑(甲)을 능히 이기고 누이인 을(乙)을 보면 정을 준다.

【原文】庚金乃天上之太白帶殺而剛健健而得水則氣流而淸剛而得火則
【원문】경금 내 천 상 지 태 백 대 살 이 강 건 건 이 득 수 칙 기 유 이 청 강 이 득 화 칙

氣純而銳有水之土能全其生有火之土能使其脆甲木雖强力足伐之乙木雖
기 순 이 예 유 수 지 토 능 전 기 생 유 화 지 토 능 사 기 취 갑 목 수 강 역 족 벌 지 을 목 수

柔合而反弱.
유 합 이 반 약.

경금(庚金)이란 바로 하늘의 태백(太白)인 것으로 살기(殺氣)를 두르고 강건(强健)한 것이다. 그런데 강건(强健)한 것이 수(水)를 얻게 되면 곧 기(氣)가 흘러 유통(流通)되므로 곧 맑아진다. 강건(强健)한 것이 불을 얻게 되면 곧 기(氣)가 순수(純粹)하게 되어 예리(銳利)해진다.

수(水)가 있는 윤습(潤濕)한 토(土)는 능히 경금(庚金)을 온전히 생(生)하고 불이 있는 건조(乾燥)한 토(土)는 능히 경금(庚金)을 무르게 만든다.

갑목(甲木)이 비록 강(强)하다고 하나 경금(庚金)의 힘은 갑목(甲木)의 뿌리를

벨 수가 있는 것이다. 을목(乙木)이 비록 부드럽다고 하나 합(合)하므로 오히려 약해질 수가 있는 것이다.

구문풀이

▶ 경금(庚金)은 살(殺)을 찬 것이니 강건(剛健)하기가 최고다.

경금(庚金)은 가을철의 매서운 숙살지기(肅殺之氣)를 지니고 있으므로 천간 중에서 강건(強健)하기가 으뜸인데 그래서 하늘의 태백성(太白星)에 비유하는 것입니다.

▶ 수(水)를 얻게 되면 맑아지고 불을 얻게 되면 예리(銳利)해진다.

경금(庚金)이 임수(壬水)를 보면 경금(庚金)의 살성(殺性)이 씻기고 설기되어 수정(水晶)처럼 맑아지므로 득수이청(得水而淸)이라 하였는데 이것은 불투명한 기암괴석(奇巖怪石)이 비온 뒤에 씻겨 더욱 맑아져 뚜렷한 경치를 보이는 것과 같은 이치입니다. 정화(丁火)는 완금장철(頑金漿鐵)인 경금(庚金)을 단련하여 검과 창을 만들어 내는데 그렇기 때문에 경금(庚金)이 불을 얻게 되면 예리(銳利)해진다고 말하는 것입니다.

▶ 토(土)가 윤택하면 생(生)을 받고 토(土)가 건조하면 물러진다.

경금(庚金)이 만일 봄과 여름철에 출생하였다면 그 기(氣)가 쇠약하기 때문에 축(丑)이나 진토(辰土)와 같은 습토(濕土)를 만나야만 생기발랄할 수가 있습니다. 그래서 토윤즉생(土潤則生)이라 말하는 것이고 만약 술(戌)이나 미토(未土)와 같은 조토(燥土)를 만나게 되면 토(土)에 화(火)를 품고 있어서 조토

(燥土)가 생하게 되면 경금(庚金)이 물러지는데 그러므로 토건즉취(土乾則脆)가 되는 것입니다.

▸ 형(兄)인 갑(甲)을 능히 이기고 누이인 을(乙)을 보면 업혀 버린다.

원래 경금(庚金)은 갑목(甲木)을 마음대로 다룰 수 있는 존재가 되므로 갑목(甲木)은 경금(庚金)을 두려워합니다.

그러데 갑목(甲木)에게는 을목(乙木)이 누이가 되니, 그 누이동생을 경금(庚金)에게 시집을 보내게 되면 갑목(甲木)은 경금(庚金)의 처남(妻男)으로 경금(庚金)이 갑목(甲木)을 마음대로 다룰 수 없게 되는 것입니다.

이것을 탐합망충(貪合忘沖)이라고 하는데 "합(合)을 바라는 마음으로 극(剋)하는 것을 잊는다"라는 뜻으로 사용이 되는 것입니다.

수어을매(輸於乙妹)라는 말 속에는 을목(乙木)을 업다라는 뜻 외에도 을목(乙木)을 아내로 맞아들이다는 의미도 포함되어 있는 것입니다. 고로 경금(庚金)이 을목(乙木)을 보게 되면 합(合)하게 되는 것이라 목(木)을 극(剋)하려는 성질이 없어지므로 금(金)의 성질이 오히려 약해지는 것입니다.

10) 신금론(辛金論)

辛金軟弱溫潤而清畏土之疊樂水之盈能扶社稷能救生靈熱則喜
신금연약온윤이청외토지첩락수지영능부사직능구생영열즉희

母寒則喜丁.
모한즉희정.

신금(辛金)은 부드럽고 약하기 때문에 따뜻하고 윤택(潤澤)해지면 맑아진다. 토(土)가 중첩(重疊)이 되는 것을 두려워하고 물이 가득 찬 것을 즐거워한다. 그러므로 능히 사직(社稷)을 돕고 생령(生靈)을 구제할 수 있는데 열기(熱氣)가 치열(熾熱)하면 모친(母親)이 되는 토(土)를 기뻐하고 한랭(寒冷)하면 곧 정화(丁火)를 기뻐한다.

【原文】辛乃陰金非珠玉之謂也凡溫軟淸潤者皆辛金也戊己土多而能埋
【원문】신 내 음 금 비 주 옥 지 위 야 범 온 연 청 윤 자 개 신 금 야 무 기 토 다 이 능 매

故畏之壬癸水多而必秀故樂之辛爲丙之臣也合丙化水使丙火臣服壬水而
고 외 지 임 계 수 다 이 필 수 고 락 지 신 위 병 지 신 야 합 병 화 수 사 병 화 신 복 임 수 이

安扶社稷辛爲甲之君也合丙化水使丙火不焚甲木而救援生靈生於九夏而
안 부 사 직 신 위 갑 지 군 야 합 병 화 수 사 병 화 불 분 갑 목 이 구 원 생 영 생 어 구 하 이

得己土則能晦火而存之生於隆冬而得丁火則能敵寒而養之故辛金生於冬
득 기 토 칙 능 회 화 이 존 지 생 어 융 동 이 득 정 화 칙 능 적 한 이 양 지 고 신 금 생 어 동

月見丙火則男命不貴雖貴亦不忠女命剋夫不剋亦不和見丁男女皆貴且順.
월 견 병 화 칙 남 명 불 귀 수 귀 역 불 충 여 명 극 부 불 극 역 불 화 견 정 남 녀 개 귀 차 순.

신금(辛金)은 음(陰)의 금(金)으로 이른바 주옥(珠玉)을 일컫는 것만은 아니다. 무릇 온화(溫和)하고 부드럽고 맑으며 윤택(潤澤)한 것은 모두 신금(辛金)을 가리켜 말하는 것이다.

신금(辛金)은 무기(戊己)토가 많으면 능히 파묻히는 까닭에 매금(埋金)을 두려

위하고 임계(壬癸)수가 많으면 틀림없이 뻐어난 것이므로 좋아하는 것이다.

병화(丙火)는 신금(辛金)을 극(剋)하므로 신금(辛金)은 병화(丙火)의 신하(臣下)가 된다. 그런데 군주(君主)가 신하(臣下)와 병신합수(丙辛合水)하여 임수(壬水)를 생왕(生旺)하게 하면 백성을 살리는 길이니 곧 사직(社稷)을 도와 안녕(安寧) 되게 한다.

신금(辛金)은 갑목(甲木)을 극(剋)하므로 갑(曰)의 군주(君主)가 된다.

그런데 병신합수(丙辛合水)하여 병화(丙火)로 하여금 갑목(甲木)을 불태우지 못하게 시키므로 생령(生靈)을 구원하게 한다.

신금(辛金)이 한 여름에 태어났는데 기토(己土)를 얻었다면 곧 능히 회화(晦火) 하여 화(火)를 어둡게 하므로 신금(辛金)을 열기(熱氣)로부터 살 수 있게 한다.

신금(辛金)이 깊은 겨울에 태어났는데 정화(丁火)를 얻었다면 곧 능히 추위 와 맞서며 신금(辛金)을 양성(養成)할 수가 있는 것이다. 그러므로 신금(辛金) 이 겨울철에 태어났는데 병화(丙火)를 보게 된다면 곧 남자는 귀하지 못하 고 비록 귀하다 하더라도 역시 불충(不忠)한 것이다.

그러므로 여자의 명(命)은 남편을 극하고 비록 극(剋)하지 않는다고 해도 역 시 불화(不和)한 것이다. 그러나 신금(辛金)이 겨울철에 태어나 정화(丁火)를 보게 되면 남녀(男女)를 불문(不問)하고 모두 귀하고 또 순조롭다.

구문풀이

▶ 신금(辛金)은 부드럽고 약하기 때문에 따뜻하고 윤택해지면 맑아진다.

신금(辛金)은 사람이 필요로 하는 금은(金銀)보화(寶貨)로 잘 정제(精製)된 보 석(寶石)과 같습니다. 그렇기 때문에 맑고 깨끗하여 윤택(潤澤)하면 보석(寶 石)의 가치가 높아져 볼거리가 많게 되므로 그 가치를 인정받게 되는 것입 니다. 이러한 신금(辛金)은 연약(軟弱)하지만, 또한 강한 내구성이 있어서 적당한 온도와 환경이 맞춰지게 되면 성장할 뿐만 아니라 더욱 맑아지는데 신금(辛金)은 특히 물이 있으면 맑아지게 되므로 또한 귀(貴)해지게 되는 것입니다.

▶ 토(土)가 중첩(重疊)되는 것을 두려워하고 물이 가득 찬 것을 즐거워한다.

신금(辛金)은 정제(整齊)된 보석(寶石)과 같아서 물을 만나게 되면 수려(秀麗)해지게 되므로 도세주옥(淘洗珠玉)이 되는 것입니다.
이것은 신금(辛金)이 임수(壬水)를 사용하여 스스로 청고(淸高)함을 나타내는데 반하여 무토(戊土)가 중첩(重疊)하게 되면 신금(辛金)이 땅에 파묻히게 되는 것이므로 오염(汚染)되어 빛을 잃는데 이것은 흙 속의 돌멩이에 불과한 존재가 되는 것입니다.
그러므로 신금(辛金)은 매금(埋金) 됨을 두려워한다고 하는 것입니다.

▶ 능히 사직(社稷)을 돕고 생령(生靈)을 구제할 수 있다.

신금(辛金)은 부드럽고 약하다고 하지만 또한 강한 가운데 내구력(耐久力)이 풍부해서 병화(丙火)를 만나 조화로우면 능히 사직(社稷)을 구한다고 하였습니다.
예를 들어 병화(丙火)는 임금이고 신금(辛金)은 그의 신하가 되고 임수(壬水)는 백성이 됩니다. 그런데 임수(壬水)가 와서 병화(丙火)를 극한다면, 이때 신금(辛金)과 병화(丙火)가 병신(丙辛)합수하여 임수(壬水)를 따르게 하므로 사직(社稷)을 구한다고 하는 것입니다.
또한 신금(辛金)은 갑(甲)의 군주(君主)인데 병화(丙火)가 와서 갑목(甲木)을 불태우려 한다면 이때에도 신금(辛金)과 병화(丙火)가 합하여 병신합수(丙辛合水)하여 오히려 갑목(甲木)을 생(生)해줄 수가 있는 것이니 이로 인해 생령(生靈)을 구한다고 하는 것입니다.

▶ 열기(熱氣)가 치열(熾熱)하면 모친(母親)이 되는 토(土)를 기뻐하고 한랭(寒冷)하면 곧 정화(丁火)를 기뻐한다.

만일 신금(辛金)이 여름에 태어나 화(火)가 많을 때는 습토(濕土)인 기토(己土)가 있어 회화생금(晦火生金)하게 되면 기트(己土)가 치열한 화(火)를 흡수하여 끄면서 금(金)을 생(生)하여 줄 수가 있는 것입니다.
그러므로 이것을 열즉희모(熱則喜母)라 하였으니 신금(辛金)이 염염(炎炎)하게 되면 어머니인 기토(己土)를 만나 불길을 잠재우고 생금(生金)할 수가 있다고 한 것입니다.

또한 신금(辛金)이 깊은 겨울철에 태어나면 한랭(寒冷)하여지므로 정화(丁火)의 열기(熱氣)를 반기는데 이때 사용되는 정화(丁火)는 난수양금(暖水養金)으로 얼음을 녹여 따뜻한 수온(水溫)으로 만들기 위해서 정화(丁火)가 필요하다는 점을 강조한 것입니다. 그래서 이것을 한즉희정(寒則喜丁)이라 밝힌 것입니다.

따라서 병화(丙火)는 불가능하며 오직 정화(丁火)의 열기(熱氣)로 금(金)을 녹일 수가 있음을 말하는 것입니다.
보통 신금(辛金)은 정화(丁火)를 보면 화소주옥(火燒珠玉)으로 분류하여 보석을 그을리게 하므로 나쁘게 보았으나, 겨울철 신금(辛金)은 얼어붙은 금(金)이므로 생육(生育)을 방해하는 문제가 시급한 것입니다. 고로 동금(凍金)을 녹일 수 있는 정화(丁火)가 필요하고 병화(丙火)는 차선(次善)이 되는 것입니다.

11) 임수론(壬水論)

壬水通河能洩金氣剛中之德周流不滯通根透癸沖天奔地化則有
임수통 하 능 설 금 기 강 중 지 덕 주 류 불 체 통 근 투 계 충 천 분 지 화 즉 유

情從則相濟
정 종 즉 상 제

임수(壬水)는 강으로 통하는 길이니 능히 금(金)의 기운(氣運)을 설기할 수가
있어서 강하면서 덕성(德性)을 가지고 있다. 두루 흘러 막힘이 없으니 계수
(癸水)가 통근하여 투출(透出)하게 되면 충천분지(沖天奔地)가 된다. 화(化)한
즉 유정(有情)하고 종(從)한 즉 서로 구제(救濟)하는 공이 있다.

【原文】壬水卽癸水之發源崑崙之水也癸水卽壬水之歸宿扶桑之水也有
【원문】임수 즉 계 수 지 발 원 곤륜 지 수 야 계 수 즉 임 수 지 귀 숙 부 상 지 수 야 유

分有合運行不息所以爲百川者此也亦爲雨露者此也是不可歧而二之申爲
분 유 합 운 행 불 식 소 이 위 백 천 자 차 야 역 위 우 노 자 차 야 시 불 가 기 이 이 지 신 위

天關乃天河之口壬水長生於此能洩西方金氣周流之性漸進不滯剛中之德
천 관 내 천 하 지 구 임 수 장 생 어 차 능 설 서 방 금 기 주 류 지 성 점 진 불 체 강 중 지 덕

猶然也若申子辰全而又透癸則其勢沖奔不可渴也如東海本發端於天河每
유 연 야 약 신 자 진 전 이 우 투 계 칙 기 세 충 분 불 가 갈 야 여 동 해 본 발 단 어 천 하 매

成水患命中遇之若無財官者其禍當何如哉合丁化木又生丁火則可謂有情
성 수 환 명 중 우 지 약 무 재 관 자 기 화 당 하 여 합 정 화 목 우 생 정 화 칙 가 위 유 정

能制丙火不使其奪丁之愛故爲夫義而君仁生於九夏則巳午未中火土之氣
능 제 병 화 불 사 기 탈 정 지 애 고 위 부 의 이 군 인 생 어 구 하 칙 사 오 미 중 화 토 지 기

得壬水熏蒸而成雨露故雖從火土未嘗不相濟也.
득 임 수 훈 증 이 성 우 노 고 수 종 화 토 미 상 불 상 제 야.

임수(壬水)는 곧 계수(癸水)의 발원으로 곤륜산에서 흘러내리는 물이다.
계수(癸水)는 곧 임수(壬水)의 귀숙지이고 부상(扶桑)의 물이다.

나눠지고 합해지기를 끊임없이 반복하면서 쉬지 않는다.

그래서 백천(百川)이라고 하는 것이 이것을 두고 하는 말이다.

또한, 비, 이슬이라고 하는 것도 이것을 두고 하는 말이니 이 두 가지를 분리한다는 것은 옳지가 않다. 신금(申金)은 천관(天關)으로 간주하는데 이에 천하(天河)의 입구가 된다. 임수(壬水)는 이곳에서 장생(長生)하는데 능히 서방(西方) 금기를 설기(泄氣)를 할 수가 있다.

두루 흐르는 성질이 있고 점진적으로 나다가나 막힘이 없으므로 굳센 덕성(德性)이 오히려 자연스러운 것이다.

만일 신자진(申子辰)이 모두 완전(完全)한디 계수(癸水)가 투간(透干)하여 있다면 곧 그 기세는 치솟고 날뛰어 막을 수가 없다. 이것은 마치 동해(東海)바다가 천하(天河)에서 발단이 된 것과 같은 것이니 매사에 수재(水災)로 인한 근심을 이루는 것이다.

명중(命中)에 이러한 것을 만나는데 만약에 재성(財星)과 관성(官星)이 없다면 그 재난(災難)을 당함은 마땅하지 않겠는가.

정화(丁火)와 합하여 목(木)이 되어 다시 정화(丁火)를 생하니 가히 이르기를 유정(有情)하다고 말하는 것이다. 임수(壬水)는 능히 병화(丙火)를 억제하여 정화(丁火)의 사랑을 빼앗기지 않도록 한다.

그러므로 본래 남편은 의리가 있고 또 군자의 어짐과 같은 것이다.

임수(壬水)가 한여름에 태어났다면, 곧 사오미(巳午未) 중의 화토(火土)의 기세가 강해서 임수(壬水)가 훈증이 되어 비와 디슬로 변한다.

그러므로 비록 화토(火土)로 종(從)한다고 해도 서로 구제하지 못한다고 말할 수가 없는 것이다.

▶ 임수(壬水)는 강으로 통하는 것이니 능히 금(金)의 기운(氣運)을 설기할 수가 있어서 강하면서 덕성(德性)을 가지고 있다.

임수(壬水)는 대하(大河)라고 말하는데 강, 호수(湖水), 대해수(大海水) 등을 상징합니다. 비유하기를 천하(天河)에 통하여 있으므로 사방으로 끊임없이 흐르는 성질이 있어서 적수(適水)라고도 합니다. 그래서 정지할 줄 모르는 진취적 활동가에게서 많이 나타납니다.

임수(壬水)는 곤방(坤方)에 위치한 신금(申金)에서 장생(長生)을 얻고 있어서 서방(西方)의 스산한 숙살지기를 뽑아내어 중화시켜 버리는 덕이 있기 때문에 임수(壬水)를 가리켜 강중지덕(剛中之德)이라고도 말을 하는 것입니다. 또한 임수(壬水)가 경금(庚金)을 만나면 맑아지게 되므로 금수쌍청(金水雙淸)이 되기도 합니다. 즉 금(金)을 설기하므로 금(金)도 빼어나게 아름답고 수(水)도 맑아 의로우며 지혜가 많아서 스스로 덕이 쌓이게 됩니다.

▶ 두루 흘러 막힘이 없으니 계수(癸水)가 통근하여 투출하게 되면 충천분지(沖天奔地)가 된다.

임수(壬水)는 적수(適水)로써 사방으로 끊임없이 흐르는 성질이 있는데 만약 지지에 신자진(申子辰)으로 수국(水局)이 되면서 계수(癸水)가 통근하여 투출(透出)하여 있으면 하늘과 땅이 모두 물로 범람하는 상(象)이니 성난 물의 충격으로 하늘을 충격(衝擊)하고 땅을 덮어버리는 것이 되어 수환(水患)을 입는 것이며 이것을 두고 충천분지(沖天奔地)라고 말하는 것입니다.

▶ 화(化)한 즉 유정(有情)하고 종(從)한 즉 서로 구제(救濟)하는 공(功)이 있다.

화(化)한다는 말은 정임합목(丁壬合木)을 말하는 것입니다.

곧 임수(壬水)는 정화(丁火)를 극하는 위치에 있지만, 만약 임수(壬水)가 정화(丁火)와 합하여 목(木)이 되면 목생화(木生火)로 정화(丁火)를 생하게 됩니다. 이것은 임수(壬水)가 정화(丁火)를 극하는 것이 아니며 오히려 정임(丁壬) 합목으로 정화(丁火)를 생(生)하는 것이니 이것을 두고 유정(有情)하다고 말하는 것입니다.

만약, 정화(丁火)가 있는데 병화(丙火)가 있게 되면 병탈정광(丙奪丁光)으로 병화(丙火)의 태양 빛이 정화(丁火)의 빛을 빼앗을 수가 있습니다. 그러나 임수(壬水)가 있으면 능히 병화(丙火)를 병임(丙壬) 충(沖)으로 극하고 정화(丁火)의 빛을 보전할 수 있게 합니다. 이것을 말하여 정화(丁火)의 사랑을 빼앗기지 않도록 할 수가 있다는 것입니다. 이러한 것들은 지아비가 아내에게 의리를 지킨다는 뜻이며 어진 군자의 도리를 지키는 것과 같은 맥락입니다.

▶ 비록 화토(火土)로 종(從)한다고 해도 서로 구제하지 못한다고 말할 수가 없는 것이다.

임수(壬水)가 사오미(巳午未)월에 태어나게 되면 사주(四柱)중에서 화토(火土)가 왕(旺)한 것으로 화(火)로 종(從)하여야 길한 것입니다. 그러나 비록 화토(火土)로 종(從)한다하여도 임수(壬水)가 훈증(燻蒸)이 되어 비와 이슬로 변해 윤택하는 공이 숨어 있는 것을 말하는 것입니다. 고로 이것을 두고 상제(相濟)의 공이라고 말하는데 그러므로 화(化)하게 되면 유정(有情)하게 되고 종(從)하면 서로를 배신하는 것이 아니라, 서로를 구제하는 공덕이 있게 되는 것입니다.

12) 계수론(癸水論)

癸水至弱達于天津得龍而運功化斯神不愁火土不論庚辛合戊見
계수지약달우천진득용이운공화사신불수화토불논경신합무견

火化象斯眞.
화화상사진.

계수(癸水)는 지극히 연약(軟弱)하지만 천진(天津)까지 닿는다.

용(龍)을 만나 움직이면 이 신(神)을 화(化)하는 공덕(功德)이 있다.

그러므로 화토(火土)를 걱정하지 않고 경신(庚辛)은 논하지 않는다.

무토(戊土)와 합하여 화(火)를 보게되면 이 변화하는 상(象)이 참으로 진실하다.

【原文】癸水乃陰之純而至弱故扶桑有弱水也達於天津隨天而運得龍以
【원문】계수내음지순이지약고부상유약수야달어천진수천이운득용이

成雲雨乃能潤澤萬物功化斯神凡柱中有甲乙寅卯皆能運水氣生木制火潤
성운우내능윤택만물공화사신범주중유갑을인묘개능운수기생목제화윤

土養金定爲貴格火土雖多不畏至於庚金則不賴其生亦不忌其多惟合戊土
토양금정위귀격화토수다불외지어경금칙불뢰기생역불기기다유합무토

化火何也戊生寅癸生卯皆屬東方故能生火此固一說也不知地不滿東南戊
화화하야무생인계생묘개속동방고능생화차고일설야불지지불만동남무

土之極處卽癸水之盡處乃太陽起方也故化火凡戊癸得丙丁透者不論衰旺
토지극처즉계수지진처내태양기방야고화화범무계득병정투자불논쇠왕

秋冬皆能化火最爲眞也.
추동개능화화최위진야.

계수(癸水)는 순수한 음(陰)으로 지극히 연약(軟弱)하다. 그러므로 부상(扶桑)
나무 아래에 쇠약(衰弱)한 물이라 말한다. 그래서 천진(天津)에 이른다고 하
는 것은 하늘을 따라서 운행(運行)한다는 것이다.

용(龍)을 만나게 되면 구름과 비가 만들게 되므로 이는 능히 만물을 윤택하게 하는 것인데 이 신(神)이 변화시키는 공(功)이 있는 것이다.

무릇 사주(四柱)중에 갑을인묘(甲乙寅卯)가 있다는 것은 모두 능히 수기(水氣)를 움직이게 할 수가 있으므로 나무를 생(生)하고 불을 억제하고 토(土)를 윤택하게 만들고 금(金)을 자양(慈養)하게 만들 수가 있다.

따라서 귀격(貴格)으로 정해지는 것이다. 화토(火土)가 비록 많다고 하더라도 두려워하지 않으며 경금(庚金)에 대해서는 곧 그 생(生)함에 의지하지 않는다. 역시 금(金)이 많다고 해도 기피(忌避)하지 않는다.

생각건대 계수(癸水)가 무토(戊土)와 합하여 화(火)로 변함이 어떤 것인가.

무토(戊土)는 인(寅)에서 장생하고 계수(癸水)는 묘(卯)에서 장생하는데 모두 동방목(東方木)에 속하는 것이다. 그러므로 능히 목(木)이 화(火)를 생하므로 무계합화(戊癸合火)한다는 주장이다.

이것은 굳은 일설(一說)일 것인데 다만 땅이 동남쪽에만 있는 것이 아님을 알지 못하는 것이다. 무토(戊土)가 지극히 광성한 위치에 있게 되면 계수(癸水)는 그 기운이 다한다는 장소가 된다. 이것은 태양이 떠오르는 방위가 되는 것이다. 그러므로 화(火)로 변하는 것이다.

무릇 무계(戊癸)가 투간한 병정(丙丁)을 얻게 되면 쇠왕(衰旺)을 따지지 않고 가을철과 겨울철에도 모두 능히 화로 변화하는 것이다.

이것이 참으로 진실된 것이다.

구문풀이

▶ 계수(癸水)는 지극히 연약(軟弱)하지만, 천진(天津)까지 닿는다.

계수(癸水)는 순수한 음(陰)으로 지극히 연약(軟弱)한 성분을 가지고 있는 것입니다. 그래서 신성한 부상(扶桑)나무 아래에 있는 쇠약한 물이라고 하는 것입니다. 천진(天津)에 이른다고 하는 것은 비유하여 말하기를 "계수는 하늘의 나루터에서 발원한다"라는 의미가 되는 것이니 하늘을 따라 운행하는 것인데 지지의 진토(辰土)와 연결이 되면 변화를 일으키게 되어 구름과 비를 만들어 땅에 내리게 하니 땅을 윤택하게 하고 금을 자양(滋養)하기도 하는 것입니다.

▶ 용(龍)을 만나 움직이면 이 신(神)을 화하는 공덕이 있다.

계수(癸水)는 지지에서 진토(辰土)를 만나게 되면 용(龍)을 만나는 것이 되기 때문에 조화가 무궁해지는 것입니다. 용을 만나 움직이면 그 변화를 예측하기 어려운데 이것은 구름과 비를 불러 조화를 부리며 만물(萬物)을 윤택하게 하다가 곧 화(化)하여 없어진다고 하는 것입니다. 이때 화(化)한다는 것은 무계(戊癸) 합(合)을 의미합니다.
그래서 이것이 신(神)을 변화시키는 공(功)이 있다고 설명하는 것인데 이것은 계수(癸水)가 진토(辰土)를 잘 활용할 수 있다는 것을 말하기도 하는 것입니다.

▶ 화토(火土)를 걱정하지 않고 경신(庚辛)은 논하지 않는다.

위의 원문에서 불수화토(不愁火土)라고 하는 것은 "화토(火土)를 만나도 시름이 없다"라는 것인데 계수(癸水)가 원래 지약(至弱)한 성질을 지녔기 때문에 화토(火土)가 왕(旺)할 때는 쉽게 종화(縱火)하여 버리는 점을 말하는 것입니다. 즉 계수(癸水)는 사주(四柱)중에 화토(火土)가 많게 되면 무계(戊癸)합하여 화(火)로 종하기 쉽다는 것이 됩니다. 또한 계수(癸水)는 경금(庚金)에 의해 생(生)함을 받는 것에 크게 의지하지 않는데 이것은 역시 계수(癸水)가 "천진에서 발원하기 때문인 것"으로 지지의 영향을 크게 받지 않는다는 것을 말하는 것입니다.

그래서 역시 금(金)이 많다고 해도 기피(忌避)하지 않는 것입니다.

▶ 무토(戊土)와 합하여 화(火)를 보게 되면 이 변화하는 상(象)이 참으로 진실하다.

계수(癸水)가 무토(戊土)와 합하는 상(象)을 생각해 본다면 한 일설(一說)로는 무토(戊土)는 인목(寅木)에서 장생(長生)하고 계수(癸水)는 묘목(卯木)에서 장생하니 인묘(寅卯)목은 동방목(東方木)으로 화(火)를 생하는 이치라고도 말하고 있습니다.

그런데 더 깊이 들어가 본다면 남(南)쪽에는 화토(火土)가 치성하여 계수(癸水)가 다하여 끝나는 장소가 되는 것이므로 바로 태양이 오시(午時)에 남중(南中)하는 곳이 됩니다.

즉 무토(戊土)가 가장 왕성한 곳이 계수(癸水)가 가장 약한 곳이 되는데 이곳이 태양이 하늘에 높이 치솟아 있는 시간으로 오시(午時)가 됩니다. 곧 화기(火氣)가 충만한 곳이니 당연히 무계(戊癸)합하여 화(火)로 변하는 이치가 되는 것입니다.

그러므로 사주(四柱) 중에서 무계(戊癸)가 있고 천간에 투간한 병정(丙丁)을 모두 얻게 되면 쇠왕(衰旺)을 따지지 않고 가을과 겨울철에도 능히 화(火)로 변화할 수가 있다는 것입니다.

8. 지지론(地持論)

1) 양지(陽支)는 새해의 길흉이 빠르고 음지(陰支)는 늦게 나타난다.

陽支動且强速達顯災祥陰支靜且專否泰每經年.
양지동차강속달현재상음지정차전부태매경년.

양(陽)의 지지는 동적(動的)이고 강(强)하여 그해의 길흉(吉凶)이 신속히 나타나고, 음(陰)의 지지는 정적(靜的)이고 전일(專一)하여 길흉(吉凶)이 천천히 나타나므로 표징(表徵)이 크지 않다.

【原文】子寅辰午申戌陽也其性動其勢强其發至速其災祥至顯丑卯巳未
【원문】자인진오신술양야기성동기세강기발지속기재상지현축묘사미

酉亥陰也其性靜其氣專發之不速而否泰之驗每至經年而後見.
유해음야기성정기기전발지불속이부태지험매지경년이후견.

자인진오신술(子寅辰午申戌)은 양(陽)의 지지(地支)인데 그 성질은 동적(動的)이고 세력(勢力)은 강하여 그 작용(作用)하는 것이 신속(迅速)하므로 길흉(吉凶)이 빨리 나타난다.
축묘사미유해(丑卯巳未酉亥)는 음(陰)의 지지(地支)인데 그 성질(性質)은 정적(靜的)이고 그 기(氣)는 전일(專一)하여 작용이 신속(迅速)하지 않으므로 길흉의 표징(表徵)이 크지 않아 매년 해를 넘겨 뒤늦게 나타난다.

구문풀이

▶ 양(陽)의 지지는 동적(動的)이고 강(强)하여 그해의 길흉(吉凶)이 신속히 나타나고 음(陰)의 지지는 정적(靜的)이고 전일(專一)하여 길흉(吉凶)이 천천히 나타나므로 표징(表徵)이 크지 않다.

세운의 지지가 양지(子寅辰午申戌)이면 세력이 강하여 작용이 신속하므로 전년 후반기에 빨리 길흉이 나타납니다.

그러나 세운의 지지가 음지(丑卯巳未酉亥)이면 해를 넘겨 뒤 늦게 천천히 영향을 미치게 됩니다.

예를 들면 경인(庚寅)년의 길흉(吉凶)은 인년(寅年)이 양지(陽支)가 되므로 그해 이전부터 징표가 나타나기 시작하는데 곧 기축(己丑)년의 동지 후반기에 경인년(庚寅年)의 징표가 미리 나타날 수 있습니다.

그러나 을미년(陽支)의 길흉(吉凶)은 미년(未年)이 음지(陰支)가 되므로 이전해가 되는 갑오년(甲午年) 동지(冬至)에도 아무런 징표(徵標)가 없습니다. 오히려 을미년(乙未年) 입춘(立春)이 넘어가도 뚜렷한 징표가 나타나지 않습니다.

• 12지지에서 양지(陽地)와 음지(陰支)를 분류(分類)

지지	子	丑	寅	卯	辰	巳	午	未	申	酉	戌	亥
陰/陽	陽	陰	陽	陰	陽	陰	陽	陰	陽	陰	陽	陰

【예시】

時	日	月	年	세운53	세운52	건 명
편관		겁재	편재	편관	정관	六神
癸	丁	丙	辛	癸	壬	天干
卯	巳	申	未	亥	戌	地支
편인	겁재	정재	식신	정관	상관	六神

명주(命主)는 미국인으로 신묘(辛卯)대운 임술(壬戌)년 52세 경술월 10월에 상원의원 선거에서 당선되었다.

그런데 신묘(辛卯)대운 임술(壬戌)년 임자(壬子)월 12월 말에 골수암으로 인해 동년 12월 말경에 사망했다.

동일한 임술년(壬戌年)에 당선되고 또 사망하였는데 같은 해에 길흉이 번갈아 나타날 수가 있을까?

임술년(壬戌年) 경술월(庚戌月)은 임술(壬戌)년 운기에 해당하지만, 임술년(壬戌年) 임자월(壬子月)은 동지(冬至)가 지난시기이므로 이미 계해년(癸亥年)의 운기(運氣)를 끌고 온 것이다.

고로 계해년(癸亥年)에 쌍봉(雙峯)칠살(七殺)을 만나 사망(死亡)한 것으로 본다.

2) 생지(生地)는 충을 두려워하고 고지(庫地)는 개고(開庫)해야 좋다.

生方怕動庫宜開敗地逢沖仔細推.
생방파동고의개패지봉충자세추.

생방은 동(動)하는 것을 두려워하고 고지(庫地)는 열어주는 것이 좋다.
패지(敗地)가 충(沖)을 만나는 것은 자세히 살펴보아야 한다.

【原文】寅申巳亥生方也忌沖動辰戌丑未四庫也宜沖則開子午卯酉四敗
【원문】인신사해생방야기충동진술축미사고야의충칙개자오묘유사패
也有逢合而喜沖者不若生地之必不可沖也有逢沖而喜合者不若庫地之必
야유봉합이희충자불약생지지필불가충야유봉충이희합자불약고지지필
不可閉也須仔細詳之.
불가폐야수자세상지.

인신사해(寅申巳亥)는 생방(生方)인데 충동(衝動)하는 것을 싫어한다. 진술축미
(辰戌丑未)는 사고(四庫)인데 마땅히 충(沖)하여 열어주는 것이 좋다. 자오묘유
(子午卯酉)는 사패지(四敗地)인데 합(合)할 때 충(沖)하여 주면 좋은 것이 있다.
생방(生方)을 충(沖)하면 좋지 않다는 것과는 다르다.
충(沖)을 받을 때 합(合)해 주면 좋아하는 것이 있는데 창고는 닫아 놓으면
안 된다는 것과는 다르다. 그러니 모름지기 자세히 살펴보아야 한다.

▶ 생방은 동(動)하는 것을 두려워하고 고지(庫地)는 열어주는 것이 좋다.
패지(敗地)가 충(沖)을 만나는 것은 자세히 살펴보아야 한다.

인신사해(寅申巳亥)는 오행의 생지(生地)이고, 자오묘유(子午卯酉)는 오행의 왕지(旺地)이면서 동시에 패지(敗地)에 해당합니다. 그리고 진술축미는 묘지(墓地)이며 오행의 고지(庫地)입니다.
인신사해(寅申巳亥)인 생방(生方)이 동(動)하는 것을 두려워한다는 것은 상대가 모두 손상을 입기 때문입니다.
예를 들어 인신(寅申) 충(沖)으로 인목(寅木)과 신금(申金)이 서로 충(沖)한다고 할 때 신금(申金)속에 있는 경금(庚金)이 인목(寅木)속에 있는 갑목(甲木)을 극하면 인목(寅木)속에 있는 병화(丙火)가 신금(申金)속에 있는 경금(庚金)을 극하지 않을 수가 없는 것입니다.
그러면 신금(申金)속의 임수(壬水)가 인목(寅木)속의 병화(丙火)를 극하면 인목(寅木)속의 무토(戊土)는 또 신금(申金)속의 임수(壬水)를 극하지 않을 수 없는 것입니다. 이렇게 서로 싸우고 극하여 조용하지 않기 때문에 생지(生地)는 충으로 움직이는 것을 두려워한다고 말하는 것입니다.
또한 인신사해(寅申巳亥)는 오행(五行)의 주된 세력이고 근기가 되므로 주중(柱中)에 충(沖)을 당해 동(動)하면 자유로울 수가 없는 것입니다. 왜냐하면 생지(生地)라는 것은 미래를 두고 항상 움직이는 글자이므로 역마(驛馬)라고도 하는데 이러한 역마가 충을 당해 움직임이 급가속이 되면 반드시 신상변화나 교통사고 유발 등의 횡액이 따르기 때문입니다. 그래서 생지의 충을 두려워한다고 말하는 것이지만, 예외사항은 있는 것입니다. 역마의 글자가 충(沖)을 당할 때 만약에 팔자 천간(天干)에 음간(乙,丁,己,辛,癸)이 없으면 역마 충은 오히려 조속 조발하는 길(吉)한 현상을 예고할 수가 있는 것입니다.

왜냐하면 음간(陰干)이 없으면 양(陽)의 지지(地支)가 개고(開庫)가 되어도 합거(合去)되어 지지(地支)가 파손되지 않기 때문입니다. 지지가 파손이 안 된다고 하는 것은 지장간의 입고물(入庫物)을 꺼내 쓸 수 있다고 말하는 것이 됩니다.

예를 들어 인신(寅申) 충(沖)이 성립될 경우 만약에 충(沖)으로 인(寅)중 무토(戊土)가 충출(沖出)하게 되면 천간에 음간 계수(癸水)가 없다면 무계(戊癸) 합거로 손실이 안 되는 것이고 또한 인(寅)중 병화(丙火)가 투출(投出)하여도 천간에 음간 신금(辛金)이 없다면 병신(丙辛)합거로 병(丙)과 신(辛)의 글자를 잃어버리지 않고 활용할 수가 있다는 것이 됩니다.

그래서 인신(寅申)충은 좋을 때도 있고 나쁠 때도 있다는 말이 옳은 것이지만, 사해(巳亥)충은 천간에 음간(陰干)이 반드시 배속(配屬)이 되는 것이므로 여지없이 기반(羈絆)과 기물(器物)손상이 따르게 되어 있으므로 나쁘게 보는 것입니다. 음간이 반드시 배속이 된다는 말은 정사(丁巳)년이나 계해(癸亥)년처럼 양간양지(陽干陽支), 음간음지(陰干陰支)의 원리에 따라 60갑자가 정해지는 것이므로 음지(陰支)년에는 천간에 반드시 음간(陰干)이 배속이 되는 원칙을 두고 말하는 것입니다.

예를 들어 주중(柱中)에 사화(巳火)가 있는데 계해(癸亥)년에 사해(巳亥)충이 발생하였다면 사(巳)중 무토(戊土)가 충출(沖出)하여 무계(戊癸)합거로 사(巳)의 지지(地支)가 파손이 되면 그 글자는 쓰지 못한다는 것을 말하는 것입니다.

그런데 패지(敗地)라는 것은 12운성에서 오행의 사지(死地)에 기준을 둔 것으로 수(水)는 묘(卯)에서 사(死)하고 목(木)은 오(午)에서 사(死)하고 화(火)는 유(酉)에서 사(死)하며 금(金)은 자(子)에서 사(死)합니다 그래서 4패지(敗地)라고 말합니다. 그러나 삼합(三合)의 기준을 드고 살펴보면 자오묘유(子午卯酉)는 왕지(旺地)가 됩니다.

그래서 자오묘유를 4패지(敗地) 또는 4왕지(旺地)라고 말합니다.

時	日	月	年
戊	庚	丙	甲
	申	寅	

인신(寅申)충이 성립이 되더라도 천간에 음간(陰干)이 없고 모두 양간(陽干)이 배속이 되면 지장간에서 충출(沖出)이 되더라도 양간끼리는 합거(合去)가 되지를 못하게 됩니다.

그러므로 인신(寅申)충은 서로를 파손시키지 않아서 역마충으로 조속(早速), 조발하는 길(吉)한 현상으로 나타나게 될 수가 있게 됩니다.

【예시2】

時	日	月	年
			辛
	申	寅	

戊丙甲   지장간

인신(寅申) 충(沖)으로 인(寅)중 병화(丙火)가 충출(沖出)하게 되면 년간(年干)에 있는 음간 신금(辛金)과 병신(丙辛) 합거하여 사라지게 됩니다. 이것은 인목(寅木) 실자(實字)가 깨지므로 인목(寅木)을 사용할 수가 없게 된다는 말이 됩니다.

【예시3】

세운에서 계해(癸亥)년에 사해(巳亥) 충(沖)이 발생하게 되면 사(巳)중 무토(戊
土)가 충출(沖出)하여 계수 천간과 무계(戊癸) 합거로 사화(巳火)가 파과가 되
어 그해에는 그 글자를 사용 못 하게 됩니다.

時	日	月	年	歲
				癸
	巳			亥

戊庚丙   지장간

진술축미(辰戌丑未)는 사고(四庫)인데 이러한 고지(庫地)는 창고의 역할을 수행
하는 것처럼 토(土)의 성질을 따라 모든 것을 받아들여 수렴하게 되는데 기
존의 화려했던 모든 것을 덮어 버리게 되는 것이므로 화개(華蓋)라고 하는
것입니다. 그런데 이러한 사고(四庫)의 작용에도 묘지(墓地)로 작용하는 것이
있고 고지(庫地)로 작용하는 것이 있어서 잘 분별하여 사용해야 합니다.
예를 들어 묘(墓)로 작용할 때는 형충(刑沖)이 불리하고, 고(庫)로 작용할 때
에는 형충(刑沖)이 유리한 것입니다.
다시 말하자면 묘지(墓地)로 작용할 때는 형충(刑沖)이 되면 묘지(墓地)가 파
괴가 되는 것이고, 고지(庫地)로 작용할 때는 형충(刑沖)이 되면 고지(庫地)가
열려 개고(開庫) 되는 것이므로 장간의 입그물(入庫物)을 꺼내 쓸 수가 있는
것입니다. 입고(入庫)한다는 것은 삼합의 세력으로 활동하던 것이 형충(刑沖)
으로 고지(庫地)가 열리면서 삼합(三合)의 합력으로 땅속에 빨려 들어가는 모
습입니다.
예를 들어 사술(巳戌)원진을 살펴본다면 사(巳)는 생지(生地)로써 분열(分裂)하

려 하고 기세(氣勢)를 확장하는 움직임이 존재하는 것이라면 술토(戌土)는 화기(火氣)의 분열을 수렴(收斂)하여 정리하려는 움직임으로 나타나므로 둘의 관계가 서로 적대적입니다.

이런 구조로서는 이미 입고적 작용이 내포되어 있다고 보는데 즉 분열도 못 해보고 정리되는 억울함이 존재하는 것입니다.

이것을 사술(巳戌)원진이라고 보아도 좋은 것입니다.

그러나 오술(午戌)의 구조를 살펴보면 삼합에 의해 오화(午火)가 왕지로 이미 상당한 세력을 장악한 것이므로 억울할 일은 없는 것이고 술토(戌土)가 형충(刑沖)으로 열리게 되면 오화(午火)는 세력을 정리하여 쉬는 모습으로 입고(入庫)하게 되는 것입니다. 또한, 진술(辰戌) 충(沖)에서 진토(辰土)는 훼손되지 않아 근기가 쉽게 사라지지 않는다고 하였는데 그 이유는 진(辰)중 무계(戊癸) 암합이 완충 역할을 하기 때문입니다. 즉 진술충이 와도 무계(戊癸) 암합으로 충을 풀어버리기 때문입니다.

축미충(丑未沖)은 장간(癸辛己/丁乙己)의 입고물이 모두 음간이므로 주중(柱中)의 천간에 드러난 것이 모두 음간(陰干)이라면 음간끼리는 합거(合去)가 되지 못하므로 손실이 없어서 모두 사용이 가능한 것이며 만약 천간에 드러난 양간이라 해도 합거(合去)가 없으면 지지(地支)의 기물이 파괴되지 않아서 입고물을 쓸 수가 있는 것입니다. 이때에는 오히려 재관(財官)이 개고(開庫)되어 발(發)하게 되는 것이라서 사고(四庫)의 충은 대부분이 매우 유익하다고 말할 수가 있는 것입니다.

고로 **"사고의개(四庫宜開)"라 말하였고 그런, 즉 "고지는 마땅히 충해서 열어야 좋다"**라고 말하였던 것입니다.

그러나 인신사해(寅申巳亥)와는 다르게 진술축미(辰戌丑未)는 명주(命主)가 직접 재화(災禍)에 노출은 낮겠지만, 장간이 파괴되어 합거(合去)되는 상황이 올 정도가 되면 그 해당 육친의 유실이 분명히 따르게 되는 것이므로 육친궁이나 해당 장간의 육친성에 횡액이 도래할 가능성이 매우 큰 것이 사실입니다.

【예시1】

	時	日	月	年

庚
辰　　戌
辛丁戊　　지장간

경(庚)일간이 주중(柱中)에 정화(丁火)가 없었으나, 진술(辰戌)충으로 술(戌)중
정화(丁火)가 인출(引出)이 되어 정화(丁火)정관을 쓸 수가 있게 된다. 이것을
개고(開庫)라고 하는 것인데 이때 경금(庚金)일간이 정화(丁火)를 만나면 "화련
진금"을 이루게 되어 그 년도(年度)에 갑자기 귀(貴)히 될 수가 있는 것이다.

【예시2】

	時	日	月	年

辛　　乙

丑　　未　　藏

축토(丑土)는 금(金)의 고장지이고 미토(未土)는 목(木)의 고장지입니다.
그래서 축미(丑未)충이 일어나게 되면 천간에 있는 금(金)오행과 목(木)오행
이 각각의 고장지에 입고(入庫)가 되는데 이것을 입묘(入墓)라고 말하지 않는
것은 입묘(入墓)라는 것은 12운성에서 음양간이 지지의 묘지(墓地)에 도달하
였을 때에를 지칭하여 말하는 것이 된다.

이에 반해서 오행(五行)의 입고(入庫)는 음양간을 구분하지 않은 상태에서 갇히는 것이므로 이것을 입고(入庫)라고 명칭을 해야 정확한 표현이 되는 것이다.

자오묘유(子午卯酉)의 충은 암합(暗合)과 명합(明合)으로 인해 지지(地支)의 기물이 파괴되기 쉽습니다. 즉 자오충은 자(子)중에 임수(壬水)와 오(午)중의 정화(丁火)가 정임(丁壬)암합이 된 상태로 충(沖)이 발생이 되는 것입니다. 그러므로 자오(子午)충이 일어나게 되면 정임(丁壬)암합이 잠시 풀렸다가 충출(沖出)하여 천간에서 다시 정임(丁壬)합으로 합거(合去)되어 버리기 때문에 양쪽이 모두 지지 유실(遺失)이 매우 높은 것입니다. 그래서 사패지(四敗地)의 충(沖)은 피해가 막중(莫重)하다고 말하는 것입니다.

또한 묘유(卯酉)충도 묘(卯) 중 을목(乙木)과 유(酉)중 경금(庚金)이 을경(乙庚)암합하면서 충(沖)이 발생하는데 을경(乙庚) 암합 된 것이 잠시 풀리면서 충출(沖出) 후 다시 을경(乙庚)합거가 되어 사라지게 되므로 지지가 모두 유실(遺失)이 되는 것입니다.

그러나 만약에 천간에 경금(庚金)이 이미 나타나 있는 상태라면 묘(卯)중 을목(乙木)이 충출(沖出)한 이후에 을경(乙庚)합거 되더라도 신(申)중 경금(庚金)은 살아나는 것이라서 신금(申金)의 손실은 없게 되는 것입니다. 그래서 왕지의 충은 자세히 살펴봐야 한다고 말하는 것입니다.

【예시3】

時	日	月	年
			庚
卯	**酉**		
乙	庚	藏	

이 상태에서는 암중(暗中)의 을경(乙庚) 암합이 되어 있는 상태이지만 묘유(卯酉)충이 성립되면 묘(卯)중 을목(乙木)과 유(酉)중 경금(庚金)이 함께 충출(沖出)한다. 잠시 암합(暗合)이 풀렸다가 투출(投出)한 후에 다시 을경(乙庚) 합거가 되어 사라지게 되면 묘(卯)와 유(酉)의 두 글자는 모두 파괴가 되므로 사용하지 못하게 되는 것이다.

그러나 만약에 년간에 경(庚) 자가 있게 되면 묘유충(卯酉沖)이 성사되더라도 묘중(卯中) 을목(乙木)만이 투출하여 년간(年干) 경금(庚金)과 을경합거(乙庚合去)로 사라지게 되는 것이므로 유중(酉中)의 경금(庚金)은 무사(無事)할 수가 있다는 말이 된다.

▶ 자오묘유(子午卯酉)는 사패지(四敗地)인디 합(合)할 때 충(沖)하여 주면 좋은 것이 있다. 생방(生方)을 충(沖)하면 좋지 않다는 것과는 다르다. 충(沖)을 받을 때 합해 주면 좋아하는 것이 있는데 창고는 닫아 놓으면 안 된다는 것과는 다르다.

합(合)할 때 충(沖)하여 주면 좋은 것이라는 것은 "희충(喜沖)"을 말하는 것인데 말뜻 그대로 좋은 충을 말하고 있는 것입니다.

무슨 뜻인가 하면 주중(柱中)에 자축(子丑)합이니 오미(午未)합이 있어서 자축(子丑)이나 오미(午未)가 묶여서 그 글자를 사용할 수가 없을 때는 자(子)를 충(沖)하거나 오(午)를 충하므로 자축(子丑)합이나 오미(午未)합을 충으로 풀어주면 그 글자를 쓸 수가 있어서 좋다는 것을 말하는 것입니다.

그러므로 이것은 단순히 생지(生地)를 충(沖)하면 좋지 않다는 내용과는 다른 것입니다. 생지(生地)를 충(沖)하면 생지에 의지하는 천간은 반드시 파손되어 위태롭고 생지끼리의 충은 서로가 서로를 함께 극(剋)하여 둘 다 파손이 될 수가 있는 것입니다.

그러나 합거(合去)가 된 지지를 충(沖)으로 풀어준다고 하면 이것은 희충(喜沖)이 되는데 합으로 충을 풀어 버리므로 묶인 글자를 사용할 수가 있게 된다는 점에서는 분명히 다른 내용입니다.

또한 충(沖)이 있을 때 합(合)해 주면 좋다는 것은 "희합(喜合)"을 말하는 것으로 말뜻 그대로 좋은 합을 말하고 있는 것입니다.

무슨 뜻인가 하면 주중에 자오충(子午沖)이나 묘유충(卯酉沖)이 있다고 한다면 이 두 글자는 서로 충이 되는 관계로 쓰기가 힘들 수도 있지만, 그 해에 자축(子丑)합이 온다든지 묘술(卯戌)합이 와서 묘유(卯酉)충을 풀 수가 있는데 그렇게 되면 충(沖)이 없어지게 되는 것이므로 두 글자를 모두 사용할 수가 있게 되는 것입니다.

그래서 이것을 희합(喜合)이라고 말하는 것입니다. 그런데 이것은 합으로 묶이므로 개고를 못 시키게 하는 것이 아니고 합으로 오히려 충을 해소시켜 활동할 수 있게 만드는 것이라서 창고를 묶여 닫히게 한다는 말과는 내용이 분명히 다른 것을 알아야 합니다.

【예시4】

자축합(子丑合)이 된 상태이므로 합(合)으로 묶여 있는 것인데 오년(午年)에 자오(子午)충이 일어나면 충(沖)으로 합(合)을 풀 수가 있게 된다. 그렇게 되면 묶인 자(子)글자를 사용할 수가 있게 되는 것입니다. 그래서 희충(喜沖)이 되는 것이다.

時	日	月	年	歲
子	丑		午	

【예시5】

묘유(卯酉)충이 된 상태이므로 두 글자가 은전하지 못하는 것인데 희합(喜合)으로 술토(戌土)글자를 만나게 되면 묘술(卯戌)합이 되므로 충(沖)이 풀리게 된다. 이것은 충(沖)을 합(合)으로 풀어 버리는 현상이라 희합(喜合)이라고 말하는 것이다. 반면에 이 합력(合力)이 고지를 묶이게 만드는 작용과는 내용이 다른 것이므로 잘 살펴봐야 한다

時	日	月	年	歲
卯	酉		戌	

3) 충(沖)을 보고 형천(刑穿)은 동(動)을 본다.

支神只以沖爲重刑與穿兮動不動.
지 신 지 이 충 위 중 형 여 천 혜 동 불 동.

지지는 다만 충(沖)을 중요하게 보고 형(刑)과 천(穿)은 동(動)하는 것이 있고 동(動)하지 않는 것이 있다.

【原文】沖者必是相剋及四庫兄弟之沖所以必動至於刑穿之間又有相生
【원문】충 자 필 시 상 극 급 사 고 형 제 지 충 소 이 필 동 지 어 형 천 지 간 우 유 상 생
相合者存所以有動不動之異.
상 합 자 존 소 이 유 동 불 동 지 리.

충(沖)이라는 것은 반드시 서로 극하는 것이다. 사고(四庫)를 형제(兄弟)의 충 (沖)이라 하는 것은 반드시 동(動)하는 까닭이다.
형천(刑穿)의 관계에 있어서는 또한 상생(相生)하는 것이 있고 상합(相合)하는 것이 있는데 이것은 동(動)하는 것과 동(動)하지 않는 차별이 있는 까닭이다.

구문풀이

▶ 지지는 다만 충(沖)을 중요하게 보고 형(刑)과 천(穿)은 동(動)하는 것이 있고 동(動)하지 않는 것이 있다.

지지는 충(沖)을 중요하게 보는데 그 이유는 충극(沖剋)이 되면 뿌리가 뽑히 거나 흔들리므로 변동변화가 신속히 나타나기 때문입니다. 다만 형(刑)과 천(穿)은 동(動)하는 것이 있고 동(動)하지 않는 것도 있으므로 자세히 살펴봐

야 합니다. 그래서 형살이 존재하는 팔자인데도 형살에 관련한 사건이 발생하지 않는다고 형살을 부정하면 안 됩니다.

왜냐하면 형살(刑殺)이 동(動)하지 않는 것을 보고 형살(刑殺)이 없는 것이라고 단정하기 때문입니다. 따라서 어떤 배합이 되면 형살이 동(動)하여 움직이는가를 살펴보는 것이 현명한 것입니다.

형(刑)은 기본적으로 기운이 넘쳐 안정이 깨지는 현상을 말하는 것입니다. 같은 기운이 모여 극왕해지는 것이므로 자체적으로 살(殺)을 품고 있는 것입니다. 이 형이 정적(靜的)일 때에는 동(動)하는 것이 아니므로 형살(刑殺)이 발생하지 않으나 이 형(刑)이 동(動)하게 되면 형살(刑殺)이 일어나게 되는 것이라 형살(刑殺)이라고 칭하는 것입니다.

그러므로 주중(柱中)에 형(刑)이 있더라도 동(動)하는 것과 동(動)하지 않는 것을 잘 분간할 줄을 알아야 합니다. 하여튼 사주에 형살(刑殺)이 있으면 일단 운기(運氣)가 넘치는 사람이라서 정신력과 자기 소신이 강하고 뚜렷하여 지도자로서 자질을 갖추고 있습니다.

다만, 격국이 파격(破格)이 되면서 형충(刑沖)이 있으면 형살(刑殺)이 흉신(凶神)으로 작용하게 되어 사건, 사고 형액의 중심에 서게 됩니다. 보통 형살(刑殺)이 많은 사람은 인간성이 냉정(冷靜)하고 고집이 세다고 하며 항상 동분서주로 바쁘다고 합니다.

그래서 권력을 얻거나 법을 집행하는 법관이나 총칼을 잡는 군인, 경찰, 의사, 간호사 등의 직업을 갖게 되면 이 형살의 흉한 작용을 대체하여 원만하게 이끌 수가 있게 됩니다. 자형살(自刑殺)은 진진(辰辰), 오오(午午), 유유(酉酉), 해해(亥亥) 이렇게 4개입니다.

(1) 진진(辰辰)자형살(自刑殺)

진토(辰土)는 수고(水庫)입니다. 수고(水庫)가 여러 번 만나 형(刑)을 하게 되면 수고(水庫)가 열려 물을 분출하게 될 것입니다. 이때 수고(水庫)의 문이 열리는 것을 동(動)한다고 말을 합니다.

그러므로 마땅히 물이 희신(喜神)인 사람은 좋을 것이지만 물이 기신(忌神)인 사람은 억류(抑留), 감금(監禁), 범람(氾濫)이나 붕괴(崩壞), 유실(流失) 등의 피해(被害)를 당할 수 있게 됩니다.

(2) 오오(午午)자형살(自刑殺)

오화(午火)는 화(火)의 극왕지세(極旺之勢)가 존재합니다. 염열(炎熱)하고 화기(火氣)가 강왕(强旺)하니 오오(午午)가 맞붙으면 폭발(爆發)하는 형상(形象)이 될 것입니다. 마땅히 화(火)가 희신(喜神)인 사람은 길할 것이고 화(火)가 흉신(凶神)인 사람은 흉이 따르는데 오오(午午)자형살(自刑殺)은 급격과강(急激過强)한 까닭에 해당 육친이 투쟁, 자해하는 횡액(橫厄)이 따른다고 합니다.

(3) 유유(酉酉)자형살(自刑殺)

유금(酉金)은 금기(金氣)가 장성(將星)에 임(臨)하므로 유유(酉酉)금기(金氣)가 맞붙으면 금기(金氣)가 태강(太强)하여 숙살지기(肅殺之氣)를 발(發)하여 사물(事物)의 성장(成長)을 억제(抑制)하고 절단(切斷), 억압(抑壓)하는 자형살(自刑殺)이 성립(成立)이 됩니다.

(4) 해해(亥亥)자형살(自刑殺)

해수(亥水)는 바다(海)와 같은 물(水)입니다. 해수(亥水)끼리 맞붙으면 물(水)의 세력(勢力)이 범람(氾濫)하는 것과 같아 범람, 붕괴, 침수(浸水), 유실(流失) 등의 흉액(凶厄)이 발생(發生)하게 됩니다.

▶ 사고(四庫)를 형제의 충이라 하는 것은 반드시 동(動)하는 까닭이다.

사고(四庫)의 충을 형제의 충(沖)이라 하여 붕충(朋沖)이라고 말을 하는 이유는 같은 오행인 토(土)가 서로 부딪히는 것이므로 토(土)는 붕괴가 되지 않고 서로 뭉쳐지기 때문입니다. 이것은 토(土)가 움직이면 같은 토(土)의 기운이 발생하는 것입니다.
따라서 만일 사령(司令)한 것이 토(土)가 희신(喜神)이라고 할 때에 이것을 충(沖)하면 도움은 있을지라도 해로운 것이 없습니다.
그래서 토(土)를 재관(財官)의 희신으로 사용하는 명주(命主)라면 대단히 길해지는 것이라서 붕충(朋沖)이라 칭하는 것입니다.

▶ 형천(刑穿)의 관계에서는 또한 상생(相生)하는 것이 있고 상합(相合)하는 것이 있는데 이것은 동(動)하는 것과 동(動)하지 않는 차별이 있는 까닭이다.

천(穿)이라고 하는 것은 해(害)를 말하는데 육해(六害)라고 하는 것은 육합(六合)에서 나온 말입니다. 나와 합하는 신(神)을 충하여 방해한다고 하여 해(害)라고 이름을 지은 것입니다.
즉 육합(六合)을 깨는 방해자이며 결합을 이간(離間)시키고 협력을 방해하므로 분열(分列)과 파괴(破壞)를 가져다주는 흉성(凶星)이 됩니다.

사주(四柱)내에 이 살(殺)이 있으면 해당주의 육친이 해(害)를 당하나 해(害)는 뜻은 강하나 승의(昇意)가 없으므로 마땅히 옛것을 지킴이 좋으며 망동하면 불리해지는 것입니다. 이것은 해살(害殺)이 세력이 있다 하더라도 뜻만 높은 것이라 실제 해롭지 못한다는 것이므로 동(動)하지 않으면 해(害)의 작용이 없는 것을 가리키는 말이 됩니다.
이 형(刑)이나 해(害)또는 파(破)와 같은 살들은 12신살 처럼 별이 운행하며 발생하는 압력이 살로 나타나는 것들인데 이러한 것은 오행의 운행에서도

쉽게 나타날 수가 있는 것입니다. 때문에 살(殺)을 이해한다는 것은 오행의
상생상극으로만 보아서는 안 되는 것입니다.

자미(子未)해는 자축(子丑)이 합(合)이 되어 있는데 미(未)가 끼어들어 축미(丑
未)충으로 자축(子丑)합을 방해하여 자(子)는 미(未)를 해(害)하는 것입니다.
축오(丑午)해는 오미(午未)가 합(合)인데 축(丑)이 끼어들어 축미(丑未)충으로
오미(午未)합을 방해하니 오(午)은 축(丑)을 해(害)하는 것이며 상생하는 관계
에 있습니다.
인사(寅巳)해는 인해(寅亥)가 합(合)인데 사(巳)가 끼어들어 사해(巳亥)충으로
합(合)을 방해하니 인(寅)은 사(巳)를 해(害)하는 것이며 상생하는 관계에 있
습니다.
묘진(卯辰)해는 진유(辰酉)가 합인데 묘(卯)가 끼어들어 묘유(卯酉)충으로 합을
방해하니 진(辰)은 묘(卯)를 해(害)하는 것입니다.
신해(申亥)해는 인해(寅亥)가 합(合)인데 신(申)이 끼어들어 인신(寅申)충으로
합(合)을 방해하니 해(亥)는 신(申)을 해(害)하는 것입니다.
유술(酉戌)해는 묘술(卯戌)합인데 유(酉)가 끼어들어 묘유(卯酉)충으로 합을 방
해하니 술(戌)이 유(酉)를 해(害)하는 것이 됩니다.

4) 암충암회우위희(暗沖暗會尤爲喜)

暗沖暗會尤爲喜彼沖我兮皆沖起
암충암회우위희피충아혜개충기

암충암회(暗沖暗會)는 아주 길한데 상대가 충(沖)하던 내가 충(沖)하던 모두 충기(沖起)하기 때문이다.

【原文】如柱中無所缺之局取多者暗沖暗會沖起暗神而來會合暗神此明
【원문】여주중무소결지국취다자암충임회충기암신이래회합암신차명
沖明會尤佳子來沖午寅與戌會午是也是日爲我提綱爲彼提綱爲我年時爲
충명회우가자래충오인여술회오시야시일위아제강위피제강위아년시위
彼四柱爲我運途爲彼運途爲我歲月爲彼如我寅彼申申能剋寅是彼沖我我
피사주위아운도위피운도위아세월위피여아인피신신능극인시피충아아
子彼午子能剋午是我沖彼皆爲沖起.
자피오자능극오시아충피개위충기.

예를 들어 사주 중에 부족한 것을 암충암합(暗沖暗合)을 통해 얻어 결함이 없는 격으로 만드는 것이다. 그래서 찾아온 회합(會合)으로 암신(暗神)이 충기(沖起)하여 얻는 것인데 이것은 명충명회(明沖明會)보다 더 아름다운 것이다. 자(子)가 와서 오(午)를 충하고 인(寅)과 술(戌)이 오(午)와 회합(會合)하는 것을 말한다. 일간이 나라면 월령이 상대이고 월령이 나라면 년시(年時)가 상대이고 사주(四柱)가 나라면 행운(行運)이 상대이고 행운(行運)이 나라면 세월(歲月)이 상대이니 인(寅)이 나이고 신(申)이 상대방인 것과 같다. 신(申)은 능히 인(寅)을 극하고 상대방이 나를 충(沖)하는 것이다. 자(子)가 나라면 오(午)가 상대이니 자(子)는 능히 오(午)를 극하여 내가 상대방을 충(沖)하는 것이니 이것들은 모두 충기(沖起)로 보는 것이다.

구문풀이

▶ 암충암회(暗沖暗會)는 아주 길한데 상대가 충(沖)하던 내가 충(沖)하던 모두 충기(沖起)하기 때문이다.

암충암회(暗沖暗會)라는 것은 지장간 속에 있는 숨은 천간들의 합과 충을 말하는 것입니다. 이와 반대로 명충명합(明沖明會)이라는 것은 팔자에 드러난 천간이나 지지의 합과 충을 말하는 것입니다. 그러니까 명충명합(明沖明會)은 팔자의 합충(合沖)이고 암충암회(暗沖暗會)는 장간의 숨은 합충(合沖)을 의미하는 것입니다.

또한 팔자 천간의 명신(明神)과 지장간과의 암신(暗神)이 결합하는 것을 명암충(明暗沖), 명암합(明暗合)이라고도 합니다. 이러한 암충암회(暗沖暗會)가 길(吉)하다고 하는 것은 충기(沖起)하거나 충발(沖發)하기 때문인데 기(起)라는 것은 일어설 기(起)를 뜻하므로 천간 육신(六神)이 확연히 드러난 것을 말합니다.

그래서 만약에 사길신(四吉神)이 드러나면 긍정적 결과가 오겠지만 제복(制伏)이 안 된 살상겁효(殺傷劫梟)의 흉신(凶神)이면 불리해지는 것입니다. 충동(沖動)은 충이 동(動)할 때 일반적으로 쓰는 말이고 충기(沖起)는 충하여 위로 솟구치는 현상을 말합니다.

예를 들어 갑인(甲寅)을 신(申)이 인신(寅申)충하면 충(沖)당하는 지지 위에 있는 천간 갑(甲)은 통근하여 힘이 있는 까닭에 충기(沖起)하고 충(沖)을 당한 지지 신(申)은 오히려 충파(沖破)되기 쉽습니다.

정사(丁巳)를 신(申)이 와서 사신(巳申)형하면 형(刑) 당하는 지지 위에 있는 천간 정화(丁火)는 통근하여 힘이 있는 까닭에 형기(刑起)하고 신(申)은 형파(刑破)가 됩니다. 그래서 형충(刑沖) 운에 고된 노력이 헛수고로 끝나거나 투자가 손실로 나타나면 형파(刑破), 충파(沖破)라 하고 노력한 것보다 기대 이상의 결과를 가져오거나 갑작스럽게 좋아지면 형기(刑起), 형발(刑發) 또는 충기(沖起), 충발(沖發)이라 합니다.

충발(沖發)은 토(土)끼리 충(沖)할 때 쓰는 용어로 붕충(朋沖)이라 말하듯이 천간 무기(戊己)토의 육신이 발(發)할 때 쓰는 용어가 됩니다. 사고(四庫)의 형충(刑沖)은 사생(四生)이나 사패(四敗)와 달리 입고(入庫)가 중요합니다. 진술(辰戌)충이 일어나면 수화(水火)의 입고가 일어납니다. 축미(丑未)가 충하면 금목(金木)의 입고가 일어나지만, 토(土)의 입고는 없는 것입니다. 토(土)는 발(發)하는 것입니다.

예를 들어 무진(戊辰)에 진술(辰戌) 충(沖)이 있거나 기축(己丑)에 축술(丑戌) 형(刑) 있으면 무기(戊己)토가 입고(入庫)되는 것이 아니라 오히려 천간의 무기(戊己)토가 충기(沖起), 충발(沖發) 또는 형기(刑起) 형발(刑發)하는 경우가 많은 것입니다. 이것은 동일 오행인 토끼리 충하므로 같은 기운이 일어나기 때문인데 그래서 붕충(朋沖)이라고도 말하는 것입니다.

▶ 자(子)가 와서 오(午)를 충하고 인(寅)과 술(戌)이 오(午)와 회합(會合)하는 것을 말한다.

자오(子午)가 충(沖)하거나 인(寅)이나 술(戌)이 있어서 인오(寅午)합이나 오술(午戌)합이 되는 것을 설명하는 내용입니다.

▶ 일간이 나라면 월령(月令)이 상대이고, 월령(月令)이 나라면 년(年)시(時)가 상대이고, 사주(四柱)가 나라면 행운이 상대이고 행운이 나라면 세월이 상대이니 인(寅)이 나이고 신(申)이 상대방인 것과 같다.
신(申)은 능히 인(寅)을 극하고 상대방이 나를 충(沖)하는 것이다.

원문을 보면 "상대가 충(沖)하던 내가 충(沖)하던"의 대목이 보입니다.
여기서 말하는 상대방과 나의 개념은 무엇일까요?
이것은 체(體)와 용(用)을 말하는 것으로 "일간이 나"라면 월령이 상대가 됩니다. 즉 체(體)가 나에 해당하므로 상대방은 용(用)이 되는 것이므로 용(用)

이 체(體)를 충(沖)하면 상대방이 나를 충(沖)한다고 보면 되는 것입니다.

또한 체(體)인 내가 용(用)을 충(沖)하면 내가 상대방을 충(沖)한다고 보면 이해가 되는 것입니다.

그래서 인(寅)이 체(體)로 내가 되면, 신(申)은 상대방으로 용(用)이 되는 것이므로 상대방이 나를 충(沖)하는 것이고 자(子)가 체(體)로 내가 되면 오(午)가 상대방으로 용(用)이 되는 것이니 내가 상대방을 충(沖)하는 것을 설명하는 것입니다.

▶ 자(子)가 나라면 오(午)가 상대이니 자(子)는 능히 오(午)를 극(剋)하여 내가 상대방을 충(沖)하는 것이니 이것들은 모두 충기(沖起)로 보는 것이다.

원문에서는 상대방이 나를 충(沖)하거나 내가 상대방을 충(沖)할 때에 모두 충기(沖起)가 발생하게 된다고 설명하고 있습니다. 용(用)이 체(體)를 충해도 길한 것이 있는데 체(體)가 태과하거나 양인이나 칠살처럼 살(殺)이 강하면 당연히 충해 주는 것이 여러 모로 좋은 것입니다. 이것은 상대방이 나를 충(沖)해 주므로 성격(成格)이 되는 경우이니 "충기(沖起)"로 보아도 되는 것입니다.

그러나 결론적으로 충기(沖起)의 유무(有無)는 개고(開庫)된 장간이 천간의 기신(忌神)과 간합(干合)할 때에는 성(成)이 되므로 충기(沖起)가 자연스러운 현상인 것이고 개고(開庫)로 인해 천간의 희신(喜神)과 간합(干合)하면 패(敗)가 되므로 충파(沖波)가 되는 것으로 보는 것이 자연스러운 것입니다. 즉 충(沖)이 되면 개고(開庫)되는데 개고(開庫)란 지충(支沖)의 작용으로 장간(藏干)들이 쏟아져 나온 현상을 말합니다. 즉 개고되는 장간의 글자가 간합(干合)으로 유실(流失)이 되면 득실(得失)이 발생하게 되므로 육친변화가 일어납니다.

예를 들어 장간(藏干)에서 개고(開庫)된 관성(官星)이 타간 비겁(比劫)과 합하면 나의 관록을 비겁에 빼앗기는 것이므로 그해에 경쟁자에게 자리를 빼앗기고, 여자라면 남편에게 여자가 생기게 되는 것입니다.

장간(藏干)에서 개고(開庫)된 재성(財星)이 타간 인수(印綬)와 합하면 재물과 문서의 합이니 투자를 수반한 계약서를 작성하기도 하는 것이며 부친이 재혼(再婚)할 수도 있다고 볼 수 있는 것입니다.

그러므로 충기(沖起)의 유무(有無)를 말하려면 개고(開庫)로 인해 일어나는 육친변화를 읽어낸 뒤 득실(得失)을 따져 충기(沖起)에 해당하는지 아닌지를 가리는 것이 순서가 되는 것입니다.

【예시1】

時	日	月	年	곤명
정재		편재	편재	六神
癸	戊	壬	壬	天干
丑	午	寅	申	地支
공망	정인	편관	식신	六神
반안	재살	역마	역마	12신살

엘리자베스 테일러(Elizabeth Taylor)는 영국 런던 출생으로 8차례 7명의 남편과 결혼을 했다. 그런데 이 명조가 결혼을 여러 번 할 수 있었던 배경은 무엇일까. 그것은 인신충(寅申衝)에 있을 것이다.

역마(驛馬)의 충으로 인목(寅木)이 충기(沖起)하는 것이다 충기(沖氣)하면 관살의 인연(因緣)이 발생하게 된다. 평소에는 인오합(寅午合)으로 인신충(寅申沖)이 풀려진 상태가 된다.

그러나 일단 충기(沖氣)가 되면 인목 편관이 솟구치므로 관성의 현상이 뚜렷하게 팔자에 나타나는 것이다. 많은 결혼 생활 중에 1년 안으로 헤어진 남자가 3명일 정도이므로 인신(寅申)의 충(沖)으로 짧은 혼인 생활이 많았다고 보는 것이다.

【예시2】

時	日	月	年	乾命
편관		편관	정관	六神
庚	**甲**	**庚**	**辛**	天干
午	**申**	**寅**	**巳**	地支
상관	편관	비견	식신	六神

이 사람은 독자(獨子)로 태어났다. 갑(甲)일간에게는 금(金)은 자녀가 된다. 갑(甲)일간이 주변에 관살(官殺)이 가득하고 배우자궁에 삼형(三刑)이 충(沖) 하면 반드시 여러 명의 처(妻)가 얻는 것이다.

그러므로 이 사람은 다섯 번의 이혼과 여섯 차례 혼인을 했다.[건상비술]

5) 왕자충쇠쇠자발(旺者沖衰衰者拔)쇠신충왕왕신발(衰神沖旺旺神發)

왕자(旺者)가 쇠(衰)한 것을 충(沖)하면 쇠(衰)한 자는 뽑히고, 쇠신(衰神)이 왕한 것을 충(沖)하면 왕신(旺神)은 발(發)한다.

자수(子水)가 왕(旺)하고 오화(午火)가 쇠(衰)할 때에 충(沖)하면 오화(午火)는 뽑혀 일어서지 못하고 자수(子水)가 쇠(衰)하고 오화(午火)가 왕(旺)할 때에 충(沖)하면 오화(午火)는 오히려 발복(發福)하게 된다. 나머지도 이와 같이 보면 된다.

구문풀이

▶ 왕자(旺者)가 쇠(衰)한 것을 충(沖)하면 쇠(衰)한 자는 뽑히고 쇠신(衰神)이 왕(旺)한 것을 충(沖)하면 왕신(旺神)은 발(發)한다.

두 글자가 병립(竝立)되는 글자를 왕자(旺者)라고 하고, 반합(半合)으로 왕한 기운이 만들어지는 것은 왕신(旺神)이라고 합니다.
만약에 허약한 글자가 왕자(旺者)나 왕신(旺神)을 충하면 쇠(衰)한 글자는 뽑히지만, 왕(旺)한 글자(旺字)는 격노(激怒)하여 발동(發動)하게 됩니다. 왕신충발(旺神沖發)과 왕자충발(旺字沖發)은 글자 구조는 다르지만, 쇠신충발(衰神衝

發)의 작용 원리는 비슷합니다. 곧 왕(旺)한 자가 쇠(衰)한 자를 충하면 쇠자(衰字)가 뽑히는 것은 당연하다.

그런데 만약 쇠신(衰神)이 왕(旺)한 것을 충하면 쇠신(衰神)은 뽑히겠지만 왕신(旺神)은 오히려 충발한다는 의미로 해석하면 됩니다.

이때 발(發)하는 왕신(旺神)이 만약에 기신(忌神)이면 흉(凶)해지는 것이며 희신(喜神)이라면 길해지는 것입니다. 이것을 왕신충발(旺神沖發)이라고 말하며 충발(衝發)에는 왕신(旺神)과 왕자(旺者)가 있게 됩니다. 왕신(旺神)은 합하여 국(局)이 된 것을 말하며 왕자(旺者)란 동일하게 왕(旺)한 두 글자가 병립(竝立)한 것을 말합니다.

【예시1】

時	日	月	年	건 명
겁재		편인	편인	六 神
丁	丙	甲	丙	天 干
酉	戌	午	午	地 支
정재	식신	겁재	겁재	六 神

사주첩경에 나와 있는 왕자(旺者)충발의 사례이다.

이 사주에서 병화(丙火)일간은 오화(午火)가 양인이고 오화(午火)가 중첩되어 있으므로 왕(旺)한 글자가 된다. 이것을 왕자(旺者)라고 말한다. 그런데 병화(丙火)가 투간하고 오오(午午)가 병립(竝立)하니 겁재(劫財)가 득세(得勢)하여 겁재(劫財)태왕(太旺)하여 일지의 술토(戌土) 식신(食神)으로 설기(泄氣)하는 사주가 되었다.

그러므로 신유(申酉)금운에 발전이 있게 되는데 일찍 재계(財界)에 입신(立身)하였다. 그리고 무술(戊戌)과 기해(己亥)운 20년간도 식신생재(食神生財)가 되어 계속 용신(用神)을 보좌하여 대체로 행복한 세월을 보냈다.

그러다가 경자(庚子)운 중에 경운(庚運)까지는 큰 재앙(災殃)이 없이 안일(安逸)한 생활을 하다가 자운(子運)을 만나면서 병화(丙火)를 제거하여 대길할 듯하였으나 그만 왕(旺)한 오화(午火)를 자오충(子午沖)하여 쇠신(衰神)이 뽑히고 왕신(旺神) 겁재(劫財)는 충발(衝發)하였다.

그러므로 재차 임자년(壬子年)에 자오충으로 별세하고 말았다.

【예시2】

時	日	月	年	건 명
편재		겁재	편재	六神
丙	**壬**	**癸**	**丙**	天干
午	**午**	**巳**	**午**	地支
정재	정재	편재	정재	六神

이 사람은 무자(戊子)년에 돈의 분배에 다른 마찰로 동료를 살해하여 살인 죄로 구속되었다. 무자(戊子)년에 왕자(旺者)인 오(午)를 쇠신(衰神)인 자(子)가 자오충 하였다. 곧 왕신충발(旺神沖發)이 일어난 것이다. 임(壬)일간이 사월(巳月)에 출생하고 오오형(午午刑)이 되어 있으므로 주변 화(火)기운에 둘러싼 오오(午午)는 왕자(旺者)가 된다.

그런데 무자년(戊子年)에 만나는 지지 자수(子水)는 일간의 록(祿)이므로 기쁘지 않을 수가 없다. 그러나 쇠신(衰神)이 왕자(旺者)를 충하는왕자충발(發)이 일어나면 쇠신(衰神)인 자수(子水)는 뽑히고 왕자(旺者)인 오화(午火)는 격노하게 된다. 그러므로 임일(壬日)간이 자수(子水)에 의지하려다가 오히려 자오(子午)충으로 자수(子水)가 뽑히므로 일간이 뿌리를 잃고 사고사(事故死) 당하는 경우이다.

【예시3】

時	日	月	年	곤명
편재		편관	편재	六神
戊	甲	庚	戊	天干
辰	寅	申	申	地支
편재	비견	편관	편관	六神

이 명조는 칠살(七殺)이 중중(重重)한데 재성(財星) 또한 많으니 재생살(財生殺)하는 명조이다.

칠살의 제어가 전혀 안 된 구조이니 사주 자체가 위태롭다.

그런데 무인(戊寅)년에 인신(寅申)충으로 왕자(旺者)인 신금(申金)을 건들렸다.

곧 쇠신충왕왕신발(衰神沖旺旺神發)하여 흉신(凶神) 칠살(七殺)을 동(動)하게 하니 흉액(凶厄)이 속출하여 교통사고로 사망하였다.

9. 간지총론(干支總論)

1) 음생양사(陰生陽死)와 양생음사(陽生陰死)

> 陰陽順逆之說洛書流行之用其理信有之也其法不可執一
> 음양순역지설낙서유행지용기리신유지야기법불가집일

음양순역(陰陽順逆)의 설은 낙서(洛書)로부터 나온 것으로 많은 부분에서 두루 활용되고 있다 하겠다. 그 이치야 믿을 만하더라도 그 사용법에 있어 한 가지로 집착함은 불가한 일이다.

> 【原文】陰生陽死陽順陰逆此理出於洛書五行流行之用固信有之然甲木
> 【원문】음생양사양순음역차리출어낙서오행유행지용고신유지연갑목
> 死午午爲洩氣之地理固然也而乙木死亥亥中有壬水乃其嫡母何爲死哉凡
> 사오오위설기지지리고연야이을목사해해중유임수내기적모하위사재범
> 此皆詳其干支輕重之機母子相依之勢陰陽消息之理而論吉凶可也若專執
> 차개상기간지경중지기모자상의지세음양소식지리이논길흉가야약전집
> 生死敗絶之說推斷多誤矣.
> 생사패절지설추단다오의.

음(陰)이 생(生)하면 양(陽)이 사(死)하고 양(陽)은 순행(順行)하며 음(陰)은 역행(逆行)한다. 이러한 이치(理致)는 낙서(洛書)에서부터 나온 것이다. 오행(五行)은 활용하는 데 있어 널리 유행하던 이론이다.

그러나 갑목(甲木)이 오위(午位)에서 사(死)한다는 것은 오위(午位)는 설기(洩氣)하는 곳이므로 이치(理致)가 확실(確實)하지만, 을목(乙木)이 해위(亥位)에서 사(死)한다는 것은 해중(亥中)에 임수(壬水)가 있어 그 적모(嫡母)가 되는데 어찌하여 사(死)한다고 할 수 있겠는가?

무릇 이러한 모든 것들은 간지(干支)의 경중(輕重), 모자(母子)가 서로 의지(依支)하는 형세(形勢), 음양(陰陽)의 소식(消息)을 자세하게 살펴 터득하고 나서 길흉(吉凶)을 논(論)해야 한다. 만약 생(生), 사(死), 패(敗), 절(絶) 등의 말만 고집(固執)하여 주장(主張)하고 단정(斷定)하여 추명(推命) 한다면 대부분 오류(誤謬)가 될 것이다.

구문풀이

▶ 음양순역(陰陽順逆)의 설은 낙서(洛書)로부터 나온 것으로 많은 부분에서 두루 활용되고 있다 하겠다. 그 이치야 믿을 만하더라도 그 사용법에 있어 한 가지로 집착함은 불가한 일이다.

음(陰)이 생(生)하는 자리에서 양(陽)이 오히려 사(死)하고 반대로 양(陽)이 생(生)하는 자리에서는 음(陰)이 사(死)하는 게 음양(陰陽)의 이치입니다. 그래서 양(陽)은 순행(順行)하며 음(陰)은 역행(逆行)합니다.
이러한 이치(理致)는 낙서(洛書)에서부터 나온 것입니다. 이것은 자평진전의 저자 심효첨선생께서 설명한 대목이 나오므로 인용해 봅니다. "양(陽)은 모여서 앞으로 나아가는 속성으로 인해 순행(順行)하고 음(陰)은 흩어져 물러나는 속성이 있으므로 역행(逆行)한다. 이것을 설명한 것이 바로 장생(長生), 목욕(沐浴) 등의 내용인바, 양(陽)은 순행(順行)하고 음(陰)은 역행(逆行)하는 특수성이 있다. 사계절을 운행하면서 공(功)을 이룬 오행(五行)은 물러가고 장차 쓰려고 대기하고 있는 오행(五行)은 앞으로 나오게 된다.
그러므로 각각의 천간(天干)은 12지지의 월(月)을 운행(運行)하면서 생왕묘절(生旺墓絶)을 순환하게 되는 것이다. 고로 양(陽)이 출생하는 곳에서 음(陰)이 사망하고 음양(陰陽)이 서로 교환되는 것은 자연의 이치인 것이다" 여기에 대해 임철초(任鐵樵)는 이것을 부정(不定)하고 음양(陰陽)의 동생동사(同生同死)를 주장합니다. 한 마디로 음간(陰干)의 장생(長生)은 없고 양간(陽干)에 따른다는 내용입니다. 이것을 서락오도 이어받아 동생동사(同生同死)를 주장하였는데 이것은 낙서(洛書)의 내용을 정면으로 부정하는 것들이 되는 것이므로 주의해야 합니다.

하지만 이러한 것들에 집착하지 말고 "간지작용(干支作用)의 경중(輕重), 모자(母子)가 서로 의지(依支)하는 형세(形勢), 음양(陰陽)의 소식(消息)을 자세하게 살펴 터득하고 나서 길흉(吉凶)을 논(論)해야 하는 것으로 만약 생(生), 사(死), 패(敗), 절(絶) 등의 말만 고집(固執)하여 주장(主張)하고 단정(斷定)하여 추명(推命) 한다면 대부분 오류(誤謬)가 될 것이다"라고 적천수 저자는 주의를 당부합니다.

▶ 갑목(甲木)이 오위(午位)에서 사(死)한다는 것은 오위(午位)는 설기(洩氣)하는 곳이므로 이치(理致)가 확실(確實)하지만, 을목(乙木)이 해위(亥位)에서 사(死)한다는 것은 해중(亥中)에 임수(壬水)가 있어 그 적모(嫡母)가 되는데 어찌하여 사(死)한다고 할 수 있겠는가?

12운성은 천간의 십간이 계절을 따라 운행하면서 변천하는 생왕묘절(生旺墓絶)을 설명한 것인데 이것은 계절 변화 없이는 설명할 수가 없는 것입니다. 적천수의 저자는 갑(甲)과 을(乙)이 생(生)하고 사(死)하는 이치를 단순히 간지의 생극제화(生剋制化)로만 이해하려고 한 것이 무리입니다. 즉 생(生)하고 제(制)하는 이치로 국한(局限)하여 살펴보게 되면 을(乙)이 해(亥)에서 사(死)하는 이치를 알 수가 없었던 것입니다. 그렇더라도 이것이 음생양사(陰生陽死), 양생음사(陽生陰死)를 부정한 것은 아니며 단지 해(亥)에서 을(乙)이 사(死)하는 이치를 알 수가 없다고 한 것이므로 잘 분별하여 이해해야 할 대목입니다.

이러한 점을 심효첨은 갑(甲)과 을(乙)이 다르기 때문에 발생하는 원인으로 설명하고 있습니다. 곧 "갑(甲)과 을(乙)을 가지고 논하여 보면 갑(甲)은 목(木) 가운데의 양(陽)이므로 하늘의 생기가 되는데 만목(萬木)에서 그 기가 흐르는 것이다. 그러므로 해(亥)에서 생(生)하고 오(午)에서 사(死)한다. 을(乙)은 목(木) 가운데의 음(陰)이므로 목(木)의 지엽(枝葉)이 되는데 하늘의 생기를 받아들인 것이다. 그러므로 오(午)에서 생(生)하고 해(亥)에서 사(死)하게 된다. 무릇 나무는 해월(亥月)이 되면 잎은(乙木) 지지만, 생기(生氣=甲)는 그 속에 저장되어 있다가 봄이 오면 다시 피어날 준비를 하게 된다. 그 생기(生氣)는 해(亥)에서 생(生)하는 이치라 하겠다. 갑(甲)나무는 오월(午月)이 되면 잎이 무성하게 되는데 어찌해서 갑(甲)이 사(死)한다고 하는가? 겉으로는 잎이 무성하지만, 그 속의 생기는 이미 밖으로 다 발설되어 기진맥진했기 때문이다. 그러므로 갑(甲)은 오(午)에서 사(死)하는 것이다.

을목(乙木)은 이와는 반대로 오월(午月)이 되면 잎이 무성하니 곧 생(生)하게 되는 것이다. 을목(乙木)은 해월(亥月)에는 잎이 지니 곧 사(死)하는 것이다. 이것은 질(質)과 기(氣)의 다른 점을 논한 것이다" 라고 설명하고 있는데 잘 이해하시기 바랍니다. 또 다른 예로 배추를 물에 담가 하루가 지나면 검게 썩은 것을 보게 되는데 이것이 을목(乙木)은 해수(亥水)에서 사(死)하는 자연의 현상이 되는 것입니다. 이것은 갑목(甲木)이 을목(乙木)과 달라서 발생하는 자연현상입니다.

【예시】

을목(乙木) 일간이 해월(亥月)에 출생하였는데, 지지가 해자수(亥子水)로 되어 있다. 갑목(甲木)은 해수(亥水)에서 장생(長生)하고 오화(午火)에서 죽는 데 반하여 을목(乙木)은 해수(亥水)에서 사(死)한다.

그러므로 을목(乙木)은 이미 너무 많은 물에 빠진 잎사귀가 된 것이니 섞은 싹이 된 것이다. 그러므로 이 사람은 재물을 모으지 못하고 또한 뜻은 있으나 펴지를 못하였는데 학문을 이루지도 못하였다고 한다.

時	日	月	年
丙	乙	己	丙
子	亥	亥	子

2) 천복지재(天覆地載)가 된 팔자는 흥성(興盛)한다.

【原文】故天地順遂而精粹者昌天地乘悖而混亂者亡不論有根無根俱要
【원문】고 천지 순수 이 정수 자 창 천지 승 패 이 혼 난 자 망 불 논 유 근 무 근 구 요
天覆地載.
천복지재.

천지(天地)를 따르고 쫓으므로 순수한 자는 창성하지만, 천지(天地)를 업신여겨 어긋나므로 혼란한 자는 망한다. 뿌리가 있든지 없든지를 막론하고 중요한 것은 천복지재(天覆地載)이다.

구문풀이

▶ 천지를 따르고 쫓으므로 순수한 자는 창성하지만, 천지를 업신여겨 어긋나므로 혼란한 자는 망한다. 뿌리가 있든지 없든지 관계없이 중요한 것은 천복지재(天覆地載)이다.

천복지재(天覆地載)란 무엇인가?
복(覆)은 덮는 것이고 재(載)는 실어주는 것입니다. 즉 천복(天覆)이란 덮어주는 천간의 뜻이고 지재(地載)란 실어주는 지지를 뜻하는 것입니다.
간지(干支)를 취용(取用)함에 있어서 천간(天干)은 실어주는 지지(地支)를 만나야 흥성하고 지지(地支)는 덮어주는 천간(天干)이 절실(切實)한 것입니다.
가령 갑을(甲乙)을 기뻐하는데 인묘해자(寅卯亥子)에 실렸으면 생왕(生旺)한 것이고 신유(申酉)에 실렸으면 극패(剋敗)하게 되는 것입니다.

【예시1】

천간 갑목(甲木)은 지지 인해(寅亥)에 실렸으므로 왕성하다.

時	日	月	年
	甲		
	寅		亥

【예시2】

어떤 명조에서 병정(丙丁)을 꺼리는데 해자(亥子)에 실렸다면 제복(制伏)된 것이므로 길하게 본다.

時	日	月	年
	丙		
	亥		子

【예시3】

병정(丙丁)을 꺼리는데 인묘사오(寅卯巳午)에 실렸으면 병정(丙丁)이 방자하게 날뛰게 된다.

時	日	月	年
	丙		
	巳		午

【예시4】
인목(寅木)을 기뻐하는데 천간 임계(壬癸)가 덮고 있으므로 생왕하다.

時	日	月	年
	壬		癸
	寅		

【예시5】
사화(巳火)를 꺼리는데 천간에 임계(壬癸)가 덮고 있으면 사화(巳火)의 흉이 제복이 되는 것이다.

時	日	月	年
	壬		癸
	巳		

천간(天干)이 지지(地支)에 통근(通根)하였는데 지지(地支)가 생부(生扶)를 만났으면 천간(天干)의 뿌리가 견고하고 지지(地支)가 충극(沖剋)을 만났으면 천간(天干)의 뿌리가 뽑히게 됩니다.

지지(地支)가 천간(天干)의 비호(庇護)를 받고 있는데 천간(天干)이 생부(生扶)를 만났으면 지지(地支)를 비호(庇護)함이 왕성(旺盛)하나 천간(天干)이 충극(沖剋)을 만났으면 지지(地支)가 받는 음덕(蔭德)이 쇠약(衰弱)해집니다. 무릇 명조(命造)에서의 사주간지(四柱干支)는 분명하게 길신(吉神)인데도 그 길(吉)함을 잃는 경우가 있고 확실히 흉신(凶神)인데도 흉(凶)하지 않은 경우가 있는데 모두 이러한 까닭입니다.

【예시6】

경일(庚日)간이 묘월(卯月)에 태어났으므로 약하다. 그러나 경신(庚申)일주이고 시주에서는 경진(庚辰)이 방신(幇身)하는데 이것은 경일(庚日)간을 돕는 것으로 천복지재(天覆地載)가 되어 일주는 건왕(建旺)하다고 말할 수가 있다.

그래서 능히 정화(丁火)정관을 상신(相神)으로 사용할 수가 있다.

그러므로 정관(正官)은 재성(財星)과 인수(印綬)로 보좌(補佐)하는데 년간의 기토(己土) 인수(印綬)가 상관(傷官)의 공격을 막아 정관(正官)을 보호하고 있다.

또한 지지에는 해묘합목(亥卯合木)으로 용신(用神)이 재성(財星)의 국을 이루어 정관(正官)을 생하니 이런 구조를 천복지재(天覆地載)라고 말한다. 그러므로 소년에 과거에 급제하고 벼슬이 봉강에 이르렀다.

時	日	月	年	건 명
비견		정관	정인	六 神
庚	庚	丁	己	天 干
辰	申	卯	亥	地 支
편인	비견	정재	식신	六 神

3) 천전일기(天全一氣)가 되면 지지는 순용(順用) 해야 한다.

> 天全一氣不可使地德莫之載.
> 천전일기불가사지덕막지재.

천간이 하나의 온전한 기(氣)라고 하면 지지가 덕(德)으로 이끌어주지 못하면 안 되는 것이다.

> 【原文】四甲四乙而遇寅申卯酉爲地不載.
> 【원문】사갑사을이우인신묘유위지불재.

천간에 갑목(甲木)이 4개이거나 을목(乙木)이 4개인데 지지가 인신(寅申) 묘유(卯酉)로 되어 있다면 이것을 지지가 받들어 주지 않는다고 한다.

구문풀이

▶ 천간이 하나의 온전한 기(氣)라고 하면 지지가 덕(德)으로 이끌어주지 못하면 안 되는 것이다.

이것은 천간이 하나의 기(氣)로 통일이 되면 극도로 강성해지는 것입니다. 예를 들어 천간의 글자가 모두 신금(辛金)으로 4개가 되거나 혹은 갑목(甲木)으로 4개가 구성되면 천전일기(天全一氣)라 말하는 것입니다.
그러므로 천간의 강성함을 지지가 설기(洩氣)하여 순응(順應)하게 되면, 이것을 지지가 덕으로 이끌어준다고 말하는 것입니다.

▶ 천간에 갑목(甲木)이 4개이거나 을목(乙木)이 4개인데 지지가 인신(寅申)묘유(卯酉)로 되어 있다면 이것을 지지가 받들어 주지 않는다고 한다.

時	日	月	年
甲	甲	甲	甲
寅	申	卯	酉

천간에서 갑목(甲木)이 4개이므로 천전일기(天全一氣)를 보이는데 지지는 인신(寅申)충과 묘유(卯酉)충이므로 서로 상충(相衝)을 한다.
곧 신금(申金)은 인목(寅木)을 치고 유금(酉金)은 묘목(卯木)을 치므로 사실상 뿌리가 뽑힌 것이라 보면 된다. 이렇게 되면 천간의 천전일기(天全一氣)를 지지가 받들어 주지 못하므로 순일한 기운을 보존할 수가 없어 귀명(貴命)이 될 수가 없다

【예시2】

	時	日	月	年	건 명
	비견		비견	비견	六神
	甲	甲	甲	甲	天干
	戌	寅	戌	申	地支
	편재	비견	편재	편관	六神

년지인 신금(申金)이 일주인 인목(寅木)을 충거(沖去)하고 있고 게다가 술토(戌土)는 월령과 시지를 얻어 승권(乘權)하여 금(金)을 생하여 살(殺)을 돕고 있다. 이른바 지지에서 천간을 돌보지 않는 것이다.
4개의 갑목(甲木)에 하나가 인목(寅木)이니 강왕한 사주처럼 보이지만 가을

의 추목(秋木)은 휴수(休囚)가 되고 인목의 록신(祿神)을 충거(沖去)하니 그 근본이 이미 뽑힌 것이라 왕(旺)하다고 말할 수가 없다.

그러므로 갑목(甲木)의 천전일기(天全一氣)를 도와주는 인묘해자(寅卯亥子)운 중에 의식(衣食)이 상당히 풍족하였으나 경진(庚辰)대운으로 바뀌자 칠살의 원신(元神)이 투출된 셈이니 천전일기를 극하므로 4명의 자식을 모두 잃고 가업도 파산하여 사망하게 되었다. 〔任氏註〕

【예시3】

時	日	月	年	건 명
비견		비견	비견	六 神
戊	**戊**	**戊**	**戊**	天 干
午	**戌**	**午**	**子**	地 支
정인	비견	정인	정재	六 神

원국(原局)이 화토(火土)로 가득하다. 그런데 자(子)는 쇠약(衰弱)하고 오(午)는 왕(旺)하니 자오(子午)충이 되면 오(午)는 발(發)하고 더욱 치열해진다. 오건적수(熬乾滴水)로 뜨거운 불에 물방울이 들어가 바로 말라버리는 형상이다.

이른바 천간(天干)의 천전일기(天全一氣)는 지지 자수(子水)를 덮어주지 않는 것이다. 처음 들어오는 기미(己未)대운에는 외롭고 가난함이 만상(萬狀)이었으나 경신(庚申)과 신유(辛酉)운에 이르러 무토(戊土)의 성정(性情)을 설기시키니 큰 기회를 잡고 아내를 얻어 자식을 낳고 가업을 일으켜 세웠다.

임술(壬戌)운으로 바뀌자 임수(壬水)는 천전일기의 극을 받고 지지는 화국(火局)으로 변하니 화재(火災)의 난(亂)을 만나 다섯 식구가 모두 사망하였다.〔任氏註〕

4) 지전삼물(地全三物)이 되면 천간은 이를 받아들여야 한다.

地全三物不可使天道莫之容.
지전삼물불가사천도막지용.

지지에 세 가지 물건이 있다면 천간이 그것을 용납(容納)하여 주지 않으면 안 된다.

【原文】寅卯辰亥卯未而遇甲庚乙辛則天不覆然不特全一氣與三物者皆
【원문】인묘진해묘미이우갑경을신칙천불복연불특전일기여삼물자개

宜天覆地載不論有根無根皆要循其氣序干支不反悖爲妙.
의천복지재불론유근무근개요순기기서간지불반패위묘.

인묘진(寅卯辰)이나 해묘미(亥卯未)가 천간에서 갑경을신(甲庚乙辛)을 만나게 되면 곧 천간이 덮어주지 못하는 것이 된다. 따라서 하나의 기(氣)뿐만 아니라 삼물(三物)이 되면 모두 천복지재(天覆地載)가 되어야 마땅한 것이다. 통근하거나 통근하지 않는 것을 막론하고 모두 그 기운의 질서를 따르고 간지(干支)가 서로 배반(背叛)하지 않아야 묘(妙)함이 있는 것이다.

구문풀이

▸ 지지에 세 가지 물건이 있다면 천간이 그것을 용납(容納)하여 주지 않으면 안 된다.

지지의 3가지 물건이라는 것은 곧 해자축(亥子丑)이나 해묘미(亥卯未)와 같은 방국(方局)과 삼합(三合)을 말하는데 방국(方局)이나 삼합(三合)뿐만 아니라 전부 하나의 기(氣)로 되어있는 것을 모두 포함합니다. 이러한 것이 지지에 형성

이 되면 대체로 그 기세가 상당히 강력한데 이것을 순응(順應)하여 쫓아 설기(洩氣)하거나 동일 오행으로 천간이 덮어주게 되면 천복지재(天覆地載)가 되니 좋은 것이 되지만, 만약 천간이 이를 배반하여 서로 극(剋)하게 되면 어긋나고 혼란한 명조가 되니 흉하다고 할 것입니다. 그러므로 사주라는 것은 그 기운의 질서를 따르고 간지가 서로 배반함이 없어야 묘함이 있다고 할 것입니다.

【예시】

이 명조는 인묘진(寅卯辰)동방이며 겸하여 인시(寅時)이므로 왕(旺)함이 지극(至極)하다. 지전삼물(地全三物)이 된 왕신(旺神)이 제강(提綱)에 존재하기 때문에 년, 월에 두 개의 금(金)은 절지(絶地)에 임했다.

휴수(休囚)된 금(金)으로 왕목(旺木)을 극하기는 어렵다. 또한 병화(丙火)가 시간에 투출하였으므로 목화(木火)가 이인동심(二人同心)이다. 이른바 강중적과(强衆敵寡)에 해당하는데 대세(大勢)는 적은 경신(庚辛)을 제거하는 데 있다. 곧 경신금을 귀물(鬼物)의 상으로 보아야 한다.

그러므로 초년(初年)에 토운(土運)으로 행하는데 금(金)을 생조(生助)하므로 파손과 소모가 평소보다 남다르더니 어렵게 관청에 들어가 판사가 되었다. 병술(丙戌)운에 이르러 광동(廣東)에서 분발(分發)하여 군(軍)에서 공(功)을 세워 지현(知縣)으로 승진하였다.

좋은 것은 병신(丙辛) 합거(合去)로 신(辛)금을 제거하고 경신(庚辛)을 극진(剋盡)하는 아름다움이었다. 그러나 유운(酉運)에 이르러 경신(庚辛)이 득지(得地)하므로 사망할 수밖에 없었다.[任氏註]

時	日	月	年	건 명
식신		편관	정관	六神
丙	甲	庚	辛	天干
寅	辰	寅	卯	地支
비견	편재	비견	겁재	六神

5) 양간양지(陽干陽地)와 음간음지(陰干陰地)

양간(陽干)이 양지(陽地) 위에 있으면 양(陽)의 기운이 창성(昌盛)한 것인데 가장 중요한 것은 행운에서 배합이 잘 정리되어 있어야 안정이 되는 것이다. 음간(陰干)이 음지(陰支)에 있으면 음기(陰氣)가 왕성한 것인데 모름지기 돌아오는 행로에서 빛이 나야 형통하는 것이다.

【原文】六陽之位獨子寅辰爲陽方爲陽位之純五陽居之如若是旺神最要
【원문】육양지위독자인진위양방위양위지순오양거지여약시왕신최요
行運陰順安頓之地六陰之位獨酉亥丑爲陰方乃陰位之純五陰居之如若是
행운음순안돈지지육음지위독유해축위음방내음위지순오음거지여약시
旺神最要行運陽順光亨之地.
왕신최요행운양순광형지지.

육양(六陽)의 자리는 자인진(子寅辰)만이 양방(陽方)으로 양위(陽位)가 순수하다. 갑병무경임(甲丙戊庚壬)의 오양간(五陽干)이 앉게 되면 왕신(旺神)이 틀림이 없으므로 최고로 중요한 것은 행운이 음(陰)으로 따라줘야 지지가 잘 정돈이 되고 안정이 되는 것이다. 육음(六陰)의 자리는 유해축(酉亥丑)만이 음방(陰方)으로 음위(陰位)가 순수하다.

을정기신계(乙丁己辛癸)의 오음(五陰)간이 앉게 되면 왕신(旺神)이 틀림이 없으므로 최고로 중요한 것은 행운이 양(陽)으로 따라줘야 지지가 빛나고 형통하는 것이다.

▶ 양간(陽干)이 양지(陽地) 위에 있으면 양(陽)의 기운이 창성(昌盛)한 것인데 가장 중요한 것은 행운에서 배합이 잘 정리되어 있어야 안정이 되는 것이다.

이것은 천간과 지지가 모두 양(陽)으로 이루어져 있게 되면 무척 강한 양신(陽神)을 발휘하는 것이므로 왕신(旺神)이 되는 것입니다. 이러한 왕신이 사주에 많게 되면 치우쳐 편고하게 될 가능성이 많게 되는 것이므로 반드시 행운에서 음(陰)이 와서 중화를 해 줘야 사주가 안정되는 것입니다. 이것이 이른바 양기(陽氣)가 왕성하고 창성하여 강건할 때는 모름지기 음기(陰氣)가 왕성하고 차갑고 유순한 행운과 배합되어야 한다는 것입니다.

▶ 음간(陰干)이 음지(陰支)에 있으면 음기(陰氣)가 왕성한 것인데 모름지기 돌아오는 행로에서 빛이 나야 형통하는 것이다.

이것도 마찬가지로 천간과 지지가 모두 음(陰)으로 되어 있는데 무척 강한 음신(陰神)을 발휘하게 되는 것이므로 행로(行路)에서 양(陽)을 얻어야 형통하게 됨을 말하는 것입니다.

【예시1】
이 명조는 병오(丙午)일주가 양간(陽干)양지(陽地)로 인오합(寅午合)이 되었다, 그러므로 동남방(東南方)의 양(陽)으로 화기(火氣)가 무척 왕성하다. 그러므로 금수(金水)로 흘러야 좋다. 그런데 천간의 금수(金水)는 마치 무근(無根)한 것처럼 보인다. 그러나 좋은 것은 진토(辰土)인데 화(火)를 설기하고 수(水)를 저장하며 금(金)을 생조(生助)하고 계수(癸水)의 뿌리가 되고 있다.
곧 겁재(劫財)가 태왕(太旺)하니 재관(財官)을 용(用)하는 사주가 되었다.
따라서 초년 운인 갑인(甲寅)과 을묘(乙卯)에 금(金)의 절지(絶地)이며 화(火)를 생조(生助)하고 수(水)를 설기하므로 의지할 데 없는 고통이 이루 말할 수 없었다. 계축(癸丑)의 북방(北方) 음습지(陰濕地)로 대운이 바뀌자 금수(金水)가 뿌리를 내리고 또한 사축(巳丑) 공합으로 묘(妙)하게 금(金)을 얻으니 외지(外地)에 나가 큰 기회를 만나게 되어 갑자기 발재(發財)하여 십여만의 재물을 취하였다. 양(陽)하고 온난(溫暖)함이 한난(寒暖)을 만나 배합되는 아름다움인 것이다.[任氏註]

時	日	月	年	건 명
편재		비견	정관	六神
庚	**丙**	**丙**	**癸**	天干
寅	**午**	**辰**	**巳**	地支
편인	겁재	식신	비견	六神

【예시2】

이 명조는 유해자(酉亥子)로 서북(西北)의 한랭(寒冷)함을 모두 가지고 있다. 마땅히 병화(丙火)를 용(用)하게 된다. 따라서 임수(壬水)는 곧 병(病)이 된다. 지지 오화(午火)는 긴밀히 유금(酉金) 칠살(七殺)을 제어하고 년월(年月)의 화토(火土) 입장에서는 오화(午火)가 록왕지로 통근(通根)을 하게 만든다. 더욱 좋은 것은 행운(行運)이 동남(東南)의 양지(陽地)로 온난(溫暖)으로 흐른다는 것이다. 그러므로 조년(早年)에 연이어 과거급제하고 벼슬이 봉강에 이르렀다.[任氏註]

時	日	月	年	건 명
정인		편재	상관	六神
壬	**乙**	**己**	**丙**	天干
午	**酉**	**亥**	**子**	地支
식신	편관	정인	편인	六神

6) 자화간합(自化干合)은 지지가 안정이 되면 좋다.

> **天合地者地旺喜靜.**
> 천합지자지왕희정.

천간이 지지와 합(合)할 때는 지지가 왕(旺)하고 안정된 것이 좋다.

> **【原文】如丁亥戊子甲午己亥辛巳壬午癸巳之類皆支中人元與天干相合**
> 【원문】여정해무자갑오기해신사임오계사지류개지중인원여천간상합
> **者此乃坐下財官之地財官若旺則宜靜不宜沖.**
> 자차내좌하재관지지재관약왕칙의정불의충.

정해(丁亥), 무자(戊子), 갑오(甲午), 기해(己亥), 신사(辛巳), 임오(壬午), 계사(癸巳)의 무리가 이와 같다. 모두 지지 중의 인원이 천간과 서로 상합하는 것이다. 이것은 재관(財官)이 땅 아래에 앉아 있다는 것인데 만약 재관(財官)이 왕(旺)하다면 곧 안정된 것이 좋고 충(沖)하면 마땅하지 않다.

구문풀이

▶ 천간이 지지와 합(合)할 때는 지지가 왕(旺)하고 안정된 것이 좋다.
이것은 자화간합(自化干合)을 설명하고 있는 것인데 자화간합(自化干合)이란 동주(同柱)한 명암합(明暗合)을 말합니다.
대개는 일주의 간지(干支)에 관해서만 말합니다. 일주의 간지의 자화간합(自化干合)이 성립이 되면 육신에서는 반드시 재관(財官)이 되는 것이므로 "배우자가 득위(得位)한다" 하여 귀한 것으로 보게 됩니다.
다만 이것도 한 가지 단순한 간법일 뿐이고 사주 전체의 견지에서 합의 변화를 읽지 않으면 안 되는 것입니다. 자화간합(自化干合)은 정해(丁亥), 무자

(戊子), 갑오(甲午), 기해(己亥), 신사(辛巳), 임오(壬午), 계사(癸巳)의 무리가 있습니다.

예를 들어 정해(丁亥)는 해(亥)중 임수(壬水)가 정관인데 천간과 정임(丁壬)합으로 명암합하는 것을 말하고 무자(戊子)는 자(子)중 계수(癸水)가 정재인데 천간과 무계(戊癸)명암합하는 것을 말하고 있는 것입니다. 이것은 일간 중심에서 보면 배우자가 암중 득위(得位)하는 것이 되는 것이라서 좋게 보는데 그래서 안정된 것이 좋으며 충극(沖剋)하는 것은 나쁘게 보는 것입니다.

【예시1】

갑오(甲午)일주는 오(午)중 기토(己土)가 갑기(甲己)명암합을 하고 있다. 이 때 기토(己土)는 정재에 해당하는데 이것은 암암리에 배우자가 득위(得位)하는 것이라서 귀하게 본다.

時	日	月	年	건 명
癸	甲	辛	丁	天干
酉	午	未	亥	地支
	丙己丁			지장간

【예시2】

무자(戊子)일주는 자(子)중 계수(癸水)가 무계(戊癸)명암합을 하고 있다. 이때 계수(癸水)는 정재에 해당하는데 나의 재물과 명암합하는 것이라 숨은 재물 복이 있다고 한다.

時	日	月	年	건 명
	戊			天干
	子			地支
	壬癸			지장간

【예시3】

지지에서 사오미(巳午未)방국으로 남방(南方)의 무리들이 월령(月令)을 잡고 승권(乘權)하였다. 그래서 지지의 화기의 왕(旺)함이 극(極)에 달했다. 그러므로 화염토조(火炎土燥)로서 금(金)이 물러 취약하니 수(水)의 근원으로 돕기가 어렵다. 천간의 쇠약함이 극에 달한 것이다. 그런 연고로 일간의 정(情)은 신금(辛金)에 있지 않고 그 의향은 필히 오(午)중 정화(丁火)와 합하여 종(從)하려는데 있다. 기사(己巳)와 무진(戊辰)대운에는 금(金)을 생(生)하니 형모(形耗)가 있었다. 정묘(丁卯)와 병인(丙寅)대운에 목화(木火)가 병립(竝立)하여 왕(旺)하므로 신금(辛金)을 극진(剋盡)하여 종(從)을 도우니 경영(經營)으로 발재(發財)하니 수많은 재산가가 되었다.[任氏註]

時	日	月	年	건 명
상관		정인	정인	六神
乙	壬	辛	己	天干
巳	午	未	巳	地支
편재	정재	정관	편재	六神

【예시4】

이 명조는 빌 게이츠 명조이다.

자화간합이 된 임술(壬戌) 일주를 하고 있다. 그런데 자화간합(自化干合)이 된 술(戌)토에서 정화(丁火) 정재(正財)가 암장이 되어 있다.

즉 지지에 재고(財庫)를 가진 명조이다.

특히 일주(日柱) 뿐만 아니라 월(月)지와 년(年)지에도 재고가 있으므로 3곳의 재고 창고를 가진 거부 사주임을 알 수가 있다. 보통 지지에 관살혼잡(官殺混雜)이므로 나쁘다고 생각할 수도 있겠으나 을목(乙木) 상관이 제살하고 신금(辛金)인수는 화살생신(化殺生身)하고 있다.

병이 깊으나 약신이 천간에 2개가 있어 병을 제압하는 공덕이 있다.

또한 일시(日時)는 해수(亥水)로 귀록(貴祿)에도 해당하므로 그 영화(榮華)가 오랫동안 이어질 것이다.

時	日	月	年	건 명
인수		편재	상관	六神
辛	壬	丙	乙	天干
亥	戌	戌	未	地支
비견	편관	편관	정관	六神

7) 장생지에 앉은 천간은 지지의 충을 두려워한다.

地生天者天衰怕冲.
지생천자천쇠파충.

지지의 생(生)을 받는 천간은 천간이 쇠약(衰弱)하게 되면 지지의 충(沖)을 두려워한다.

【原文】如丙寅戊寅丁酉壬申癸卯己酉皆長生日主甲子乙亥丙寅丁卯己
【원문】여병인무인정유임신계묘기유개쟝생일주갑자을해병인정묘기

巳皆自生日主如主衰逢冲則根拔而禍更甚.
사개자생일주여주쇠봉충칙근발이화경심.

병인(丙寅), 무인(戊寅), 정유(丁酉), 임신(壬申), 계묘(癸卯), 기유(己酉)는 모두 장생(長生)일주이다. 갑자(甲子), 을해(乙亥), 병인(丙寅), 정묘(丁卯), 기사(己巳)는 모두 자생(自生)일주이다.
이와 같은 것들은 일주가 쇠약(衰弱)한데 충(沖)을 만나게 되면 곧 뿌리가 뽑히게 되어 재앙(災殃)이 더욱 심한 것이다.

구문풀이

▸ 지지의 생(生)을 받는 천간은 천간이 쇠약(衰弱)하게 되면 지지의 충(沖)을 두려워한다.

지지가 천간을 생(生)하는 것이 있을 때는 두 가지 경우가 있게 됩니다.
하나는 장생지일 경우이고, 또 하나는 자생(自生)하는 경우입니다.
병인(丙寅), 무인(戊寅), 정유(丁酉), 임신(壬申), 계묘(癸卯), 기유(己酉)는 모두 천

간(天干)이 지지 장생지에 앉아 있는 일주가 됩니다.

그리고 갑자(甲子), 을해(乙亥), 병인(丙寅), 정묘(丁卯), 기사(己巳)는 모두 지지에 생조를 받는데, 인수에 의지하는 자생(自生) 일주입니다. 이와 같이 지지의 생조(生助)에 의지하는 간지(干支)에서는 지지가 충(沖)을 당하게 되면 그 뿌리가 뽑히게 되어 천간이 불안정하게 됩니다.

만약에 주변에 일간의 록왕지(祿旺地)가 많거나 비겁(比劫)이 많아서 일간을 돕는다면 그 일간을 생해주는 지지를 충(沖)하게 되더라도 비겁에 의지할 수 있으므로 버틸 수가 있겠지만 만약, 다른 하나의 경우에 주변에 일간을 돕는 비겁이 없고 록왕지(祿旺地)도 없는데 유일하게 일간을 도와주는 장생지나 인수를 지지가 충(沖)하게 되면 그 인수는 뽑히게 되는 것이라 재화(災禍)는 더욱 크게 나타나게 됩니다. 이것은 지지의 생을 받아 버티던 천간이기 때문에 그 생(生)해 주는 지지를 충(沖)하는 것은 뿌리를 자르는 것과 마찬가지인 것 입니다.

그래서 일주가 쇠약한데 충을 만나면 뿌리가 뽑혀 재화가 더욱 심하다고 말하고 있는 것입니다. 전체적으로 일주의 기세를 살펴서 왕상(旺相)하면 충(沖)하는 것을 좋아하고 휴수(休囚)하면 충(沖)하는 것을 두려워합니다. 여기에서는 일주를 기준으로 이렇게 논하지만 세운과 행운에서 들어오는 충도 이와 같이 보면 됩니다.

예를 들어 병인(丙寅), 무인(戊寅), 정유(丁酉), 임신(壬申), 계묘(癸卯), 기유(己酉)는 모두 지지가 장생에 해당하는데 이 장생을 충극하게 되면 천간은 위태로워지는 것입니다.

또한 갑자(甲子), 을해(乙亥), 병인(丙寅), 정묘(丁卯), 기사(己巳)는 지지가 천간을 생조(生助)하는 인수인데 인수를 충극하게 되면 생기(生氣)가 끊어지게 되는 것이라서 천간은 위태로워지는 것입니다.

【예시1】

時	日	月	年	건 명
비견		식신	편인	六 神
丙	**丙**	**戊**	**甲**	天 干
申	**寅**	**辰**	**寅**	地 支
편재	편인	식신	편인	六 神

병인(丙寅)일주는 장생(長生)일주이며 인성(印星)의 기운이 유여(有餘)한데 또한 년에 갑인(甲寅)을 만났다.

인수와 비겁이 태과한 사주가 되었다. 그래서 무진월에 토(土)가 비록 당령(當令)하였으나 목(木)이 견고하여 식신을 제압을 하고 있다.

따라서 목화(木火)를 제복(制伏)할 재성(財星)을 사용하는 길이 좋다.

그래서 좋은 것은 인신(寅申)의 충을 만난 것이다.

그런데 병화(丙火) 비겁이 개두(蓋頭)한 것으로 충(沖)이 무력해졌다.

그러므로 초년운에는 남방운으로 달리므로 오르다가 곤두박질 당하는 기이한 상태가 많았다.

그러나 임신(壬申)과 계유(癸酉)대운 20년어 이르러 원국의 신금(申金)과 방조하여 인목(寅木)을 충하고 병화(丙火) 비겁을 극거(剋去)하니 창업하여 가업을 일으켜 세웠다.[任氏註]

【예시2】

時	日	月	年	대운27	곤 명
겁재		겁재	편관	편인	六神
癸	**壬**	**癸**	**戊**	**庚**	天干
卯	**寅**	**亥**	**申**	**申**	地支
상관	식신	비견	편인	편인	六神

이 명조는 비견(比肩) 이위(二位)의 상(象)이면서 무계합(戊癸合)이니 사주 중에 토(土)가 없다고 보고 간명한다.

적천수에서 말하길 지지가 장생에 의지하는 천간이 쇠약(衰弱)하면 지지의 충극(沖剋)을 두려워한다고 말했다. 따라서 무토(戊土) 편관(偏官)은 인목(寅木)이 장생지(長生地)므로 인목(寅木)에 의지한다.

그러나 신금(申金)은 병지(病地)로 인신충(寅申沖)을 하고 있다.

그런데 다시 신금(申金)대운에서 인신(寅申)재충(再沖)을 당하는데 무토(戊土)가 의지하는 생지가 파괴가 된 것이다.

그러하니 어찌 무계합(戊癸合)이 된 쇠약한 남편이 편안하겠는가?

그러므로 신금(申金)대운 기간 중에 부부(夫婦)사달은 분명하였다.

고로 경신(庚申)대운 35세 임오년(壬午年) 9월에 이혼하였다.

8) 상하(上下)가 화합(和合)하면 귀(貴)하게 된다.

> **上下貴乎情協.**
> 상하귀호정협.

위와 아래의 정(情)이 화합하면 귀(貴)하다그 말하는 것이다.

> **【原文】天干地支雖非相生宜有情而不反背.**
> 【원문】천간지지수비상생의유정이불반배.

천간과 지지가 비록 상생(相生)하지 않는다고 하더라도 마땅히 유정(有情)해
야 하고 등을 돌려 배반(背叛)하지 말아야 한다.

구문풀이

▶ 위와 아래의 정(情)이 화합하면 귀(貴)하다고 하는 것이다.

천간과 지지가 서로 상생하지 않더라도 유정(有情)하여 암암리에 돕는 것을
말하는 것입니다. 간지(干支)가 서로 유정(有情)하다는 것은 천간과 지지가
서로 보호해 주고 협조한다는 것을 의미하기도 하는데 이로 인해 천간과
지지가 서로 상극하더라도 등을 돌리지는 못하는 것이 됩니다. 예를 들어
관성(官星)은 쇠약(衰弱)하고 상관(傷官)이 왕하여 약한 관성(官星)을 극하려할
때에 재성(財星)이 국을 이루고 있게 되면 재성(財星)이 상관(傷官)을 설기하
면서 재생관(財生官)을 시켜주게 되므로 관성이 살아나게 되는 명조를 두고
말할 수가 있는 것입니다.
이러한 구조들을 상하(上下) 정(情)이 화합(和合)한다고 말하는 것입니다.
또한 관성이 왕한데 재성도 많은 경우에는 재생관으로 관성이 태과할 수가

있게 되는데 이 때에 비겁이 있어서 왕한 재성을 극하므로 관성을 생하지 못하게 하면 좋은 관계가 되는 것입니다.

관살이 많아서 인성을 용신으로 할 경우에는 재성을 싫어하는데 재성이 비겁에 앉아 있게 되면 비겁이 재성을 극하므로 재성(財星)이 관살(官殺)을 생하지 못하게 되므로 좋은 관계가 될 수 있습니다. 일주가 왕(旺)하고 관살(官殺)이 쇠약하면 재성(財星)을 기뻐하는데 이 재성(財星)이 식신(食神)에 앉아 있게 되면 식신이 재성을 생하므로 좋은 관계가 되는 것이며 이것을 위아래가 유정(有情)하다라 혹은 정(情)이 화합(和合)한다고 말을 합니다.

또 재성(財星)이 쇠약(衰弱)하고 비겁(比劫)이 왕(旺)한데 관성(官星)이 있게 되면 관성(官星)이 비겁(比劫)을 억제하여 비겁(比劫)이 재성(財星)을 극제하기 어렵게 만드는 것이고 또는 관성(官星)이 없더라도 식신이나 상관이 있어서 비겁(比劫)을 설기한다면 재성(財星)이 살아 날 수가 있는 것이니 이러한 모든 것은 모두 간지(干支)의 정(情)이 화합(和合)하니 곧 유정(有情)한 것입니다.

【예시1】

이 사주는 일간 병화(丙火)가 일지와 시지에 장생(長生)에 앉아있고 년지에는 록왕(祿旺)의 사화(巳火) 비견(比肩)이 있으니 정관(正官) 계수(癸水)를 상신(相神)으로 용(用)할 수가 있다. 그런데 정관 계수(癸水)를 년간의 기토(己土)상관이 바로 옆에 붙어서 극하고 있다. 이른바, 상관견관이 된 것이다. 그래도 계수(癸水) 관성(官星)이 재성 유금(酉金)위에 앉아 있는 것이 좋다. 이것이 위와 아래가 유정(有情)하여 정(情)이 화합(和合)한다는 뜻이다.

또한 더욱 묘한 것은 사유(巳酉)가 합을 하여 금(金)으로 되니 기토(己土)의 기운이 도리어 설기를 당했고 관성의 뿌리는 다시 더욱 견고해졌다. 즉 재성으로 인해 통관이 된 것이다. 그러므로 일생동안 흉한 위험을 당하지 않고 명예와 재산이 다 좋았다.

時	日	月	年	건 명
편재		정관	상관	六神
庚	丙	癸	己	天干
寅	寅	酉	巳	地支
편인	편인	정재	비견	六神

【예시2】

을목(乙木)일간이 해묘합목(亥卯合木)이 되어 있는데 비견(比肩)이 투간하였다. 그리고 임수(壬水)가 일신(日身)을 생조하니 일신(日身)이 태왕(太旺)하다. 그런데 기토(己土)의 편재는 축토(丑土)에 통근하였고 오화(午火)에 록을 얻었다. 그래서 이 사주는 오화 식신(食神)에 의지하기 때문에 오화가 파괴가 되면 기토(己土)의 편재가 비견 을목(乙木)에게 겁탈(劫奪)당하고 축토(丑土)의 재성은 묘목(卯木)에 극파(剋破)당할 수 있다. 곧 군겁쟁재(群劫爭財)의 염려가 있는 것이다. 따라서 기묘(己卯)월주는 간지(干支) 상하(上下)가 극을 하여 등을 돌리니 정(情)이 화합(和合)하지 못하고 있는 것이다.

그러므로 초년운인 무인(戊寅)과 정축(丁丑)에서는 목이 오화를 생조하고 다시 화토가 재성을 생조하니 유업(遺業)이 자못 풍성하였다. 그러나 병자(丙子)운으로 바뀌면서 오화(午火)를 자오(子午)충으로 충거(沖去)하니 군겁쟁재가 되었는데 한 번의 실패로 모든 것을 잃게 되었다. 을해(乙亥)운에 처자를 모두 잃고 승려가 되었으나, 규율을 지키지 못하니 배고픔으로 사망하였다.

時	日	月	年	건 명
정인		편재	비견	六神
壬	乙	己	乙	天干
午	亥	卯	丑	地支
식신	정인	비견	편재	六神

9) 좌우(左右)가 동지(同志)가 되면 귀(貴)해진다.

左右貴乎同志.
좌우귀호동지.

좌우(左右)가 동지(同志)가 되면 귀(貴)해진다.

【原文】左右雖不全一氣之物須生化不錯.
【원문】좌우수불전일기지물수생화불착.

좌우가 비록 온전한 하나의 기물(器物)로 되어 있지 않다고 하더라도 모름지기 생화(生化)되고 어지럽지 않아야 한다.

구문풀이

▶ 좌우(左右)가 동지(同志)가 되면 귀(貴)해진다.

동지(同志)라는 용어(用語)는 서로 뜻을 함께 한다는 말이니 좌우(左右)가 동지(同志)라고 하는 것은 년(年)과 월(月), 혹은 일(日)과 시(時)가 서로 생조(生助)하고 도와주는 것을 말합니다. 이것은 좌우(左右)의 마음이 서로 같다고 말하는 것입니다.

예를 들어 관살(官殺)이 왕(旺)하고 일주는 쇠약(衰弱)한데 겁재(劫財)가 관살(官殺)과 합을 하므로 합살(合殺)하여 살(殺)을 억제하면 겁재는 일간을 돕는 동지가 되는 것입니다. 또한 인성(印星)이 있어서 관살(官殺)을 생화(生化)하면 좌우동지(左右同志)가 되어 좋은 것입니다.

일주는 왕(旺)한데 관살(官殺)이 쇠약(衰弱)할 때 재성(財星)이 있어 약한 관살을 생조해 주면 재성과 관살은 동지가 되는 것입니다.

혹은 관성이 또 있어서 약한 관살을 도와주거나 일주와 관살이 모두 왕한데 식신이 있어서 식신제살(食神制殺)하므로 관살을 억제한다거나 혹은 상관으로 상관적살(傷官敵殺)하여 관살을 상대한다면 이 모든 것을 동지(同志)라고 할 수가 있는 것입니다.

일주의 희용신(喜用神)은 반드시 일주 옆에 붙어 투출이 되어야 하고 관살을 기뻐할 때는 관살이 재성과 친하게 화합(和合)하고 있는지를 확인해야 하며 관살(官殺)을 꺼릴 때는 관살(官殺)을 극하는 식신(食神)이 있다면 좌우동지(左右同志)가 되는 것입니다.

또한 인성(印星)을 기뻐할 때는 인성 옆에 관살이 있어 인성을 생(生)하고 있는가를 볼 것이며, 인성(印星)을 꺼릴 때는 재성이 인성 앞에 있어서 재극인(財剋印)으로 인성을 극하고 있게 되면 좌우동지가 되는 것입니다.

재성을 기뻐할 때는 식신과 상관이 있게 되면 식상생재(食傷生財)하여 재성을 생(生)해주게 되는 것이고 재성을 꺼릴 때는 비겁이 있게 되면 비겁이 재성을 극(剋)하여 재성이 위축되도록 만들게 되므로 좌우동지가 되는 것입니다.

【예시1】

時	日	月	年	명 조
		편관	겁재	六 神
甲	庚	乙		天 干
子	申			地 支
인수	편관			六 神

갑일(甲日)간이 경신(庚申)월을 만나 위태로운데 을목(乙木)이 옆에 있어서 을 경(乙庚) 합살한다. 곧 겁재가 살(殺)을 억제하므로 경금(庚金)은 갑목(甲木)을 해(害)할 수가 없다. 또한 갑목(甲木)이 신월(申月)이라 허약한데 자수(子水)인성 으로 신자(申子)반합하므로 화살(化殺)하므로 오히려 갑목(甲木)을 생조(生助)하 고 있다. 이와 같은 것들을 좌우동지(左右同志)가 되었다고 말하는 것이다.

【예시2】

時	日	月	年	명 조
	我	편관	편재	六 神
甲	庚	戊		天 干
卯		寅		地 支
겁재		비견		六 神

갑(甲)일간이 인월(寅月)에 태어났는데 경금(庚金)을 용(用)하고자 하나 봄철 의 경금(庚金)은 춘불용금(春不容金)이니 불가(不可)하다.

그러나 무토(戊土)재성이 있어서 토생금(土生金)으로 생금(生金)한다면 재관 (財官)이 협력하여 신왕적살(身旺敵殺)할 수 있다. 이러한 관계를 좌우(左右)동 지(同志)라 말한다.

【예시3】

時	日	月	年	명조
		편관	상관	六神
甲	庚	丁		天干
卯	寅	申		地支
겁재	비견	편관		六神

일주도 왕(旺)하고, 관살(官殺)도 왕(旺)한데 상관(傷官) 정화(丁火)가 있으므로 상관적살(傷官敵殺)하여 관살(官殺)을 억제하니 서로 관계가 좋아졌다. 편관(偏官)과 상관(傷官)의 관계도 좌우동지(左右同志)에 해당한다.

【예시4】

時	日	月	年	건명
비견		편관	식신	六神
庚	庚	丙	壬	天干
辰	午	午	申	地支
편인	정관	정관	비견	六神

이 사주는 병화(丙火)관살이 비록 왕(旺)하기는 하지만 임수(壬水)의 뿌리도 역시 견고(堅固)하다. 일주를 비견(比肩)이 도와주고 또 습토(濕土)가 생하여 주니 일주(日柱)와 관살(官殺)이 모두 왕(旺)하다. 그러므로 임수(壬水) 식신를 상신(相神)으로 병화(丙火)를 억제하니 살용식제(殺用食制)가 되었다. 이것은 진토(辰土)가 천간에서는 협력자가 되었고 지지에서는 동지가 되는 것이다. 하나는 억제하고 하나는 생화하여 주니 이른바 유정(有情)하여 운이 금수로 흘러갈 적에 벼슬길이 크게 빛났으며 벼슬은 봉강(封疆)까지 올랐다.[任氏註]

10) 절처봉생(絶處逢生)이 되면 구제받는다.

甲申戊寅眞爲殺印相生庚寅癸丑也坐兩神興旺.
갑신무인진위살인상생경인계축야좌양신흥왕.

갑신(甲申)과 무인(戊寅)은 살인상생(殺印相生)하는 것이 참되고 경인(庚寅)과
계축(癸丑)은 또한 양신(兩神)이 앉아 흥왕(興旺)하다.

【原文】兩神者殺印也庚金見寅中火土欲多甲木而以財論癸見丑中土金
【원문】양신자살인야경금견인중화토욕다갑목이이재논계견축중토금

欲多癸水則幫身不如甲見申中壬水庚金戊見寅中甲木丙火爲眞也.
욕다계수칙방신불여갑견신중임수경금무견인중갑목병화위진야.

양신(兩神)이라는 것은 칠살(七殺)과 인성(印星)을 말하는 것이다.
경금(庚金)이 인(寅)중에 화토(火土)를 보게 되지만, 원하는 것은 본기인 갑목
(甲木)이니 재(財)로 논하는 것이다. 계수(癸水)가 축(丑)중의 토금(土金)을 보게
되지만 원하는 것은 본기인 계수(癸水)이니 곧 일신(日身)을 돕는 것이다.
이와 같은 종류들은 갑(甲)이 신(申)중의 임수(壬水)와 경금(庚金)을 보는 것과
무토(戊土)가 인(寅)중에 갑목(甲木)과 병화(丙火)를 보아서 진정한 살인상생(殺
印相生)이 되는 것보다는 못한 것이다.

┌─────────┐
│ 구문풀이 │
└─────────┘

▶ 갑신(甲申)과 무인(戊寅)은 살인상생(殺印相生)하는 것이 참되고 경인(庚寅)과
계축(癸丑)은 또한 양신(兩神)이 앉아 흥왕(興旺)하다.

살인상생(殺印相生)이란 절처봉생(絶處逢生)을 말하는 것인데 글자 구조 자체

로 살인상생이 되는 간지가 있습니다. 그꽤서 이것을 절처봉생(絕處逢生)이라 말하였는데 절처봉생(絕處逢生)이란 꼼짝없이 죽게 된 판에 요행히 살길이 생겨남을 일컬은 말입니다. 그래서 절처봉생(絕處逢生)은 사지구생(死地救生)이라 하였듯이 지지에 칠살(七殺)을 두고도 지장간의 상생적 변화를 요구하여 살아날 수 있는 구성을 말하거나 혹 절지(絕地)에서 다른 생을 만나 죽을 자리에 처해서도 살아나게 되는 것을 말하는데 극도의 고통과 억압, 질병을 겪는 상황에서도 해결책을 찾아 생명력을 이어 가는 경우를 말하는 것입니다.

예를 들어 당장은 사안(事案)이 어렵고 곤궁(困窮)한 형편에 놓여 있을지라도 종래(從來)는 어려움에서 벗어나는 형상이 되는데 이를 두고 절처봉생(絕處逢生)이라고 합니다.

육십갑자(六十甲子)중에 살인상생하는 간지(干支)가 조합된 것은 경인(庚寅), 갑신(甲申), 무인(戊寅), 계축(癸丑) 등이 있으며 이들의 간지(干支)끼리는 서로 극을 하지만, 지지의 상생하는 두 양신(兩神)을 갖고 있어 간지가 유정(有情)한 상태로 보는 것입니다.

▶ 이와 같은 종류들은 갑(甲)이 신(申)중의 임수(壬水)와 경금(庚金)을 보는 것과 무토(戊土)가 인(寅)중에 갑목(甲木)과 병화(丙火)를 보아서 진정한 살인상생(殺印相生)이 되는 것보다는 못한 것이다.

갑신(甲申)과 무인(戊寅)은 참된 살인상생(殺印相生)이라 말하고 경인(庚寅)과 계축(癸丑)은 살인상생(殺印相生)이 작다고 그 차별을 두고 있습니다. 왜냐하면 경인(庚寅)과 계축(癸丑)은 지장간에 두 양신(兩神)이 존재하여 살인상생(殺印相生)이 되더라도 본래는 본기(本氣)에 집착하게 됩니다.

예를 들어 경인(庚寅)의 경우는 인목(寅木)어는 지장간 무병갑(戊丙甲)이 존재하는데 경금(庚金)에게는 병화(丙火)는 관살(官殺)에 해당하고 무토(戊土)는 인수(印綬)이니 두 양신(兩神)이 존재하는 것입니다.

그러므로 비록 병화(丙火)가 경금(庚金)을 극하더라도 살인상생(殺印相生)하여 절처봉생(絶處逢生)을 하게 됩니다. 그러나 경금(庚金)의 본래 의지는 본기인 갑목(甲木) 재성(財星)에 집착하는 까닭에 인목(寅木)을 재성(財星)으로 논하게 됩니다. 따라서 갑신(甲申)과 무인(戊寅)에서는 본기 자체(自體)가 칠살(七殺)로 살인상생(殺印相生)이 되는 것과 근본적으로 다르다고 말하는 것입니다.

곧 갑신(甲申)에서 신(申)중에 무임경(戊壬庚)이 존재해서 본기 자체가 칠살(七殺)이 되어 갑목(甲木)을 극하는데 임수(壬水) 인수(印綬)가 있어서 두 양신(兩神)에 의해 살인상생(殺印相生)이 되는 것입니다. 이런 면에서 보면 갑신(甲申)과 무인(戊寅)의 살인상생(殺印相生)이 참되고 경인(庚寅)과 계축(癸丑)은 불안정한 살인상생(殺印相生)이라고 말하는 것입니다.

【예시】

갑신(甲申)일주가 유월(酉月)에 출생했으니 관살(官殺)이 당권(當權)하였다.
그러므로 갑신(甲申)일주는 신금(申金)이 칠살이므로 절처(絶處)에 임해 위태로운 가운데 처해 있다. 그런데 다행이도 오화(午火)가 유금(酉金)을 제복하고 있으니 소위 거관류살이 되어 기쁘다.
따라서 신금(申金)은 자수(子水)와 신자합수(申子合水)하고 있으니 살인상생(殺印相生)이 되었다. 이른바 절처봉생(絶處逢生)이란 이것을 두고 말하는 것이리라. 과거에 급제(及第)하고 벼슬은 낭서(郎署)에서 관찰사(觀察使)에 올랐다가 봉강(封疆)에 이르렀다.[任氏註]

時	日	月	年	건 명
甲	甲	己	壬	天干
子	申	酉	午	地支
	戊壬庚			지장간

11) 시작할 곳에서 시작하고 마칠 곳에서 마치면 부귀수명하다.

始其所始終其所終富貴福壽永乎無窮.
시기소시종기소종부귀복수영호무궁.

시작할 곳에서 시작하고 마칠 곳에서 마치면 부귀와 수명이 영원히 무궁하다.

【原文】年月爲始日時不反背之日時爲終年月不妬忌之凡局中所喜之神
【원문】년월위시일시불반배지일시위종년월불투기지범국중소희지신
引於時支有所歸者爲始終得所則富貴福壽永乎無窮也.
인어시지유소귀자위시종득소칙부귀복ᄉ영호무궁야.

년월(年月)에서 시작하면 일시(日時)에서 버반(背叛)하지 아니하고 일시(日時)에서 마치면 년월(年月)에서 투기(妬忌)하지 않아야 한다.
무릇 사주에서 희신(喜神)이 되는 것이 시지(時支)에서 이끌어 주어 돌아갈 곳이 있으면 시작한 곳과 마치는 곳을 얻었다는 것이니 곧 부귀(富貴)와 수복(壽福)이 영원히 무궁(無窮)할 것이다.

구문풀이

▶ 시작할 곳에서 시작하고 마칠 곳에서 마치면 부귀와 수명이 영원히 무궁하다.

시작과 끝마침의 원리는 년월(年月)에서 시작하고 일시(日時)에서 마치게 됩니다. 그러므로 년월일시(年月日時)로 흘러가는 간지(干支)의 유통(流通)을 말하니 사주에서 생(生)하고 화(化)하고 상생(相生)함을 말하는 것입니다.
그런데 희신(喜神)은 시지(時支)에서 생(生)을 만나 득지(得地)하고 기신(忌神)

은 극을 받아 무력(無力)하며 사주의 결핍이 있으면 합하는 정(情)으로 보조하고 기신(忌神)은 합거(合去)하는 공(功)이 있어야 하는데 사주 간지에 버릴 물건이 하나도 없어야 귀하게 됩니다. 상관(傷官), 효신(梟神), 겁재(劫財), 양인(陽刃)이 오더라도 격국(格局)과 용신(用神)을 오히려 돕고 일간과 유정(有情)하고 일주가 득기(得氣)한다면 부귀(富貴)와 수복(壽福)이 오래도록 지속할 수가 있는 것입니다.

【예시1】

이 사주는 년간 임수(壬水)에서 시작하여 일지(日支) 해수(亥水)에서 마친다. 관생인(官生印)하고 인생신(印生身)하고 식신(食神)이 용신(用神)이 되어 일간을 설기(泄氣)하여 유금 재성(財星)을 덮어준다.

관성(官星)은 재성(財星)의 생을 받으니 진토(辰土) 상관이 당령(當令)을 하여 정관을 위협할지라도 갑목(甲木) 인수(印綬)가 제지하여 유정(有情)하다. 일시(日時)가 배반하지 않고 년월(年月)이 투기(妬忌)하지 않으니 시작과 마침이 알맞은 자리를 얻었다.

그래서 귀(貴)함이 극품(極品)에 이르렀고 부(富)는 백만이고 자손이 아름다웠고 수명(壽命)이 팔순에 달했다. 〔任氏註〕

時	日	月	年	건 명
식신		인수	정관	六神
己	丁	甲	壬	天干
酉	亥	辰	寅	地支
편재	정관	상관	인수	六神

【예시2】

이 명조는 토생금(土生金), 금생수(金生水), 수생목(水生木)으로 간지(干支)가 같이 흐르는데 상생(相生)의 우애(友愛)는 있으나 투기(妬忌)의 바람은 없다.

술(戌) 중의 재성(財星)이 고지(庫地)에 귀속(歸屬)하니 관(官)은 맑고 인수는 바르다. 식신(食神)이 해묘합(亥卯合)으로 생을 만나 정관을 극(剋)할 것 같았는데 을경합(乙庚合)과 묘신(卯申) 암합(暗合)으로 제복(制伏)이 되어 수기(秀氣)하니 향방 출신으로 벼슬이 황당에 이르렀다.

1처(妻) 2첩(妾)에 13명의 자식을 두었는데 과거급제가 끊이질 않았다. 재물(財物)은 백만에 이르고 수명(壽命)은 구순에 달했다.〔任氏註〕

時	日	月	年	건 명
식신		인수	정관	六神
乙	癸	庚	戊	天干
卯	亥	申	戌	地支
식신	겁재	인수	정관	六神

10. 형상론(刑象論)

1) 양기성상(兩氣成象)을 말하다.

兩氣合而成象象不可破也.
양기합이성상상불가파야.

두 기운(氣運)이 합하여 형상(形象)을 이루었다면 형상(形象)을 파손(破損)해서
는 안 된다.

天干屬木地支屬火天干屬火地支屬木其象則一若見金水則破餘倣此.
천간속목지지속화천간속화지지속목기상칙일약견금수칙파여방차.

천간이 목(木)에 속할 때 지지가 화(火)이거나 천간이 화(火)에 속할 때 지지
가 목(木)이거나 하면 그 형상(形象)이 곧 하나로 되는데 만약 금수(金水)를 보
게 된다면 곧 형상(形像)이 파손된다. 그 이외의 것도 이와 같이 논 한다.

구문풀이

▶ 두 기운(氣運)이 합하여 형상(形象)을 이루었다면 형상(形象)을 파손(破損)해
서는 안 된다.

이것은 양기성상(兩氣成象)을 두고 말하는 것인데 이것이 이른바 두 사람의
마음이 같다면 순종하여 따라야지 거역해서는 안 된다고 하는 경우를 말합
니다. 두 가지의 기운이 합하여 상(象)을 이루어 서로 맑다고 하는 것은 다만
목화(木火)의 형상만 두고 하는 말이 아니라 토금(土金), 금수(金水), 수목(水木),
목화(木火), 화토(火土)와 같이 서로 절반씩 서로 생하는 관계에 해당하는 다

섯 종류의 국(局)이라 하겠습니다.

상생(相生)하는 것에는 반드시 절반씩 골고루 분포되어 균형이 잡혀야 하지 한쪽으로 기울어 조금 많거나 적어서는 안 되며 만약 금수(金水)라고 한다면 화토(火土)가 섞여 있으면 마땅치 않은 것이고 만약 수목(水木)이라고 한다면 화금(火金)이 섞여 서로 싸우지 말아야 합니다. 목화(木火)가 형상(形像)을 이루고 있을 때는 금수(金水)가 와서 파손하는 것을 가장 두려워하고 또 수화(水火)가 형상을 이루고 있을 때는 토(土)가 와서 수(水)를 극(剋)하는 것을 가장 싫어하는 것입니다.

사주에서 이렇다면 행운에서도 이와 같으니 행운이 모두 한 가지 길로 뜻을 같이하여 맑게 흘러간다면 반드시 지위는 높고 재물도 넉넉할 것입니다. 그러나 행운이 중간에 합상(合象)을 파손하여 혼란하게 하면 지위를 잃거나 가문이 기울게 되는 것은 자명한 일인 것입니다.

【예시1】

時	日	月	年	건 명
상관		상관	비견	六 神
辛	**戊**	**辛**	**戊**	天 干
酉	**戌**	**酉**	**戌**	地 支
상관	비견	상관	비견	六 神

이 사주는 토금(土金)이 각각 반반으로 양기성상(兩氣成像)을 이룬다. 따라서 신금(辛金)상관을 취해 용(用)한다. 반가운 것은 행운(行運)이 모두 북방운(北方運)으로 수기(秀氣)유행(流行)하니, 소년에 과거에 합격하여 벼슬이 황당(黃堂)에 올랐다. 병화(丙火)운으로 바뀌자 신금(辛金)을 파손(破損)하여 사망하였다.[任氏註]

【예시2】

時	日	月	年	건 명
상관		상관	비견	六神
丁	甲	丁	甲	天干
卯	午	卯	午	地支
겁재	상관	겁재	상관	六神

이 사주는 목화(木火)가 반반으로 양기성상(兩氣成象)을 이룬다.

그러므로 수기가 되는 정화(丁火)상관을 용(用)한다.

그런데 사주에 금수(金水)가 하나도 없으니 순수하여 볼만하다.

사화(巳火)대운에 들어가서 정화(丁火)가 록왕(祿旺)하니 과거에 급제하여 한림원(翰林苑)에 들어가 이름을 떨쳤다.

경금(庚金)대운에서는 칠살(七殺)이 되어 양기(兩氣)를 혼란하게 하므로 지현(知縣)으로 강등 당하였다.

그래도 경오(庚午) 대운중에 오화(午火)남방이라서 정화(丁火)가 오화(午火) 록(祿)에 뿌리를 내리므로 금(金)이 극하는 힘이 부족해서 괜찮기는 하지만, 앞으로 행운이 서방에서 수(水)가 왕(旺)할 때 재난이 없다고 말하기가 어렵다. [任氏註]

2) 오기성상(五氣成象)을 말하다.

五氣聚而成形形不可害也.
오 기 취 이 성 형 형 불 가 해 야 .

오행(五行)의 기운(氣運)이 모두 모여서 형상(形像)을 이루는데 이 형상(形象)을
훼방(毁謗)해서는 안 된다.

【原文】木必得水以生之火以行之土以培之金以成之是以成形於要緊之
【원문】목 필 득 수 이 생 지 화 이 행 지 토 이 배 지 금 이 성 지 시 이 성 형 어 요 긴 지
地或過或缺則害餘皆倣之.
지 혹 과 혹 결 칙 해 여 개 방 지 .

목(木)은 반드시 수(水)를 얻어 살리고 화(火)를 얻어 운행(運行)하고 토(土)로
써 자신을 배양하고 금(金)을 얻어 쓸모를 얻는다.
그래야 요긴(要緊)한 자리에서 형상(形象)을 이루는 것이다.
혹, 과(過)하거나 혹은 결여(缺如)되면 곧 해(害)가 되는 것이 된다.
그 이외의 나머지 것도 이와 같이 논하면 된다.

구문풀이

▶ 오행(五行)의 기운(氣運)이 모두 모여서 형상(形像)을 이루는데 이 형상(形象)
을 훼방(毁謗)해서는 안 된다.

다섯 가지의 오행이란 목화금수토(木火金水土)를 말하는 것입니다.
오행의 기(氣)가 모여 한 형상을 이루고 있다면, 오기취상(五氣聚象)으로 형상
기국을 이룬 것이므로 이 상(象)을 훼방하는 것이 있으면 안 되는 것입니다.

만약 사주에서 형상(形象)이 이뤄지지 않고 또 행운과 세운에서도 형상을 이루지 않는다고 하면, 평생 아무 일도 성사하지 못하고 흉한 일은 많이 발생하고 좋은 일은 적으며 큰 뜻을 품고 있다고 해도 펼쳐나가기가 어려운 것입니다. 여기에서는 목(木)을 예로 들었지만 나머지 오행의 형상이 이뤄지는 것도 마찬가지로 보면 되는 것입니다.

【예시1】

이 명조는 수세(水勢)가 창광(猖狂) 하는데 무토(戊土)가 홀로 다스리므로 수(水)를 평정시키는 공덕이 있어 부목(浮木)이 되지 않게 한다.

무토(戊土)는 역시 술토(戌土)에 의지하므로 견고(堅固)하다.

만약, 진토(辰土)만 있고 술토(戌土)가 없다면 진(辰)은 습토(濕土)가 되어 수(水)를 보면 곧 휩쓸려버리므로 무토(戊土)는 뿌리를 내리지 못하고 허약해지는데 무근(無根)한 토(土)로써 어찌 백천의 근원이 되는 수(水)를 멈추게 하겠는가?

그런 연고로 이 명조에서 중요한 것은 조토(燥土)인 술토(戌土)가 된다.

다만 한목향양(寒木向陽)이 필수이므로 화(火)의 온난함이 있어야 하고 그런 즉, 목방(木方)이 발영(發榮)할 수가 있겠다.

그래서 남방(南方)화운의 향(鄕)에 이르자 발재(發財)하니 수만의 재물을 벌어들였고 이로(理路)로 명성을 이루게 되었다.[任氏註]

時	日	月	年	건 명
편재		편인	편인	六神
戊	甲	壬	壬	天干
辰	子	子	戌	地支
편재	정인	정인	편재	六神

【예시2】

이 명조는 월지(月支)가 묘목(卯木) 양인(陽刃)인데 갑을(甲乙)이 투간해 있고 또 묘미합목(卯未合木)이 되니 목(木)의 세력(勢力)이 태왕(太旺)하다.

그러나 금(金)이 없어서 나무가 성(成)하지도 못해 결실이 없고 또한 화(火)도 없으니 운행하지도 못하고 있다.

그런데 계수(癸水)가 해수(亥水)에 통근(通根)하여 겁재(劫財)를 생하고 있으니 일지(日支) 술토(戌土) 편재(偏財)가 군겁쟁재(群劫爭財)에 걸려 있다.

그러므로 초년에 북방수(北方水)운에는 겁재(劫財)를 더욱 생하므로 조업(祖業)을 소진(消盡)하고 처(妻)를 극하더니 자식도 없었다.[任氏註]

時	日	月	年	건 명
겁재		겁재	정인	六神
乙	甲	乙	癸	天干
亥	戌	卯	未	地支
편인	편재	겁재	정재	六神

3) 독상(獨象)을 말하다.

獨象喜行化地可化神要昌.
독상 희 행 화 지 가 화 신 요 창.

독상(獨象)은 행운에서 화(化)해 주는 자리가 좋은데 화신(化神)은 창성할 필요가 있는 것이다.

【原文】一者爲獨曲直炎上之類也所生者爲化神化神宜旺則其氣流行然
【원문】일 자 위 독 곡 직 염 상 지 류 야 소 생 자 위 화 신 화 신 의 왕 칙 기 기 류 행 연
後行財官之地方可.
후 행 재 관 지 지 방 가.

하나의 형상(形象)이라고 하는 것은 독상(獨象)을 말하는데 곡직(曲直), 염상(炎上) 등을 말하고 생하여 주는 것을 화신(化神)이라고 한다. 화신은 마땅히 왕(旺)해야 곧 그 기(氣)가 흘러 유통되는데 그런 이후에 행운이 재성(財星)과 관성(官星)의 방향으로 흘러야 한다.

구문풀이

▶ 독상(獨象)은 행운에서 화(化)해 주는 자리가 좋은데 화신(化神)은 창성할 필요가 있는 것이다.

사주에 오행이 모두 다 있으면 좋지만 단지 하나의 형상으로 세력을 잡고 있다고 해도 흥성할 수 있는 것입니다.

이것은 권재일인(權在一人)으로 권력이 한 사람에게 있다는 것인데 곡직(曲直), 염상(炎上) 등을 말합니다. 또한 화신(化神)이라는 것은 생(生) 하는 것으로 식신(食神)과 상관(傷官)을 말하는 것입니다.

이것은 독상(獨象)을 설명하는 것인데 보통 전왕격(專旺格)또는 일행득기(一行得氣)라고도 합니다. 그런데 일행득기(一行得氣)와 전왕격(專旺格)은 하나의 왕한 상(象)으로 본 것이므로 왕(旺)한 기(氣)를 설기시켜 주는 식상(食傷)을 반드시 필요로 하였습니다.

왜냐하면 왕(旺)한 비겁(比劫)이라 함은 겁저(劫財)를 말함이고 겁탈자(劫奪者)를 인화(引化)해야 하는 공덕이 식상(食傷)이게 있다는 말입니다. 그래서 한 가지 오행으로만 된 일행득기(一行得氣)의 독상(獨象)이라 하더라도 설기해주는 식상(食傷)이 있어서 그 왕한 기운을 설기하여 유통해 줘야 수기(秀氣)가 빼어나다고 말을 할 수가 있는 것입니다. 만약 독상(獨像)이 되는 사주에서 화신(化神)이 왕성하여 식상(食傷)으로 수기유통(秀氣流通)하고 있다면 세운과 행운에서 다시 재관운(財官運)으로 흐른다면 화신(化神)으로 인한 수기유통으로 보기 때문에 재관(財官)을 흉하다고 보지 않습니다.

이 독상(獨象)이라고 하는 것은 다섯 가지의 종류가 있습니다.

(1) 곡직격(曲直格)

목(木)일간이 지지에 인묘진(寅卯辰) 방(方)이나 해묘미(亥卯未) 삼합국(局)을 이루고 있는데 금(金)이 하나도 섞이지 않은 것을 목기에 의한 일행득기격(一行得氣格) 또는 곡직격(曲直格)이라 합니다.

(2) 염상격(炎上格)

화(火)일간이 지지에 사오미(巳午未) 방(方)이나 인오술(寅午戌) 삼합국(局)을 이루고 있는데 수(水)가 하나도 섞이지 않은 것을 화기(火氣)의 일행득기격(一行得氣格) 또는 염상격(炎上格)이라 합니다.

(3) 가색격(稼穡格)

토(土)일간이 지지에 진술축미(辰戌丑未)로 되어있고 목(木)이 하나도 섞이지 않은 것을 토기(土氣)의 일행득기격(一行得氣格) 또는 가색격(稼穡格)이라 합니다.

(4) 종혁격(從革格)

금(金)일간이 지지에 신유술(申酉戌) 방(方)이나 사유축(巳酉丑) 삼합국(局)을 이루고 있는데 화(火)가 하나도 섞이지 않은 것을 금기(金氣)의 일행득기격(一行得氣格) 또는 종혁격(從革格)이라 합니다.

(5) 윤하격(潤下格)

수(水)일간이 지지에 해자축(亥子丑) 방(方)이나 신자진(申子辰) 삼합국(局)을 이루고 있는데 토(土)가 하나도 섞이지 않은 것을 수기(水氣)에 일행득기격(一行得氣格) 또는 윤하격(潤下格)이라 합니다.

이 다섯 가지 격은 모두 한 방향으로 나아가는 빼어난 흐름이므로 거스르면 좋지 않은 것이고, 중요한 것은 반드시 월령을 얻어야 한다.
또, 왕(旺)이나 생(生)을 만나야 좋은데 그 체질이 너무 지나치게 강하므로 이끌어 설기하여 유통시켜야 좋게 됩니다.
그래서 자체적으로 식신(食神)과 상관(傷官)이 존재해야 독상(獨像)이 더욱 빼어나게 될 수가 있는 것입니다. 이것을 화신은 창성해야 좋다라고 말한 것입니다.
그런데 만일 목상(木象)이라고 하는 것이 행운에서 금(金)을 만나면 금이 하나로 뭉친 목(木)을 극(剋)한다고 한다면 하나의 형상에서는 그 자리에서 바로 흉한 재앙을 보게 됩니다. 이때 만약 사주에서 식신(食神)이나 상관(傷官)이 있어서 도리어 금(金)의 운을 극(剋)하게 된다면 비로소 큰 해로움이 없게 되는 것입니다.

【예시1】

時	日	月	年	건명
식신		상관	비견	六神
丙	**甲**	**丁**	**甲**	天干
寅	**辰**	**卯**	**寅**	地支
비견	편재	겁재	비견	六神

갑(甲)일간이 비견(比肩)이 투간하고 지지에는 인묘진(寅卯辰)이니 동방의 한 기운이 온전하다. 화신(化神)은 병정(丙丁)이니 식상이 된다. 동방을 이룬 팔자가 왕한 목의 기를 설기하니 수기유행이 되어 곡직격(曲直格)을 이룬다.

그러므로 어려서 과거에 급제(及第)하고 일찍이 벼슬길에 들어섰는데 행운이 재성(財星)의 지지로 갔지만 원국에서 먼저 식상(食傷)으로 비겁을 화겁(化劫)하는 공덕이 있었다.

그러므로 재성을 생조하니 발전하였다. 또한 행운이 금운(金運)으로 가자 병정(丙丁)이 있으므로 능히 금(金)을 극해 독상(獨像)을 보호할 수가 있었다.

임수(壬水)운으로 바뀌자 화(火)식상을 극(剋)하므로 파국(破局)하여 수기(秀氣)가 손상(損傷)당하여 벼슬에서 물러났고 그향으로 돌아와 세상을 하직하였다.[任氏註]

【예시2】

時	日	月	年	건명
비견		정재	비견	六神
庚	**庚**	**乙**	**庚**	天干
辰	**戌**	**酉**	**申**	地支
편인	편인	겁재	비견	六神

이 사주는 천간에 을경(乙庚)이 합해서 금(金)으로 화(化)하고 지지에 신유술(申酉戌)이 모두 있어 종혁격(從革格)을 이루고 있다.

그런데 아쉬운 것은 독상(獨象)을 설기하는 화신인 수(水)가 없다.

강력한 살(殺)기운을 띠고 있는 금(金)이 너무 예리하다 보니 공부해도 안 될 뿐만 아니라 수명도 다하지 못하였다.

보병 출신으로 벼슬이 참장까지 되었지만, 인목(寅木)운에 들어서자 식상(食傷)이 없으므로 목(木)과 금(金)이 충돌하니 전쟁터에서 사망하고 말았다.[任氏註]

【예시3】

時	日	月	年	건 명
겁재		편인	겁재	六 神
壬	**癸**	**辛**	**壬**	天 干
子	**丑**	**亥**	**子**	地 支
비견	편관	겁재	비견	六 神

계수(癸水)일간은 임수 겁재가 투간하고 지지에는 해자축(亥子丑)이 있다.
그러므로 윤하격(潤河格)을 이루고 있다. 반갑게도 행운이 배반하지 않아서
화신(化神)이 되는 수목(水木) 운으로 흐르니 일찍이 공부를 했고 갑인(甲寅)
운에 수기가 유행을 하니 과거에 합격했다.
을묘(乙卯) 운에는 벼슬길이 평탄했는데 흔령을 거쳐 주목으로 올랐다.
병화(丙火)운에 들어서서 사주에 식신(食神)과 상관(傷官)이 없어 유통해 주지
못하는 바람에 군겁쟁재(群劫爭財)로 여러 비겁들이 재성을 쟁탈하여 세상
을 하직하고 말았다.[任氏註]

【예시4】

時	日	月	年	건 명
비견		겁재	겁재	六神
癸	癸	壬	壬	天干
亥	卯	子	辰	地支
겁재	식신	비견	정관	六神

이 사람은 병원을 운영한다. 자월(子月)의 계수(癸水)이지만 천간에 수(水)가 가득하여 진자합수(辰子合水)가 된다.

그래서 전왕격(專旺格)을 구성한다.

그런데 수로 하나의 기를 형성했으므로 윤하격이다.

독상(獨像)이 되면 그 강함을 유통해 주는 화신(化神)이 필요한데 식상(食傷)이 설기 유통해 주면 그 격은 빼어나게 된다.

따라서 계묘(癸卯)일주는 해묘합목(亥卯合木)을 얻어 화신(化神)을 충족시켰다. 고로 수생목(水生木)으로 수기유통(秀氣流通)하니 큰 발전이 있게 된다.

4) 전상(全象)을 말하다.

全象喜行財地而財神要旺.
전상희행재지이재신요왕.

전상(全象)은 행운에서 재성운을 반기는데 재신(財神)이 왕(旺)해야 한다.

【原文】三者爲全有傷官而又有財也主旺喜財旺而不行官殺之地方可.
【원문】삼자위전유상관이우유재야주왕희재왕이불행관살지지방가.

3가지가 있는 것을 전상(全象)이라 말한다. 상관(傷官)이 있고 또 재성(財星)이 있는 것이다. 일주가 왕(旺)하면 재성(財星)이 왕(旺)한 것을 반긴다. 또 행운이 관살(官殺)의 방향으로 들어가지 말아야 좋다.

구문풀이

▶ 전상(全象)은 행운에서 재성운을 반기는데 재신(財神)이 왕해야 한다.

사주팔자에서 3가지가 다 있는 것을 전상(全象)이라고 합니다.
곧 일주(日柱)와 식상(食傷)과 재성(財星)이 있는 경우를 뜻하는데 곧 상관생재(傷官生財)를 하는 명식을 말합니다. 그런데 일주가 왕상(旺相)할 경우라면 식상(食傷)이 있어 수기유통이 가능하므로 재성의 왕한 운이 가장 좋은 것입니다.
만약 식상관(食傷官)이 없다면 비겁(比劫)이 너무 많아 재성(財星)이 겁탈(劫奪)을 당하여 쟁재(爭財)될 수가 있는 것입니다.

【예시1】

時	日	月	年	건 명
정인		겁재	상관	六神
甲	**丁**	**丙**	**戊**	天干
辰	**卯**	**辰**	**申**	地支
상관	편인	상관	정재	六神

정묘(丁卯)일원이 진월(辰月)에 출생하여 상관이 되는데 신금(申金) 정재를 생하고 있다. 그러므로 상관생재(傷官生財)이다.

다행인 것은 상관(傷官)이 겁재를 화겁(化劫)하므로 재성을 쟁재(爭財)함이 없도록 하려는 의도가 있다.

그래서 초년 남방화운에는 겁재(劫財)가 창궐하여 뜻을 이루지 못하다가, 경신(庚申)과 신유(辛酉)운에 이르러 선조(先祖)로부터 물려받은 가업(家業)은 비록 미약(微弱)했지만, 스스로 창업(創業)한 규모가 자못 커서 십여만(十餘萬)의 재물을 벌어들였다.[任氏註]

【예시2】

時	日	月	年	건 명
겁재		정재	상관	六 神
丁	丙	辛	己	天 干
酉	午	未	巳	地 支
정재	겁재	상관	비견	六 神

이 사주는 병화(丙火)가 미월(未月)여름에 태어났는데 지지가 사오미(巳午未) 남방을 이루고 있으니 화(火)의 왕(旺)함이 극에 다다랐다.

나쁜 것은 염상(炎上)으로 종(從)하지도 못하는데 정화(丁火)의 양인(陽刃)이 천간에 투출되어 있고 사주에 습기(濕氣)라고는 전혀 없으니 겁재(劫財)와 양인(陽刃)이 창궐하여 금(金)재성을 겁탈(劫奪)하고 있다는 것이다. 그러니 조업(祖業)이 두루 미치지 못했고 부모는 일찍 돌아가시고 어려서는 의지할 곳이 없는 고통을 만났고 중년에는 추위와 굶주림에 시달렸다.

나이 60세가 되기 전까지는 행운이 동남(東南)의 목화(木火)운이니 태왕(太旺)한 화(火)를 더욱 부추기므로 처, 재물, 자식, 벼슬 어느 하나 이루지를 못하였다. 그러다가 축토(丑土)운에 들어서서 행운이 북방의 습토로 화(火)를 흡수하여 금(金)을 생해 유축(酉丑)이 합하여 금국(金局)이 되자 이때부터 시운(時運)을 만나 발재(發財)하였다.

나이 70세에는 첩(妾)을 사서 연이어 아들 둘을 얻었고 거기다가 갑자(甲子)와 계해(癸亥)대운이 북방의 수(水)로 되어 수만의 이익을 얻고 수명(壽命)은 90세까지 살았다.〔任氏註〕

5) 형전자(形全者)와 형결자(形缺者)를 말하다.

形全者宜損其有餘形缺者宜補其不足.
형전자의손기유여형결자의보기불족.

상(象)이 완전한 것은 그 넘치는 부분을 덜어 주는 것이 마땅하고,
상(象)이 결여(缺如)된 것은 마땅히 그 부족한 부분을 보완해야 한다.

【原文】如甲木生於寅卯辰月丙火生於巳午未月皆爲形全戊土生於寅卯
【원문】여갑목생어인묘진월병화생어사오미월개위형전무토생어인묘
辰月庚金生於巳午未月皆爲形缺餘倣此.
진월경금생어사오미월개위형결여방차.

갑목(甲木)이 인묘진(寅卯辰)월에 태어났거나 병화(丙火)가 사오미(巳午未)월에
태어난 것이 이와 같다. 모두가 상(象)이 완전하게 되었다고 한다. 무토(戊
土)가 인묘진(寅卯辰)월에 태어났거나 경금(庚金)이 사오미(巳午未)월에 태어난
것을 상(象)이 결핍되었다고 한다.
나머지도 이와 같이 논한다.

구문풀이

▶ 상(象)이 완전한 것은 그 넘치는 부분을 덜어 주는 것이 마땅하고 상(象)이
결여(缺如)된 것은 마땅히 그 부족한 부분을 보완해야 한다.

이것은 형전(形全)과 형결(形缺)을 말하는 것입니다. 즉 형전(形全)이란 온전
한 형상을 의미하므로 상(象)이 완전히 갖추어져 있다는 것입니다. 갑목(甲
木)이 인묘진(寅卯辰)월에 태어났거나 병화(丙火)가 사오미(巳午未)월에 태어

나게 되면 목(木)의 상을 온전히 갖추었다고 보거나 화(火)의 상(象)을 온전히 갖추었다고 보는 것입니다. 그러므로 이 형전(形全)이 되면 그 이외에 나머지 부분은 형전(刑全)을 방해하기 마련이므로 덜어줘야 그 상이 완성됨을 말하고 있는 것입니다.

따라서 형전(形全)에서는 갑일(甲日)간이 인월(寅月)인데 인묘진(寅卯辰)이 구성이 되면 목(木)의 상(象)이 형전(形全)이 된 것인데 만약 년지에 유금(酉金)이 있거나, 혹 신금(申金)이 있으면 이 유금(酉金)은 인월(寅月)을 극(剋)하여 온전한 상(象)을 훼방하므로 이 유금(酉金)을 제거하는 데 목적이 있다는 것입니다.

또한 형결(形缺)이란? 그 상(象)이 결여(缺如)된 상태를 말하므로 그 부족한 부분을 보충해주어야 한다는 것입니다.

예를 들어 경일(庚日)간이 사월(巳月)이면 형결(形缺)인데 년지 유금(酉金)이 있어서 사유(巳酉)반합 한다면, 부족한 부분을 보충하는 것이므로 형결(形缺)이 형전(形全)으로 바뀌게 된다는 것을 말하는 것입니다.

이 형전(形全)이라는 상(象)은 온전히 갖추는 것을 귀(貴)하게 보는 것이므로 상(象)을 완성해주는 것이 유리한 것이고 결여(缺如)가 되면 불리해지므로 보충해주어 그 상(象)을 완성하는 데 목적이 있는 것입니다.

【예시1】

時	日	月	年	명조
	甲			天干
卯	辰	寅	酉	地支

갑일(甲日)간이 인묘진(寅卯辰)이면 형전(形全)인데, 유금(酉金)이 있거나 신금(申金)이 있어서 인월(寅月)을 극(剋)한다.

그러므로 형전(形全)을 극하는 상(像)이다.

【예시2】

時	日	月	年	명조
庚				天干
	巳	酉		地支

경일(庚日)간이 사월(巳月)이면 형결(形缺)인데 유금(酉金)이 있어서 사유(巳酉) 반합 하므로 형전(形全)이 되었다.

【예시3】

時	日	月	年	건명
乙	庚	壬	戊	天干
酉	申	戌	申	地支

을(乙)이 경(庚)을 따라 화(化)하였는데 관성(官星)은 보이지 않는다.
지지는 서방(西方)의 무리를 이루고 또 녹왕(祿旺)에 앉아 있다.
권재일인(權在一人)으로 그 강세(康世)를 따라야 한다.
이것이 금(金)으로 형전(刑全)을 이루면 그 형전(形全)을 손상(損傷)시키면 안 되고 그 상(象)을 훼방(毁謗)하는 글자를 덜어줘야 한다고 말한 것이다.
따라서 초년 계해(癸亥)와 갑자(甲子) 대운에 그 기세에 순응(順應)하니 재물 이 기쁘게도 마음을 따랐다.
그러나 병인운(丙寅運)으로 바뀌자 그 왕신(旺神)을 건드리니 일패도지(一敗塗 地)하여 의식조차 어려워 스스로 목매 죽었다고 한다.

11. 방국론(方局論)

1) 방(方)과 국(局)에 대해 말하다

> **方是方兮局是局方要得方莫混局.**
> 방시방혜국시국방요득방막혼국.

방(方)은 방(方)대로 국(局)은 국(局)대로 되어야 한다.
방(方)은 방(方)을 얻는 게 필요한데 혼국(混局)이 되면 안 된다.

> **【原文】寅卯辰東方也搭一亥或卯或未則太過豈不爲混局哉.**
> 【원문】인묘진동방야탑일해혹묘혹미칙태과기불위혼국재.

인묘진(寅卯辰)은 동방인데 하나의 해수(亥水) 혹은 묘목(卯木) 혹은 미토(未土)
와 연결이 되면 곧 기운이 태과(太過)한 것이니 어찌 혼국(混局)이 아니겠는가.

구문풀이

▶ 방(方)은 방(方)대로 국(局)은 국(局)대로 되어야 한다.
방(方)은 방(方)을 얻는 게 필요한데 혼국(混局)이 되면 안 된다.

요약하자면, 이 구절은 사주에서 지지(地支)의 글자들이 오행의 방(方)이나
국(局)을 이룰 때, 그 기운이 섞여 지나치기 강해져 순수함과 균형을 잃는
것을 경계하는 가르침입니다. 방(方)은 12지지를 방위(方位)별로 묶은 것입
니다. 예를 들어 동방(木方)은 인(寅), 묘(卯), 진(辰)의 모임입니다. 남방(火方)
은 사(巳), 오(午), 미(未)의 모임입니다. 서방(金方)은 신(申), 유(酉), 술(戌)의 모
임입니다. 북방(水方)은 해(亥), 자(子), 축(丑)의 모임입니다.

따라서 방(方)은 방향적, 세력권적 의미를 말합니다. 이에 반하여 국(局)은 삼합(三合)으로 형성되는 특정 오행의 완성된 기세입니다.

예를 들어 목국(木局)은 해(亥), 묘(卯), 미(未)입니다. 화국(火局)은 인(寅), 오(午), 술(戌)입니다. 금국(金局)은 사(巳), 유(酉), 축(丑)입니다. 수국(水局)은 신(申), 자(子), 진(辰)입니다. 따라서 국(局)은 각기 다른 계절의 동일한 오행의 결합을 통한 결정적 기운의 완성체입니다.

그러므로 인묘진(寅卯辰)은 동방(木方)인데, 여기에 해묘미(亥卯未)를 더하면 기운이 과도(過度)해져서 이는 곧 국(局)을 혼국(混局)한 것이 됩니다. 따라서 방(方)과 국(局)은 중복되어 쓰이면 혼국(混局)이라는 오류가 만들어집니다. 고로 혼국(混局)은 방(方)과 국(局)의 글자들이 섞여서 그 기운이 지나치게 강해지거나, 본래의 순수한 기운을 잃는 것을 의미합니다. 명조의 균형을 깨뜨리는 상황으로 여겨집니다.

【예시】

時	日	月	年	건 명
비견		정관	인수	六神
己	己	甲	丙	天干
巳	未	午	戌	地支
인수	비견	편인	겁재	六神

이 명조는 미국 45대, 47대 대통령 도널드 트럼프의 명조이다.

지지가 사오미(巳午未)방국을 이루었다.

그런데 천간의 갑기(甲己)합은 주변 화토(火土)에 의해 합화(合和)하니 토(土)로 변하고 종국(終局)에는 천간과 지지가 화토(火土)로 형성이 된 양기성상(兩氣成像)격을 구성하게 된다.

다만 사오미(巳午未)방에서는 같은 방(方)이 있으면 좋으나 만약, 국(局)이 되면 혼국(混局)이라 불리해진다.

그 시기는 술(戌)대운이다.

지지에 이미 오술(午戌)합이 있으나 사오미(巳午未)방국의 합력(合力)에 의해 오술(午戌)은 합이 되지 못하다가 대운에서 만나는 술(戌)대운에 재차 오술(午戌)합을 시도하여 방(方)이 깨지면서 혼방(混方)이 되었다. 그 시기에 가장 최악의 순간들을 맞이하였다.

경오년(庚午年)에는 재차 오화를 만나 팽창으로 무너지기 시작하면서 신미년(辛未年)에 이혼하였고 트럼프 타지마할 건설의 실패로 파산 신청을 하였다. 또 임신(壬申)년 트럼프 플라자 호텔 파산과 전처와의 송사 문제가 시작하였고 트럼프 항공도 폐업하게 되었다.

모두 오술합(午戌合)이 되는 술(戌)대운 중에 벌어진 사건들이다.

2) 국혼방(局混方)은 허물이 있다.

局混方兮有純疵行運喜南或喜北.
국 혼 방 혜 유 순 자 행 운 희 남 혹 희 북.

국(局)에 방(方)이 섞여 있으면 순수함에 허물이 있는 것이다.
행운은 남쪽을 반기고, 혹 북쪽을 반기기도 한다.

【原文】亥卯未木局混一寅辰則太强行運南北則有純疵不能俱利.
【원문】해 묘 미 목 국 혼 일 인 진 칙 태 강 행 운 남 북 칙 유 순 자 불 능 구 리.

해묘미(亥卯未) 목국(木局)에 하나의 인목(寅木)이나 진토(辰土)가 섞여 있으면
곧 태강(太强)한 것이다. 행운이 남북(南北)으로 진행한다면 곧 순수함에 허
물이 있는 것이다. 곧 남북(南北)이 함께 하는 것은 불가능한 것이다.

구문풀이

▶ 국(局)에 방(方)이 섞여 있으면 순수함에 허물이 있는 것이다. 행운은 남쪽
을 반기고 혹 북쪽을 반기기도 한다.

국(局)에 방(方)이 서로 섞여 있으면 순수함에 허물이 있다고 하는 것은 두
가지 면으로 살펴 볼 수가 있습니다. 하나는 방(方)에 입장에서 본다면 방
(方)이란 순수하게 같은 방위로 존재해야 합니다.
그러나 방국에 국(局)이 섞이면 혼잡하여 방위를 흩트려 놓게 되니 무용지
물이 될 수가 있습니다. 곧 인묘진(寅卯辰)은 동방목(東方木)인데 해수(亥水)가
붙어 있으면 북방(北方)을 가리키니 그 힘이 분열되는 것이므로 방(方)은 혼
잡을 경계해야 합니다.

그러나 국(局)에 입장에서 본다면 국(局)이란 원래 다른 계절의 삼위(三位)가 만나 이루어진 결합이므로 방(方)이 섞이더라도 때에 따라서 순수해질 수도 있고, 흠이 생겨날 수가 있다고 보는 것입니다.

국(局)이라는 것은 원래 이익집단이라서 이해타산이 서로 맞아떨어지게 되면 집단이 곧 순수해지는 것이고 이익이 없어지게 되면 집단이 곧 흠이 발생하여 해체되는 것입니다. 그래서 운로(運路)에 따라서 순수하거나 허물이 생겨난다고 설명을 하는 것입니다.

그러니까 해묘미(亥卯未)에 인목(寅木)이나 진토(辰土)가 섞여 있으면 곧 태강(太强)한 것인데 운로(運路)가 남쪽으로 가게 되면 강한 목(木)을 화(火)로 설기시켜 주는 것이 되는 것이므로 그 수기(秀氣)가 빼어나 순수하다고 말을 할 수가 있는 것입니다.

그러나 북방수(水)로 운로가 진행한다고 하면 수(水)가 화(火)를 극(剋)하게 되는 것이므로 허물이 발생할 수도 있게 되는 것입니다. 이런 이유로 운로에서 수(水)와 화(火)를 같이 사용하지 못하게 되는 것인데 이것을 모두 유리(有利)할 수는 없다 곧 "불능구리(不能俱利)"라고 말하는 것입니다. 즉 "함께 사용하여 통(通)하는 것은 불가능하다"라는 의미가 됩니다.

예를 들어 목국(木局)에서 일주가 갑을(甲乙)일 경우에 사주가 순수하게 전부 목(木)으로 되어 있고 다른 것이 하나도 섞여 있지 않다고 할 때 이것은 전왕(全旺)하여 일행득기(一行得氣)를 말하는 것이므로 반드시 행운이 남방으로 가면 기운이 빼어나게 유통되니 순수하여 좋고 행운이 북방으로 간다면 강한 것을 생(生)하여 도와주니 나쁠 것이 없다고 보는 것입니다. 다만 운로에서 수(水)와 화(火)가 부딪히면 모두 허사(虛事)가 되는 것입니다.

【예시1】

時	日	月	年	건 명
편인		비견	겁재	六神
癸	乙	乙	甲	天干
未	卯	亥	寅	地支
편재	비견	정인	겁재	六神

이 사주는 해묘미(亥卯未) 목국(木局)이 완전한 상태에서 동방(東方)의 인목(寅木)이 섞여 있다. 그런데 사주에 금(金)이 전혀 없고 그 강한 세력을 따르게 되니 전왕격(專旺格)이 되어 한 방향으로 수기(秀氣)가 강하다.

그래서 인묘진(寅卯辰) 동방을 지나는 소년 시절에 과거에 급제하였는데 오로지 중반후기에 해당하는 경진(庚辰)과 신사(辛巳)대운에 상사(喪事)와 재물 손실을 면할 수 없었고 벼슬길도 순탄하지 못했다.

계수(癸水)가 시간(時干)에 놓여 있어서 통관의 효과가 없었던 것이다. 대운이 60년을 넘어서 행운이 임오(壬午)와 계미(癸未)대운으로 흘러가자 현령(縣令)에서 사마(司馬)로 오르고 황당(皇堂)을 거쳐서 관찰사(觀察使)까지 올랐다. 여기에서 알 수 있듯이 강한 것에 순종하여 일행득기로 목국(木局)이 되었다면 전왕(全旺)한 것이니 종격으로 보아서 행운이 동남(東南)이거나 북방(北方)운이 모두 좋다고 하겠고 오로지 서방(西方)의 금운(金運)은 목국(木局)을 극하여 파손하기 때문에 꺼리는 것이다.[任氏註]

【예시2】

時	日	月	年	건 명
식신		식신	겁재	六神
丁	乙	丁	甲	天干
亥	未	卯	寅	地支
정인	편재	비견	겁재	六神

이 사주 역시 해묘미(亥卯未) 목국(木局)이 완전하고 인(寅)자가 섞여 있다. 그러나 2개의 정화(丁火)식신의 수기(秀氣)를 취하는 게 장점이다. 사화(巳火) 대운이 되자 정화(丁火)가 록(祿)에 뿌리를 내리므로 과거시험에 급제하였다. 또한 경오(庚午)와 신미(辛未)대운에는 행운이 남방(南方)이라서 금(金)의 패지(敗地)가 되니 일간의 목(木)과 용신(用神)이 온존해지므로 벼슬길이 평탄하였다.

그러나 임신(壬申)대운에 들어서자 정임(丁壬)합반(合絆)되고 인신충(寅申沖)으로 목화(木火)가 모두 손상되어 파국(破局)되니 군대에서 전사하였다.[任氏註]

3) 방국(方局)에 되면 천간은 배반하면 안 된다.

若然方局一齊來須是干頭無反覆.
약연방국일제래수시간두무반복.

만약에 방(方)과 국(局)이 동시에 온다면 모름지기 간두(干頭)가 배반하면 안
된다.

【原文】木局木方全者須要天干全順得序行運不背乃好.
【원문】목국목방전자수요천간전순득서행운불배내호.

목국(木局)과 목방(木方)이 모두 있는 것은 모름지기 천간이 순종(順從)하여
질서를 따라야 하고 행운에서는 등을 돌리지 말아야 좋다.

구문풀이

▶ 만약에 방(方)과 국(局)이 동시에 온다면 모름지기 간두(干頭)가 배반(背叛)
하면 안 된다.

방(方)과 국(局)이 동시에 찾아온다는 것은 방(方)과 국(局)이 함께 섞인 것을
말하는 것입니다.
예를 들어 인묘진(寅卯辰)은 동방(東方)목인데 해미(亥未)의 목국(局)이 함께
있다든지 해묘미(亥卯未)는 목국(局)인데 인진(寅辰)의 동방(方)이 있다든지 사
오미(巳午未)는 남방(南方)인데 인술(寅戌)의 화국(火局)이 섞여 있다든지 인오
술(寅午戌)은 화국(火局)인데 사미(巳未)의 남방(南方)이 섞여 있다든지 신유술
(申酉戌)은 서방(西方)인데 사축(巳丑)의 금국(金局)이 섞여 있다든지 하는 것을
말합니다.

또한 간두(干頭)가 배반하면 안 된다는 달은 방(方)과 국(局)이 함께 있을 경우에는 그 기세(氣勢)가 극히 왕(旺)하게 되는데 이때에는 천간이 그 기세에 순종(順從)하는 길이 질서가 잡히게 됩니다.

그런데 오히려 반(反)하여 이를 거스르게 되면 전국(全局)이 혼란스럽게 되는 것인데 이때 이것을 "간두가 배반한다"라고 표현할 수가 있는 것입니다. 그러므로 반복(反覆)이란 "반대로 뒤집힌다"라는 의미이니 지지가 왕(旺)할 때에는 천간이 등을 돌리지 말고 순종해야 질서를 얻게 된다고 보면 되는 것입니다.

【예시1】

時	日	月	年	건 명
편인		식신	겁재	六神
癸	乙	丁	甲	天干
未	亥	卯	寅	地支
편재	편인	비견	겁재	六神

이 명조는 인묘(寅卯)가 있는데 해미(亥未)도 있으니 방(方)과 국(局)이 갖추어져 있다. 그런데 월간 정화(丁火)는 홀로 투출하여 정영(精英)을 발설(發說)하고 있으니 어찌 묘(妙)하지 않은가?

애석한 것은 시간 계수(癸水)가 투출하여 해수(亥水)지지에 통근하여 정화(丁火)의 수기(秀氣)를 상(傷)하게 하는 것이다. 이른바 간두반복(干頭反覆)이 되었다.

그래서 가난하고 빈궁하였으며 자식도 없었다.[任氏註]

【예시2】

時	日	月	年	건 명
겁재		비견	상관	六神
乙	甲	甲	丁	天干
亥	寅	辰	卯	地支
편인	비견	편재	겁재	六神

이 명조 역시 방(方)과 국(局)이 갖추어져 있다.

천간에 수(水)가 없으므로 정화(丁火)의 수기(秀氣)가 두루 흘러 통하고 있다.

행운도 거슬리는 것이 크지 않다.

향시(鄕試)에 급제하여 벼슬은 주목(州牧)에 이르렀으며 자식이 많았고 재물도 풍족하였다. 품성이 인자(仁慈)하여 품행이 단정하였다.

수명은 팔십 세를 넘겼으며 부부가 서로 존경하였다. 이러한 연유로 보면 천간이 반복(反復)된 것과 천간이 순조롭게 질서가 있는 것과는 천지의 큰 차이가 있다는 것을 알 수 있는 것이다.[任氏註]

4) 방(方)이 되면 생지(生地)와 고지(庫地)는 불가하다.

成方干透一元神生地庫地皆非福.
성방간투일원신생지고지개비복.

방(方)을 이루는데 하나의 원신(原神)이 천간에 투간하였다면 생지(生地)나 고지(庫地)는 모두 복이 되지 않는다.

【原文】寅卯辰全者日主甲乙木則透元神而又遇亥之生未之庫決不發福
【원문】인묘진전자일주갑을목칙투원신이우우해지생미지고결불발복

惟純一火運略好.
유순일화운약호.

인묘진(寅卯辰)이 모두 있는데 일주(日柱)가 갑을목(甲乙木)이면 곧 원신(元神)이 투출되어 있는 것이다.
또다시 생(生)해주는 해수(亥水)를 만나거나 고지(庫地)인 미(未)를 만나게 되면 결단코 복(福)이 되지 못한다. 오직 순수하게 하나의 화운(火運)으로 다스려져야 좋아질 수가 있는 것이다.

구문풀이

▶ 방(方)을 이루는데 하나의 원신(元神)이 천간에 투간하였다면 생지(生地)나 고지(庫地)는 모두 복이 되지 않는다.

이것은 역시 방(方)이란 순수해야 한다는 것을 재차 설명하는 내용으로 보면 됩니다. 방(方)에 국(局)이 섞이게 되면 혼국(混局)이 되는 것이므로 순수함을 잃어버려 방국(方局)에서 피해야 할 흠이 되는 것입니다.

예를 들어서 인묘진(寅卯辰)동방이 있는데 일주가 갑을(甲乙)목이 되면 원신(原神)이 투출한 것으로 이때에는 국(局)에 해당하는 해수(亥水)나 미토(未土)가 섞이게 되면 혼국(混局)이 되는 것이라서 방(方)이 발복(發福)하지 못하게 되는 것입니다. 해수(亥水)는 생지(生地)가 되고 미토(未土)는 고지(庫地)가 되므로 생지(生地)와 고지(庫地)에서는 복이 안 된다고 말하는 것입니다. 방(方)은 순수해져야만 혈통집단으로 위력이 나타날 수가 있는 것입니다. 그래서 만약에 목방(木方)에 해수(亥水)나 미토(未土)가 있게 된다면 불순(不純)해지는 것입니다.

만약 화운(火運)으로 진행하여 강한 목(木)을 설기(泄氣)시켜 준다면 두루 유통하는 공(功)이 있으므로 좋아진다고 보는 것입니다.

【예시】

이 명조는 인묘진(寅卯辰) 방(方)을 이루는데 원신(元愼)이 투출하였다. 금수(金水)가 혼잡이 되지 않았고 해수(亥水)와 미토(未土)로 혼국(混局)되지도 않았다. 다만 시간(時干)의 정화(丁火)가 수기(秀氣)를 토(吐)해내고 있으니 볼만하였다. 초년(初年)과 중년(中年)의 행운이 화토(火土)가 되어 향시(鄉試)에 급제하여 명망있는 고을의 수령으로 나아갔다. 애석한 것은 목다화치(木多火熾)하여 정화(丁火)의 설기(泄氣)가 부족한 것이다. 그래서 경신(庚申)운에 이르러 목왕(木旺)을 건들이니 화(禍)를 면하지 못하였다.[任氏註]

時	日	月	年	건 명
상관		비견	편재	六神
丁	甲	甲	戊	天干
卯	辰	寅	寅	地支
겁재	편재	비견	비견	六神

5) 국(局)을 이루면 이를 극하는 천간의 관성은 불가하다.

成局干透一官星左邊右邊空碌碌.
성국간투일관성좌변우변공록록.

국(局)을 이룬 상태에서 천간에 하나의 관성(官星)이 투출하게 된다면 좌우 주변이 공허(空虛)하여 이루는 게 없이 헛되다.

【原文】甲乙日遇亥卯未全者庚辛乃木之官也又見左辰右寅則名利無成
【원문】갑을일우해묘미전자경신내목지관야우견좌진우인즉명리무성
詳例自見甲乙日單遇庚辛則亦無成.
상례자견갑을일단우경신칙역무성.

갑을(甲乙)일주가 해묘미(亥卯未)를 온전히 갖추어진 경우에는 경신(庚辛)은 목(木)의 관성(官星)이 되는데 또 다시 좌우로 진토(辰土)와 인목(寅木)을 본다면 곧 명리(名利)를 성취하기 어려운 것이다. 상세한 보기로 이를 스스로 터득해야 한다. 갑을(甲乙)일주가 경신(庚辛)을 단지 홀로 만나게 되도 곧 역시 성취하기 어려운 것이다.

구문풀이

▶ 국(局)을 이룬 상태에서 천간에 하나의 관성(官星)이 투출하게 된다면 좌우 주변이 공허하여 이루는 게 없이 헛되다.

지지가 국(局)을 이루게 되면 매우 강성한 기세가 있다는 것인데 천간에서 이를 설기시키거나, 생하여 줌으로써 순종하여 따라 주는 것이 천복지재의 이치입니다.

그러므로 간두(干頭)가 배반(背叛)하지 않는다고 하면 곧 명리(名利)가 원만히 이루어지는 것은 당연한 일입니다.

그러나 오히려 강한 지지를 극하는 오행이 있게 된다면 이것은 정국이 불안해 지는 요소가 되는 것이니 곧 힘없는 것이 왕한 것을 건들려 명조를 위태롭게 만드는 것이라서 곧 팔자가 허탈해지는 것이 됩니다. 이렇게 되면 이러한 명조를 록록종신(碌碌終身)이라 하는데 곧 "쓸모없이 한 세상을 보낸다"라는 말입니다.

만약에 일주가 갑을(甲乙)인데 지지에 해묘미(亥卯未) 삼위를 갖추게 되면 목(木)의 기세가 왕성한 것으로 또다시 인진(寅辰)을 보게 되면 목(木)이 너무 태강하게 되는 것인데 이때에는 천간이 "반복(反覆)"으로 등을 돌리지 않고 왕(旺)한 기운을 설기시켜 주는 화운(火運)이 나타나면 좋게 되는 것입니다. 그런데 오히려 천간의 뿌리 없는 금(金)이 있어서 왕(旺)한 목(木)을 극하게 되면 금(金)이 허탈해지게 되는 것인데 이때 "허탈하다"라는 것은 관록이 실속이 없고 상처만 남는다. 라고 이해하면 되는 것입니다.

그러니 이로 인해서 자갈밭에서 농사를 짓는 농부처럼 일평생 고생만 하고 명예와 재물이 하나도 성취되지 않는다는 것을 말하는 것입니다. 그런데 만약 행운에서 약신(藥神)이 나타나서 그 병(病)이 되는 관성을 제거해 버리기라도 한다면 오히려 발전이 따라오는데 곧 흥성해질 수가 있는 것입니다.

【예시】

時	日	月	年	건 명
편인		편재	정관	六神
癸	**乙**	**己**	**庚**	天干
未	**亥**	**卯**	**寅**	地支
편재	정인	비견	겁재	六神

이 명조는 해묘미(亥卯未)의 국(局)이 이뤄진 상태에서 천간에 경(庚)관성이 투출되어 있고 관성을 뒷받침해 줄 그 무엇도 없는 것이니 참으로 좌우가 모두 공허한 것이 된다.

기토(己土)재성을 용(用)하고자 하나 겁재가 국(局)을 이루고 있어 재(財)를 겁탈(劫奪)함이 심하고 관성(官星)을 용(用)하그자 하나 관성(官星)이 절지(絶地)에 임하고 있어 목(木)용신이 의지할 곳이 없다.

그러므로 사람이 무엇이거나 꾸준하게 하는 것이 하나도 없었고 수시로 마음이 변하다 보니 가세(家勢)는 기울고 시들어갔는데 공부를 해도 안 되어 의학(醫學)을 조금 배웠으나, 그것도 안 되어 또 풍수(風水)를 배웠는데 자기 스스로 중경(仲景)의 후신이고 양뢰(楊賴)가 되살아났다고 해도 사람들이 믿지를 않았다.

그리고 또 무속(巫俗)을 공부하고 역학(易學)도 공부하고 명리(命理)도 공부하는 등 공부는 많이 하였지만, 하나도 결실을 보지 못했으며 그저 재산만 다 날리고 나중에는 머리를 깎고 중이 되었다. [任氏註]

12. 정팔격(正八格)

1) 정팔격(正八格)에 대해 말하다.

正財偏財正官偏官正印偏印食神傷官是也財官印綬分偏正兼論
정 재 편 재 정 관 편 관 정 인 편 인 식 신 상 관 시 야 재 관 인 수 분 편 정 겸 논
食傷八格定.
식 상 팔 격 정 .

정재(正財), 편재(偏財), 정관(正官), 편관(偏官), 정인(正印), 편인(偏印), 식신(食神), 상관(傷官)이 있다. 재성(財星), 관성(官星), 인성(印星)은 정편(正偏)으로 구분하고 거기에 식신(食神)과 상관(傷官)을 더하여 논하게 되면 여덟 개의 격이 정해진다.

【原文】自形象氣局之外而格爲最格之眞者月支之神透於天干也以散亂
【원문】 자 형 상 기 국 지 외 이 격 위 최 격 지 진 자 월 지 지 신 투 어 천 간 야 이 산 난
之天干而尋其得所附於提綱非格也自八格之外若曲直五格皆爲格而方局
지 천 간 이 심 기 득 소 부 어 제 강 비 격 야 자 팔 격 지 외 약 곡 직 오 격 개 위 격 이 방 국
氣象定之者不可言格也五格之外飛天合祿雖爲格而可以破害刑沖論之者
기 상 정 지 자 불 가 언 격 야 오 격 지 외 비 천 합 록 수 위 격 이 가 이 파 해 형 충 논 지 자
亦不可言格也.
역 불 가 언 격 야 .

형상기국(形象氣局)을 제외하면 격(格)이 최고로 뛰어난 것이다.
격(格)이 참되다는 것은 월지의 신(神)이 천간에 투출하는 것을 말한다.
산란 스러운 천간에서 제강(月令)과 부합되게 찾는 것은 격(格)이 아닌 것이다. 팔격(八格)이외에 곡직(曲直)의 다섯 가지 격도 모두 격으로 간주하지만, 방과 국은 기(氣)의 상(象)으로 정한 것이니 격(格)이라고 말할 수는 없다.

다섯 가지 격 이외에 비천합록(飛天合祿)도 비록 격으로 간주하지만, 파해형충(破害刑沖)으로 논해야 하는 것도 역시 격(格)으로 말할 수는 없는 것이다.

구문풀이

▶ 정재(正財), 편재(偏財), 정관(正官), 편관(偏官), 정인(正印), 편인(偏印), 식신(食神), 상관(傷官)이 있다. 재성(財星), 관성(官星), 인성(印星)은 정편(正偏)으로 구분하고 거기에 식신(食神)과 상관(傷官)을 더하여 논하게 되면 여덟 개의 격이 정해진다.

팔격(八格)이라고 하는 것은 정재(正財), 편재(偏財), 정관(正官), 편관(偏官), 정인(正印), 편인(偏印), 식신(食神), 상관(傷官)을 말합니다. 재성, 관성, 인성을 정편(正偏)으로 분류하므로 여섯 개가 되고 여기에 식신(食神)과 상관(傷官)을 더 하면 모두 팔격(八格)이 만들어집니다.
그런데 자평진전에서는 정팔격(正八格)의 구분을 좀 달리합니다.
자평진전에서는 재성(財星)과 인성(印星)은 정편(正偏)의 구분을 하지 않습니다. 곧 정재(正財)와 편재(偏財)를 합하여 재성격(財星格)이라 말하고 정인(正印)과 편인(偏印)을 합하여 인수격(印綬格)이라 말하고 있습니다. 다만 정관(正官)과 편관(偏官)은 구분을 하여야 합니다.
그리고 양인격(陽刃格)과 록겁격(祿劫格)을 추가합니다.

그러므로 인수(印綬), 재성(財星), 상관(傷官), 식신(食神), 정관(正官), 편관(偏官), 양인(陽刃), 건록월겁(建祿月劫)으로 8격이 만들어집니다. 적천수(滴天髓)와 자평진전(子平眞詮)에서의 격 구분이 다르니 주의하시기 바랍니다.

▶ 격(格)이 참되다. 라는 것은 월지의 신(神)이 천간에 투출하는 것을 말한다.

격을 정하는 법은 먼저 월령이 어떤 지지인가를 보고 다음으로 천간에 어떤 원신이 투출되어 있는가를 살펴보는데 월지의 신이 천간에 투출하게 된다면 이것을 "격이 참되다"라고 정의할 수가 있는 것입니다.
그러므로 산란 스러운 천간에서부터 시작하여 월령과 부합되게 찾는 것은 올바른 방법이 아닌 것으로 제강(提綱)에서 찾아야 하는 것이 진실된 것입니다. 그다음에 다시 월령에 어떤 지지가 사령(司令)되었는지를 연구해서 격의 진짜와 가짜를 결정한 다음 용신을 잡고 청탁(淸濁)을 구분하는 것이 격을 찾기 위해 거쳐야 하는 올바른 방법입니다.

▶ 방과 국은 기(氣)의 상(象)으로 정한 것이니 격(格)이라고 말할 수는 없다.

8격 이외에도 5가지 격이 있는데 곡직격, 염상격, 가색격, 종혁격, 윤하격이 됩니다. 이 5가지 격은 모두 한 방향으로 나아가는 빼어난 흐름이므로 일행득기(一行得氣)라고도 하는데 전왕(全旺)한 성질 때문에 왕한 힘을 거스리면 좋지 않는 것이고 중요한 것은 반드시 월령을 얻어야 한다는 것입니다. 그러나 방과 국은 기(氣)의 상(象)으로 정한 것이니 격(格)으로 논하지 못하는 것입니다. 이것은 양기성상(兩氣成象)과 오기취상(五氣聚象),독상(獨象)이나 전상(全象)등을 말하는 것으로 이미 형상론(形象論)이라고 해서 설명한 바가 있는 것으로 기상(氣象)이라는 것은 기(氣)의 형태의 흐름을 말하는 것이니 팔격(八格)과 외격인 일행격과는 다르게 분류하는 것입니다. "비천합록(飛天合祿)도 비록 격으로 간주하지만, 파해형충으로 논해야 하는 것도 역시 격으로 말할 수는 없는 것이다"라는 것은 도충격이나 암합격처럼 허자에 의해 생성이 되는 격으로 이러한 것은 역시 격이 될 수가 없다는 것을 말하는 것입니다.

【예시1】

時	日	月	年	건 명
편인		편인	정관	六神
癸	乙	癸	庚	天干
未	未	未	辰	地支
편재	편재	편재	정재	六神

이 명조는 일간이 지지 미토(未土)중 여기(餘氣)에 통근하고 있는 것이다.
천간에 계수(癸水)가 양쪽에 투출하였는데 삼복생한(三伏生寒)이 바르니 일간에 첩신(貼身)하여 생부(生扶)하고 있다.
또한 일신(日身)의 고지 진토(辰土)에도 통근하고 있다. 관성이 홀로 발(發)하는데 청(淸)하다. 계수(癸水)는 토(土)를 자윤(滋潤)하여 금(金)을 배양(培養)하고 있어 생화(生化)하는 데 있어서 거스르는 것이 없다. 그래서 재왕생관(財旺生官)하여 중화(中和)를 이루니 순수하다. 과거 급제 출신으로 벼슬이 번얼에 이르렀다. 관직은 평안무사하였다. [任氏註]

【예시2】

時	日	月	年	건 명
정재		정인	정관	六神
辛	丙	乙	癸	天干
卯	午	卯	未	地支
정인	겁재	정인	상관	六神

이 명조는 관성(官星)이 맑고 인수(印綬)가 올바르다.

좋은 것은 묘미(卯未)가 공합으로 목(木)이니 순수한 상(像)이다.

그러므로 인품이 무리 중에 으뜸이었고 재능은 탁월하였다. 학문의 덕망은 고산(高山)의 북두(北斗)와 같았고 품행이 뛰어났다. 애석한 점은 인수가 태중(太重)하여 관성을 설기하니 신(神)은 남아 있었으나 정(情)은 부족하였다. 따라서 공명(功名)을 이루지 못했다.

비록 뜻은 높았지만, 청전(靑錢)에 발탁되지는 못하였다.

돌이켜 보아 좋은 점은 격이 올바르고 맑아서 재성을 만나 합하니 비록 대림목(大林木)이 작은 용도로 사용되더라도 결국에는 명리(名利)를 모두 갖추게 되었다는 것이다. 벼슬길이 맑고 높았으니 어진 인재들을 등용(登用)하여 바른길로 가도록 가르쳐 이름이 높았다. [任氏註]

2) 근거 없는 잡격(雜格)은 공허하다.

影響遙繫旣爲虛雜氣財官不可拘.
영향요계기위허잡기재관불가구.

멀리서 영향을 미치는 것은 근거가 없는 것이니 공허하다.
잡기재관(雜氣財官)으로 구애(拘礙) 받지 말아야 한다.

【原文】飛天合祿之類固爲影響遙繫而非格矣如四季月生人只當取土爲
【원문】비천합록지류고위영향요계이비격의여사계월생인지당취토위

格不可言雜氣財官戊己日生於四季月者當看人元透出天干者取格不可槪
격불가언잡기재관무기일생어사계월자당간인원투출천간자취격불가개

以雜氣財官論之至於建祿月刦羊刃亦當看月令中人元透於天干者取格若
이잡기재관논지지어건록월겁양인역당간월령중인원투어천간자취격약

不合氣象形局則又無格矣只取用神用神又無所取只得看其大勢以皮面上
불합기상형국즉우무격의지취용신용신우무소취지득간기대세이피면상

斷其窮通不可執格論也.
단기궁통불가집격론야.

비천합록(飛天合祿)의 유형들은 모두 요원(遙遠)한 것으로 모두 근거가 없는 것으로 격(格)이 아니다.

예를 들어 사계(四季)에 태어난 사람은 마땅히 토(土)를 취하여 격(格)으로 삼아야 하는 것이지 잡기재관(雜氣財官)으로 말해서는 안 되는 것이다. 무기(戊己)일생이 사계월(四季月)에 태어났다면 당연히 인원(人元)이 천간에 투출한 것을 격(格)으로 취하여 간명해야 하는 것이지 잡기재관(雜氣財官)으로 논하는 것은 옳지 않다.

건록(建祿)이나 월겁(月劫) 양인(陽刃)이면 역시 당연히 월령(月令)에서 천간에 투출한 인원(人元)을 취하여 격(格)으로 간명해야 한다.

만일 기상형국(氣象形局)에 맞지 않는다면 또한 격(格)이 없는 것이다. 단지 용신(用神)을 취하는 데 있어서 취할 만한 용신(用神)이 없다면 다만 그 대세(大勢)를 보아 간명해야 한다. 겉모습만으로 판단해서 궁통(窮通)의 이치(理致)를 버리고 격(格)에 집착해서는 안 된다.

▶ 멀리서 영향을 미치는 것은 근거가 없는 것이니 공허하다. 잡기재관(雜氣財官)으로 구애(拘礙) 받지 말아야 한다.

멀리서 영향을 미치는 것은 사주에서 도충(倒沖)으로 끌어들이는 허자(虛字)나 또는 암합(暗合)으로 끌고 오는 자요사격(子遙巳格), 암록(暗祿)같은 유형 등의 격을 말하는 것입니다.

그런데 비천록마(飛天祿馬)는 지지에 3개 이상의 동일오행이 있으면 대궁(對宮)의 충을 용신으로 하는데 도충격과 원리가 같습니다. 다만 도충격이 충한 글자의 정기만을 쓰는 데 반하여 비천록마격은 충한 글자의 장간의 재관(財官)을 쓰는 것이 다릅니다.

그래서 이 격은 명중(命中)에 재관(財官)이 없어야 하고 만약 재관(財官)이 있으면 전실(塡實)이라하여 '비천록마격' 성립에 실패하게 됩니다.

그런데 이 비천합록(飛天合祿)같은 특수격은 허공에서 합(合)한다는 록(祿)을 증명하기가 어려운 것입니다. 도충격이 그렇고 암합해 오는 암록이 그런 것인데 자요사격(子遙巳格)처럼 보이지 않는 허공 중의 글자를 잡아다가 격으로 삼기가 곤란한 것을 말하는 것입니다.

즉 적천수에서는 자요사격 등을 부정하는 입장을 취하고 있습니다.

이것은 잡기재관(雜氣財官)도 마찬가지로 이해하면 됩니다. 즉 보통 잡기재관(雜氣財官)이라 하는 것은 만약 월령이 진술축미(辰戌丑未)로 사계절(四季節)

에 태어났다고 하면 천간에 투간한 글자가 있으면 그 글자를 격(格)으로 취하면 됩니다.

그러나 만약 천간에 투간한 글자가 없다고 하면 월지 토(土) 본기를 취격(取格)해야 합니다. 그런데 진술축미(辰戌丑未)라는 본기를 격(格)으로 삼지 않고 잡기(雜氣) 내부의 지장간(支藏干)에 숨어 있는 재관(財官)을 취하여 잡기재관(雜氣財官)으로 취격(取格)을 하는 경우가 있는데 이는 불가(不可)하다는 주장을 하는 것입니다. 이미 출현(出現)해 있는 토(土) 본기(本氣)를 무시하고 암관(暗官)과 같은 지장간의 재관(財官)을 불러와 잡기재관(雜氣財官)이라 격을 하면 이것은 마치 비천록마와 같은 공허하고 요원(遙遠)한 용신이 된다는 말을 하는 것입니다.

【예시1】

時	日	月	年	명조
편재		비견	비견	六神
丙	壬	壬	壬	天干
午	子	子	子	地支
정재	겁재	겁재	겁재	六神

고서(古書)에 기록이 된 걸인(乞人)의 명조다.

지지에 3개 이상의 동일 오행(子水)이 있는데 대궁(對宮)을 충(沖)하는 것을 용(用)한다. 이것이 허신 오화(午火)가 된다. 그런데 오화(午火)는 이미 시지(時支)에 실자(實字)로 나타나 있어 전실(塡實)이 되었다.

그렇게 되면 허자(虛字)를 불러오지 못하므로 이 격은 파격(破格)이 되는 것이다. 그러므로 오히려 양인(陽刃)이 중중(重重)한 팔자가 되었는데 양인을 제복 못하니 대 흉한 팔자가 된 것이다.

【예시2】

고서(古書)에 나오는 '비천록마격'이다.

이 명조는 지지에 3개 이상의 동일오행(亥水)이 있는데 대궁(對宮)의 충을 용(用) 하는 것이다. 곧 사해(巳亥) 충(沖)으로 도충(倒沖)하여 불러오는 허자(虛字)인 사화(巳火)를 용(用)한다.

이때 사주에 일점 재관(財官)이 있으면 격(格)의 구성에 실패한다.

時	日	月	年	명조
癸	癸	辛	壬	天干
亥	亥	亥	申	地支

▶ 사계(四季)에 태어난 사람은 마땅히 토(土)를 취하여 격(格)으로 삼아야 하지, 잡기재관(雜氣財官)으로 말해서는 안 되는 것이다.

예를 들면 갑목(甲木)일간이 축월(丑月)에 태어나면 잡기재관(雜氣財官)이라 말하였는데 이것은 축(丑)중에 기토(己土) 재성(財星)과 신금(辛金) 정관(正官)을 보고 잡기재관(雜氣財官)으로 용신(用神)을 잡은 것입니다. 그러나 이것을 잡기재관(雜氣財官)이라 말하지 말고 이미 토 본기가 출현한 것이므로 축토(丑土) 재성격(財星格)으로 인식하라는 주장을 하는 것입니다.

일반적으로 갑(甲)일간이 축월(丑月)에 태어나면 축(丑)중에 잡기재관(雜氣財官)이 있으므로 미토(未土)가 이것을 충(沖)하는 것을 기쁘다고 말하였습니다. 그러나 축미충(丑未沖)이 되면 미중(未中)의 정화(丁火)가 축(丑)중의 신금(辛金) 정관(正官)을 손상하는 게 분명합니다.

그러면 이내 파격(破格)이 될 것인데 어찌 잡기재관격(雜氣財官格)이라 말할 수가 있겠습니까. 나머지도 모두 그렇게 이해하면 됩니다.

【예시3】

時	日	月	年	건 명
비견		정인	상관	六神
甲	甲	癸	丁	天干
戌	辰	丑	未	地支
편재	편재	정재	정재	六神

이 명조는 지지에 사고(四庫)가 모두 있는데 충(沖)이 되고 있다.

갑(甲)일간이 축월(丑月)에 출생했는데 축(丑) 중에 신금(辛金) 정관(正官)이 존재하니 이른바, 잡기재관(雜氣財官)이다.

그러나 축미(丑未)가 충(沖)이 되고 있으니 축(丑) 중의 신금(辛金) 관성(官星)이 손상을 입을 뿐만 아니라 진토(辰土) 내부의 일간의 뿌리도 충거(衝去)가 되었다. 그러므로 잡기재관(雜氣財官)으로 논할 수가 없는 것이다. 곧 재다신약(財多身弱)이 되었다.

재다신약(財多身弱)하므로 인수(印綬)를 반기고 설기하는 상관(傷官)은 불리해진다. 따라서 초년의 임자(壬子)와 신해(辛亥)대운에는 수왕지(水旺地)이므로 조상의 음덕(陰德)이 나쁘지 않았다.

그러나 경술(庚戌)대운으로 바뀌자 재(財)와 살(殺)이 병왕(並旺)해지니 부모(父母)가 모두 죽고 형처(刑妻) 극자(剋子)하였다.

기유(己酉)와 무신(戊申)대운에는 토(土)가 천간에 개두(蓋頭)하여 토극수(土剋水)하여 인수(印綬)를 극하니 가업(家業)은 파진(破盡)하고 사망하였다.

13. 체용론(體用論)

체(體)와 용(用)에 대해 말하다.

道有體用不可一端論也要在扶之抑之得其宜.
도유체용불가일단논야요재부지억지득기의.

도(道)에는 체(體)와 용(用)이 있는데 한 가지로만 논(論)해서는 안 된다.
중요한 것은 억부(抑扶)인데 도와주고 억제하는 것이 있어야 하므로 마땅히
그것을 얻어야 한다.

【原文】有以日主爲體提綱爲用日主旺則提綱之食神財官皆爲我用日主
【원문】유이일주위체제강위용일주왕칙제강지식신재관개위아용일주
弱則提綱有物幇身以制其强神者亦皆爲我用提綱爲體喜神爲用者日主不
약칙제강유물방신이제기강신자역개위아용제강위체희신위용자일주불
能用乎提綱矣提綱食傷財官太旺則取年月時上印比爲喜神提綱印比太旺
능용호제강의제강식상재관태왕칙취년월시상인비위희신제강인비태왕
則取年月時上食傷財官爲喜神而用之此二者乃體用之正法也.
칙취년월시상식상재관위희신이용지차이자내체용지정법야.

일주를 체(體)로 간주하게 되면 제강(提綱)이 용(用)이 되는 것이 있다.
일주가 왕(旺)하면 곧 제강(提綱)의 식신(食神)재관(財官)이 모두 나의 용(用)하
는 것이 될 수 있다. 일주가 약(弱)하면 곧 제강(提綱)에 있는 방신(幇身)하는
물건으로 다른 강한 신(神)을 억제하는데 역시 모두 나의 용(用)이 될 수가
있다.
제강(提綱)을 체(體)로 간주하게 되면 희신을 용(用)하는 것이 있다. 일주는 제
강(提綱)을 용(用)할 수는 없는 것이다. 제강(提綱)의 식상재관(食傷財官)이 태왕
하면 곧 년월시(年月時)상에 있는 인비(印比)를 취하여 희신으로 삼는다.

제강(提綱)이 인비(印比)로 태왕(太旺)하면 곧 년월시(年月時)상의 식상재관(食傷財官)을 취하여 희신으로 용(用)하는 것을 삼으면 되는 것이다.

이상에 말한 두 가지가 체용(體用)에 있어서의 정법(正法)인 것이다.

【原文】有以四柱爲體暗神爲用者必四柱俱無可用方取暗沖暗合之神有
【원문】 유 이 사 주 위 체 암 신 위 용 자 필 사 주 구 무 가 용 방 취 암 충 암 합 지 신 유

以四柱爲體化神爲用四柱有合神卽以四柱爲體而以化合之神可用者爲用
이 사 주 위 체 화 신 위 용 사 주 유 합 신 즉 이 사 주 위 체 이 이 화 합 지 신 가 용 자 위 용

有以化神爲體四柱爲用化之眞者卽以化神爲體以四柱中與化神相生相剋
유 이 화 신 위 체 사 주 위 용 화 지 진 자 즉 이 화 신 위 체 이 사 주 중 여 화 신 상 생 상 극

者取以爲用有以四柱爲體歲運爲用有以喜神爲體輔喜神之神爲用所喜之
자 취 이 위 용 유 이 사 주 위 체 세 운 위 용 유 이 희 신 위 체 보 희 신 지 신 위 용 소 희 지

神不能自用以爲體用輔喜之神
신 불 능 자 용 이 위 체 용 보 희 지 신

사주를 체(體)로 하고 암신(暗神)으로 용(用)을 삼는 것이 있다. 반드시 사주에 용(用)하는 것이 없어야 방위(方位)에서 암충암합(暗沖暗合)하는 신(神)을 취할 수가 있다. 사주를 체(體)로 하고 화신(化神)으로 용(用)을 삼는 것이 있다.

사주에 합하는 신(神)이 있다면 곧 사주를 체(體)로 간주하고 화합(和合)을 가능하게 하는 신(神)을 용(用)으로 삼는다. 화신을 체(體)로 하고 사주를 용(用)하는 것이 있다.

화(化)하는 것이 진실(眞實)하다면 곧 화신(化神)을 체(體)로 하고 사주 중에 화신(化神)을 상생상극하는 것을 취하여 용(用)으로 한다.

사주를 체(體)로 하고 세운을 용(用)하는 것이 있다. 희신을 체(體)로 하고 희신을 돕는 신을 용(用)하는 것도 있는데 희신 스스로는 용(用)이 될 수가 없으므로 희신을 돕는 신을 용(用)으로 하는 것이다.

【原文】有以格象爲體日主爲用者須八格氣象及暗神化神忌神客神皆成
【원문】유 이 격 상 위 체 일 주 위 용 자 수 팔 격 기 상 급 암 신 화 신 기 신 객 신 개 성

一個體段若是一面格象與日主無干者或傷剋日主太過或幫扶日主太過中
일 개 체 단 약 시 일 면 격 상 여 일 주 무 간 자 혹 상 극 일 주 태 과 혹 방 부 일 주 태 과 중

間要尋體用分辨處又無形迹只得用日主自去引生喜神別求一箇活路爲用矣
간 요 심 체 용 분 변 처 우 무 형 적 지 득 용 일 주 자 거 인 생 희 신 별 구 일 개 활 노 위 용 의

격상(格象)을 체(體)로 하고 일주를 용(用)하는 것이 있다. 모름지기 팔격(八格)
과 기상(氣象)은 암신(暗神), 화신(化神), 기신(忌神), 객신(客神)에 이르기까지 모
두 하나의 체(體)를 이룬다. 만약 한 면(面)의 격상(格象)이 일주와 무관하거나
혹은 일주를 상극함이 태과(太過)하거나 혹은 일주를 돕는 것이 태과하면 중
간에서 체용(體用)을 분별하여 나누는 곳을 찾는 것이 중요하다. 그러나 그것
마저도 없다면 다만 일주 스스로가 가서 희신을 생하여 이끌어 주는데 별도
로 용(用)할 수 있는 한 개의 활로(活路)를 구해 살아갈 용(用)을 찾아야 하는
것이다.

【原文】有以日主爲用有用過於體者如用食財而財官食神盡行隱伏及太
【원문】유 이 일 주 위 용 유 용 과 어 체 자 여 용 식 재 이 재 관 식 신 진 행 은 복 급 태

發露浮泛者雖美亦過度矣
발 노 부 범 자 수 미 역 과 도 의

또한 일주를 용(用)으로 하여 용(用)이 체(體)보다 강한 것이 있다.
예를 들어 식재(食財)를 용(用)하는데 재관식신(財官食神)이 다하거나 잠복하여
숨어 있거나 너무 천간에 드러나 부질없이 떠 있으면 아름다울 것 같지만
역시 정도가 너무 지나친 것이다.

【原文】有用立而體行者有體立而用行者正體用之理也如用神不行於流
【원문】유용입이체행자유체입이용행자정체용지리야여용신불행어유

行之地且又行助體之運則不妙有體用各立者體用皆旺不分勝負行運又無
행지지차우행조체지운칙불묘유체용각입자체용개왕불분승부행운우무

輕重上下則各立有體用俱滯者如木火俱旺不遇金土則俱滯不可一端定也
경중상하칙각입유체용구체자여목화구왕불우금토칙구체불가일단정야

용(用)이 정해지고 체(體)가 움직이는 것이 있고 체(體)가 정해지고 용(用)이 움직이는 것이 있다. 이것이 체용(體用)의 바른 이치이다.

예를 들어 용신(用神)이 흘러 줘야 하는 지지에서 움직이지 못하거나 오히려 체(體)를 돕는 운으로 움직이게 되면 곧 묘(妙)한 것이 없는 것이다. 체(體)와 용(用)이 서로 확고히 정해진 것이 있는데 체용(體用)이 모두 왕(旺)하여 승부를 가름하기 어려운데 행운도 역시 경중(輕重)을 가리기 힘들다면 이것은 곧 각립(各立)이 된 것이다.

체(體)와 용(用)이 함께 막힌 것이 있는데 예를 들어 목화(木火)가 모두 旺(왕)한데 금토(金土)를 만나지 못하면 곧 함께 막힌 것이니 한 면만 보고 결정해서는 안 되는 것이다.

【原文】然體用之用與用神之用有分別若以體用之用爲用神固不可舍此
【원문】연 체용지용 여 용신지용 유분별 약이체용지용 위용신 고 불가사 차

以別求用神又不可只要斟酌體用眞了於此取緊要爲用神而二三四五處用
이별구용신 우불가지요짐작체용진료 어차취긴요위용신 이 이삼사오처용

神者的非妙造須抑揚其重輕母使有餘不足有體用各立者體用皆旺不分勝
신자적비묘조 수억양기중경 모사유여부족 유체용각입자 체용개왕불분승

負行運又無輕重上下則各立有體用俱滯者如木火俱旺不遇金土則俱滯不
부행운우무경중상하 칙각입 유체용구체자 여목화구왕불우금토 칙구체불

可一端定也然體用之用與用神之用有分別若以體用之用爲用神固不可舍
가일단정야 연체용지용 여 용신지용 유분별 약이체용지용 위용신 고 불가사

此以別求用神又不可只要斟酌體用眞了於此取緊要爲用神而二三四五處
차 이별구용신 우불가지요짐작체용진료 어차취긴요위용신 이 이삼사오처

用神者的非妙造須抑揚其重輕母使有餘不足.
용신자적비묘조 수억양기중경 모사유여부족.

그러므로 체용(體用)의 용(用)은 용신(用神)의 용(用)과 구별이 있다. 만약 체용 (體用)의 용(用)을 용신(用神)으로 여긴다면 절대 안 되는 것이지만 그렇다고 해서 이것을 벗어나 다르게 용신(用神)을 찾아서도 역시 안 되는 것이다.

다만 체용(體用)에 대하여 진실을 깨닫고 짐작하기를 요구하는데 여기에서 가장 긴요(緊要)한 것을 용신(用神)으로 간주하여 취하는데 용신(用神)이 2개, 3개, 4개, 5개가 된다는 것은 묘(妙)한 구조가 아닌 것이다. 모름지기 억양 (抑揚)과 경중(輕重)에 따라 어머니를 따르거나 남는 것은 제거해야 하는 것 이다.

▶ 도(道)에는 체(體)와 용(用)이 있는데 한 가지로만 논(論)해서는 안 된다.

적천수에서는 체용법에는 두 가지의 정밭이 있다고 말하고 있습니다.

1) 일주(日主)를 체(體)로 간주하게 되면 월령이 용(用)이 된다.

이것은 일주가 신강하면 곧 월령의 식신재관(食神財官)이 모두 나의 용(用)이 될 수가 있습니다. 만약 일주가 신약하다면 곧 월령에서 일신을 쇠약하게 만드는 그 강한 신을 억제(抑制)하여 일신을 돕는 무리가 있는데 역시 모두 나의 용(用)하는 것이 될 수 있는 것입니다.

이 체용법은 현재 신강약 이론의 근거가 됩니다. 그런데 적천수 주석에서 말하길 만일 사주에서 기상형국(氣象形局)이 없는 경우에만 그 다음에 일주를 체(體)로 보라고 말을 하고 있습니다.

그러므로 기상형국을 체(體)로 보는 것이 우선이 되는 것이고 일주를 체(體)로 보는 것은 그 다음이 되는 것을 알고 있어야 합니다.

2) 월령을 체(體)로 간주하게 된다면 희신(喜神)이 용(用)이 된다.

이것은 월령을 격(格)으로 삼으면 희신(喜神)을 상신(相神)으로 한다는 말이니 월령의 격국을 말하는 것입니다. 자평진전의 격국법은 적천수의 이 두 번째를 놓고 설명을 하고 있습니다.

즉 제강(月令)에서 투출한 것을 용신(用神)이라고 말하고 있으며, 희신(喜神)을 상신(相神)이라고 보는 것입니다.

▶ 중요한 것은 억부(抑扶)인데 도와주고 억제하는 것이 있어야 하므로 마땅히 그것을 얻어야 하는 것이다.

사주에서 억부(抑扶)라고 하는 것은 다음 아래와 같은 것을 말합니다.

예를 들어 사주(四柱)의 간지(干支)에 재(財)와 살(殺)이 지나치게 왕(旺)하면 일주(日主)가 왕(旺)한 가운데도 변(變)하여 약(弱)해지니 반드시 방신(幫身)하거나 재살(財殺)을 제화(制化)하는 자(者)를 찾아 억부신으로 용(用)해야 합니다.

만약 일주(日主)가 체(體)인 자가 일주(日主)가 왕(旺)하고 인수(印綬)가 많으면 반드시 재성(財星)을 억부신으로 삼아야 합니다.

일주(日主)가 왕(旺)한데 관살(官殺)이 가벼워도 역시 재성(財星)을 써서 억부신으로 삼는 것이며 일주(日主)가 왕(旺)한데 관성(官星)이 경(輕)하고 인수(印綬)가 중(重)하여도 또한 재성(財星)을 써서 억부신으로 삼는 것입니다.

일주(日主)가 왕(旺)하고 비겁(比劫)이 많은데 재성(財星)이 없으면 식상(食傷)을 써서 억부신으로 삼고, 일주(日主)가 왕(旺)한데 비겁(比劫)이 많고 재성(財星)이 경(輕)해도 역시 식상(食傷)으로 억부신을 삼는 것입니다.

또한 제강이 록지(祿地)나 양인(陽刃)이면 곧 제강을 체(體)로 삼고 대세를 살펴서 사주간지(四柱干支)의 식신(食神)재(財)관(官)을 억부신으로 쓰니 그 걸맞은 지위를 얻은 자(者)를 찾아서 용(用)하는 것입니다.

따라서 왕자(旺者)는 누르고 약자(弱者)는 돕는 것이 비록 바뀌지 않는 법이나 왕(旺)하면 억제하되 억제할 수 없으면 차라리 그 왕(旺)함을 도와야 하는 팔자도 있는 것입니다. 따라서 약(弱)하면 돕되 도울 수 없으면 오히려 그 약함을 제거하여 억제해야 합니다. 이것이 명리의 진기(眞機)이며 오행전도의 묘용(妙用)이 됩니다.

▶ 사주를 체(體)로 하고 암신(暗神)으로 용(用)을 삼는 것이 있다. 반드시 사주에 용(用)하는 것이 없어야 방위(方位)에서 암충암합(暗沖暗合)하는 신(神)을 취할 수가 있다. 이것은 허자(虛字)를 말하는 것입니다. 즉 사주에 용할 수 있는 것이 없을 때는 숨어 있는 암신을 찾아야 하는데 방위에서 도충하거나 암합하는 무리가 있으므로 그것들로 용(用)으로 삼는 것입니다.

이때에는 사주팔자 안에 마땅히 사용할 용신이 없어야 합니다. 여기에서 중요하게 살펴봐야 할 점은 방위에서 신(神)을 찾을 수가 있다는 점입니다. 이것은 방위(方位)가 팔자에도 영향을 미칠 수가 있으므로 방위의 변화에 따라 개운이 가능하다는 것을 말하기도 하는 것입니다.

▶ 사주를 체(體)로 하고 화신(化神)으로 용(用)을 삼는 것이 있다. 사주에 합하는 신(神)이 있다면 곧 사주를 체(體)로 간주하고 화합(和合)을 가능하게 하는 신(神)을 용(用)으로 삼는다.

이것은 일행득기(一行得氣)를 말하는데 격(局)과 방(方)에서 곡직(曲直), 염상(炎上) 등의 오격(五格)이 해당이 됩니다. 일주(日主)가 일방으로 원신(元神)이면 곧 격상(格象)을 써서 체(體)로 삼고 기상(氣象)을 생조(生助)하는자(者)를 써서 희신으로 삼는 것입니다. 혹은 식상(食傷)을 써서 용신으로 삼기도 하고 혹 재성(財星)을 써서 용신으로 삼기도 하는데 단지 관살(官殺)은 원국을 극하므로 마땅하지 않습니다. 다만 그 격국(格局)의 세력과 의향을 보고 용(用)해야 합니다.

【예시1】

時	日	月	年	건 명
정관		편인	비견	六 神
癸	丙	甲	丙	天 干
巳	午	午	寅	地 支
비견	겁재	겁재	편인	六 神

이 명조는 화(火)가 오월에 사령(司令)하였는데 월지(月支)는 양인(陽刃)에 앉았고 년지(年支)는 생(生)을 만났고 시지(時支)는 득록(得祿)하였다. 년(年)과 월(月) 양간(兩干)에 또 갑(甲)과 병(丙)이 투출하여 맹렬한 화(火)가 목(木)을 태우니 왕(旺)함이 지극(至極)하다.

따라서 시간의 일점 계수(癸水)는 메말라 부득이 그 강세에 종(從) 할 수밖에는 별도리가 없다. 그러므로 이 사주는 염상격(炎上格)을 형성하였으니 행운에서 목화토(木火土)의 운을 만나 旺(왕) 함을 따라가니 재물이 증가하였다.

신유운(申酉運) 중에는 원국의 화(火)와 대립하므로 형상파모(刑傷破耗)가 많았다. 해운(亥運)에 이르러 화(火)의 맹렬함을 치니 가업(家業)이 파진되고 나서 죽었다.

소위 왕(旺)함이 지극(至極)하면 생하는 것이 마땅한 것인데 오히려 왕함을 억제하니 운이 유해하여 사망한 것이다.[任氏註]

▶ 화신을 체(體)로 하고 사주를 용(用)하는 것이 있는데 화(化)하는 것이 진실하다면 곧 화신(化神)을 체(體)로 하고 사주 중에 화신(化神)을 상생상극(相生相剋)하는 것을 취하여 용(用)으로 한다.

이것은 화격(化格)을 말하는데 만약 일주(日主)가 힘을 쓸 수 없어서 별도의 간(干)과 합하여 화(化)하고 화(化)가 진실되다면 곧 화신(化神)을 써서 체(體)로 삼는 것입니다. 화신(化神)이 유여(有餘)하면 화신(化神)을 설기(洩)하는 신(神)을 써서 희신으로 삼고 화신(化神)이 부족(不足)하면 화신(化神)을 생조하는 신(神)을 써서 희신으로 삼을 수가 있습니다.

【예시2】

이 명조는 자평진전에서 소개가 된 사주이다.

화격으로 일품(一品)의 귀를 누린 사주이다. 운은 화(化)한 오행이 오거나 화한 오행에게 인수가 되는 운이 좋고 화한 오행에게 재(財)나 식상(食傷)이 되는 운도 무방하지만, 화한 오행에게 관살d 되는 운은 좋지 않다.[자평진전]

時	日	月	年	건 명
식신		정재	식신	六 神
甲	壬	丁	甲	天 干
辰	寅	卯	戌	地 支
편관	식신	상관	편관	六 神

▶ 체(體)와 용(用)이 서로 확고히 정해진 것이 있는데 체용(體用)이 모두 왕(旺)하여 승부를 가름하기 어려운데 행운도 ㄷ시 경중(輕重)을 가리기 힘들다면 이것은 곧 각립(各立)이 된 것이다.

이것은 각립(各立)의 상(像)을 말하는 것입ㄴ다.

각립(各立)이란 체와 용이 서로 확고부동한 세력을 이루어 견제하는 것을 말하는데 이러한 각립(各立)의 상은 체와 용이 움직이지 못하는 결과를 만들어 내는 것이므로 체용(體用)이 함께 막히는 것이 됩니다.

이렇게 각립(各立)이 되면 격이 좋다고 해도 체용이 모두 막힌 것이므로 운수가 열리기 힘들어 좋지 않은 팔자가 됩니다. 그래서 사주란 물처럼 흘러야 길한 것이고 고이게 되면 썩는 것과 마찬가지입니다.

▶ 체용(體用)의 용(用)은 용신(用神)의 용(用)과 구별이 있다.

만약 체용(體用)의 용(用)을 용신(用神)으로 여긴다면 절대 안 되는 것이지만 그렇다고 해서 이것을 벗어나 다르게 용신(用神)을 찾아서도 역시 안 되는 것이다.

체용(體用)에서 구한 용(用)은 용신(用神)이 아니고, 참된 용신(用神)을 구하기 위해 만들어 놓은 범위가 체용(體用)의 용(用)이 되는 것입니다. 왜냐하면, 체용법이라는 것은 사주 명식에서 1차적으로 체와 용을 대략적으로 분별하기 위해 실행하는 중화법으로 여기에서 사용하는 용(用)은 격국법의 진정한 용신이 될 수가 없기 때문이라고 유백온 선생은 말하고 있는 것입니다.

체용법으로 체와 용을 구별한 다음에는 2차적인 용신법을 다시 구해내야 하는데 이것이 형상기국(形象氣局)에 해당하는 격국론인 것입니다.

그런데 오늘날 명리학에서 체용의 용을 용신으로 단정하여 사용하는 사람들이 많은 것은 바로 임철초의 잘못된 평주 때문입니다.

임철초는 이 부분을 설명하길 형상기국에서 일주를 체(體)로 한 이상 용(用)이라고 하는 것은 바로 용신(用神)이 되는 것이지 체용을 제외한 외에 또 별다른 용신이 있는 것이 아니다. 원주에서 체용과 용신이 구별된다고 하였지만, 그것에 관하여 상세히 기록하지 않고 미미하게 해 놓고 말았다.

따라서 체용 이외에 달리 용신을 찾을 수가 없다.

본문의 마지막 단락에 중요한 것은 도와주고 억제하는 것을 얻어야 마땅하다고 하였는데 여기에서 명백히 알 수 있듯이 체용의 용이라고 하는 것은 즉 용신이 틀림없다. 라고 말하면서 적천수와는 반(反)하는 왜곡된 내용을 평주에 담고 있는 것입니다.

그런데 오늘날 학인들이 적천수 저자의 뜻을 연구하고 좇을 생각은 안하고 임철초의 왜곡된 평주를 따르므로 가장 중요한 체용법에서 명리학의 혼란을 준 계기가 된 것입니다.

14. 정신론(精神論)

정(情)과 신(神)에 대해 말하다.

> 人有精神不可以一偏求也要在損之益之得其中.
> 인유정신불가이일편구야요재손지익지득기중.

사람에게는 정(精)과 신(神)이 있으니 한쪽으로만 구하는 것은 불가하다.
중요한 것은 덜어내고 혹은 보태고 하므로 손익(損益)을 주어 중화(中和)를
얻는 것이다.

> 【原文】精氣神氣皆元氣也五行大率以金水爲精氣木火爲神氣而土所以
> 【원문】정기신기개원기야오행대률이금수위정기목화위신기이토소이
> 實之者也有神足不見其精而精自足者有精足不見其神而神自足者有精缺
> 실지자야유신족불견기정이정자족자유정족불견기신이신자족자유정결
> 神索而日主虛旺者有精缺神索而日主孤弱者有神不足而精有餘者有精不
> 신소이일주허왕자유정결신소이일주고약자유신불족이정유여자유정불
> 足而神有餘者有精神俱缺而氣旺有精神其旺而氣衰有精缺得神以助之者
> 족이신유여자유정신구결이기왕유정신기왕이기쇠유정결득신이조지자
> 有神缺得精以生之者有精助精而精反洩無氣者有神助神而神反斃無氣者
> 유신결득정이생지자유정조정이정반설무기자유신조신이신반폐무기자
> 二者皆由氣以主之也凡此皆不可以一偏求也俱要損益其進退不可使有過
> 이자개유기이주지야범차개불가이일편구야구요손익기진퇴불가사유과
> 不及也.
> 불급야.

정기(精氣)와 신기(神氣) 모두 원기(元氣)인데 오행 중에서 대체로 금수(金水)
를 정(精)의 기(氣)로 삼고 목화(木火)를 신(神)의 기(氣)로 삼으며 토(土)는 그것
을 충실하게 하는 것이다.

신(神)은 넉넉한데 그 정이 드러나지 않았어도 정(精)이 저절로 넉넉한 경우도 있고 정(精)은 넉넉한데 그 신(神)이 드러나지 않았어도 신(神)이 저절로 넉넉한 경우도 있으며 정(精)은 결여되나, 신(神)을 요구하는데 일주가 허왕(虛旺)한 경우도 있고, 정(精)이 결여되나 신(神)을 요구하는데 일주가 외롭고 약한 경우도 있으며, 신(神)은 부족한데 정(情)이 유여한 경우도 있고, 정(精)이 부족한데 신(神)이 유여한 경우도 있으며, 정(精)과 신(神)이 모두 부족한데도 기(氣)가 왕성한 경우도 있고, 정(精)과 신(神)이 모두 왕한데도 기(氣)가 쇠약한 경우도 있으며, 정(精)이 부족할 때 신(神)의 도움을 얻는 경우도 있고, 신(神)이 부족할 때 정(精)의 생조를 얻는 경우도 있으며, 정(精)이 정(精)을 돕는데도 정(精)이 도리어 설기되어 무기한 경우도 있고, 신(神)이 신(神)을 돕는데도 신(神)이 오히려 쓰러져 무기한 경우도 있다.

이 두 가지 정(精)과 신(神)은 모두 기(氣)의 주인이 되는 까닭이다. 무릇 이러한 것은 모두 한쪽으로만 구하지 말고 그 진퇴에 따른 손익을 함께 구하여 지나치거나 모자람이 있게 해서는 안 된다.

구문풀이

▶ 사람에게는 정(精)과 신(神)이 있으니 한쪽으로만 구하는 것은 불가하다. 중요한 것은 덜어내고 혹은 보태고 하므로 손익(損益)을 주어 중화(中和)를 얻는 것이다.

남는 것은 덜어내고 부족하면 더하는 것이 중화의 일정한 이치가 됩니다. 그러나 또한, 한가지로 고정할 수가 없습니다.
왜냐하면, 지나치게 유여하게 되면 덜어낼 수가 없고 지나치게 부족하면 더해줘도 오히려 받아들이질 못하므로 귀물(鬼物)이 되기 때문입니다.
따라서 정(精)과 신(神)을 잘 살펴 관찰하고 한쪽으로 치우쳐 고집하면 안 되는 것입니다. 따라서 정(精)이 족(足)하면 기(氣)가 왕성하고 기(氣)가 왕성하면 신(神)이 왕성해 지는 것이니 반드시 유통생화(流通生化)하여서 손익적중(損益適中)을 이루게 되면 정기신(精氣神) 삼자가 잘 갖춰지게 된 것이라 할 수 있습니다.

덜어낸다는 것은 손(損)을 말하는데 극제(剋制)하는 것을 뜻합니다.

또한, 보태준다는 것은 익(益)을 말하는데 곧 생부(生扶)함을 뜻합니다.

그런데 유여(有餘)함이 넘쳐서 덜어내기 힘들다면 오히려 설기하는 것이 마땅합니다. 또한, 부족함이 지나치면 생조하면 흉해지는 경우가 있는데 이 것은 오히려 제거해 버림이 마땅한 것입니다.

이것이 손익(損益)의 오묘한 사용법입니다

대개 지나치게 유여(有餘)하면 덜어내다가 도리어 분노를 촉발하게 되니 즉 넘치면 그 유여(有餘)함에 순응하는 길이 정당한 것입니다. 따라서 설기하는 것이 마땅하다 말하는 것입니다. 또한 부족함이 지나치면 더하여도 도움이 안 되니 즉 그 부족함을 아예 제거함이 마땅하다고 말하는 것입니다. 이것 이 바로 한쪽으로만 치우쳐 구하지 말라는 것이다. 이것은 중화(中和)의 역 부 이론과는 전혀 다른 문제인 것입니다.

그러므로 수범목부(水泛木浮)는 수(水)가 지나치게 왕하여 목(木)의 정(精)과 신(神)이 없게 된 상황을 말하는 것입니다. 또한 목다화치(木多火熾)는 목(木) 이 지나치게 성(盛)하므로 화(火)의 정(精)과 신(神)이 없는 것이고 화염토조 (火炎土焦)는 화가 지나치게 뜨거워서 토(土)의 정(精)과 신(神)이 없는 것을 말 합니다.

토중금매(土重金埋)는 토(土)가 지나치게 많으므로 금(金)의 정(精)과 신(神)이 없는 것이고 금다수탁(金多水濁)은 금(金)이 많아서 수(水)의 정(精)과 신(神)이 없는 것을 말합니다.

▶ 오행 중에서 대체로 금수(金水)를 정(精)의 기(氣)로 삼고 목화(木火)를 신(神)의 기(氣)로 삼으며 토(土)는 그것을 충실하게 하는 것이다.

감(坎)은 수(水)의 합일(合一)로써 이루어진 것으로 정(精)이라 하며 리(離)는 화(火)의 분열과정에서 이루어진 것으로 신(神)이라 하였는데 그러므로 금수(金水)로 생(生)하는 오행을 정(情)이라 하고 목화(木火)로 분열하는 오행을 신(神)이라 하였습니다. 토는 만물의 매개자(媒介者)로 받아들이고 넘겨 만물을 충실하게 만들 수 있습니다.

【예시1】

時	日	月	年	건 명
식신		편인	정관	六 神
戊	丙	甲	癸	天 干
戌	寅	子	酉	地 支
식신	편인	정관	정재	六 神

이 명조는 갑목(甲木)을 정(精)으로 삼는데 쇠(衰)한 목(木)이 수(水)의 자윤을 얻고 인(寅)록을 만났으니 정(情)이 충실해졌다. 무토(戊土)를 신(神)으로 삼는데 술토(戌土)에 통근하였고 인술(寅戌)로 공합하니 신(神)이 왕(旺)하다.

그러므로 관생인(官生印), 인생신(印生身)으로 좌하(座下)가 장생이므로 기(氣)가 충실(充實)하게 유통(流通)하여 생화(生化)하는데 오행이 모두 구족(具足)하였다. 좌우 상하가 협조하고 어그러짐이 없었는데 살(殺)이 오면 능히 막고 겁재(劫財)가 오면 관(官)이 있고 상관(傷官)이 오면 인수(印綬)가 막아주니 동서남북의 운에 모두 갈 수 있었다.

그래서 일생이 부귀복수하니 아름답다 할 만하다.[任氏註]

【예시2】

時	日	月	年	곤 명
상관		정인	식신	六 神
己	丙	乙	戊	天 干
丑	辰	丑	戌	地 支
상관	식신	상관	식신	六 神

이 명조는 병화(丙火)일간 주변이 모두 토(土)로 구성이 되어 있다.
따라서 병화(丙火)의 원신(原神)이 설기가 심하고 을목(乙木)은 시들어 메마르
니 이른바 정기고색(精氣枯索)이 되어 있다.
즉 목의 정기(精氣)가 메말라 있는 것이다.
임술(壬戌) 운(運)을 만나 병임충(丙壬沖)으로 일간이 손상을 당하는데 신미
년(辛未年)에 을신충거(乙辛沖去)로 을목(乙木)을 극하니 그해 9월에 환학(眩瘧)
증세의 병으로 사망하였다.

15. 월령(月令)

월령(月令)용사(用事)에 대해 말하다.

月令乃提綱之府譬之宅也人元爲用事之神宅之定向也不可以不卜
월 령 내 제 강 지 부 비 지 택 야 인 원 위 용 사 지 신 택 지 정 향 야 불 가 이 불

월령은 제강의 관청으로 비유하자면 택지(宅地)와 같은 것이다. 인원은 용사
(用事)하는 데 쓰는 신(神)으로 집의 방향을 정하는 택향(宅向)이 되므로 이것
으로 길흉(吉凶)을 예측하는 것이다.

【原文】令星乃三命之至要氣象得令者吉喜神得令者吉令其可忽乎月令
【원 문】령 성 내 삼 명 지 지 요 기 상 득 령 자 길 희 신 득 령 자 길 령 기 가 홀 호 월 령
如人之家宅支中之三元定宅中之向道不可以不卜如寅月生人立春後七日
여 인 지 가 택 지 중 지 삼 원 정 택 중 지 향 도 불 가 이 불 복 여 인 월 생 인 입 춘 후 칠 일
前皆值戊土用事八日後十四日前者丙火用事十五日後甲木用事知此則可
전 개 치 무 토 용 사 팔 일 후 십 사 일 전 자 병 화 용 사 십 오 일 후 갑 목 용 사 지 차 칙 가
以取格可以取用矣.
이 취 격 가 이 취 용 의.

월령(月令)의 별은 곧 삼명(三命)에서 지극히 중요한 것이다. 기상(氣像)이 월령
(月令)을 얻은 자는 길(吉)하고 희신(喜神)이 월령(月令)을 얻은 자는 길(吉)하니
그 월령(月令)을 어찌 소홀히 하겠는가. 월령(月令)은 사람이 거주하는 가택(家
宅)과 같아서 지지 중에서 삼원(三元)은 집이 놓이는 방향을 결정하는 것이니
이것으로 길흉(吉凶)을 예측하는 것이 아니겠는가.
예를 들어 인월(寅月)에 태어난 사람이 입춘(立春)이 지난 후 7일 전(前)이라면
모두 무토(戊土)를 사용하는 것이 맞는 것이다. 8일 이후부터 14일 전(前)까지
는 병화(丙火)를 사용하며 15일 이후에는 갑목(甲木)을 사용하는 것이 맞는 것
이다. 이렇게 격(格)을 고르고 용(用)을 취하는 것이 옳은 것이다.

▸ 월령은 제강의 관청으로 비유하자면 택지(宅地)와 같은 것이다.
인원은 용사(用事)하는 데 쓰는 신(神)으로 집의 방향을 정하는 택향(宅向)이
되므로 이것으로 길흉(吉凶)을 예측하는 것이다.

풍수(風水)에서 가택(家宅)은 향(向)이 중요하고 묘지(墓地)는 혈처(穴處)를 봅
니다. 그런데 팔자학에서는 일간이 거주(居住)하는 곳을 월령(月令)이라하여
택지(宅地)로 보았습니다. 또한, 월지 장간에서 투출한 인원용사(人元用事)를
택향(宅向)이라 말하며 가택(家宅)의 좌향(坐向)으로 논했는바, 이것으로 격국
을 확정하였습니다.
따라서 인원용사(人元用事)라는 것은 차월차일(此月此日)을 맡은 사령신(司令
神)을 말하며 집을 지을때 좌향(坐向)을 정하는 것과 같으니 이것으로 길흉
(吉凶)을 예측하는 것입니다.
예를 들어 인월(寅月)에 병화(丙火)가 투출하면 택향(宅向)이라 하고 이 병화
(丙火)로 격(格)을 결정하였습니다. 이 속에 일간이 거주(居住)한다고 믿었던
것입니다.
그러므로 인월(寅月)의 본기(本氣)를 그대르 격(格)을 결정한 것이 아니라 장
간에서 투출한 인원용사(人元用事)로 하여금 사령(司令)을 대신 맡긴 것인데
이것이 격(格)이 되는 것입니다.
이것은 자평진전에서 논했던 투간회지(透干會支)라는 변격(變格)과 동일한 개
념으로 이해하시면 됩니다.
그래서 경금(庚金)일간이 인월(寅月)에 태어나면 재격(財格)인데 인(寅)중 병화
(丙火)가 투출하면 편관격(偏官格)이 됩니다.
이것은 택향(宅向)이 목방(木方)에서 화방(火方)으로 바뀐 것입니다.
이를 놓고 용신의 변화라 말하는 것으로 곧 변격(變格)을 의미합니다.

▶ 기상(氣像)이 월령(月令)을 얻은 자는 길하고 희신(喜神)이 월령을 얻은 자는 길하니 그 월령을 어찌 소홀히 하겠는가.

팔자는 기세(氣勢)를 다 같이 보아야 합니다. 기상이 월령을 얻었다는 말은 자기 계절에 당령(當令)하였다는 의미가 됩니다. 곧 인목(寅木)이 갑목(甲木)까지 출현하였다면 목(木)이 당령한 것이고 본기 투출이니 기가 월령을 얻는 것입니다.

▶ 예를 들어 인월(寅月)에 태어난 사람이 입춘(立春)이 지난 후 7일 전(前)이라면 모두 무토(戊土)를 사용하는 것이 맞는 것이다.

인원용사(人元用事)라는 것은 곧 몇 월 며칠에 사령(司令)이 된 신(神)을 말하는 것입니다. 예를 들어 인월(寅月)에 태어난 사람이 입춘(立春)이 지난 후 7일전(前)이라면 이것을 무토(戊土)사령이라 말하는 것이며 이 사령(司令)된 무토(戊土)를 사용하면 길하다는 것이 됩니다. 그러므로 만약 천간에 무토(戊土)가 투간(透干)하게 되면 사령(司令)된 글자가 투간한 것이므로 무토(戊土)를 용신(用神)하면 격(格)이 참되다고 말할 수가 있게 됩니다.
만약, 8일 이후부터 14일 전(前)까지는 병화(丙火)사령이라 말하는 것이며 이때 천간에 사령된 병화가 투간하였다고 하면 병화를 용신으로 하여 격을 잡으면 가장 올바르다고 말하는 것입니다. 또한, 15일 이후에는 갑목(甲木)사령이라고 말하는 것이니 천간에 갑목이 투간하여 용신으로 잡게 되면 그 격이 우수하게 되는 것입니다. 그러므로 각 사령(司令)에 맞게 사령된 신(神)을 사용하는 것이 옳다는 것이 됩니다.

【예시】

時	日	月	年	건 명
편인		편인	편관	六神
丙	戊	丙	甲	天干
辰	寅	寅	戌	地支
비견	편관	편관	비견	六神

무인(戊寅)일주가 입춘 15일 후에 태어났으니 바로 갑목(甲木)이 사령(使令)으로 되고 있다. 그런데 지지에 두 개의 인목(寅木)과 투출한 갑목(甲木)이 토(土)를 극하고 있으니 편관격(偏官格)을 구성하였다.

언뜻 볼 때는 관살(官殺)이 왕(旺)하고 일주가 쇠약(衰弱)한 것 같다.

그러나 묘(妙)한 것은 금수(金水)가 없다 보니 인성 병화(丙火)가 손상되지 않고 있다는 점이다. 고로 병화(丙火)가 투출되어 사령(司令)이 된 갑목(甲木) 용신(用神)을 화(化)하여 살인상생(殺印相生)으로 돕고 있는 것이다.

그러므로 과거에 급제하고 현(縣)에 청수(青綬)가 되었으며 부윤(府尹)에서 황당(皇堂)으로 올라 명예와 재산 운이 모두 좋았다.

16. 생시(生時)

태어난 시간(時間)에 대해 말하다.

生時乃歸宿之地譬之墓地人元爲用事之神墓之定方也不可以不辨
생 시 내 귀 숙 지 지 비 지 묘 지 인 원 위 용 사 지 신 묘 지 정 방 야 불 이 불 변

태어난 시각이란 곧 귀숙지(歸宿地)인데 비유하면 묘지(墓地)와 같은 것이다.
인원(人元)은 용사(用事)하는 신(神)으로 묘지(墓地)의 좌향(坐向)을 정하는 것이
니 잘 살피지 않으면 안 되는 것이다.

【原文】子時生人前三刻三分壬水用事後四刻七分癸水用事評其與寅月
【원문】자 시 생 인 전 삼 각 삼 분 임 수 용 사 후 사 각 칠 분 계 수 용 사 평 기 여 인 월
生人戊土用事何如丙火用事何如甲木用事何如局中所用之神與壬水用事
생 인 무 토 용 사 하 여 병 화 용 사 하 여 갑 목 용 사 하 여 국 중 소 용 지 신 여 임 수 용 사
者何如癸水用事者何如窮其淺深如墳墓之定方道斯可以斷人之禍福至同
자 하 여 계 수 용 사 자 하 여 궁 기 천 심 여 분 묘 지 정 방 도 사 가 이 단 인 지 화 복 지 동
年月日而百人各一應者當究其時之先後又論山川之異世德之殊十有九驗
년 월 일 이 백 인 각 일 응 자 당 구 기 시 지 선 후 우 논 산 천 지 리 세 덕 지 수 십 유 구 험
其有不驗者不過此則有官彼則子多此則多財彼則妻美爲小異耳夫山川之
기 유 불 험 자 불 과 차 칙 유 관 피 칙 자 다 차 칙 다 재 피 칙 처 미 위 소 리 이 부 산 천 지
異不惟東西南北逈乎不同者宜辨之卽一邑一家而風聲氣習不能一律也世
리 불 유 동 서 남 북 형 호 불 동 자 의 변 지 즉 일 읍 일 가 이 풍 성 기 습 불 능 일 율 야 세
德之殊不惟富貴貧賤絶乎不侔者宜辨之卽同門共戶而善惡邪正不能盡齊
덕 지 수 불 유 부 귀 빈 천 절 호 불 모 자 의 변 지 즉 동 문 공 호 이 선 악 사 정 불 능 진 제
也學者察此.可以知其興替矣.
야 학 자 찰 차 . 가 이 지 기 흥 체 의 .

자시(子時)에 출생한 사람은 처음 3각3분(三刻三分)은 임수(壬水)를 사용하고 뒤에 4각7분(四刻七分)은 계수(癸水)를 사용한다. 이것은 인월(寅月)에 출생한 사람은 무토(戊土)를 사용하면 어떠한가?

병화(丙火)를 사용하면 어떠한가?

갑목(甲木)을 사용하면 어떠한가와 같이 평가하는 것인데 국(局) 중에 사용하는 용신(用神)으로 임수(壬水)를 사용하면 어떻고 계수(癸水)를 사용하면 어떻겠는가와 같은 것이니 분묘(墳墓)의 방향을 정하는 도리(道理)와 같아서 자세히 파고들어 깊이 연구해야 할 것이다.

이것으로 사람의 화복(禍福)을 판단함이 옳은 것이다.

출생한 년월일(年月日)이 같더라도 백 사람이 각각 다른 것은 당연히 그 출생한 시각의 선후(先後)를 연구하여야 한다.

또 산천(山川)의 차이로 일생(一生)의 덕이 다르다고 하는 것은 열에 아홉은 맞는 말이다. 맞지 않는 사람이 있다면 그것은 이 사람은 관직이 있는데 상대방은 자손이 많다거나 이 사람은 재산(財産)이 많은데 상대방은 처(妻)가 미인이라고 들리는 작은 차이에 불과하다.

대저 산천(山川)의 차이라는 것은 동서남북(東西南北)만을 생각하는 것이 아니라 판이하게 다른 것도 마땅히 분별해야 하는 것이다.

즉. 한 마을이나 한 일가(一家)에 있어서도 기풍(氣風)과 습성(習性)이 일률적(一律的)이지 않는 것이다. 세덕(世德)이 다르다고 하는 것은 다만 부귀빈천(富貴貧賤)뿐만 아니라 단절(斷絕)된 것이 같지 않음도 마땅히 분별해야 하는 것이다.

즉 같은 집안에 산다고 선악(善惡)과 정직(正直)하고 간사(奸邪)함의 질서가 정연(整然)하지 않은 것이다. 학인(學人)은 이것을 살펴서 그 흥망성쇠를 알 수가 있는 것이다.

▶ 자시(子時)에 출생한 사람은 처음 3각3분(三刻三分)은 임수(壬水)를 사용하고 뒤에 4각7분(四刻七分)은 계수를 사용한다.

고인들이 만들어 사용한 물시계에 눈금이 100개 있습니다. 하루가 24시간이니 분으로 환산하면 1440분이 되는데 한 눈금이 약 15분이 되는 겁니다. 그래서 한 눈금이 일각(一刻)이 되고 약 15분이 되는 것입니다. 따라서 3각(三刻)이란 세 눈금을 가리키는데 45분이 되는 것입니다.

그래서 3각3분이면 45분+3분=48분이 되는 것입니다. 또한 4각7분은 60분+7분=67분이 되는 것입니다. 그래서 자시(子時) 출생은 전반 48분은 임수(壬水)가 사령하고 후반 67분은 계수(癸水)가 사령한다고 말하는 것입니다. 이것은 자(子)중에 임수(壬水)와 계수(癸水)의 인원 사령을 말하는 것인데 용사하는데에는 전후가 있어서 반드시 사령한 것으로 부터 출발하여 추리하여야 합니다. 만약 태어난 시간에서 용사하는 것이 월령에서의 인원사령과 부합된다면, 일주의 희신이 되어 배로 흥성해지고 만약 이것이 일주의 기신으로 되면 흉한 재난이 반드시 많아지게 됩니다.

예를 들어 병화 일간이 해시(亥時)에 태어났다고 할 때 해수(亥水) 중의 임수(壬水)는 병화(丙火)의 관살이 되지만 갑목(甲木)이 용사가 된다면 명당은 흉하나 좌향이 길한 것이 되는 것입니다.

▶ 인원(人元)은 용사(用事)하는 신으로 묘지(墓地)의 좌향(坐向)을 정하는 것이니 잘 살피지 않으면 안 되는 것이다.

태어난 시간의 좋고 나쁜 것을 비유를 한다면 생시(生時)는 묘지(墓地)의 혈(穴)자리와 같고 인원사령(人元司令)은 묘지(墓地)의 좌향(坐向)과 같습니다.

그래서 생시(生時)에 대한 사령(司令)은 월령(月令)의 인원사령과 서로 부합(附

令)이 됩니다. 따라서 태어난 시간을 묘(墓)의 혈(穴)로 보고 용사인원(人元司令)을 좌향(坐向)으로 보는 것입니다.

만약, 혈자리가 명당이라도 분묘(墳墓)의 방향(方向)이 나쁘면 명당의 길(吉)이 반감(半減)하는 것이고 혈자리가 흉(凶)하더라도 분묘(墳墓)의 방향이 길(吉)하면 흉이 반감(半減)하는 것입니다.

이것은 병화(丙火)일주가 해시(亥時)에 태어났으면 해(亥)중 임수(壬水)는 병화(丙火) 일간의 칠살(七殺)이 되지만 갑목(甲木)이 사령하게 된다면 이른바 혈(穴)은 흉(凶)하고 분묘(墳墓)의 조향(朝向)은 길한 것이 되는 것과 마찬가지입니다.

▶ 출생한 년월일(年月日)이 같더라도 백사른이 각각 다른 것은 당연히 그 출생한 시각의 선후(先後)를 연구하여야 한다.

사람이 동일 출생자가 많은데 각각 다른 삶을 사는 것은 태어난 시간을 세밀히 쪼개서 살펴봐야 합니다.

그래서 "자시(子時)에 출생한 사람은 처음 3각3분(三刻三分)은 임수(壬水)를 사용하고 뒤에 4각7분(四刻七分)은 계수를 사용한다" 라고 말하는 것입니다.

이것에 대해 임철초는 말하길 자시(子時)의 처음 45분에는 3분만큼의 임수(壬水)가 용사를 한다고 하는 것은 해수(亥水)중의 본기인 임수(壬水)가 자시(子時)의 여기(餘氣)로 야자시(夜子時)를 말하는 것이다. 라고 설명하고 있습니다. 곧 임철초는 야자시(夜子時)와 조자시(朝子時)를 구분하였다는 것을 알 수가 있습니다.

그러나 이것 말고도 태어난 곳의 산천(山川)의 풍수(風水)가 다르던지 동서남북(東西南北)의 방위(方位)가 다른 것도 살펴봐야 합니다.

이렇게 한 집안 한 일가(一家)라 해도 기풍(氣風)이 서로 다르고 습성(習性)이 다르니 살아오는 환경이 달라서 다른 인생의 화복(禍福)을 만나게 되는 것입니다.

17. 쇠왕론(衰旺論)

팔자의 쇠왕(衰旺)에 대해 말하다.

能知衰旺之眞機其于三命之奧思過半矣.
능 지 쇠 왕 지 진 기 기 우 삼 명 지 오 사 과 반 의 .

능히 쇠왕(衰旺)의 진정한 기틀을 안다면 이것은 이미 삼명(三命)의 능선(稜線)을 절반(折半)을 넘어선 것이리라.

【原文】旺則宜洩宜傷衰則喜幇喜助子平之理也然旺中有衰者存不可損
【원문】왕 칙 의 설 의 상 쇠 칙 희 방 희 조 자 평 지 리 야 연 왕 중 유 쇠 자 존 불 가 손
也衰中有旺者存不可益也旺之極者不可損以損在其中矣衰之極者不可益
야 쇠 중 유 왕 자 존 불 가 익 야 왕 지 극 자 불 가 손 이 손 재 기 중 의 쇠 지 극 자 불 가 익
以益在其中矣至於實所當損者而損之反凶實所當益者而益之反害此眞機
이 익 재 기 중 의 지 어 실 소 당 손 자 이 손 지 반 흉 실 소 당 익 자 이 익 지 반 해 차 진 기
皆能知之又何難於詳察三命之微奧乎.
개 능 지 지 우 하 난 어 상 찰 삼 명 지 미 오 호 .

왕(旺)하면 곧 마땅히 설기하고 마땅히 상해(傷害)를 해줘야하고 쇠(衰)한 즉 거들어 도와줘야 좋은 것이라고 하는 것은 자평의 이론이다. 그러하다 할지라도 왕(旺)한 것 중에 쇠(衰)한 것이 존재하므로 손상시켜서는 안 되고 쇠(衰)한 것 중에서도 왕(旺)한 것이 존재하니 도와줘서는 안 되는 것이 있다. 왕(旺)함이 극에 이른 것은 손상(損傷)해서는 안 되는데 그 중에 이미 손상(損傷)함이 존재하는 것이고 쇠(衰)함이 극에 이른 것은 도와주어서는 안 되는데 그 중에 이미 도움이 존재하는 것이리라. 사실 당연히 손상하여 주어야 할 때 손상함에 이르면 오히려 흉해지고 당연히 도와주어야 할 때 도움을 주면 오히려 해롭게 된다. 이것은 진정한 기틀에서 보면 모두 능히 알 수가 있는 것이니 또한 삼명(三命)의 묘리(妙理)를 상세히 살피는데 어찌 어려움이 있을 것인가?

▶ 능히 쇠왕(衰旺)의 진정한 기틀을 안다면 이것은 이미 삼명(三命)의 능선(稜線)을 절반(折半)을 넘어선 것이리라.

팔자에 있어서 쇠왕(衰旺)을 볼 때 월지(月支)를 위주로 하고 있지만 년월시(年月時)에서도 왕상휴수사(旺相休囚死)를 돕거나 손상(損傷)시키는 세력을 갖고 있습니다.

그래서 일주(日主)가 반드시 출생한 월에서 건록(建祿)이나, 제왕(帝王)이 되어야 하는 것은 아닙니다. 월령에서 휴수(休囚)가 되어도 년(年), 일(日), 시(時), 가운데서 장생(長生)이나 녹(祿)이나 제왕(帝王) 등을 만난다면 신약(身弱)이 아닙니다.

심지어 고(庫)를 만나도 역시 뿌리를 박았다고 볼 수 있습니다. 따라서 태어난 달이 자신의 사령(司令)이 아니라고 해도 년월시(年月時)에서 득세(得勢), 득시(得時)를 할 수도 있는 것입니다.

그러므로 단지 한 가지 이론에 집착할 필요는 없는 것입니다. 쇠왕(衰旺)의 기준을 본다고 하면 장생(長生)과 녹왕(祿旺)은 뿌리가 중(重)한 것이며 묘고(墓庫)와 여기(餘氣)는 뿌리가 경(輕)한 것입니다.

또한, 천간에 비견(比肩)을 하나 얻은 것보다는 지지에서 묘고(墓庫)의 여기(餘氣) 하나를 더 얻은 것이 좋습니다. 예를 들어 갑을(甲乙)목이 같은 부류를 만나는 것은 대개 비견은 친구가 서로 돕는 것과 같고 통근(通根)은 가족에게 맡기는 것과 같습니다. 따라서 천간이 많은 것이 뿌리만큼 중요하지 않다는 이치가 이처럼 확고합니다.

그러므로 봄철에 토(土)일간이라던지 혹은 여름철의 수(水)일간 혹 가을철의 목(木)일간 또는 겨울철 화(火)일간을 보면 유근(有根) 무근(無根)을 불문(不問)하고 모두 약하다고 단정하면 안 되는 것입니다.

▶ 왕(旺)함이 극에 이른 것은 손상(損傷)해서는 안 되는데 그중에 이미 손상(損傷)함이 존재하는 것이고 쇠(衰)함이 극에 이른 것은 도와주어서는 안 되는데 그중에 이미 도움이 존재하는 것이리라.

왕(旺)하면 설기하고 쇠(衰)하면 도와준다는 이론은 기본적으로 자평의 이론이지만 왕(旺)함이 극도로 강해지면 오히려 극(剋)해서는 안 되는 것이 있습니다. 또한 쇠(衰)함이 극도로 쇠(衰)해지면 오히려 도와서는 안 되는 것이 있습니다. 맹렬함이 거세면 충돌하지 말고 순화(順化)해야 길이 열리고 쇠(衰)함이 극(剋)에 이른다는 것은 깊이 병(病)든 것을 의미하므로 치료할 수가 없는 것입니다. 이것은 자평(子平)의 억부(抑扶)이론으로는 설명이 안 되는 것이므로 자세히 살펴봐야 합니다.

적천수에서는 이것들을 순국(順局)과 반국(反局)이라는 이름으로 가르치고 있습니다. 예를 들어 왕(旺)함이 지나치다는 것은 지전삼물(地全三物), 천전일기(天全一氣)등으로 구성이 된 물건(物件)을 말하는데 이것들은 이미 왕(旺)함이 극을 이룬 상태이므로 이 왕(旺)함을 건드리면 오히려 흉(凶)해진다고 주장한 것입니다.
그러므로 이를 거스르지 말고 오히려 순응(順應)하는 길이 좋은데 이것을 천복지재(天覆地載)라고 말하였습니다. 쇠(衰)함이 지나치다는 말은 쇠약함이 커서 깊은 병(病)에 들었음을 말하는 것입니다.
이것은 귀물(鬼物)의 상(象)이 됨을 말하는 것입니다. 귀물(鬼物)은 반드시 제거해야 하며, 귀물(鬼物)을 도와줘서는 병을 더 일으키게 되므로 곧 귀물(鬼物)의 난동으로 대흉(大凶)해지는 것입니다.

【예시1】

時	日	月	年	건 명
甲	甲	甲	乙	天干
子	辰	申	未	地支

다음 예시된 명조들은 극왕(尅旺)하므로 오히려 손상(損傷)하면 해롭게 되므로 마땅히 순조롭게 흘러줘야 이롭게 되는 사주들이다.

이 명조는 부동산 부자의 명조이다. 천간은 천전일기(天全一氣)로 목(木)오행(五行)이 하나의 기(氣)를 구성하였고 지지는 신자진(申子辰) 삼합(三合) 수국(水局)으로 지전삼물(地全三物)을 구성하였다.

그런데 이 둘은 왕(旺)함이 극에 이르렀다고 말할 수가 있는데 다행인 것은 수생목(水生木)으로 천복지재(天覆地載)가 되어 상생(相生)한다는 점이다.

【예시2】

時	日	月	年	건 명
辛	癸	丁	己	天干
酉	巳	丑	亥	地支

부동산 100억대 이상 소유한 사람이다. 이 명조는 사유축(巳酉丑) 삼합국으로 지전삼물이 되어 있다. 지전삼물은 이디 왕(旺)함이 극에 다다른 물건이므로 이를 거스르는 오행이 흉신이 된다. 그러므로 금(金)을 극하는 정화(丁火)는 정계(丁癸)충으로 제거가 되었다. 따라서 명조가 금수(金水)로 흘러 유통(流通)하므로 천복지재(天覆地載)의 상(像)이 되었다.

【예시3】

時	日	月	年	세운20	건 명
비견		정관	상관	식신	六 神
壬	壬	己	乙	甲	天 干
寅	子	卯	卯	戌	地 支
식신	겁재	상관	상관		六 神

다음 명조는 쇠(衰)함이 극에 다다른 것을 도와주는 대운에 사망하게 된 사례다. 이 명조는 태왕(太旺)한 진상관이 기토(己土)정관을 가진 명조이니 상관견관(傷官見官) 위화백단(爲禍百端) 팔자다.

또한, 진상관(眞傷官)은 인수운(印綬運)은 좋고 식상관(食傷官) 운에는 필멸(必滅)이다. 사주첩경에 나와 있는 말인데 갑술(甲戌)년 재차 식상관(食傷官)운을 만난 것으로 보여진다. 또 전체적으로 보았을 때에는 이 사주의 사망 원인은 일단 상관상진 위화백단 흉명(凶命)이 기토(己土) 귀물을 제거하지 못하여 흉물(凶物)이 난폭해졌기 때문이다.

12운성으로 기토(己土)를 보면 인(寅)목은 사지(死地), 자(子)는 절지(絶地), 묘(卯)는 병지(病地), 축(丑)대운은 묘지(墓地)이다. 기토(己土)가 정상적으로는 살수가 없다. 정관(正官) 기토(己土)는 반드시 제거지병(制去之病)할 귀물이니 정관(正官)이 장애(障礙)의 상을 가진다. 이러한 귀물(鬼物) 제거의 상에서는 귀물(鬼物)을 제거하는 것이 1차 목표인데 축(丑)대운에 오히려 귀물(鬼物)을 도와 기토(己土)가 축토(丑土)에 뿌리내리려 하였으니 문제가 된 것이다.

곧 축운에 오히려 귀물(鬼物)을 키우는 화(禍)를 초래하고 있다. 이 때 기토(己土)정관이 축토(丑土)에 뿌리내려 강해졌다고 말하면 안 되고 생의(生意)가 없는 귀물(貴物)을 키우는 화(禍)를 가져왔다라고 말해야 한다. 따라서 이 사람은 20세 축(丑)대운 갑술(甲戌)년 1994년 정월(正月) 24일(丙寅月 庚寅日)에 석탄가스 중독으로 사망하였다.

【예시4】

이 명조는 지지가 토금(土金)이니 목(木)이 뿌리 내릴 곳이 없다. 시지의 미토
는 목고로 금이 천지인 상태에서 쉽게 뿌리내리기에는 위험하다. 시간(時干)
의 신금(辛金)이 투출(投出)하였으니 목(木)이 태쇠(太衰)하여 가종살(假從殺)하
여야 한다.

그러므로 종살(從殺)하는 금운(金運)에 발독하고 종살(從殺)을 방해하는 목(木)
의 록왕(祿旺)지 운에 파재(破財)하는 것이다. 따라서 목(木)은 태쇠(太衰)한 자
(者)로 쇠(衰)함이 극에 이른 것이므로 도와주어서는 안 되는 것이다.

초운(初運) 계미(癸未)와 임오(壬午)운에 목(木)을 생하고 금(金)을 억제하므로
형상(刑喪)이 일찍 나타났고 조상의 음덕이 풍요롭지 않았다 신사(辛巳)와 경
진(庚辰)운에는 금(金)이 생지(生地)를 만났으니 빈손으로 발재(發財)하여 수만
재물을 일으켰다. 기묘(己卯)운에는 토(土)가 무근하고 목(木)이 득지(得地)하
니 갑(甲)일간의 록왕(祿旺)지를 다시 만나 파재(破財)하여 재물을 잃고 인(寅)
운에 이르러 사망하였다(任氏註)

時	日	月	年	건 명
정관		비견	겁재	六神
辛	甲	甲	乙	天干
未	申	申	丑	地支
정재	편관	편관	정재	六神

【예시5】

25세에 판사로 임명이 된 명조이다. 지지는 해자축(亥子丑)방국이 되어 있는데 천간은 하나의 금(金)오행이 천전일기(天全一氣)로 구성이 되었다. 곧 금수상관(金水傷官)으로 된 명조이다.

時	日	月	年	건명
庚	庚	辛	辛	天干
辰	子	丑	亥	地支

18. 중화(中和)

중화(中和)의 이치(理致)에 대해 말하다.

既識中和之正理而于五行之妙有全能焉.
기식중화지정리이우오행지묘유전능언.

중화(中和)의 올바른 이치(理致)를 이미 안다면 오행의 묘리(妙理)를 행함에 있어 뛰어나리라.

【原文】中而且和子平之要法也有病方爲貴無傷不是奇擧偏而言之地至
【원문】중이차화자평지요법야유병방위귀무상불시기거편이언지지지

於格中如去病財祿兩相宜則又中和矣到底要中和乃爲至貴若當令之氣數
어격중여거병재록양상의칙우중화의도저요중화내위지귀약당령지기수

或身弱而財官旺地取富貴不必於中也用神强取富貴不必於和也偏氣古怪
혹신약이재관왕지취부귀불필어중야용신강취부귀불필어화야편기고괴

取富貴而不必於中且和也何也以天下之財官止有此數而天下之人材惟此
취부귀이불필어중차화야하야이천하지재관지유차수이천하지인재유차

時爲最多皆尙於奇巧也.
시위최다개상어기교야.

중화(中和)라는 것은 자평(子平)의 중요한 법이다. 병(病)이 있고 처방(處方)이 있다면 귀(貴)하다고 하고 손상(損傷)이 없으면 이상(異常)하지 않다고 보는 방식은 편향(偏向)된 견해이다. 격(格) 중에서 병(病)이 제거되고 재록(財祿)이 마땅히 서로 짝하는데 이르면 곧 다시 중화(中和)가 된 것이다. 중화(中和)라는 것이 가장 중요한 기초가 되니 이에 귀함에 이른다고 하는 것이다.

그러나 만약 당령(當令)이 된 기수(氣數)가 혹 재관(財官)이 왕지(旺地)로서 신약(身弱)하다고 해도 부귀를 취함에 중화(中和)가 필요한 것은 아니다.

용신(用神)이 강하다면 부귀를 취함에 중화(中和)가 필요하지 않다. 기운이 치우치면 괴이(怪異)하여 부귀(富貴)를 취함에 중화(中和)가 불필요한 것이니 무슨 까닭인가? 세상의 부귀(富貴)라는 것은 이러한 셈법에 머무름이 가장 많고 세상의 인재(人才)라는 것은 이러한 시기에 가장 많이 등장하기 때문인 것이다. 모두 기교에 달린 것이다.

구문풀이

▶ 격(格)중에서 병(病)이 제거되고 재록(財祿)이 마땅히 서로 짝하는데 이르면 곧 다시 중화(中和)가 된 것이다.일주가 신약한 데 왕성한 행운에서 부귀해지는 사람이 있고 일주가 신왕한데 쇠약해지는 행운에서 부귀해지는 사람들이 있는데 이것은 반드시 사주에 결함이 있기 때문입니다. 사주에 재(財)와 관(官)을 병들게 하는 요인이 있어서 발복(發福) 못 하는 사람도 있는데 이러한 사람은 병(病)을 제거해 주는 약신(藥神)을 행운에서 만나게 되면 그 병(病)을 제거하므로 크게 복이 닥치게 됩니다. 이러한 것들은 모두 행운에서 그 결함을 제거해주므로 일시적으로 중화(中和)가 되는 것입니다.

즉 사주의 병(病)을 제거하고 재(財)와 록(祿)이 서로 도와 커질 수가 있으면 마땅히 발복(發福)하게 되는데 이것을 "중화(中和)되었다"라고 말하는 것입니다. 그런데 이러한 중화(中和)가 부족하게 되면 부족한 육신에 온갖 질병과 편굴한 성품이 나타나게 되는 것으로 이것을 보고 육친을 판단하게 되는 것입니다.

예를 들어 재성(財星)이 쇠약(衰弱)하고 겁재(劫財)가 왕(旺)하면 극처(剋妻)하는데 처(妻)에게 부족함이 있게 되고 식상(食傷)이 강하고 관살(官殺)이 쇠약(衰弱)하다면 자식에게 부족함이 생길 것이며 관성(官星)이 쇠약(衰弱)하고 상관(傷官)이 왕(旺)하다면 명예(名譽)에 부족함이 있게 되고 관살(官殺)이 강하고 억제함이 쇠약(衰弱)하다면 재성(財星)이 설기가 심하니 재물(財物)의 부족함이 있게 됩니다.

사람됨이 뜻이 높고 기상이 웅장하니 비록 가난하더라도 아첨하지 않는 사람도 있는데 후에 행운에서 그 부족함을 보충해 주거나 넘치는 것을 제거하여 주게 된다면 비로소 중화(中和)의 이치를 얻게 되니 반드시 훗날에 일어나 흥성하게 됩니다.

부귀(富貴)한 사람 앞에서 아첨(阿諂)하고 가난하고 곤궁(困窮)한 사람 앞에서는 교만(驕慢)한 사람도 있는데 이러한 사람들은 반드시 사주의 기운이 한쪽으로 치우쳐 괴이하여 오행(五行)이 바름을 얻지 못하기 그 때문입니다. 따라서 마음이 간사(奸詐)하고 탐욕(貪慾)스러우며 하는 일을 할 때는 늘 요행이나 바라게 되는 것입니다.

그러므로 이러한 것을 자세히 살펴 중화의 흐름을 읽어내는 것은 팔자를 보는 데 있어서 매우 중요하다고 말을 할 수가 있는 것입니다.

▶ 중화(中和)라는 것이 가장 중요한 기초가 되니 이에 귀함에 이른다고 하는 것이다.

중화(中和)의 바른 기운을 얻은 사주라면 명예(名譽)와 부귀(富貴)가 이루어지지 않을 리가 없습니다. 대저 일평생을 살면서 유유자적(悠悠自適)하고 억울한 것이 없이 모든 일이 성사(成事)되는 사람, 험난한 일이 적고 길한 방향으로 진행되는 사람, 부모님께 효성스럽고 형제간에 우애(友愛)가 있으며 교만(驕慢)하거나 아첨(阿諂)하지 않는 사람, 마음이 강직하고 구차하게 살아가지 않는 사람들은 모두 다 중화(中和)된 바른 기운을 가진 것입니다.

그래서 사주를 판단함에 있어 이러한 중화(中和)가 바르고 참되다면 귀명(貴命)으로 판단하는 것이고 바른 기운이 왜곡되어 편고(偏枯) 하다면 천(賤)한 명(命)으로 보면 되는 것입니다. 중화(中和)를 근저로 하여 팔자의 귀천(貴賤)을 가리는 것을 명(命)이라 하므로 중화(中和)는 팔자를 읽는 데 있어서 가장 중요한 요법이라고 말하는 것입니다.

▶ 용신(用神)이 강하다면 부귀(富貴)를 취함에 중화(中和)가 필요하지 않다. 기운이 치우치면 괴이(怪異)하여 부귀(富貴)를 취함에 중화(中和)가 불필요한 것이니 무슨 까닭인가?

사주팔자를 보는 간법(看法)은 다양한데 그중에서도 진신(眞神)과 가신(假神)을 가리는 판단에서는 회국(會局), 합신(合神), 종화(從化), 용신(用神), 쇠왕(衰旺), 정세(情勢), 상격(象格), 재덕(才德), 사정(邪正), 완급(緩急), 생사(生死), 진퇴(進退)를 통해 중화(中和)를 찾아 진가(眞假)를 보는 것이 중요합니다. 그런데 사주에서는 중화(中和)가 중요한 것인데도 불구하고 특별한 경우에는 중화가 필요 없는 때도 있습니다.

첫째로는 재관(財官)이 왕지(旺地)로 힘이 있는 상태에서 신약하다면 부귀를 취함에 중화(中和)가 필요 없는 것입니다. 이것은 신약(身弱)과 신강(身強)을 가리는 법이 의미가 없다는 말도 되는 것입니다. 즉 재관(財官)이 왕성하면 부귀(富貴)를 취함에 일주의 신강약(身強弱)은 별 문제가 안 됨을 말하는 것입니다.

둘째로는 용신(用神)이 강하다면 부귀(富貴)를 취함에 중화(中和)가 필요 없는 것입니다. 용신(用神)은 팔자의 왕한 세력으로 그 사람의 직업과 환경을 이끌어 나가는 배경이 되는 것인데 이 배경이 튼튼하다면 발복(發福)하는데 지장이 없다는 말이 됩니다. 즉 이것은 앞에서 말한 재관(財官)이 용신(用神)으로 왕(旺)하면 중화의 법칙을 따르지 않아도 된다는 말과 같은 내용입니다.

셋째로는 기운이 치우치면 부귀(富貴)를 취함에 중화(中和)가 필요 없는 것입니다. 이것은 천전일기 혹은 지전삼물처럼 왕한 세력에 거스르지 않고 순종(順從)해 따라준다는 말이 됩니다. 천복지재(天覆地載)라는 것도 왕(旺)한 세력에 순응(順應)한다는 것이니 왕(旺)하면 거스르지 말고 따라준다는 것이므로 역시 중화(中和)하고는 개념이 먼 것입니다. 다만 이러한 경우들은 사주를 관찰할 적에 발복을 위해서는 중화를 위해 억부(抑扶)가 필요 없다는 것을 말하는 것이니 발복(發福)하는 원인으로 중화(中和)가 아닌 다른 이유를 찾아야 합니다.

【예시1】

팔자(八字) 중에 재관(財官)이 없음에도 불구하고 홀연히 발복(發福)하여 부귀를 이루는 경우가 있다. 이는 대개 사주의 형태에서 상생(相生)하는 기운이 스스로 모양을 이루는 경우를 말한다.

적천수에서 말하길 생(生)하는 뜻이 도도하여 그 정(情)이 끝이 없어 원대(遠大)하고 견실(堅實)할 때를 말한다. 그러므로 이러한 모양은 원래 짝을 이루는 것으로 일반적으로 독상(獨像), 화상(化像), 양기성상(兩氣成像), 삼기성상(三氣成像), 전상(全象)등을 말한다. 따라서 이러한 격들은 일가(一家)를 이루게 되면 재관(財官) 등의 귀기(貴氣)에 집착하지 않는다. 곧 재관(財官)이 없는데에도 단독(單獨)으로도 부귀를 이룰 수가 있다. 그리하여 옥정오결에서 말하길 "상성일가부집귀기(象成一家不執貴氣)"라 말하였는데 이는 "상(像)을 이루어 일가(一家)가 되면 재관(財官)의 귀기(貴氣)에 집착하지 않는다"라는 의미이다. 그러므로 다음 아래의 사주가 바로 삼기성상격(三氣成像格)에 해당한다.

삼기성상(三氣成像)이란 무엇인가 하면 사주에 삼자(三者)로써 구성되어 하나의 상(象)을 이루어 놓은 것을 말한다. 곧 삼기(三氣)가 모여서 사주에 재관(財官)이 없는데도 100억대의 재산가가 되었다.

時	日	月	年
상관		겁재	편인
甲	**癸**	**壬**	**辛**
寅	**卯**	**辰**	**酉**
상관	식신	정관	편인

▶ 세상의 부귀(富貴)라는 것은 이러한 셈법에 머무름이 가장 많고 세상의 인재(人才)라는 것은 이러한 시기에 가장 많이 등장하기 때문인 것이다. 모두 기교(奇巧)에 달린 것이다.

기교(奇巧)라는 것은 "독특하고 정교하다"라는 것인데 사람이 독특한 발상을 하여 성공하는 사례가 많은 것은 세상에서 그러한 독특한 발상을 인정하고 알아준다는 것이므로 기교(奇巧)가 있는 사람은 인재(人才)가 될 수가 있습니다.

이러한 기교(奇巧) 있는 실력가를 재기(才器)라고도 하여 귀(貴)하게 보는 것은 현대에 와서 더 많이 나타나게 됩니다. 과거에는 세상의 부귀(富貴)를 얻음에 있어서 재관(財官)이 중화(中和)되는 것을 우선으로 치지만 재관의 중화(中和)하고는 거리가 멀어서 이때에는 기운의 기교(奇巧)를 보아야 합니다. 이 기운이 독특하면 기이해져서 발복에 이른다고 하는 것은 독특한 발상으로 세상에 두각을 드러내는 천재와 같은 것이 되는 것입니다.

그러므로 이러한 부귀는 사주에 재성(財星)이 없더라도 상관(傷官)과 칠살(七殺)로 부자가 된 일론 머스크도 있으며 재관(財官)이 없는데에도 관인(官印) 부자가 된 홍콩의 부동산 재벌 이가성도 존재하는 것입니다. 그래서 이러한 기교는 모두 그 시기에 따라 필요한 인재가 되어 등장하는 것이므로 시대에 따라 부자의 기준은 달라진다고 보는 것입니다.

【예시】

時	日	月	年	건명
丁	庚	己	戊	天干
亥	午	未	辰	地支

이 명조는 홍콩의 부동산 재벌인 이가성회장이다.

전형적인 관인(官印)부자로 재성(財星)이 없다. 그런데 어찌 부동산 부자로 단정할 수 있을까. 그것은 무기토(戊己土)가 인수에 해당하여 사주에 많기 때문이다.

그런데 문제는 인수태과(印綬太過)이다. 정격(正格)으로 생각하여 관찰하면 다토(多土)가 태과(太過)인 상황이니 땅은 많고 목(木)이 없다는 점이 문제가 된다.

그러나 말하길 용신(用神)이 강하다면 부귀(富貴)를 취함에 중화(中和)가 필요하지 않다. 기운이 치우치면 괴이(怪異)하여 부귀(富貴)를 취함에 중화(中和)가 불필요한 것이다.

그런즉 이 사주는 인수(印綬)가 태과(太過)하므로 기운이 한쪽으로 치우친 것이 분명하였다. 따라서 용신(用神)이 치우쳐 강하면 괴이해지는데 부귀(富貴)를 취함에 중화(中和)가 필요가 없게 된 것이다.

그러므로 이러한 팔자는 거역하는 길이 부당한 것이고 마땅히 순응하여 쫓아가야 한다. 고로 드러나지 않고 지장간의 숨은 목(木)이 태과한 토(土)를 거스르지 않으므로 오히려 발전의 계기가 된 것이다.

19. 원류(原流)

원두(原頭)에 대해 말하다.

何處起根源流到何方住機括此中求知來亦知去.
하 처 기 근 원 류 도 하 방 주 기 괄 차 중 구 지 래 역 지 거.

근원은 어느 곳에서 일어나 어느 방향으로 흘러 머무르는가?
이런 포괄적인 틀에서 중도(中道)를 구한다면 과거와 미래를 알 수 있다.

【原文】不必論當令不當令只論取最多最旺而可以爲滿局之祖宗者爲源
【원문】불 필 논 당 령 불 당 령 지 논 취 최 다 최 왕 이 가 이 위 만 국 지 조 종 자 위 원
頭也看此源頭流到何方流去之處是所喜之神卽在此住了乃爲好歸路如辛
두 야 간 차 원 두 류 도 하 방 류 거 지 처 시 소 희 지 신 즉 재 차 주 료 내 위 호 귀 노 여 신
酉癸巳戊申丁巳以火爲源頭流至金水之方卽住了所以富貴爲最若再流至
유 계 사 무 신 정 사 이 화 위 원 두 류 지 금 수 지 방 즉 주 료 소 이 부 귀 위 최 약 재 류 지
木地則氣洩爲亂如未曾流到吉方中間卽遇阻節看其阻住之神何神以斷其
목 지 칙 기 설 위 난 여 미 증 류 도 길 방 중 간 즉 우 조 절 간 기 조 주 지 신 하 신 이 단 기
休咎流住之地何地以知其地位如癸丑壬戌癸丑壬子以土爲源頭止水方只
휴 구 류 주 지 지 하 지 이 지 기 지 위 여 계 축 임 술 계 축 임 자 이 토 위 원 두 지 수 방 지
生得一個身子而戌中火土之氣得從引助所以爲僧也.
생 득 일 개 신 자 이 술 중 화 토 지 기 득 종 인 조 소 이 위 승 야.

당령(當令)인가 당령(當令)이 아닌가를 말할 필요가 없이 다만 최고로 많고
왕(旺)한 것을 취하여 만국(滿局)의 조종자로 삼는 것을 말하는데 이것을 "원
두(原頭)"라 한다. 이 원두(原頭)가 흘러서 어느 방향에 도달하고 떠나는 곳을
살펴보는데 흘러간 곳이 희신(喜神)이며 여기서 머무른다면 이것은 돌아가
는 길이 좋다고 보는 것이다.

예를 들어 신유(辛酉) 계사(癸巳) 무신(戊申) 정사(丁巳)의 사주는 화(火)를 원두(原頭)로 삼는데 금수(金水)의 방향으로 흘러 머무르니 그런 까닭에 부귀(富貴)가 으뜸이다. 만약 거듭하여 목(木)으로 흘러가면 곧 기(氣)가 설기되어 어지러워진다. 아직 길한 방향으로 흘러가지 못하고 중간에 마디가 막힌다면 가로막게 하는 신(神)이 어떤 신인가를 보아서 그 길흉을 판단한다. 흘러 머무르는 곳이 어디인가를 보아 그 지위를 알 수가 있다.

예를 들어 계축(癸丑) 임술(壬戌) 계축(癸丑) 임자(壬子)의 사주는 토(土)로써 원두(源頭)를 삼는데 수(水)에서 그친다.

단지 생(生)하는 것으로는 하나의 일신(日身) 자수(子水) 뿐이다.

술(戌)중 화토(火土)를 끌어내 쫓아갔는데 그런 까닭에 스님이 되었다.

구문풀이

▶ 당령(當令)인가 당령(當領)이 아닌가를 말할 필요가 없이 다만 최고로 많고 왕한 것을 취하여 만국(滿局)의 조종자로 삼는 것을 말하는데 이것을 "원두(原頭)"라 한다.

원두(源頭)라는 것은 사주에서 가장 왕성한 성분으로 왕신(旺神)을 말하는 것인데 재성(財星), 관성(官星), 인성(印星), 식신(食神), 상관(傷官), 비견(比肩), 겁재(劫財) 어느 것을 막론하고 모두 다 원두(源頭)가 될 수 있습니다. 만국(滿局)이란 사주에서 팔자(八字)를 말하는 것이고 이 팔자를 조종(祖宗)으로 한다는 것은 왕신(旺神)이 팔자를 주도하는 것이니 왕신(旺神)이 조종(祖宗)의 우두머리가 된다고 보는 것입니다. 곧 이것이 원두(源頭)가 되는 것입니다. 다만 월령(月令)의 용신법(用神法)은 당령(當令)을 중요한 화두(話頭)로 삼았지만 원류(原流)에서는 팔자에서 가장 강한 왕신(旺神)을 원두(源頭)라 하여 사용합니다.

▶ 이 원두(原頭)가 흘러서 어느 방향에 도달하고 떠나는 곳을 살펴보는데 흘러간 곳이 희신(喜神)이며 여기서 머무른다면 이것은 돌아가는 길이 좋다고 보는 것이다.

이러한 원두(源頭)가 흘러가 머물게 되는 곳이 아름다우면 길한 것이 되는데 곧 산천(山川)으로 비유해보자면 혈맥이 흐르다가 결혈(結穴)이 응집된 장소(場所)가 터인데 이 혈이 좋으면 명당이 되고 혈이 나쁘면 흉지가 되는 이치와 비슷합니다.

그러므로 사주도 흐르는 것을 살펴서 응결되는 것을 찾는데 머무르는 장소가 기신(忌神)이면 흉(凶)한 것이고 희신(喜神)에서 멈추면 길하다고 보면 되는 것입니다. 비겁(比劫)에서 시작하여 재성(財星)이나 관성(官星)에서 머물면 좋지만, 재성(財星)이나 관성(官星)에서 시작하여 비겁(比劫)에서 머물면 좋지 않습니다.

예를 들어 원두(原頭)가 년월(年月)에서 시작하였는데 그것이 식신(食神)이나 인성(印星)이고 일시(日時)에서 멈추었는데 그것이 재성(財星)이나 관성(官星)이라면 위로는 조상의 은덕을 받게 되고 아래로는 자손이 복을 누리게 됩니다.

혹은 원두(原頭)가 년월(年月)에서 시작하였는데 그것이 재성(財星)이나 관성(官星)이고 일시(日時)에서 멈추었는데 그것이 상관(傷官)이나 겁재(劫財)라고 한다면 조상이 남겨준 기업이 파산(破産)하고 처자식을 잃는다고 보는 것입니다.

혹은 원두(原頭)가 일시(日時)에서 시작하였는데 그것이 재성(財星)이나 관성(官星)이고 년월(年月)에서 멈추었는데 그것이 식신(食神)이나 인수(印綬)라고 한다면 위로는 조부(祖父)와 영광을 다투고 아래로는 자손들과 함께 가업을 이끌어 나간다고 보면 됩니다.

혹은 원두(原頭)가 일시(日時)에서 시작하였는데 그것이 재성(財星)이나 관성(官星)이고 년월(年月)에서 멈추었는데 그것이 상관(傷官)이나 겁재(劫財)라고 한다면 조상이 남겨준 유산은 없고 스스로 창업을 하게 될 것이고 흘러서 멈추는 곳이 년(年)인데 그것이 관성(官星)이나 인성(印星)이라고 한다면 조상이 청고(淸高)한 것이고 그것이 상관(傷官)이거나 겁재(劫財)라면 그 조상이 비천(卑賤)하다고 보면 됩니다.

흘러서 멈추는 곳이 월(月)인데 그것이 재성(財星)이나 관성(官星)이라면 그 부모가 창업한 것이고 그것이 상관(傷官)이나 겁재(劫財)라면 그 부모가 파재(破財)한 것입니다.

흘러서 멈추는 곳이 일시(日時)인데 그것이 재성(財星)이나 관성(官星)이나 식신(食神)이나 인성(印星) 등이라면 반드시 맨주먹으로 가문을 세운 사람이거나 혹은 처(妻)가 현숙하고 자식이 귀하게 됩니다.

흘러서 머무는 곳이 일시(日時)인데 상관(傷官)이나 겁재(劫財), 편인(偏印) 등이라면 반드시 처(妻)는 누추하고 자식들이 현명하지 못하거나 혹은 처로 인해서 재앙(災殃)이 있고 가문(家門)이 깨어지고 욕을 당하게 됩니다.

그러나 중요한 것은 일주의 희기를 보고서 판단을 해야 하는데 이와 같이 관찰하면 운명의 판단이 정확해질 것입니다.

▶ 예를 들어 신유(辛酉) 계사(癸巳) 무신(戊申) 정사(丁巳)의 사주는 화(火)를 원두(原頭)로 삼는데 금수(金水)의 방향으로 흘러 머무르니 그런 까닭에 부귀(富貴)가 으뜸이다. 만약 거듭하여 목(木)으로 흘러가면 곧 기(氣)가 설기되어 어지러워진다.

【예시1】

이 사주는 사월(巳月)에서 병화(丙火)가 투간하여 왕(旺)하다.

그래서 병화(火)가 원두(原頭)가 되어 화생토(火生土), 토생금(土生金), 금생수(金生水)까지 흘러 수(水)의 방향에서 머물렀다.

다시 묘한 것은 월시(月時)에 병화(丙火)의 근원이 모두 유통(流通)되어 금수(金水)에 귀착(歸着)되고 있다는 점이다.

따라서 원두(源頭)가 흘러 유통되는데 막힘이 없었다.

그러므로 큰 부자로 벼슬은 2품에 이르렀고 일생동안 평탄하였다.

時	日	月	年
丙	戊	癸	辛
辰	申	巳	酉

【예시2】

이 사주는 년월일(年月日)에서 토(土)가 강하니 토(土)로 원두(源頭)를 삼아 삼는데 수(水)에서 그친다. 그런데 금(金)이 없으니 막혀 있다. 일주를 생(生)하는 것은 오로지 비견뿐이고 토(土)의 움직임이 모두 수(水)에 머물러 그치게 되었다. 그러므로 술(戌)중의 화토(火土)를 끌어 내 의지하였는데 그런 까닭에 스님의 팔자가 되었다.

時	日	月	年
壬	癸	壬	癸
子	丑	戌	丑

【예시3】

이 사주는 년주(年柱)의 금(金)이 원두(原頭)가 되어 금생수(金生水), 수생목(水生木)으로 인목(寅木)까지 흘러갔다. 인목(寅木)이 인성이 되어서 머무르면서 일간을 관생인하고 있다.

즉 년주(年柱) 재성에서 일어나서 흘러서 머무르는 곳이 일지(日支)인데 인성으로 길신이 되었다. 또한, 시지의 사화(巳火)가 일간의 녹(祿)이면서 경금 재성의 생(生)지가 되고 관성인 계수(癸水)가 투출되어 있으니 사주가 청순하면서 중화되어 순수하다. 이와 같은 구조를 원두(源頭)가 일어난 곳이 아름답고 돌아가는 곳은 편안하다는 뜻이다. 그러므로 이 사람은 사림(士林)출신으로 벼슬이 통정(通政)까지 올라갔고 일생에 험한 것 없이 명예와 재물 운이 모두 좋았다.

時	日	月	年
癸	丙	庚	辛
巳	寅	子	酉

【예시4】

사주팔자에서 가장 왕성한 오행(五行)은 화(火)가 된다.

그래서 시지(時支)에서 화(火) 원두가 시작이 된다.

화생토(火生土), 토생금(土生金)으로 년월(年月)에서 머무르게 된다.

원두가 막히지 않고 유통이 잘되면 귀격(貴格)이라고 보는 것이다.

時	日	月	年
丁	戊	癸	辛
巳	申	巳	酉

▶ 아직 길한 방향으로 흘러가지 못하고 중간에 마디가 막힌다면, 가로막게 하는 신(神)이 어떤 신인가를 보아서 그 길흉을 판단한다. 흘러 머무르는 곳이 어디인가를 보아 그 지위를 알 수가 있다.

원두(原頭)가 흘러가다가 막히는 곳은 산맥이 중간에 끊겼다는 것을 의미하는 것이므로 그 원두(原頭)가 흘러서 멈추는 곳이 어느 곳이냐를 놓고 분석하다 보면 누가 흥성(興盛)하고 누가 쇠퇴(衰退)하는가를 알 수가 있습니다. 그리고 중간을 막고 있는 성분이 어느 성분인가를 보면 어느 것이 길(吉)하고 어느 것이 흉(凶)한가도 알 수 있는 것입니다. 만약, 원두(原頭)가 흘러서 멈추어야 할 곳에 이르지 않고 중간에서 막혔다고 할 때 그것을 막고 있는 오행이 인성(印星)이라면 반드시 윗사람의 화(禍)를 당할 것이고 사주에 재성(財星)이 있어서 인수를 억제하여 준다면 반드시 현숙한 처(妻)의 도움을 받게 되며 비겁(比劫)이 있어 화(化)하여 준다면 형제의 도움을 받을 수 있게 됩니다.

만약, 중간에 막고 있는 것이 비겁(比劫)이라고 한다면 반드시 형제(兄弟)로 인하여 고생하거나 형제간에 화목(和睦)하지 못하고 이때 사주에 관성(官星)이 있어서 그것을 잘 억제하여 준다면 반드시 현명한 귀인이 해결을 해 주고 식상(食傷)이 있어서 화(化)하여 준다면 아랫사람들의 도움을 받게 됩니다. 또 만약, 중간에 막고 있는 것이 재성(財星)이라고 한다면 반드시 처(妻)나 첩(妾)으로 인해서 화(禍)를 입게 되는데 만약 사주에 비겁(比劫)이 있어서 그것을 억제하여 준다면 반드시 형제들의 도움을 받게 되거나 혹은 형제들이 우애가 있을 것이며 관성(官星)이 있어 그것을 화(火)하여 준다면 현명한 귀인과 연결이 되어서 도움을 받을 수도 있습니다.
만약, 중간에 막고 있는 것이 식신(食神)이나 상관(傷官)이라고 한다면 반드시 아랫사람들로 인해 고생하게 되는데 만약, 사주에 인성(印星)이 있어서 그것을 억제하여 준다면 반드시 윗사람들의 복을 받게 되고 재성(財星)이 있어서 화(化)하여 준다면 반드시 미인의 처(妻)를 얻거나 혹은 가정살림에 능력이 많은 여자를 얻게 될 것입니다.

만약, 중간에 막고 있는 것이 관성(官星)이라고 한다면 반드시 형벌의 재앙이 있게 되는데 사주에 식상(食傷)이 있어서 그것을 억제하여 준다면 반드시 아랫사람들의 도움을 받게 되고 인성(印星)이 있어서 화(化)하여 준다면 반드시 윗사람들의 도움을 받게 됩니다. 그러나 여기에서 또한 중요한 것은 용신의 희신(喜神)을 살펴보아야 하는게 그렇게 되면 맞지 않는 것이 없을 것입니다.

만약, 원두(原頭)가 흘러서 멈추는 곳이 관성(官星)이면서 또 일주의 희신(喜神)이라고 한다면 열에 아홉은 벼슬이 올라가고 귀한 곳에 거주하는 사람입니다. 만약 멈추는 곳이 재성(財星)이면서 또한 일주의 희신(喜神)이라면 열에 아홉 사람은 부자가 되고 만약 멈추는 곳이 인성(印星)이면서 또 일주의 희신(喜神)이라면 열에 아홉 사람은 글이 뛰어나고 청고한 성품의 소유자가 됩니다.

만약, 멈추는 곳이 식상(食傷)이면서 또 희신(喜神)이라면 열에 아홉 사람은 재물과 아랫사람의 복이 다 좋다고 판단하면 되는 것입니다.

만약, 머무르는 곳에 관성(官星)이 일주의 기신(忌神)이라면 벼슬에서 재앙을 만나 가세(家勢)가 기울게 되는 사람이 있고 만약 재성(財星)이 일주의 기신(忌神)이라면 재물로 인해서 목숨을 잃거나 명예와 절개를 상실(喪失)하는 사람이 있고 만약 인성(印星)이 일주의 기신(忌神)이라면 문서로 인해서 윗사람의 재앙을 받는 사람이 있고, 만약 식상(食傷)이 일주의 기신(忌神)이라면 아랫사람들 때문에 고생하거나 후손이 없는 사람이 있을 수가 있습니다. 육친이 자신에게 있어서 길이 될 것인지 흉이 될 것인지를 판단하는 것은 이러한 이치로 살펴본다면 쉽게 답을 얻을 수가 있는 것입니다.

【예시5】

이 사주는 목(木)이 원두(原頭)가 되는데 목생화(木生火)로 흘러 화생토(火生土)하려 하나 오행 중에서 토(土)가 없어 금(金)까지 흘러가지 못하고 있다.

신금(辛金)이 자수(子水) 정관(正官)을 생(生)하려 하나 자오충(子午沖)으로 역시 생화(生化)의 정이 없다.

초년 운 경인(庚寅)운에는 금을 도우니 조상의 도움이 넉넉했고 기축(己丑)운에서는 자수(子水)와 합하고 화(火)를 설기하여 금(金)을 생하니 재물과 자식 다 좋았다.

무자(戊子)운에서 토가 허약하고 수가 왕해서 목을 도와주게 되니 상사와 재물 손실이 아주 컸고, 정해(丁亥)운에는 금(金)을 극하고 목국(木局)을 이루게 되니 가문(家門)이 파산(破産)되고 죽고 말았다.

時	日	月	年
甲	丙	辛	辛
午	子	卯	卯

20. 통관(通關)

통관(通關)이 되면 화해(和解)가 된다.

關內有織女關外有牛郎此關若通也相邀入洞房
관내유직녀관외유우랑차관약통야상요입동방

관내(關內)에 직녀(織女)가 있고 관외(關外)에 견우(牽牛)가 있는데 이 관문(關門)이 만약 열리게 되면 서로 맞이하여 신방(新房)에 들어간다.

【原文】天氣欲下降地氣欲上升欲相合相和相生也木土而要火火金而要
【원문】천기욕하항지기욕상승욕상합상화상생야목토이요화화금이요
土土水而要金金木而要水皆是牛郎織女之有情也中間上下遠隔爲物所間
토토수이요금금목이요수개시우랑직녀지유정야중간상하원격위물소간
前後遠絶或被刑沖或被刦占或隔一物皆謂之關也必得引用無合之神及刑
전후원절혹피형충혹피겁점혹격일물개위지관야필득인용무합지신급형
沖所間之物前後上下援引得來能勝刦占之神能補所缺之物明見暗會歲運
충소간지물전후상하원인득래능승겁점지신능보소결지물명견암회세운
相逢乃爲通關也關通而其願遂矣不猶牛郎織女之人洞房也哉.
상봉내위통관야관통이기원수의불유우랑직녀지인통방야재.

천기(天氣)는 하강(下降)하고자 하고 지기(地氣)는 상승(上昇)하고자 하므로 서로 상합(相合), 상화(相和), 상생(相生)하고자 한다. 목토(木土)는 화(火)가 필요하고, 화금(火金)은 토(土)가 있어야 하며, 토수(土水)는 금(金)이 필요하고, 금목(金木)은 수(水)가 있어야 하는데 모두 견우(牽牛)와 직녀(織女) 사이에 정(情)이 있는 것과 같다.

그들 사이에 위와 아래가 너무 멀거나 그들 사이에 이물질(異物質)이 끼어 있거나 그들 사이에 앞과 뒤가 멀어서 단절(斷切)되어 있거나 혹 상대방이 형충(刑沖)하거나 혹 상대방이 겁탈(劫奪)하여 점령(占領)하거나 혹은 하나의

물체가 가로막거나 하면 이 모든 것은 관문(關門)이 닫혀있다고 일컫는다.

그러므로 반드시 합이 없는 신을 사용하여 그 사이의 이물질(異物質)을 형충(刑沖)하여 전후상하(前後上下)를 이끌어 연결하거나 겁탈하여 점령한 신을 제거하여 능히 승리하게 하고 결핍된 물건을 보조하므로 세운에서 서로 만나는 암회(暗會)를 뚜렷하게 하는데 이런 것을 찾아서 이끌어 도와주게 되면 이를 통관(通關)이라고 하는 것이다.

통관(通關)되면 그 원하는 것을 마침내 이루게 되니, 마치 견우(牽牛)와 직녀(織女)가 성인으로 신방에 드는 것이 아니겠는가?

구문풀이

▶ 천기(天氣)는 하강(下降)하고자 하고 지기(地氣)는 상승(上昇)하고자 하므로 서로 상합(相合), 상화(相和), 상생(相生)하고자 한다.

음양(陰陽)의 두 가지 용법(用法)이라는 것은 기운(氣運)이 교류되는 묘함이 있는 것인데 하늘의 기운은 땅으로 내려오고 땅의 기운은 하늘로 상승(上昇)하여 서로 합하거나 화(化)하여 상생(相生)하려 합니다. 그러므로 음(陰)이 왕성할 때 양(陽)을 만나면 멈추게 되고 양(陽)이 왕성할 때 음(陰)을 만나면 머물게 되는데 이것을 천지교태(天地交泰)라 합니다. 이것은 지천태괘(地天泰卦)로 즉 "하늘의 기운과 땅의 기운이 사귀어 태평하게 된다"라는 의미이니 천간과 지지가 유정(有情)하고 좌우(左右)가 서로 극(剋)하지 않는다면 음양(陰陽)이 낳고 만물(萬物)을 길러서 서로 통(通)한다고 하는 것입니다.

이것을 통관(通關)이라고 말하는 것인데 통관(通關)이라는 것은 극하고 억제하는 신(神)을 이끌어 통(通)하게 하는 것을 말하는 것입니다.

▶ 목토(木土)는 화(火)가 필요하고, 화금(火金)은 토(土)가 필요하며, 토수(土水)는 금(金)이 필요하고, 금목(金木)은 수(水)가 있어야 하는데 모두 견우(牽牛)와 직녀(織女) 사이에 정(情)이 있는 것과 같다.

목(木)은 토(土)를 극(剋)하는데 만약 화(火)가 있게 되면 목생화(木生火), 화생토(火生土)로 순환하여 목(木)과 토(土)가 서로 극(剋)하지 않고 상생(相生)하게 만들어 줍니다. 이것을 통관(通關)이라 말하는데 여기에서 화(火)는 목(木)과 토(土)라는 서로 다른 관문의 빗장을 열게 해주는 통로(通路)가 됩니다.
이 통로(通路)를 통해서 목(木)과 토(土)는 상생하여 순환할 수가 있게 되는 것인데 이것은 마치 견우(牽牛)가 직녀(織女)를 만나 소원을 이루는 것이므로 희신(喜神)이 통관(通關)되면 팔자에 있어서 소원하는 바를 모두 이루게 하는 것입니다.

▶ 그들 사이에 위와 아래가 너무 멀거나 그들 사이에 이물질(異物質)이 끼어 있거나 그들 사이에 앞과 뒤가 멀어서 단절(斷切)되어 있거나 혹 상대방이 형충(刑沖) 하거나 혹 상대방이 겁탈(劫奪)하여 점령(占領)하거나 혹은 하나의 물체가 가로막거나 하면 이 모든 것은 관문(關門)이 닫혀있다고 일컫는다.

"그들 사이에 위와 아래가 너무 멀다"라고 하는 것은 만약 관살(官殺)이 왕(旺)하면 일간을 극(剋)하므로 반드시 인성(印星)이 있어야 하는데 만약 관살(官殺)이 천간에 투출되어 있을 때에 인성(印星)도 천간에 투출되어 있다면 이것은 뚜렷하게 통관이 되어 있는 것이니 딜리 근심할 바가 없는 것입니다.
그러나 예를 들어 년(年)이 인성(印星)이고 시(時)에 관살(官殺)이 있다거나 혹은 천간에 관살(官殺)이 있고 지지에 인성(印星)이 있으면 전후(前後)가 멀리 떨어져 있고 또 상하(上下)로 멀리 떨어져 있다고 볼 수가 있습니다.
이처럼 전후(前後) 상하(上下)가 멀어서 서로 연결되지 않을 때 세운(歲運)이나 대운(大運)에서 통관하는 오행을 만나 해결하여 주면 좋은 것입니다.

또한 "그들 사이에 이물질(異物質)이 끼어 있다"라는 것은 멀리 떨어져 있는데 그사이에 기신(忌神)이 끼어 있다면 원국 사주 안에서는 기신(忌神)의 방해로 인해 서로 통(通)할 리가 없는 것입니다.

이런 경우에는 반드시 세운과 대운에서 암충(暗沖)이나 암합(暗合)하여 그 사이에 있는 기신(忌神)을 극하고 억제하여 충(沖)해야 할 것은 충(沖)하고 합(合)해야 할 것은 합(合)하여 주어 극(剋)하는 것을 이끌어 통(通)하게 해 주어야 합니다.

"상대방이 형(刑), 충(沖)한다"라는 것은 다른 것과 합(合)으로 묶여 있다면 충(沖)하여 열어주거나 혹은 충(沖)을 받고 있다면 합(合)하여 화해 주거나 하여서 서로 희신(喜神)끼리 통(通)하게 해주어야 길(吉)하게 됨을 말하는 것입니다. 그러므로 기신(忌神)끼리 상통(相通)하여 흉(凶)해지는 것을 통관(通關)이라고 말하지는 않는 것입니다.

또한 "상대방이 겁탈하여 점령하다"라는 것은 사주에 인성(印星)이 필요한데 그 인성(印星)을 재성(財星)이 파손(破損)시키고 있다면 관성(官星)으로 화(化)하여 주거나 혹은 비견(比肩)이나 겁재(劫財)가 재성(財星)을 극하고 구해주게 되면 마땅히 통관(通關)될 수가 있게 되는 것을 말하는 것입니다.

【예시1】

時	日	月	年	건 명
丙	丁	甲	癸	天干
午	卯	子	酉	地支

이 사주는 천간과 지지에 있는 계수(癸水) 관살이 모두 갑목(甲木) 인성을 생(生)하느라 일간을 극하지 않고 있다. 또한 시(時)는 귀록(歸祿)이 되었는데 더욱 묘(妙)한 것은 자오(子午)충과 묘유(卯酉)충이다.

4개가 서로 충(沖)하는 것이 도리어 서로 상생하는 것으로 되어 있다.

금(金)이 수(水)를 보니 목을 충(沖)하지 못하고, 수(水)가 목(木)을 보니 화를 극(剋)하지 못하게 되었다.

그러니 이 사주는 자연히 서로가 떨어져 있지 않고 또 중간에 막고 있는 물건이 없는 것이 되었다. 그러므로 일찍이 무과(武科)에 합격하여 벼슬이 관찰사에 이르렀다.[任氏註]

【예시2】

時	日	月	年	건명
丁	辛	乙	戊	天干
酉	丑	卯	辰	地支

봄철에 신금(辛金)이니 기(氣)가 허약한데 시(時)에는 칠살(七殺)이 극하고 년간(年干)의 인성(印星)이 돕고자 하나 을목(乙木)의 방해가 심하다. 이와 같은 것을 가리켜 중간에 이물질(異物質)이 가로막혀 관문(關門)이 닫혀있다고 말을 하는 것이다.

그러므로 중년 운까지 남방(南方)의 살지(殺地)를 만나서 녹록풍상(碌碌風霜)을 겪다가 분주히 돌아다녀도 기회를 얻지 못하였다.

그러다가 경신(庚申)대운에 들어서서 을경(乙庚)합하여 을목(乙木)을 제거하니 뜻밖에 기회를 얻어 협서(陜西)에 나가 군대에서 공(功)을 여러 번 세웠다. 이것이 충이나 합으로 괴인(壞印)에 처한 인성(印星)을 구하여 관문(關門)을 열게 한 것이다. 신유(辛酉)대운에 이르는 20년간에 벼슬이 부윤(府尹)에 올랐다.[任氏註]

【예시3】

時	日	月	年	건 명
辛	丁	癸	戊	天干
亥	未	亥	寅	地支

이 사주는 계수(癸水)가 지지 해수(亥水) 위에 앉아 왕(旺)하여 일간 옆에 바짝 붙어서 극하고 있다.

그런데 무토(戊土)가 그것을 무계합(戊癸合)하여 제거하니 도리어 일간을 도와주게 되었다.

또한, 월지의 해수(亥水)가 본래는 편관(偏官)이니 살(殺)을 돕는 물건이지만 년지의 인목(寅木)이 해수(亥水)와 인해합(寅亥合)하여 인수로 변하니 일간을 오히려 생(生)하여 유정(有情)하게 되었다.

시지(時支)의 해수(亥水)도 칠살을 생(生)하여 위험하였지만, 또 미토(未土)와 공협하고 인수를 도우니 어려운 상황이 오히려 은혜로운 상황으로 바뀌게 되었다.

그러므로 하나는 오고 하나는 없어져 버리니 그 정(情)이 아주 잘 어우러지며 하나는 가고 하나는 합하여 오게 되니 통관(通關)에 장애가 없게 되었다. 그래서 과거시험에 연이어 합격하여 벼슬이 황당(黃堂)에 올랐다.[任氏註]

21. 관살(官殺)

관살혼잡(官殺混雜)에 대해 말하다.

官殺混雜來問我有可有不可.
관살혼잡래문아유가유불가.

관살혼잡(官殺混雜)에 대해서 나에게 묻는다면 혼잡(混雜)한 것이 있고 그렇지 않은 것이 있다고 답하리라.

【原文】殺卽官也同流共派者可混也官非殺也各立門牆者不可混也殺重
【원문】살 즉 관 야 동 류 공 파 자 가 혼 야 관 비 살 야 각 입 문 장 자 불 가 혼 야 살 중
矣官從之非混也官輕矣殺助之非混也敗財與比肩雙至者殺可使官混也比
의 관 종 지 비 혼 야 관 경 의 살 조 지 비 혼 야 패 재 여 비 견 쌍 지 자 살 가 사 관 혼 야 비
肩與刧財兩遇者官可使殺混也一官而不能生印者殺助之非混也一殺而遇
견 여 겁 재 양 우 자 관 가 사 살 혼 야 일 관 이 불 능 생 인 자 살 조 지 비 혼 야 일 살 이 우
食傷者官助之非混也勢在於官官有根殺之情依乎官依官之殺歲助之而混
식 상 자 관 조 지 비 혼 야 세 재 어 관 관 유 근 살 지 정 의 호 관 의 관 지 살 세 조 지 이 혼
官不可也勢在於殺殺有權官之勢依乎殺依殺之官歲扶之而混殺不可也藏
관 불 가 야 세 재 어 살 살 유 권 관 지 세 의 호 살 의 살 지 관 세 부 지 이 혼 살 불 가 야 장
官露殺干神助殺合官留殺皆成殺氣勿使官混也藏殺露官干神助官合殺留
관 노 살 간 신 조 살 합 관 유 살 개 성 살 기 물 사 관 혼 야 장 살 노 관 간 신 조 관 합 살 류
官皆從官象不可使殺混也.
관 개 종 관 상 불 가 사 살 혼 야.

살(殺)이 곧 관(官)이면 같은 무리로 동일한 스타일이라면 혼잡(混雜)하여도 된다. 관(官)이 살(殺)이 아니면 각자 자기 문호(門戶)를 세우고 있을 때는 혼잡(混雜)해서는 안 되는 것이다. 살(殺)이 중(重)한데 관(官)이 따라가면 이것은 혼잡(混雜)한 것이 아니고 관(官)이 경(輕)한데 살(殺)이 도와주면 이것도 혼잡

(混雜)한 것이 아니다. 겁재(劫財), 비견(比肩)이 둘 다 있는 것은 살(殺)에 관(官)이 혼잡하여 사령(司令)해도 괜찮은 것이다. 비견(比肩)이 겁재(劫財)와 둘 다 만나는 것은 관(官)에 살(殺)이 혼잡(混雜)하여 사령(司令)해도 괜찮은 것이다. 하나의 관(官)이 인성(印星)을 생(生)할 수가 없는데, 살(殺)이 돕는다면 이것을 혼잡(混雜)이라고 하지 않는다. 하나의 살(殺)이 식상(食傷)을 만나는 것이 있는데 관(官)이 돕는다면 이것은 혼잡(混雜)이 아닌 것이다. 기세(氣勢)가 관(官)에 있고 관(官)이 유근(有根)하다면 살(殺)의 정(情)이 관(官)에 의지하는데 관(官)에 의지한 살(殺)을 세운에서 도와주게 되면 혼잡한 관(官)이 되는 것이니 불가(不可)하다.

또한 기세(氣勢)가 살(殺)에 있고 살(殺)이 권세(權勢)가 있다면 관(官)의 세력은 살(殺)에 의지하게 되는데 살(殺)에 의지한 관(官)을 세운에서 돕는다면 혼잡한 살(殺)이 되는 것이니 역시 불가(不可)하다.

관(官)이 암장이 되고 살(殺)이 드러나 있는데 천간의 신(神)이 살(殺)을 도와주거나 합관유살(合官有殺)하여 모두 살(殺)의 기운을 이룬다면 관(官)이 사령(司令)하여 혼잡(混雜)해서는 안 된다. 살(殺)이 암장하고 관(官)이 드러나 있는데 천간의 신(神)이 관(官)을 도와주거나 합살유관(合殺有官)하여 모두 관(官)의 상(象)을 따른다면 살(殺)이 사령하여 혼잡(混雜)해서는 안 되는 것이다.

┌─────────┐
│ 구문풀이 │
└─────────┘

▶ 관살혼잡(官殺混雜)에 대해서 나에게 묻는다면 혼잡(混雜)한 것이 있고 그렇지 않은 것이 있다고 답하리라.

관살(官殺)에는 혼잡(混雜)되어도 가능한 것이 있고, 불가능한 일도 있습니다. 예를 들어 관살(官殺)이 혼잡(混雜)하다고 보지 않는 것이 있는데 살(殺)이 중(重)한데 관(官)이 따라가면 이것은 혼잡(混雜)한 것이 아닙니다. 또 관(官)이 경(輕)한데 살(殺)이 도와주면 이것도 혼잡(混雜)한 것이 아닙니다.

관살(官殺)이 혼잡(混雜)하다고 보는 것이 있는데 만약 천간이 갑을(甲乙)인데 지지가 인(寅)이고 천간이 병정(丙丁)인데 지지가 사(巳)이고 천간이 무기(戊己)인데 지지가 진술(辰戌)이고 천간이 경신(庚辛)인데 지지가 신(申)이고 천간이 임계(壬癸)인데 지지가 해(亥)라고 하면 이것은 관(官)이 살(殺)에 혼잡되어 있는 것입니다. 그래서 관살혼잡(官殺混雜)이 되는 것이므로 이때에는 세력이 있는 살(殺)을 놔두고 관(官)을 없애 주는 것이 좋습니다.

즉 갑(甲)은 살(殺)이고 을(乙)은 관(官)인데 지지에 있는 인(寅)은 살(殺)의 록이니 살(殺)의 기세가 강하여 관(官)이 따르는 것이므로 합관류살(合官留殺)등으로 관(官)을 제거해주면 청(淸)해진다고 달하는 것입니다. 이와 반대로 갑(甲)은 살(殺)이고 을(乙)은 관(官)인데 지지에 있는 묘(卯)는 관(官)의 록으로 관(官)이 왕성하니 이때에는 합살류관(合殺留官)으로 칠살(七殺)을 제거하여 주면 관(官)이 청하다고 말하는 것입니다.

▶ 살(殺)이 중(重)한데 관(官)이 따라가면 이것은 혼잡(混雜)한 것이 아니고 관(官)이 경(輕)한데 살(殺)이 도와주면 이것도 혼잡(混雜)한 것이 아니다.

예를 들어 년(年)과 월(月)의 천간에 살(殺)이 하나 투출되어 있고 년(年)과 월(月)의 지지에 재성(財星)이 하나 있어서 재생살(財生殺)하므로 살(殺)이 왕(旺)한데 만약에 시(時)에 투출되어 있는 관(官)이 뿌리가 없다면 이 관(官)은 살(殺)의 기세(氣勢)를 따라가게 되니 이는 혼잡(混雜)된 것이 아니라고 보는 것입니다.

또 년(年)과 월(月)의 천간에 관(官)이 하나 투출되어 있고 년(年)과 월(月)의 지지에 재성(財星)이 하나 있어서 재생관(財生官)하므로 관(官)이 왕(旺)한데 만약에 시(時)에 투출되어 있는 살(殺)이 뿌리가 없다면 이 살(殺)은 관(官)의 기세에 따라가게 되니 이는 혼잡(混雜) 된 것이 아니라고 보는 것입니다.

이처럼 왕(旺)한 기세에 따라가는 관(官)이나 살(殺)은 혼잡(混雜)이라고 보지 않는 것이며 쇠(衰)한 관(官)이나 살(殺)을 도와주는 관살(官殺)은 역시 혼잡(混雜)이라고 보지 않는 것입니다.

▶ 겁재(劫財), 비견(比肩)이 둘 다 있는 것은 살(殺)에 관(官)이 혼잡하여 사령(司令)해도 괜찮은 것이다. 비견(比肩)이 겁재(劫財)와 둘 다 만나는 것은 관(官)에 살(殺)이 혼잡(混雜)하여 사령(司令)해도 괜찮은 것이다.

만약 재성(財星)을 파괴할 수 있는 겁재(劫財)가 있거나 비견(比肩)이 서로 짝하여 살(殺)과 대적하고 있을 때는 일주가 강한 것이므로 관살을 대항할 힘이 있다고 보아서 관살(官殺)이 혼잡(混雜) 되어도 가능하다는 것입니다.
다만 신강(身强) 하더라도 관살(官殺)은 반드시 혼잡한 것이므로 청(淸)하지 않아서 겪게 되는 관록의 변동은 없어지는 것이 아닙니다.

▶ 하나의 관(官)이 인성(印星)을 생할 수가 없는데, 살(殺)이 돕는다면 이것을 혼잡(混雜)이라고 하지 않는다. 하나의 살(殺)이 식상(食傷)을 만나는 것이 있는데 관(官)이 돕는다면 이것은 혼잡(混雜)이 아니다.

관(官)이 하나 있고 인성(印星)이 여러 개 있으면 관(官)의 기운을 설(泄)하게 되는데 하나의 관(官)으로 여러 개의 인성(印星)을 생(生)하게 되면 탈관(脫官)하여 나쁘지만, 이때 살(殺)이 도와주게 되면 이것은 혼잡(混雜)되어 있다고 보지 않습니다. 또한 살(殺)이 하나 있고 식상(食傷)이 여럿 있으면 살(殺)을 극(剋)하는 것이 지나치게 되는데 이때 관(官)이 도와주면 이것은 혼잡(混雜)되었다고 보지 않는 것입니다.

▶ 기세(氣勢)가 관(官)에 있고 관(官)이 유근(有根)하다면 살(殺)의 정(情)이 관(官)에 의지하는데 관(官)에 의지한 살(殺)을 세운에서 도와주게 되면 혼잡한 관(官)이 되는 것이니 불가(不可)하다.
또한 기세(氣勢)가 살(殺)에 있고 살(殺)이 권세(權勢)가 있다면 관(官)의 세력은 살(殺)에 의지하게 되는데 살(殺)에 의지한 관(官)을 세운에서 돕는다면 혼잡한 살(殺)이 되는 것이니 역시 불가(不可)하다.

기세(氣勢)가 관(官)에 있고 관(官)이 뿌리를 얻고 있는데 이 관(官)에 의지하고 있는 살(殺)을 세운에서 도와주게 되면 혼잡(混雜)으로 보게 됩니다. 기세가 살(殺)에 있고 살(殺)이 뿌리를 얻고 있는데 이 살(殺)에 의지하고 있는 관(官)을 세운에서 도와준다고 하면 이것도 역시 혼잡(混雜)으로 보게 됩니다.

▶ 관(官)이 암장이 되고 살(殺)이 드러나 있는데 천간의 신(神)이 살(殺)을 도와 주거나 합관유살(合官留殺)하여 모두 살(殺)의 기운을 이룬다면 관(官)이 사령(司令)하여 혼잡(混雜)해서는 안 된다.

예를 들어 관(官)과 살(殺)이 있어서 관살혼잡(官殺混雜)이 되는데 관(官)을 합하여 합관(合官)하여 묶게 되면 관(官)은 저거되고 살(殺)이 모여서 살(殺)의 기운이 강해지는 것이므로 청(淸)해지게 되는 것입니다. 그러나 이때 제거된 관(官)을 살리는 행운(行運)을 만나게 되어 관(官)이 사령(司令)하게 되니 혼잡(混雜)으로 보게 되는 것입니다.

【예시1】

무토(戊土)일간이 인월(寅月) 인시(寅時)에 출생하였다. 토(土)는 쇠약(衰弱)하고 살(殺)은 왕성하다. 기쁜 것은 오화(午火)가 인오합(寅午合)으로 화살생신(化殺生身)하니 유정(有情)하게 된 것이다. 마침 대운이 남방운(南方運)으로 진행하니 인수(印綬)가 더욱 강해져서 살(殺)을 설기할 수 있게 되었다. 다행인 것은 사주에 일체의 관(官)이 없으니 혼잡(混雜)에서 벗어났다는 점이다. 그러므로 일찍 과거급제하였고 벼슬길에 나아갔는데 명성을 떨쳤다고 한다.

時	日	月	年	건 명
편관		편관	비견	六神
甲	戊	甲	戊	天干
寅	午	寅	子	地支
편관	정인	편관	정재	六神

【예시2】

이 명조에서는 년상 신금(辛金) 관은 월상 병화(丙火)와 병신(丙辛)합으로 정관이 제거되었다. 그런데 월지 신금(申金) 칠살은 갑인(甲寅)일주가 인신충거(寅申沖去) 시켰으니 거살류관(去殺留官)이 되어 시지(時支) 정관(正官) 유금(酉金)만이 머물러 있게 되었다. 이런 사주를 여자의 경우 관(官)과 살(殺)이 셋이나 있다 하여 혼잡으로 보고 여러 번 개가(改嫁) 한다고 단정을 내려서는 안 되는 것이다.[사주첩경]

時	日	月	年	곤 명
인수		식신	정관	六神
癸	甲	丙	辛	天干
酉	寅	申	亥	地支
정관	비견	편관	편인	六神

【예시3】

이 명조는 천간에 3개의 칠살(七殺)을 만났다.

지지에는 2개의 정관(正官)을 만난 것이니 관살(官殺)이 혼잡하다.

좋은 것은 2개의 묘목(卯木) 인성(印星)이 있어서 해묘합(亥卯合)으로 정관(正官)을 속박(束縛)하여 인수국(印綬局)을 만들었다. 이것이 관(官)을 제거하고 살(殺)을 살린 것이다.

그러므로 살(殺)이 맑아지고 해묘합목(亥卯合木)으로 화살생신(化殺生身)이 되었다. 고로 신유(辛酉)와 경신(庚申)대운에는 재생살(財生殺)이 지나쳐 형모(形耗)가 나타났지만 기미(己未)대운으로 건너가면서 천간의 칠살(七殺)을 제복(制伏)하고 지지는 해묘미(亥卯未)목국(木局)을 이루어 화살생신(化殺生身)이 된 것이다.

따라서 공명(功名)이 높았고 무오(戊午), 정사(丁巳)대운에는 벼슬이 관찰사(觀察使)에 이르렀다

時	日	月	年	건 명
편관		편관	편관	六 神
癸	丁	癸	癸	天 干
卯	卯	亥	亥	地 支
편인	편인	정관	정관	六 神

【예시4】

이 사주(四柱)는 년상(年上)의 정화(丁火), 일지(日支)의 사화(巳火), 시상(時上)의 정화(丁火)로 관살(官殺)이 삼중(三重)하여 본래 불길(不吉)한 사주 같아 보이나 년상 정화(丁火)의 살(殺)은 월상 임수(壬水)와 정임(丁壬)합으로 제거되었고, 또 일지 사화(巳火) 정관은 해(亥)의 충(沖)을 받아 제거(去)하였으며 시상(時上)의 정화(丁火)만이 남았다. 따라서 시상일위편관(時上一位偏官)가 된 것으로 공명(功名)이 높아져 재상(宰相)이 된 사주다.[사주첩경]

時	日	月	年	건 명
편관		상관	편관	六 神
丁	辛	壬	丁	天 干
酉	巳	子	亥	地 支
비견	정관	식신	상관	六 神

【예시5】

이 명조는 사화(巳火)에 록을 내린 병화(丙火)정관이 투출하고 정화(丁火)편관도 투출하여 관살혼잡(官殺混雜)의 양상을 보이지만 계수(癸水)가 병화(丙火)를 거세(去勢)하고 사해충거(巳亥沖去)하여 정화(丁火)를 남기니 거관류살(去官留殺)하는 명조가 되었다. 따라서 관살혼잡(官殺混雜)의 상(像)이라고 보면 안 된다. 이 명조는 이랜드그룹의 창업자로 의류사업으로 크게 성공하였다.

時	日	月	年	건 명
편관		정관	식신	六 神
丁	辛	丙	癸	天 干
酉	亥	辰	巳	地 支
비견	상관	인수	정관	六 神

22. 상관(傷官)

상관견관(傷官見官)에 대해 말하다.

> 傷官見官果難辨可見不可見
> 상 관 견 관 과 난 변 가 견 불 가 견

상관(傷官)이 정관(正官)을 보면 실로 분별(分別)하기 어려운데 보아도 되는 경우가 있고 보아서는 안 되는 경우가 있다.

> 【原文】身弱而傷官旺者見印而可見官身旺而傷官旺者見財而可見官傷
> 【원 문】신 약 이 상 관 왕 자 견 인 이 가 견 관 신 왕 이 상 관 왕 자 견 재 이 가 견 관 상
> 官旺財神輕有比刦而可見官日主旺傷官輕無印綬而可見官傷官旺而無財
> 관 왕 재 신 경 유 비 겁 이 가 견 관 일 주 왕 상 관 경 무 인 수 이 가 견 관 상 관 왕 이 무 재
> 一遇官而有禍傷官旺而身弱一見官而有禍傷官弱而財輕一見官而有禍傷
> 일 우 관 이 유 화 상 관 왕 이 신 약 일 견 관 이 유 화 상 관 약 이 재 경 일 견 관 이 유 화 상
> 官弱而見印一見官而有禍大率傷官有財皆可見官傷官無財皆不可見官又
> 관 약 이 견 인 일 견 관 이 유 화 대 률 상 관 유 재 개 가 견 관 상 관 무 재 개 불 가 견 관 우
> 要看身强身弱合財官印綬比肩不同方可不必分金木水火土也又曰傷官用
> 요 간 신 강 신 약 합 재 관 인 수 비 견 불 동 방 가 불 필 분 금 목 수 화 토 야 우 왈 상 관 용
> 印無財不宜見財傷官用財無印不宜見印須詳辨之.
> 인 무 재 불 의 견 재 상 관 용 재 무 인 불 의 견 인 수 상 변 지.

신약(身弱)하고 상관(傷官)이 왕(旺)한 자(者)는 인성(印星)을 보면 관성(官星)을 보아도 괜찮다. 신왕(身旺)하고 상관(傷官)이 왕(旺)한 자(者)는 재성(財星)을 보면 관성(官星)을 보아도 괜찮다. 상관(傷官)이 왕(旺)하고 재신(財神)이 가벼운데 비겁(比劫)이 있다면 관성(官星)을 보아도 괜찮다. 일주가 왕(旺)하고 상관(傷官)이 가벼운데 인수(印綬)가 없다면 관성(官星)을 보아도 괜찮다.

상관(傷官)이 왕(旺)하고 재성(財星)이 없으면 한번 정관(正官)을 만나면 재앙(災殃)이 있다. 상관(傷官)이 왕(旺)하고 신약(身弱)하면 정관(正官)을 한번 보게 되면 재앙이 있다. 상관(傷官)이 약(弱)하고 재(財)가 가벼운데 한번 정관(正官)을 보면 재앙(災殃)이 있다. 상관(傷官)이 약하고 인수(印綬)를 볼 때 한번 정관(正官)을 보면 재앙(災殃)이 있다. 대체로 상관(傷官)에 재성(財星)이 있으면 모두 정관(正官)을 보아도 괜찮다. 상관(傷官)에 재(財)가 없으면 모두 정관(正官)을 보아서는 안 된다. 또 신강(身强)신약(身弱)을 보는 것도 필요한데 재관인식(財官印食) 비견(比肩)과 합을 하여도 같지 않다고 할 수 있으니 금목수화토(金木水火土)로 구분할 필요는 없다. 또한, 말하기를 상관(傷官)에 인수(印綬)를 용(用)하는 상관용인(像官用印)의 경우에는 재(財)가 없으면 재(財)를 보는 것이 마땅하지 않다. 상관(傷官)에 재(財)를 용하는 상관용재(傷官用財)의 경우에는 인수(印綬)가 없으면 인수를 보는 것이 마땅하지 않으니 모름지기 자세히 분별해야 한다.

┌──────────┐
│ 구문풀이 │
└──────────┘

1) 관살(官殺)과 상관(傷官)의 개념을 이해하기.

① 우선 관살(官殺)에 대한 개념(槪念)부터 확실하게 이해해야 할 필요가 있습니다. 관(官)이란 일간을 극(剋)하는 오행으로 음양(陰陽)이 반대가 되는 것입니다.
예를 들면 양간(陽干)인 갑목(甲木)이 일간일 경우에는 음간(陰干)인 신금(辛金)이 관(官)인 것이고 양간(陽干)인 경금(庚金)은 갑(甲)에게 살(殺)이 되는 것입니다. 그러므로 관(官)이냐 살(殺)이냐 하는 문제는 관(官)은 정관(正官)이고 살(殺)은 칠살(七殺)로 보면 됩니다.

② 상관(傷官)이라고 하는 것은 한문 자체가 상관(傷官)으로 "관(官)을 상(傷)하

게 만들다"라는 의미를 함축하고 있습니다. 그래서 이 상관이 관성을 만나게 되면 정관을 손상하는가, 그렇지 않은가를 특별하게 살펴봐야 합니다.

그것은 상관견관(傷官見官)으로 관(官) 손상이 발생하면 재앙이 발생하기 때문입니다. 상관이라고 하는 것은 일주의 귀한 기운을 손상하여 일주의 원신(原神)을 훔쳐 가는 것으로 선량하지 못할 뿐만 아니라, 자기중심적으로 정관을 극(剋)하기 때문에 파국이 발생합니다.

그러나 일주의 기를 뽑아다가 일간의 재성을 생(生)하여 주는 좋은 역할을 한다면 살왕(殺旺)한 관살(官殺)을 제압하여 일주를 구해주는 등의 다양성을 지닌 것도 상관(傷官)입니다. 그래서 상관(傷官)을 잘 다스리기만 한다면 뛰어난 재능을 발휘하게 되는데 이것은 수기(秀氣)가 유통(流通)하는 까닭이므로 비겁과 상관 사이가 수기유통이 되면 그 사람은 총명하고 정신적인 기질이 강한 것으로 되어 있습니다.

2) 상관견관(傷官見官)이 흉(凶)이 되어 불가(不可)한 경우가 있다.

▶ 신약(身弱)하고 상관(傷官)이 왕(旺)한 자(者)는 인성(印星)을 보면 관성(官星)을 보아도 괜찮다.

이것은 상관용인(傷官用印) 사주에 해당하는 내용의 글입니다.

상관용인은 신약(身弱)하고 상관(傷官)이 왕할 때에 인성(印星)으로 상신(相神)을 삼는 사주가 됩니다. 인성(印星)으로 왕(旺)한 상관(傷官)을 억제(抑制)하고 신약(身弱)한 일간을 돕게 만들어줘야 길해지는 것입니다. 이때 관성(官星)을 보게 되면 상관은 인성에 의해 제압을 당한 까닭에 정관을 극(剋)하지 못하는 것입니다. 또한 관성(官星)이 인성(印星)을 생(生)하므로 길해지는 것입니다.

▶ 신왕(身旺)하고 상관(傷官)이 왕(旺)한 자(者)는 재성(財星)을 보면 관성(官星)을 보아도 괜찮다.

이것은 상관용재(傷官用財)의 사주에 해당하는 내용의 글입니다.

상관용재(傷官用財)는 신왕(身旺)하고 상관(傷官)이 왕(旺)한 사주가 재성(財星)을 상신(相神)으로 삼는 사주를 말합니다. 이때 관성(官星)을 보아도 재성(財星)이 통관(通關)하므로 상관(傷官)이 관성(官星)을 극(剋)하는 것을 보호하게 됩니다.

▶ 상관(傷官)이 왕(旺)하고 재신(財神)이 가벼운데 비겁(比劫)이 있다면 관성(官星)을 보아도 괜찮다.

이것도 상관용재인(傷官用財印)데 비겁(比劫)이 있는 경우입니다.

상관(傷官)과 관성(官星) 사이에서 재성(財星)이 통관하는 작용을 하므로 관성을 극(剋)하지 못하고 보호합니다.

▶ 일주가 왕(旺)하고 상관(傷官)이 가벼운데 인수(印綬)가 없다면 관성(官星)을 보아도 괜찮다.

일주가 왕(旺)하고 상관(傷官)이 가벼우면 관성(官星)을 극하는 힘이 미약하므로 관성(官星)이 나타나도 괜찮습니다.

이때 인수(印綬)가 없어야 하는데 만약 인수(印綬)가 있으면 인수(印綬)가 관성(官星)의 생조(生助)함을 받아서 인수(印綬)가 미약한 상관(傷官)을 극해 버리면 파료상관(破了傷官)에 처해지기 때문입니다.

3) 상관견관(傷官見官)이 길(吉)이 되어 가능(可能)한 경우가 있다.

▶ 상관(傷官)이 왕(旺)하고 재성(財星)이 없으면 한번 정관(正官)을 만나면 재앙(災殃)이 있다. 상관(傷官)이 왕(旺)하고 신약(身弱)하면 정관(正官)을 한번 보게 되면 재앙(災殃)이 있다.

상관(傷官)이 왕(旺)할 경우에는 반드시 재성(財星)이 있어서 통관(通關)시켜줘야 관성(官星)이 보호를 받아 무사할 수 있습니다.
재성(財星)이 없게 되면 상관(傷官)이 곧바로 정관을 치게 되는데 신약(身弱)하다면 그 피해가 더 커지게 됩니다.

▶ 상관(傷官)이 약(弱)하고 인수(印綬)를 볼 때 한번 정관(正官)을 보면 재앙(災殃)이 있다.

상관(傷官)이 약(弱)할 때 상관(傷官)을 보충해 줘야 길(吉)하게 됩니다. 그러나 인수(印綬)가 관성(官星)의 생조(生助)를 받아 왕(旺)해진 인수(印綬)가 상관(傷官)을 극(剋)하면 약한 상관(傷官)이 손상(損傷)을 입으므로 파료상관(破了傷官)에 처(處)에 지면 재앙(災殃)이 될 수가 있는 것입니다.

▶ 대체로 상관(傷官)에 재성(財星)이 있으면 모두 정관(正官)을 보아도 괜찮다. 그러나 상관(傷官)에 재성(財星)이 없으면 모두 정관(正官)을 보아서는 안 된다.

재성(財星)이 상관(傷官)과 관성(官星) 사이를 통관(通關)의 역할을 한다는 것을 말해주고 있는 대목입니다. 통관(通關)이 되면 상관생재(傷官生財)하고 또다시 재생관(財生官)하므로 상관(傷官)이 관성(官星)을 극(剋)하지 못하게 됩니다.

▶ 신강(身强)신약(身弱)을 보는 것도 필요한데 재관인식(財官印食)비견(比肩)과 합을 하여도 같지 않다고 할 수 있으니 금목수화토(金木水火土)로 구분할 필요는 없다.

상관(傷官)에서 정관(正官)을 쓸 경우에는 재성(財星)이 필요하고 인수(印綬)가 필요할 때에도 있고, 없을 때도 있으므로 이것은 모두 신(神)이 같지 않다는 것인데 특히, 거류서배(去留舒配)를 잘 살펴봐야 합니다. 특히 신약(身弱)하면 정관(正官)이 일간을 극(剋)하는 피해가 더 커질 수 있는 것이라서 신약신강을 잘 살펴봐야 합니다.

▶ 상관(傷官)에 인수(印綬)를 용(用)하는 상관용인(像官用印)의 경우에는 재(財)가 없으면 재(財)를 보는 것이 마땅하지 않다. 상관(傷官)에 재(財)를 용하는 상관용재(傷官用財)의 경우에는 인수(印綬)가 없으면 인수를 보는 것이 마땅하지 않으니 모름지기 자세히 분별해야 한다.

상관용인(傷官用印)의 경우에는 인수(印綬)를 상신(相神)으로 사용합니다.
그러나 재(財)가 있으면 재성(財星)이 인수(印綬)를 극하게 됩니다. 그러므로 인수(印綬)를 중(重)히 쓰는데 재성(財星)을 보는 것은 마땅하지 않다는 것을 말하는 것입니다. 또한 상관용재(傷官用財)의 경우에는 재성(財星)을 상신(相神)으로 합니다.
그러나 인수(印綬)가 있으면 인수(印綬)가 상관을 극(剋)하게 되는데 결과적으로 상관(傷官)이 약해져서 비겁이 상신(相神)인 재성을 극하는 것이 되므로 안 좋은 것이 됩니다.

【예시1】

이 사주는 토금상관(土金傷官)이다. 인수(印綬)가 없고 재성(財星)이 상관생재(傷官生財)하여 왕(旺)하다 보니 공부에는 뜻이 없었다. 그러다가 돈을 들여 벼슬을 얻었는데 정사(丁巳)대운과 병진(丙辰)대운에 인성운(印星運)이 왕하여 태왕(太旺)한 상관(傷官)을 제압하니 벼슬이 주목까지 올랐고 재물은 풍부하였다. 을묘(乙卯)대운은 정관운으로 을신충(乙辛沖)과 묘유충(卯酉沖)이 되니 상관견관(傷官見官)이 흉(凶)이 되었다. 충들으로 인해 파직(罷職)되어 귀향(歸鄉)하였다.

時	日	月	年	건 명
겁재		상관	정재	六 神
己	戊	辛	癸	天 干
未	申	酉	亥	地 支
겁재	식신	상관	편재	六 神

【예시2】

이 명조는 토금(土金)상관의 명조가 되는게 금(金)상관(傷官)이 태과(太過)한 명조이다. 그런데 갑(甲)대운은 정관(正官)인데 태과(太過)한 경금(庚金)이 갑목(甲木)을 충하면 상관견관(傷官見官)이 흉이 된 것이다. 이로 인해서 일패도지(一敗塗地)하니 한 번 망해버리자 불 꺼진 재처럼 가정(家庭)도 이루지 못하였다고 한다.

時	日	月	年	건 명
편재		상관	겁재	六 神
癸	己	庚	戊	天 干
酉	酉	申	辰	地 支
식신	식신	상관	겁재	六 神

【예시3】

이 명조는 화토상관(火土傷官)으로 되어 있다.

그런데 상관(傷官)이 태과(太過)한 중에 축술미(丑戌未)삼형(三刑)을 구성했다.

특히 병술(丙戌)일주는 동주고(同柱庫)이니 삼형(三刑)에 의해 입고(入庫) 될 운명이다.

그래서 초년에 가업을 파(破)하다가 계해(癸亥)대운에 이르러 수(水)관살을 만났는데 정관(正官)을 극하여 흉(凶)이 발생하기 시작하였다.

따라서 계수(癸水) 정관을 무계합거(戊癸合去)로 제거하므로 상관견관(傷官見官)의 폐해(弊害)가 나타난 사주라고 보면 된다.

그러므로 계해(癸亥)대운에는 너무 가난하고 의지할 곳이 없어 머리를 깎고 중이 되었다고 한다.

時	日	月	年	건 명
상관		상관	식신	六神
己	丙	己	戊	天干
丑	戌	未	申	地支
상관	식신	상관	편재	六神

【예시4】

이 명조는 화토(火土) 상관(傷官)으로 일주가 강하다.

그런데 뛰어난 것은 상관무토(傷官戊土)가 수기(水氣)를 발설하고 있다

그러므로 상관생재하여 년지의 신금(申金)을 상신으로 용하게 된다.

그래서 경신(庚申)대운과 신유(辛酉)대운에는 창업하여 상당한 재물을 벌어들였다.

그러나 임술(壬戌)운부터는 임수(壬水) 정관이 무토(戊土)상관으로부터 상관견관 하여 흉이 나타났는데 형모(刑耗)와 재물손실이 발생하였다.

계해(癸亥)운(運)에 이르러 무계합거(戊癸合去) 당하고 사해충거(巳亥沖去) 당하니 관살(官殺)이 모두 충극으로 제거되어 사망하게 되었다.

時	日	月	年	건 명
편인		상관	상관	六神
乙	丁	戊	戊	天干
巳	巳	午	申	地支
겁재	겁재	비견	정재	六神

【예시5】

이 명조는 화토(火土)상관으로 비겁(比劫)과 인성(印星)이 중첩(重疊)되어 있으니 일주가 왕(旺)한 것을 알 수가 있다.

그러므로 무술상관이 강한 일주를 설기하니 수기가 될 수 있었다.

그래서 신금(申金) 재성을 써서 상관생재(傷官生財)하는 명식(命式)이 되었다. 유업이 본래 풍족하였으니 신축(辛丑)과 임인(壬寅)대운에 경영하여 많은 이득을 얻었다. 그러나 인(寅)운에 이르러 금(金)이 절지(絶地)에 임(臨)하고 겁재(劫財) 병화는 장생(長生)지인 바, 또 인신(寅申)충으로 신금(申金)을 충파(沖波)하여 사망하였다.

時	日	月	年	건 명
편인		상관	겁재	六 神
乙	丁	戊	丙	天 干
巳	卯	戌	申	地 支
겁재	편인	상관	정재	六 神

23. 청기(淸氣)

사주가 청(淸)하면 부귀(富貴)가 있다.

> 一淸到底有精神管取生平生富貴眞澄濁求淸淸得去時來寒谷也回春.
> 일청도저유정신관취생평생부귀진징탁구청청득거시래한곡야회춘.

한 가지로 맑은 정신(精神)이 있다면 반드시 평생 부귀(富貴)가 참되다할 것이요. 흐린 것을 맑게 하여 청(淸)함을 얻으면 추운 한곡(寒谷)에도 때를 따라 봄이 돌아올 수 있다.

> 【原文】淸者不徒一氣成局之謂也如正官格身旺有財身弱有印並無傷官
> 【원문】청자불도일기성국지위야여정관격신왕유재신약유인병무상관
> 七殺雜之縱有比肩食神財煞印綬雜之皆循序得所有安頓或作閑神不來破
> 칠살잡지종유비견식신재살인수잡지개순서득소유안돈혹작한신불래파
> 局乃爲淸奇又要有精神不爲枯弱者佳濁非五行並出之謂如正官格身弱混
> 국내위청기우요유정신불위고약자가탁비오행병출지위여정관격신약혼
> 之以煞混之以財以食神雜之不能傷我之官反與官星不和以印綬雜之不能
> 지이살혼지이재이식신잡지불능상아지관반여관성불화이인수잡지불능
> 扶我之身反與財星相戕俱爲濁或得一神有力或行運得所以掃其濁氣沖其
> 부아지신반여재성상장구위탁혹득일신유력혹행운득소이소기탁기충기
> 滯氣皆爲澄濁以來淸皆富貴命矣.
> 체기개위징탁이래청개부귀명의.

맑다고 하는 것은 하나의 기운으로 이루어진 국을 말하는 것은 아니다.

예를 들어 정관격(正官格)이 신왕(身旺)하고 재(財)가 있거나 정관격(正官格)이 신약(身弱)하고 인수(印綬)가 있는데 나란히 상관(傷官)과 칠살(七殺)이 혼잡(混雜)하지 않다거나 설령 비견(比肩), 식신(食神), 재(財)와 살(殺)과 인수(印綬)가 섞여 있더라도 모두 위치에 따라 순서를 쫓아 배치가 적절하여 안정되면 맑다고 할 수 있다.

혹은 한신(閑神)이 파국(破局)으로 돌아오지 않는다면 이에 청기(淸奇)하다고 한다. 또 정신(精神)이 있는 것이 중요하다. 메마르고 쇠약하여 고약(枯弱)한 자는 아름답다고 할 수가 없는 것이다. 탁(濁)하다는 것은 오행(五行)이 나란히 출현한 것을 말하는 것은 아니다.

예를 들어 정관격(正官格)이 신약(身弱)한데 칠살(七殺)이 섞여 혼잡한다. 그런데 재(財)로써 혼잡한 살(殺)을 키운다면 식신(食神)이 섞여 있다고 해도 나의 정관(正官)을 상해하는 것은 불가능하다. 반대로 관성(官星)이 인수(印綬)와 섞여 있는데 오히려 재성(財星)이 인수(印綬)를 상해(傷害)하여 서로 불화(不和)하게 만든다면 나의 일신(日身)을 능히 도울 수가 없다. 이러한 것들은 모두 탁하다고 말한다. 혹 일신(一神)이 유력(有力)함을 얻거나 혹 행운(行運)이 지지를 얻어서 그 정체된 기운을 충(沖)하여 그 탁한 기운을 제거하게 되면 모두 청탁의 혼잡에서 맑아졌다고 하는 것인데 모두 부귀(富貴)한 명(命)이 된다.

구문풀이

▶ 맑다고 하는 것은 하나의 기운으로 이루어진 국(局)을 말하는 것은 아니다.

정관격(正官格)이 신왕(身旺)하고 재(財)가 있다는 것은 정관용재(正官用財)입니다. 정관격(正官格)이 신약(身弱)하고 인수(印綬)가 있다는 것은 정관용인(正官用印)입니다. 이런 순수한 격국(格局)에 상관(傷官)과 칠살(七殺)이 혼잡(混雜)하면 복잡해집니다. 상관(傷官)이 정관(正官)을 극할 수가 있고 칠살(七殺)이 재성(財星)의 생을 받아 재생살(財生殺)하여 관살혼잡(官殺混雜)하게 되면 격국이 탁(濁)해지기 마련입니다. 그러나 십신(十神)이 다양하게 나타나 있더라도 순서(順序)와 배치(配置)가 적절(適切)하여 거류서배(去留舒配)가 된다고 하면 사주가 탁하다고 말하지 않고 맑다고 말할 수가 있습니다.

【예시1】

병화(丙火)가 자월(子月)에 태어나 장생(長生)에 앉아있다.

인수(印綬)가 투출하였는데 인목(寅木)에 뿌리를 내리므로 병화(丙火)는 약한 가운데 왕(旺)하게 되었다. 반가운 것은 계수(癸水) 정관(正官)이 당령(當領)하여 유금(酉金) 재성(財星)에 앉아있다는 점이다.

소위 일청도저유정신(一淸到底有精神)이라 할 만하다. 하나의 기(氣)가 왕한 중에 갑목(甲木) 인성(印星)을 관생인(官生印)하고 인생신(印生身)하여 일간을 돕는 흐름이 좋다는 것이다. 대운이 금수(金水)운으로 접어들자 정관(正官) 계수(癸水)가 풍성해지면서 등과(登科)하여 급제(及第)하더니 한림원(翰林院)에 들어가 명성(名聲)이 높았다.

그러나 계수(癸水)를 극하는 화토(火土)운에는 계수(癸水) 정관이 극을 받아 흐름이 탁해지면서 발전이 없었는데 종신토록 사림(詞林)에만 머물렀다.[任氏註]

時	日	月	年	건 명
인수		편인	정관	六 神
乙	丙	甲	癸	天 干
未	寅	子	酉	地 支
정관	편인	편관	정재	六 神

【예시2】

인월(寅月)의 기토(己土)일간이 해수(亥水)에 앉아있다.

그런데 재성(財星)과 관성(官星)이 너무 왕(旺)하다.

반가운 것은 하나밖에 없는 인성(印星)이 장생(長生)에 앉은 것이다.

그러므로 지지의 재성(財星)들이 관성(官星)에 모여들고 생(生)하니 인성(印星)이 더욱 강해졌다.

따라서 일간의 기운(氣運)이 시지(時支)까지 관통(貫通)하여 두텁게 되었다.

더욱 좋은 것은 운도(運度)가 화토(火土)로 흘러 어긋나지 않는 것이다.

그럼으로써 황제(皇帝)로부터 조금(雕錦)과 금련(金蓮)을 하사(下賜)받았고 가까이 궁궐(宮闕)에 거주하고 직위(職位)는 요직(要職)에 있었다.[任氏註]

時	日	月	年	건 명
식신		인수	정관	六神
辛	己	丙	甲	天干
未	亥	寅	子	地支
비견	정재	정관	편재	六神

▶ 정신(精神)이 있는 것이 중요하다. 메마르고 쇠약하여 고약(枯弱)한 자는 아름답다고 할 수가 없는 것이다.

메마르고 쇠약(衰弱)한 것을 고약(枯弱)하다고 말합니다. 사주가 고약(枯弱)해지면 정기(精氣)가 손상(損傷)되니 그 사람의 정신(情神)이 파괴됩니다. 정신(情神)이 없게 되면 사기(邪氣)가 침범하므로 그 정신을 좀먹게 합니다.

【예시3】
이 명조는 오미합(午未合)이고 정화(丁火)가 2개로 투간하여 국(局)을 이룬다. 따라서 오미(午未)는 화열토초(火熱土焦)하여 능히 경금(庚金)을 녹이고 금(金)을 생조하지 못하게 한다.
또한 목(木)은 화(火)의 세력을 따라가니 기토(己土)인수(印綬)를 메마르게 한다.
바로 이것인 고약(枯弱)으로 맑지 못하다는 것이다.
그런데 대운이 동남으로 흘러가니 평생 이룬 것이 없었다.[任氏註]

時	日	月	年	건 명
정인		정관	정관	六 神
己	庚	丁	丁	天 干
卯	午	未	卯	地 支
정재	정관	정인	정재	六 神

▶ 탁(濁)하다라는 것은 오행(五行)이 나란히 출현한 것을 말하는 것이 아니다.

사주가 마르고 편고한 명(命)은 정신(情神)이 부족한 명(命)으로 아름다운 명조가 될 수 없습니다. 정신이 메마르게 되면 사기(邪氣)가 침범하게 되어 있고 사기(邪氣)가 들어오게 되면 청기(淸氣)가 흐려지게 되어 있습니다.
청기기 흐리다는 것은 곧 탁한 사주라는 말인데 사주가 탁해지면 가난하지 않으면 천하게 됩니다.
또한, 오행이 전부 드러나 있다는 것을 탁하다고 말할 수 없습니다.
정관격에 신약한 명(命)이 칠살(七殺)이 있고 재성이 있는데 식신(食神)이 있으면 식신(食神)이 칠살(七殺)을 제살(制殺)하여 정관(正官)을 보호할 수가 있습니다.
관성과 인수가 서로 화합하지 못한다는 것은 재성(財星)이 인수(印綬)를 극(剋)하면 인수(印綬)가 파손(破損)되므로 괴인(壞印)이 된 인수(印綬)를 중요하게 사용하지 못하면 탁할 수 있다고 말하는 것입니다.

▶ 일신(一神)이 유력(有力)함을 얻거나 혹 행운(行運)이 지지를 얻어서 그 정체된 기운을 충(沖)하여 그 탁한 기운을 제거하게 되면 모두 청탁(淸濁)의 혼잡(混雜)에서 맑아졌다고 하는 것인데 모두 부귀(富貴)한 명(命)이 된다.

사주가 정체(停滯)되거나 막히면 탁(濁)해지는 것입니다. 행운에서 그 기신(忌神)이 되는 탁(濁)한 글자를 충(沖)으로 제거해 주면 사주가 맑아졌다고 말할 수가 있는 것입니다.
이러한 명(命)은 청탁(淸濁)의 혼잡(混雜)에서 구제(救濟)를 얻은 것이므로 모두 부귀(富貴)의 명(命)으로 보면 되는 것입니다.

【예시4】

병화(丙火)가 미월(未月)에 태어났다. 원래 왕(旺)하다고 논해야 하겠지만, 늦여름이고 화기(火氣)는 퇴기(退氣)하는 시기이다. 게다가 상관(傷官)이 중첩(重疊)되어 병화(丙火)를 설기(洩氣)하는데 축(丑)은 습토(濕土)이니 능히 병화(丙火)의 빛을 회화(晦火)하고 있다.

그래서 왕(旺)이 변해 약(弱)이 되었다, 따라서 토(土)가 태과(太過)하여 탁기(濁氣)가 당권(當權)하니 청기(淸氣)는 세력을 잃었다.

그러므로 화토(火土)운이 지배하는 초년 20년간은 일어서고 넘어지고를 반복하였다. 그러다가 을묘(乙卯)와 갑인(甲寅)대운에 이르러 목(木)이 후(厚)한 토(土)를 소토(疏土)하니 탁기(濁氣)를 소제(掃除)하여 일원(日元)을 생부(生扶)하였다.

고로 관성(官星)을 보호하고 좌회우합(左會右合)으로 해묘미(亥卯未)삼합과 인해합(寅亥合)으로 희신(喜神)이 국을 이루어 국(局)을 맑게 하였으니 재물이 무성(茂盛)하고 경영(經營)에 성공하였다.[任氏註]

時	日	月	年	건 명
상관		상관	정관	六神
己	丙	己	癸	天干
丑	午	未	亥	地支
상관	겁재	상관	편관	六神

24. 탁기(濁氣)

사주가 탁(濁)하면 곤궁(困窮)하다.

> **滿盤濁氣令人苦一局淸枯也苦人半濁半淸猶是可多成多敗度晨昏**
> 만반탁기령인고일국청고야고인반탁반청유시가다성다패도신혼

사주에 탁기(濁氣)가 가득한 사람은 고생(苦生)하는데 일국(一局)이 청고(淸枯)
하여도 고역(苦役)살이 하는 사람이다. 반탁반청(半濁半淸)이 좋을 듯하지만,
다성다패(多成多敗)하니 조석(朝夕)으로 헤아려야 한다.

> **【原文】柱中要尋他淸氣不出行運又不能去其濁氣必是貧賤若淸又要有**
> 【원문】주중요심타청기불출행운우불능거기탁기필시빈천약청우요유
> **精神爲妙如枯弱無氣行運又不遇發生之地亦淸苦之人濁氣又難去淸氣又**
> 정신위묘여고약무기행운우불우발생지지역청고지인탁기우난거청기우
> **不眞行運又不遇淸氣又不脫濁氣者難然成敗不一亦了此生平矣.**
> 불진행운우불우청기우불탈탁기자난연성패불일역료차생평의.

사주(四柱) 중(中)에서 청기(淸氣)가 출현(出現)하지 않았거나 혹은 행운(行運)
에서도 또한 그 탁(濁)한 기운을 제거하지 못한다면 필시 빈천(貧賤)한 사람
이다. 만약, 맑더라도 원하는 정신(精神)이 있어야만 묘(妙)해지는 것이다.
예를 들어 고약(枯弱)하여 무기(無氣)한 팔자가 행운(行運)이 또한 정신(情神)을
돕지 못한다면 역시 청빈(淸貧)한 사람에 불과하다. 탁기(濁氣)를 제거하기 어
렵고 청기(淸氣)는 또한 참되지 않으며 행운(行運)에서도 또한 청기(淸氣)를 만
나지 못하는데 탁기(濁氣)에서 벗어나지 못하는 사람은 성패(成敗)가 일치하
지 않으므로 이러한 사람은 평생을 고생하다가 평범하게 죽는 것이다.

탁(濁)한 사주는 아래와 같습니다.

1) 사주가 탁(濁)하다라는 것은 재다신약(財多身弱)하거나 관살혼잡(官殺混雜)
   한 상태와 같은 무리를 말 한다.

2) 올바른 신(神)이 세력을 잃고 정신(情神)이 쇠약(衰弱)하거나 사기(邪氣)가
   득세하면 이것은 기(氣)가 탁(濁)하다고 말한다.

3) 월령이 파손(破損)되어 다른 곳에서 용신(用神)을 찾아야 한다면 격(格)이
   탁(濁)하다고 말한다.

4) 관성(官星)이 인성(印星)을 희신(喜神)으로 반기는데 재성(財星)이 나타나서
   인성(印星)을 파괴한다면 이것을 재성(財星)의 탁기(濁氣)라 말한다.

5) 관성(官星)이 쇠약(衰弱)하여 재성(財星)을 반기는데 비겁(比劫)이 나타나서 재
   성(財星)을 쟁재(爭財)하게 된다면 이것을 비겁(比劫)의 탁기(濁氣)라 말한다.

6) 재성(財星)이 왕(旺)하면 비겁(比劫)을 좋아하는데 관성(官星)이 비겁(比劫)
   을 억제하고 있다면 이것을 관성(官星)의 탁기(濁氣)라 말한다.

7) 재성(財星)이 쇠약(衰弱)해서 식상(食傷)을 좋아하는데 인성(印星)이 월령을
   장악하여 식상(食傷)을 탈식(奪食)하고 있다면 이것을 인성(印星)의 탁기(濁
   氣)라 말한다.

8) 일주가 신강하고 칠살(七殺)이 쇠약(衰弱)한데 식상(食傷)이 득세(得勢)하여 약한 칠살을 더욱 극(剋)하게 만든다면 이것을 식상(食傷)의 탁기(濁氣)라 말한다.

▶ 사주에 탁기(濁氣)가 가득한 사람은 고생(苦生)하는데 일국(一局)이 청고(清枯)하여도 고역(苦役)살이 하는 사람이다.

탁(濁)하고 청고(清枯)하다는 이 두 글자에 대해서는 마땅히 세밀하게 분별할 줄 알아야 합니다. 따라서 청중탁(清中濁)이 될지언정 청중고(清中枯)가 되어서는 안 되는 것입니다. 곧 청(清)한 중에 탁한 것은 행운에서 그 탁기(濁氣)를 제거하면 발복(發福)할 수 있어 구제받을 수 있는 길이 보이지만 청(清)한 중에 메마른 것은 행운에서조차 돕지를 못하는 것을 말하는 것입니다.

청고(清枯)라하는 것은 "맑지만 메마르다"라는 의미인데 만약 일주가 무기(無氣)하면 메마르다 하고 일주가 유기(有氣)하더라도 용신(用神)이 무기(無氣)하게 되면 메마르게 됩니다. 고(枯)라는 것은 쇠약(衰弱)하다는 말보다 더 흉의(凶意)가 강한 의미가 됩니다. 쇠약(衰弱)하다는 것은 뿌리가 약하다는 것을 말함이니 곧 부조(扶助)하게 되면 발생(發生)의 의지(意志)가 있게 되고 생조(生助)하므로 다시 왕성해질 수가 있는 것입니다.

그러나 고(枯)라는 것은 이미 무기(無氣)하면서 썩어버린 것을 말합니다.

그러므로 생조(生助)하더라도 생의(生意)가 발생(發生)하지 않는 것을 말하게 됩니다. 곧 메말라 생의(生意)가 없다는 것을 말합니다.

그래서 맑은 가운데 메말랐다고 하는 청고(清枯)라는 것은 일주가 뿌리가 없는 사주를 말하며 또 일주의 기(氣)가 있다고 해도 용신이 기(氣)가 없는 것도 여기에 속합니다.

무릇 팔자에서 일주가 메마른 사람은 가난하지 않으면 요절을 하게 되고 용신(用神)이 메마른 사람도 가난하지 않으면 고독하게 됩니다.

▶ 반탁반청(半濁半淸)이 좋을 듯하지만 다성다패(多成多敗)하니 조석(朝夕)으로 헤아려야 한다.

사주가 탁하면서 맑은 기운도 가지고 있다면 행운에서 탁한 기운이 제거될 때에 성공하는 사람이 많습니다. 이것은 병(病)을 가지고 있던 명조가 대운에서 약(藥)을 만나는 것과 똑같은 이치입니다. 그러다가 행운이 지나가면 다시 탁기가 찾아와 흉해지니 운수가 막히는 것입니다. 그래서 다성다패(多成多敗)한다고 말을 한 것입니다.

▶ 사주(四柱) 중(中)에서 청기(淸氣)가 출현(出現)하지 않았거나 혹은 행운(行運)에서도 또한 그 탁(濁)한 기운을 제거하지 못한다면 필시 빈천(貧賤)한 사람이다.

사주의 맑은 기운이 투출하지 못하고 사주 전체가 모두 탁기로 가득하다면 반드시 행운을 살펴보아야 하는데 행운에서 탁기를 억제하고 맑을 것을 도와준다면 여전히 흥성해 질 수 있습니다.
그러나 그 탁한 기운을 제거 못하는 명조는 빈천하다고 말할 수가 있습니다. 탁기(濁氣)가 사령(司令)이 되었다는 것은 만약에 진신(眞神)이나 희신(喜神)이 약한 명조에서 가신이나 흉신은 오히려 월령에서 뿌리를 내려 힘이 있다는 것을 말합니다. 그러므로 만약 행운에서 잠복이 된 흉신을 제거하면 청기(淸氣)가 회복되므로 발복하게 되는 것입니다.

▶ 만약 맑더라도 원하는 정신(情神)이 있어야만 묘(妙)해지는 것인데 예를 들어 고약(枯弱)하여 무기(無氣)한 팔자가 행운(行運)이 또한 정신(情神)을 돕지 못한다면 역시 청빈(淸貧)한 사람에 불과하다.

사주가 맑다고 해서 모두 좋은 것은 아닙니다. 정신이 부족하다거나 메마른 사주라면 맑아도 소용이 없게 됩니다.

예를 들어 사주는 맑지만, 일주가 무근하여 메마르다면 빈천하게 됩니다. 또한, 일주가 유기하다고 해도 용신이 메마르면 역시 빈천한 삶을 살아야 합니다.

그러므로 행운이 무기한 일주를 방신하는 계절을 만나게 되면 힘이 있게 되어 정신(情神)이 충족할 수가 있게 되는데 일주를 건강하게 생하는 계절을 만나지 못하면 사주가 맑더라도 고생하게 됩니다.

그러므로 청하고 정신이 부족하다면 결국 청빈(淸貧)한 사람에 그치게 된다고 말을 합니다.

▶ 탁기(濁氣)를 제거하기 어렵고 청기(淸氣)는 또한 참되지 않으며 행운(行運)에서도 또한 청기(淸氣)를 만나지 못하는데 탁기(濁氣)에서 벗어나지 못하는 사람은 성패(成敗)가 일치하지 않으므로 이러한 사람은 평생을 고생하다가 평범하게 죽는 것이다.

"탁한 기운을 제거하기 어렵고 맑은 기가 또한 참되지 않다"라고 하는 것은 탁(濁)하게 만드는 오행을 제거하지 못하면 기(氣)가 맑아질 수가 없고, 또한 맑은 기가 있더라도 월령에 뿌리내리지 못하거나, 일주가 무기(無氣)하다면 이러한 팔자는 탁기에서 벗어나지 못한 사람이라고 보는 것입니다.

【예시】

이 명조는 탁기(濁氣)는 당권(當權)하고 청기(淸氣)는 세력(勢力)을 잃고 있다.

곧 기미(己未)와 기축(己丑)은 태과한 상관(傷官)이니 병화(丙火)를 설기함이 지나치고 특히 축(丑)토는 병(丙)화를 회화하여 빛을 잃게 하였다.

그러므로 토가 탁기가 되는데 청기는 목(木)이 된다.

즉 목(木)으로 다토(多土)함을 소토(燒土)하는 시기에 탁기를 제거하고 청기가 회복이 되어 발전하게 된 명조이다.

따라서 을묘(乙卯)와 갑인(甲寅)대운에 목(木)이 소토(疏土)하여 탁(濁)한 기운을 없애고 일주를 생(生)하면서 계수(癸水) 관성을 보호해주므로 재물을 모으고 사업도 성공하였다.

時	日	月	年	건 명
상관		상관	정관	六 神
己	丙	己	癸	天 干
丑	午	未	亥	地 支
상관	겁재	상관	편관	六 神

25. 진신(眞神)

가란진(假亂眞)이 없는 진신(眞神)이 참되면 귀하다.

令上尋眞聚得眞假神休要亂眞神眞神得用生平貴用假終爲碌碌人
령상심진취득진가신휴요란진신진신득용생평귀용가종위록록인

월령에서 진신(眞神)을 찾으면 진기(進氣)를 얻는 것인데 가신(假神)이 진신(眞神)을 어지럽히는 것을 멈춰야 한다. 진신(眞神)이 쓰임을 얻으면 평생 귀(貴)하고 가신(假神)이 용(用)을 얻으면 평생 보잘것없는 사람이 된다.

【原文】如木火遂者生寅月聚得眞不要金水亂之眞神得用不爲忌神所害
【원문】여목화수자생인월취득진불요금수란지진신득용불위기신소해
則貴如參以金水猖狂而用金水是金水又不得令徒與木火不和乃爲碌碌庸
칙귀여참이금수창광이용금수시금수우불득령도여목화불화내위록록용
人矣.
인의.

예를 들어 목화(木火)가 원만하고 인월(寅月)에 태어나면 진기(眞氣)를 얻었다고 말한다. 금수(金水)가 어지럽히지 않는다면 진신(眞神)이 용(用)을 얻은 것이며 기신(忌神)이 방해하지 않는다면 곧 귀(貴)한 명(命)이 된다.
예를 들어 금수(金水)가 창광(猖狂)하여 간섭하면 금수(金水)가 용(用)이 되는데 이 금수(金水)가 다시 월령을 얻지 못하고 목화(木火)의 무리와 불화(不和)하다면 다만 록록인(碌碌人)으로 범인에 불과하다.

▶ 월령에서 진신(眞神)을 찾으면 진기(進氣)를 얻는 것인데 가신(假神)이 진신(眞神)을 어지럽히는 것을 멈춰야 한다.

진(眞)이란 때를 얻어 월령(月令)을 잡은 신(神)을 말합니다. 가(假)란 때를 잃고 퇴기(退氣)하는 신(神)을 말합니다. 말하자면 일주가 사용할 수 있는 신(神)은 제강(提綱)에 거주하여 사령(司令)하고 또 천간에 투출 되어 있어야 합니다. 이것을 진신이라 말하는데 용신이 될 만한 신을 말합니다. 그러므로 진신(眞神)이 월령에 뿌리를 내리면 참된 것으로 봅니다. 이것은 만약 목화(木火)를 사용하는 팔자가 있는데 또한 월령이 목화(木火)로 구성이 되어 있는 것을 말합니다.
반대로 가신(假神)이 월령에 뿌리를 내리면서 진신(眞神)을 공격하는 팔자는 "가란진(假亂眞)"이라고 하여 일평생 빈천(貧賤)하게 됩니다. 이것은 만약에 목화(木火)를 사용하는 팔자가 월령이 금수(金水)가 되어 있어서 금목(金木)으로 불화(不和)한 것을 말합니다. 이것은 가신(假神)이 진신(眞神)을 훼방한다고 하여 가란진(假亂眞)이라고 부르는데 이 가란진(假亂眞)이 많은 팔자는 빈천(貧賤)해지게 됩니다.

▶ 진신(眞神)이 쓰임을 얻으면 평생 귀(貴)하고 가신(假神)이 용(用)을 얻으면 평생 보잘것없는 사람이 된다.

원국의 진신(眞神)이 가란진(假亂眞)의 공격으로 탁(濁)하여 빈천(貧賤)하다면 만약 행운(行運)에서 가신(假神)을 억제하고 진신(眞神)을 생부(生扶)하여 그 쓰임을 얻어야 합니다. 그렇게 되면 역시 작은 공명(功名)을 이룰 수 있고 몸은 안정을 취할 수 있습니다. 그래서 희신(喜神)은 사생(四生)을 만나야 하고 기신(忌神)은 사절(四絶)을 얻어야 마땅합니다.

왜냐하면, 희신을 살리는 길이 가란진을 제거하는 유일한 방법이 되기 때문입니다. 따라서 원국에서는 진신(眞神)을 살펴보고 행운(行運)에서는 가란진(假亂眞)을 제거할 해구신(解求神)을 살펴봐야 합니다.

▶ 목화(木火)가 원만하고 인월(寅月)에 태어나면 진기(眞氣)를 얻었다고 말한다. 금수(金水)가 어지럽히지 않는다면 진신(眞神)이 용(用)을 얻은 것이며 기신(忌神)이 방해하지 않는다면 곧 귀(貴)한 명(命)이 된다.

목화(木火)가 천간에 투간했는데 월령(月令)이 인월(寅月)에 태어나게 되면 목(木)이 자기 계절을 얻은 것이므로 왕(旺)하게 되어 진기(眞氣)를 얻었다고 말할 수가 있는 것입니다. 반대로 목(木)이 가을인 신월(申月)에 태어나게 되면 퇴기(退氣)가 되어 자기의 세력이 물러난다는 뜻으로 말을 하는 것입니다. 그러나 목(木)이 진기(眞氣)를 얻어 왕(旺)하다 하더라도 금수(金水)가 있어 방해를 받게 되면 기신이 방해하는 것이라서 좋은 명이 되지 못합니다. 하지만 진신(眞神)이 월령(月令)을 얻어 용(用)이 된 상태에서 기신(忌神)의 방해가 없게 된다면 곧 귀한 명이라고 말을 할 수가 있는 것입니다.

▶ 금수(金水)가 창광(猖狂)하여 간섭하면 금수(金水)가 용(用)이 되는데 이 금수(金水)가 다시 월령을 얻지 못하고 목화(木火)의 무리와 불화(不和)하다면 다만 록록인(碌碌人)으로 범인에 불과하다.

금수(金水)가 세력을 얻어 기세가 왕(旺)하면 곧 금수(金水)가 용(用)이 되는데 만약에 이 금수(金水)가 월령을 얻지 못하게 되면 진기(眞氣)를 얻지 못하는 것이 됩니다. 이때에 목화(木火)의 무리가 있어 금목상쟁(金木相爭)으로 서로 불화(不和)한다면 다만 평범한 인생이고 록록인(碌碌人)이 되면 평생 이루는 것이 없다고 합니다.

【예시1】

기토(己土)가 초봄에 태어나 차고 습한 몸인데 낮고 얇은 땅에 거주하니 그 기(氣)가 약하다. 그런데 다행히도 갑(甲)과 병(丙)이 인목(寅木)에서 투간하였다. 따라서 인성(印星)은 바르고 정관(正官)은 맑으니 진신(眞神)을 취득한 것이다.

이것을 진신득용(眞神得用)이라 말한다. 곧 진신(眞神)이 쓰임을 얻었는바, 사주 중에 금(金)이 출현하지 않았으며 또한 자수(子水)는 자축합토(子丑合土)로 변하니 병화(丙火)를 해롭게 하지 못한다.

곧 가란진(假亂眞)이 없다.

더 좋은 것은 대운까지 동남(東南)으로 흘러가니 인수(印綬)가 왕(旺)해지는 땅이다. 그러므로 벼슬이 상서(尙書)에까지 이르렀다.

時	日	月	年	건 명
정관		인수	정관	六 神
甲	己	丙	甲	天 干
子	丑	寅	子	地 支
편재	비견	정관	편재	六 神

【예시2】

이 명조는 일주가 왕지(旺地)이고 진자(辰子)수국으로 방신(幇身)하니 약하다고 논하는 것은 부당하다.

기쁜 것은 인월(寅月)의 갑목(甲木)이 투출하여 식신(食神)이 진신(眞神)이 된 것이고 싫어하는 바는 년주(年柱)가 경신(庚申)으로 진신(眞神)을 극(剋)한다는 점이다.

또 무토(戊土)가 가신(假神)을 돕고 있으니 이것이 일명 가란진(假亂眞)으로 가신(假神)이 진신(眞神)을 어지럽힌다는 것이다.

비록 어려서 학교에 다녀 공부하였지만 여러 번 과거시험에 응시하여 낙방만 하다가 임오(壬午)운에 이르러 경금(庚金)을 억제해서 가을 과거시험에 합격하여 돈을 내고 현령이 되었다. 그러나 신금(申金)대운에 진신인 인목(寅木)을 가신이 충(冲)하여 죽고 말았다.

時	日	月	年	건 명
식신		편관	편인	六 神
甲	壬	戊	庚	天 干
辰	子	寅	申	地 支
편관	겁재	식신	편인	六 神

26. 가신(假神)

제강(提綱)에 진신(眞神)이 없으면 암처(巖處)에서 구한다.

眞假參差難辨論不明不暗受逃遵提綱不與眞神照暗處尋眞也有眞
진가참차난변론불명불암수둔전제강불여진신조암처심진야유진

진신(眞神)과 가신(假神)이 가지런하지 않으면 분별(分別)하여 논(論)하기 어렵다. 명암(明暗)이 확실하지 않아 머뭇거리게 된다. 제강(提綱)에서 진신(眞神)이 밝지 못하면 암처(暗處)에서 진신(眞神)을 찾아도 된다.

【原文】眞神得令假神得局而黨多假神得令眞神得局而黨多不見眞假之
【원문】진신득령가신득국이당다가신득령진신득국이당다불견진가지
迹或眞假皆得令得助不能辨其勝負而參差者其人雖無大禍一生逃否而少
적혹진가개득령득조불능변기승부이참차자기인수무대화일생둔부이소
安樂寅月生人不透木火而透金爲用神是爲提綱不照也得己土暗邀戊土轉
안낙인월생인불투목화이투금위용신시우제강불조야득기토암요무토전
生地支卯多酉沖乙庚暗化運轉西方亦爲有眞亦或發福以上特擧眞假一端
생지지묘다유충을경암화운전서방역위유진역혹발복이상특거진가일단
言耳其會局合神從化用神衰旺情勢象格必迹才德邪正緩急生死進退之例
언이기회국합신종화용신쇠왕정세상격필적재덕사정완급생사진퇴지례
莫不有眞假最宜詳辨之.
막불유진가최의상변지.

진신(眞神)이 월령을 얻었는데 가신(假神)도 국(局)을 얻어 무리가 두텁거나 가신(假神)이 월령을 얻었는데 진신(眞神)도 국(局)을 얻어 무리가 두터워서 진가(眞假)의 흔적을 찾을 수가 없다거나 혹 진가(眞假)가 모두 월령(月令)을 얻어 도움을 받아 그 승부(勝負)가 들쑥날쑥하여 일정하지 않아 분별(分別)하

기 어려우면 그 사람은 비록 일생에서 큰 재앙(災殃)은 없더라도 곤궁(困窮)하며 안락(安樂)함이 적다.

인월(寅月)에 태어난 사람이 목화(木火)가 투출하지 않고 금(金)이 투출하여 용신(用神)이 되었다면 이것이 제강(提綱)이 호응하지 못한다고 하는 것이다.

기토(己土)를 암중에서 취하고 무토(戊土)가 금(金)을 생하며 지지에 묘(卯)가 많은데 유금(酉金)이 충하고 을경(乙庚)이 암중(暗中)합화(合化)하고 운이 서방(西方)으로 흐르면 역시 진신(眞神)이 있는 것으로 보아 발복(發福)이 있는 것이다. 이상 특별한 진가(眞假)의 한 단편을 예로 들었지만 그 이외 회국(會局), 합신(合神), 종화(從化), 용신(用神), 쇠왕(衰旺), 정세(情勢), 상격(象格), 재덕(才德), 사정(邪正), 완급(緩急), 생사(生死), 진퇴(進退)의 사례에도 진가(眞假)의 흔적이 없는 것이 아니니 우선하여 상세히 살펴보아야 한다.

구문풀이

▶ 진신(眞神)과 가신(假神)이 가지런하지 않으면 분별(分別)하여 논(論)하기 어렵다. 명암(明暗)이 확실하지 않아 머뭇거리게 된다.

사주팔자에서 진신(眞神)과 가신(假神)의 세력이 확실히 드러나지 못하여 어떤 세력이 우월(優越)한지 알 수가 없다면 명암(明暗)이 불확실하니 특정 세력의 우월을 말하기 어렵습니다. 이렇게 되면 진신(眞神)의 세력을 결정하기가 쉽지 않아서 주저하게 됩니다.

사주팔자가 이처럼 세력의 다툼으로 주저하게 되면 팔자가 정체(停滯)되어 흘러가지를 못하게 됩니다. 그러므로 큰 재앙은 없더라도 곤궁하며 안락함이 적다고 보는 것입니다.

▶ 제강(提綱)에서 진신(眞神)이 밝지 못하면 암처(暗處)에서 진신(眞神)을 찾아도 된다.

진신(眞神)이라는 것은 월령인 제강(提綱)에서 뿌리내리거나 도움을 받아야 좋은데 그렇지 못하다면 월령이 아닌 다른 곳에서도 진신(眞神)을 찾아야 합니다. 만약 진신(眞神)이 팔자에 드러나지 못하여 지장간에라도 진신(眞神)이 있으면 되는 것인데 이것을 "암처(暗處)에서 찾는다"라고 표현하고 있는 것입니다.

▶ 진신(眞神)이 월령을 얻었는데 가신(假神)도 국(局)을 얻어 무리가 두텁거나 가신(假神)이 월령을 얻었는데 진신(眞神)도 국(局)을 얻어 무리가 두터워서 진가(眞假)의 흔적을 찾을 수가 없다거나 혹 진가(眞假)가 모두 월령(月令)을 얻어 도움을 받아 그 승부(勝負)가 들쑥날쑥하여 일정하지 않아 분별(分別)하기 어려우면 그 사람은 비록 일생에서 큰 재앙(災殃)은 없더라도 곤궁(困窮)하며 안락(安樂)함이 적다.

팔자 안에서 진신과 가신의 세력이 비슷해서 우월을 가리기 힘들게 되면 큰 재앙은 없더라도 곤궁한 것은 상쟁으로 어느 한쪽도 양보하지 않기 때문인 것입니다. 이것은 진가가 서로 다투는 것이니 팔자가 정체되어 막히게 되는 결과로 발복하기 어렵다고 보면 됩니다.

▶ 인월(寅月)에 태어난 사람이 목화(木火)가 투출하지 않고 금(金)이 투출하여 용신(用神)이 되었다면 이것이 제강(提綱)이 호응하지 못한다고 하는 것이다. 기토(己土)를 암중에서 취하고 무토(戊土)가 금(金)을 생하며 지지에 묘(卯)가 많은데 유금(酉金)이 충하고 을경(乙庚)이 암중(暗中)합화(合化)하고 운이 서방(西方)으로 흐르면 역시 진신(眞神)이 있는 것으로 보아 발복(發福)이 있는 것이다.

천간에 목화(木火)가 투출하였다면 인월(寅彐)에 태어나야 월령(月令)이 힘을 보태주는 것이고 이것이 제강(提綱)이 밝게 한다고 말하는 것입니다.

그러나 인월(寅月)에 금(金)이 투출하여 금(金)이 용신이 되었다면 제강이 역행하는 것이니 제강이 밝게 하지 못한다고 말하는 것입니다.

그러나 역시 금(金)이 용신(用神)이 되었으므로 월령(月令)이 역행한다고 해도 행운에서 암중에서 토(土)를 얻어 취하고 묘유충(卯酉沖)으로 묘목(卯木)을 제거하거나 혹은 을경합금(乙庚合金)으로 목(木)이 금으로 변하게 되면 또한 대운도 서방(西方)을 만나 금(金)을 돕는다고 하면 진신(眞神)이 있는 것으로 보아 발복(發福)한다고 말할 수 있습니다.

이러한 구조를 소위 기인취재(棄印就財)라고 볼 수 있습니다.

곧 인수(印綬)를 버리고 재성(財星)을 쫓는다는 것인데 여기서 인목(寅木)이 인수(印綬)가 되고 경금(庚金)이 재성(財星)으로 용신이 되는 것을 말하는 것입니다.

【예시1】

이 명조는 한금(寒金)이니 병화(丙火)를 탄기는데 금수상관(金水傷官)이므로 정관(正官)을 희용(喜用)하게 되어 있다.

또한 일주(日柱)가 신유(辛酉)로 건록(建祿)에 앉아 있으니 병화(丙火)를 용(用)함이 마땅하겠으나 지지의 수세(水勢)가 창광(猖狂)하므로 명주의 원신(原神)을 훔쳐 가고 병화(丙火)를 약(弱)하게 만들었다.

그러므로 2개의 기토(己土)를 용(用)해서 일신(日身)을 보(保)하고 병화(丙火)를 살려야 한다. 그러므로 초년 경자(庚子)와 신축운(辛丑運)에는 비겁(比劫)이 일주를 방신(幫身)하니 부모의 음덕(陰德)이 넉넉하여 의식(衣食)이 풍족하였다.

그러나 임인(壬寅)운(運)으로 넘어오면서 임수(壬水)운에는 병임충(丙壬沖)으로 정관(正官)을 손상(損傷)시키니 부모(父母)가 세상을 뜨고 인목(寅木)운에 들어서자 동방(東方)의 목지(木地)가 되니 허약한 토(土)가 손상(損傷)을 입게 되어 창광(猖狂)한 수(水)가 되살아 병화(丙火)를 극하였다.

따라서 물려받은 조업(助業)을 낭비하다가 형처(刑妻), 극자(剋子)하였는데 외지(外地)로 떠나 행적을 알 수가 없었다.

時	日	月	年	건 명
편인		편인	정관	六神
己	辛	己	丙	天干
亥	酉	亥	子	地支
상관	비견	상관	식신	六神

【예시2】

2개의 칠살(七殺)이 자수(子水)에 득록(得祿)하여 날뛰는데 재성(財星)의 세력(勢力)이 살(殺)을 돕고 있다.

그러므로 인수(印綬)로 화살(化殺)해야 마땅하므로 인목(寅木)이 진신(眞神)이 된다. 그런데 목(木)의 원신(原神)인 을목(乙木)이 시간에 투간해 있으니 진신(眞神)이 당령(當領)한 것이다. 따라서 진신(眞神)을 극(剋) 충(沖)하는 신금(申金)재성은 가란진(假亂眞)이 된다.

고로 인신충(寅申沖)은 병(病)이다. 행운이 남방(南方)으로 흘러 신금(申金)의 병(病)을 제거(除去)하고 일간을 방신(幇身)하므로 벼슬이 혁혁(赫赫)하였는데 봉강(封疆)에 이르렀다.

時	日	月	年	건 명
정인		편관	편관	六神
乙	丙	壬	壬	天干
未	子	寅	申	地支
상관	정관	편인	편재	六神

【예시3】

이 사람은 도축업(屠畜業) 종사자(從仕者)이다.

격국(格局)에는 고저(高低)가 있는데 진가(眞假)를 보아 결정한다.

예를 들어 축월(丑月)에서 계수(癸水)가 투간하여 용신(用神)이 되어도 다른 장소에서 칠살(七殺)이 세력(勢力)을 얻으면 가신(假神)이 진신(眞神)을 훼방하는 것이다.

곧 진신득용(眞神得用)에 실패한 팔자가 되므로 비록 창업(創業)하여 가문(家門)을 일으키더라도 고생이 많고 일취월장(日就月將)하기가 어렵다.

역시 편안함이 적은 까닭은 진신은 약하고 가신(假神)이 국(局)을 이루었기 때문이리라.

그러므로 이 사주는 양인(陽刃)으로 칠살(七殺)을 제압(制壓)하여 그럴 듯하게 보였지만 천간에 관살혼잡(官殺混雜)이고 또한 진신(眞神)과 가신(假神)이 섞여 진가(眞假)의 구분이 불명확하므로 격(格)이 떨어진 것이다.

時	日	月	年	건 명
편관		정관	정재	六 神
甲	戊	乙	癸	天 干
寅	午	丑	酉	地 支
편관	정인	겁재	상관	六 神
겁살	양인	공망		신 살

27. 강유(剛柔)

강하고 부드러움은 성정(性情)을 이끌어줘야 한다.

剛柔不一也不可制者引其性情而已矣.
강유불일야불가제자인기성정이이의.

강(剛)과 유(柔)는 같지 않은 것인데 억제(抑制)할 수가 없을 때는 그 성정(性情)을 이끌어 줘야 한다.

【原文】剛柔相濟不必言也太剛者濟之以柔而不得其情而反助其剛矣譬
【원문】강유상제불필언야태강자제지이유이불득기정이반조기강의비

之武士而得士卒則成殺伐如庚金生於七月遇丁火而激其威遇乙木而助其
지무사이득사졸칙성살벌여경금생어칠월우정화이격기위우을목이조기

暴遇己土而成其志遇癸水而益其銳不如柔之剛者濟之可也壬水是也蓋壬
폭우기토이성기지우계수이익기예불여유지강자제지가야임수시야개임

水有正性而能引通庚之情故也若以剛之剛者激之其禍曷勝言哉太柔者濟
수유정성이능인통경지정고야약이강지강자격지기화갈승언재태유자제

之以剛而不馭其情而反益其柔也譬之烈婦而遇恩威則成淫賤如乙木生於
지이강이불어기정이반익기유야비지렬부이우은위칙성음천여을목생어

八月遇甲丙壬而喜則輸情遇戊庚盛而畏則失身不如剛之柔者濟之可也丁
팔월우갑병임이희칙수정우무경성이외칙실신불여강지유자제지가야정

火是也蓋丁火有正情則能引動乙木之情故也若以柔之柔者合之其弊將何
화시야개정화유정정칙능인동을목지정고야약이유지유자합지기폐장하

如哉餘皆例推.
여재여개례추.

강유(剛柔)상제(相濟)가 되면 말할 필요가 없지만, 너무 태강(太強)한 것이 유약(柔弱)한 것을 도와주면 그의 정(情)을 얻지 못한다. 도리어 그 강함을 돕

게 만든다. 비유하자면 무사(武士)가 병사(兵士)를 얻게 되면 전쟁(戰爭)을 치르는 것과 같은 것이다.

예를 들어 경금(庚金)이 칠월(七月)에 태어나고 정화(丁火)를 만난다면 그 위엄(威嚴)이 격동(激動)하고 을목(乙木)을 만난다면 오히려 그 난폭함을 돕게 되고 기토(己土)를 만난다면 그 뜻을 이루고 계수(癸水)를 만난다면 그 날카로움이 늘어난다. 그러므로 유약(柔弱)한 자로 강(强)한 자를 돕는 편만 못한데 임수(壬水)가 그러하다. 임수(壬水)는 올바른 성질을 가지고 있으므로 능히 경금(庚金)의 정(情)을 이끌어 유통(流通)시켜 줄 수 있기 때문이다. 만일 강함을 더 강하게 하여 격동(激動)시킨다면 그 재앙을 어찌 말할 수가 있겠는가. 너무 태약(太弱)한 것을 강(强)한 것으로 돕는다면 그 정(情)을 통제(統制)하지 못하니 도리어 그 약함이 더 늘어나게 된다. 비유하자면 열녀(烈女)가 은혜(恩惠)와 위엄(威嚴)을 만나게 되면 곧 음천(淫賤)하게 되는 것과 같다.

예를 들어 을목(乙木)이 팔월(八月)에 태어나면 을목(乙木)이 태약(太弱)한 것이다. 그런데 갑병임(甲丙壬)의 희신(喜神)을 만난다면 곧 정(情)을 보태고 무경(戊庚)의 흥성함을 만난다면 금(金)을 생하므로 두려워하여 곧 실신(失身)하게 된다. 이것은 강한 자로 유약함을 돕는 편만 못한데 정화(丁火)가 그러하다. 정화(丁火)는 올바른 정(情)을 가지고 있어서 곧 능히 을목(乙木)의 정(情)을 이끌어 움직이게 만들어 주기 때문이다. 만일 약함을 약한 것으로 합하여 준다면 그 폐해를 어찌 감당할 것인가. 나머지도 모두 이와 같이 추리한다.

구문풀이

▶ 강(剛)과 유(柔)는 같지 않은 것인데 억제할 수가 없을 때는 그 성정(性情)을 이끌어줘야 한다.

"억제할 수가 없다"라는 것은 강함이 지극하면 성정을 거스르지 말아야 하며 그 정을 끌어내 유통시켜야 함을 말하는 것입니다. 따라서 경신일주라면 완고하니 임수로 설기하는 길이 마땅하다는 것입니다.

▶ 강유(剛柔)상제(相濟)가 되면 말할 필요가 없지만, 너무 태강(太强)한 것이 유약(柔弱)한 것을 도와주면 그의 정(情)을 얻지 못한다. 도리어 그 강함을 돕게 만든다.

강하고 부드러운 것이 서로 도울 수가 있으면 상제(相濟)가 되는 것이므로 길하다고 볼 수가 있습니다. 수화(水火)상제(相濟)란 수(水)와 화(火)가 대립하는 것처럼 보이지만 서로 극충(剋沖)하지 않고 흐르는 구조를 말합니다.

강하든지 약하든지 서로 도울 수 있는 분위기라면 상제(相濟)가 되는 공덕이 있는 것이니 사주 배합이 적절해지므로 길한 사주라고 볼 수가 있는 것입니다. 그러나 너무 태강(太强)한 것이 허약한 것을 돕게 되면 허약한 것이 보충해주는 것을 받아들리지 못하게 됩니다. 이러한 것을 **"그의 정(情)을 얻지 못한다"**라고 표현을 하였습니다. 병이 깊이 든 환자는 우선 치료 약보다 약을 받아들일 수 있는 원기 회복이 우선입니다. 이 과정을 건너뛰면 오히려 병을 악화시킬 수가 있습니다. 이것은 오행의 전도가 되므로 수(水)가 많아서 부목(浮木)이 되어 수(水)를 더 강하게 만드는 이치이고 금(金)이 많으면 수(水)가 탁해지는 원리이니 금(金)이 더 강해지는 것입니다.

이러하므로 "그 강함을 더 강하게 만든다"라고 할 수가 있는 것입니다.

▶ 예를 들어 경금(庚金)이 칠월(七月)에 태어나고 정화(丁火)를 만난다면 그 위엄(威嚴)이 격동(激動)하고 을목(乙木)을 만난다면 오히려 그 난폭함을 돕게 되고 기토(己土)를 만난다면 그 뜻을 이루고 계수(癸水)를 만난다면 그 날카로움이 늘어난다.

칠월(申月)의 경금(庚金)은 금왕(金旺)한 계절이 되는데 이 때에 정화(丁火)를 만나게 되면 무딘 경금(庚金)을 쓸모 있게 단련시키므로 경금이 매섭고 강한 철로 거듭나게 됩니다. 이것은 무딘 철광석의 경금이 본래의 성품을 일으켜 날카로움을 격동시키는 것이니 이로 인해 위엄(威嚴)을 격동한다고 표현을 하는 것입니다. 경금(庚金)이 을목(乙木)을 만나게 되면 금(金)이 목(木)을 벌목(伐木)하는 본래의 임무를 깨달아 목(木)을 자르려는 성품이 나타난다는 것인데 이로 인해 본래의 **"난폭함을 돕는다"**라고 표현하고 있으며 기토(己土)를 만나게 되면 **"뜻을 이룬다"**라고 하는 것은 금(金)이 토(土)의 생을 받으면 땅에 뿌리를 박고 성장한다는 의미로 보면 되는 것입니다.

계수(癸水)를 만나면 **"날카로움이 늘어난다"**라는 것은 날 선 검을 만들기 위해서는 불로 제련한 다음에는 반드시 물로 세척함이 필요한 것인데 이로 인해 날카로움이 늘어날 수가 있기 때문입니다.

【예시1】

時	日	月	年	건 명
편재		편인	식신	六神
甲	**庚**	**戊**	**壬**	天干
申	**辰**	**申**	**申**	地支
비견	편인	비견	비견	六神

경금(庚金)이 칠월(七月)에 태어나 신금(申金)이 셋이니 왕(旺)함이 극에 달했다. 시간의 갑목(甲木)은 무력하니 년간의 식신(食神) 임수(壬水)를 써서 금(金)의 살기(殺氣)를 덜어 설기하여 갑목(甲木)을 도와야 한다. 다만 싫어하는 것은 월간의 무토(戊土) 편인(偏印)이 탈식(奪食)을 하는 것이다.

그러므로 초년에 토금(土金)운(運)이 강하니 일찍이 형상파모(刑傷破耗)가 있었고 조업(助業)은 망가졌다. 그러다가 신해(辛亥)대운으로 넘어오면서 운이 북방(北方)으로 향하였는데 이것은 임수(壬水)가 득록(得祿)하고 갑목(甲木)의 생지(生地)이니 경영(經營)이 순조롭게 발전하였다. 임자(壬子)와 계축(癸丑)운까지 30년 동안 발재(發財)하여 수만금의 재산(財産)을 축재(蓄財)하였다.

▶ 너무 태약(太弱)한 것을 강(强)한 것으로 돕는다면 그 정(情)을 통제하지 못하니 도리어 그 약함이 더 늘어나게 된다. 을목(乙木)이 팔월(八月)에 태어나면 을목(乙木)이 태약(太弱)한 것이다. 그런데 갑병임(甲丙壬)의 희신(喜神)을 만난다면 곧 정(情)을 보태고 무경(戊庚)의 흥성함을 만난다면 금(金)을 생하므로 두려워하여 곧 실신하게 된다.

예를 들어 을목(乙木)이 유월(酉月)에 태어나면 을목(乙木)이 유약(柔弱)한 것입니다. 그런데 천간에 무토(戊土)와 경금(庚金)이 투간하여 유금(酉金)을 돕는다고 하면 을목(乙木)은 더욱 쇠약해지게 마련입니다. 이러한 것들이 태약한 을목(乙木)을 유금(酉金)의 강한 것으로 돕는다는 것입니다. 유금(酉金)월에 태어난 을목(乙木)은 매우 위태로움을 가지고 있습니다.

이 때에 만나는 갑병임(甲丙壬)이 희신이 된다는 의미는 갑목(甲木)은 을목(乙木)의 겁재가 되어 돕는 것이고 병화(丙火)는 유금(酉金)을 극하여 누그러뜨리는 것이며 임수(壬水)는 완강한 금을 설기하여 을목(乙木)을 생하므로 통관하는 것이니 을목(乙木)에게 모두 희신(喜神)이 되는 것입니다.

그러므로 위태로운 가운데 있는 을목(乙木)이 희신(喜神)을 만나게 되면 곧바로 정(情)을 보내어 끌어당기려고 하는 것입니다. 그러나 반대로 무경(戊庚)은 기신(忌神)이 되는 것인데 무토(戊土)는 금을 생하여 더욱 금왕(金旺)하게 돕는 것이고 경금(庚金)은 유금(酉金)의 비겁으로 금왕(金旺)을 돕는 것이니 을목(乙木)이 이러한 금왕(金旺)을 만나게 되면 정조를 잃고 실신해 버리는 것과 같은 이치가 되는 것입니다.

時	日	月	年	건 명
겁재		편재	정재	六神
甲	乙	己	戊	天干
申	亥	酉	辰	地支
정관	정인	편관	정재	六神

을목(乙木)이 팔월(八月)에 태어났다. 그런데 진유합금(辰酉合金)하고 무기토(戊己土)는 관살을 생(生)한다.

그러므로 을목(乙木)의 약함은 극(剋)에 달했다. 그래서 갑병임(甲丙壬)이 희신(喜神)이 된다는 말은 이와 같은 사주를 말하는 것이다.

일지의 해중(亥中)의 임수(壬水)는 태왕(太旺)한 관살(官殺)의 기운을 인통(引通)하였고 갑목(甲木)이 시간에 투간한 것이다.

이른바 등라계갑(藤蘿系甲)이니 비록 출신은 한미(寒微)했지만 해수(亥水)운에 이르러 학원에 들어가 임자(壬子)운에 급제하였다. 이런 것으로 보아 금왕(金旺)에는 임수(壬水)의 설기가 좋다는 것을 알 수 있다.

그래서 임계수(壬癸水)운까지 벼슬길이 광영(光榮)이 따랐다. 축(丑)운(運)에는 부모의 죽음이 있었는데 유축합(酉丑合)으로 금왕(金旺)을 돕는 운이니 실신(失身)해 버린다고 말한 것이다. 갑인운(甲寅運)에는 토(土)를 극제(剋制)하고 방신(幇身)하므로 부차(扶次)로 승진(昇進)하였고 을묘운(乙卯運)에는 벼슬이 시랑(侍郎)에 이르렀다.

28. 순역(順逆)

거역할 수 없으면 기세에 순종한다.

順逆不齊也不可逆者順其氣勢而已矣.
순 역 불 제 야 불 가 역 자 순 기 기 세 이 이 의.

순(順)과 역(逆)이 일정하지 않으나 거역할 수 없을 때에는 그 기세에 순종하여 따라야 한다.

【原文】剛柔之道可順而不可逆崑崙之水可順而不可逆也其勢已成可順
【원문】강 유 지 도 가 순 이 불 가 역 곤 륜 지 수 가 순 이 불 가 역 야 기 세 이 성 가 순
而不可逆也權在一人可順而不可逆也二人同心可順而不可逆也.
이 불 가 역 야 권 재 일 인 가 순 이 불 가 역 야 이 인 동 심 가 순 이 불 가 역 야.

강유(剛柔)의 도리(道理)는 순응(順應)하는 것이 옳고 거슬러서는 안 된다.
곤륜에서 내려오는 거친 물은 순응(順應)해야지 거슬러서는 안 되는 것이다.
그 기세가 이미 형성(形成)이 되었다면 순응(順應)해야 옳고 거슬러서는 안
되는 것이다. 권세(權勢)가 한 사람에게 있다면 순응(順應)해야 하지 거슬러서
는 안 된다. 이인동심(二人同心)으로 두 사람이 같은 마음이면 순응(順應)해야
지 거슬러서는 안 되는 것이다.

구문풀이

▶ 순(順)과 역(逆)이 일정하지 않으나 거역할 수 없을 때는 그 기세에 순종하
여 따라야 한다.

사주팔자를 보는 관법은 다양한데 그중에서도 회국(會局), 합신(合神), 종화(從化), 용신(用神), 쇠왕(衰旺), 정세(情勢), 상격(象格), 재덕(才德), 사정(邪正), 완급(緩急), 생사(生死), 진퇴(進退)를 통해 중화(中和)를 찾아 진가(眞假)를 보는 것이 중요합니다. 그런데 사주에서는 중화가 중요한 것인 데에도 불구하고 특별한 경우에는 중화(中和)가 필요 없을 수가 있습니다.

첫째로는 재관(財官)이 왕지(旺地)로써 힘이 있는 상태에서 신약(身弱)하다면 부귀(富貴)를 취함에 중화(中和)가 필요 없는 것입니다. 즉 재관(財官)이 왕성(旺盛)하면 부귀를 취함에 문제가 없다는 것이지요.

둘째로는 용신(用神)이 강하다면 부귀(富貴)를 취함에 중화(中和)가 필요 없는 것입니다. 용신(用神)은 팔자의 왕(旺)한 세력으로 그 사람의 직업과 환경을 이끌어나가는 배경이 되는 것인데 이 배경이 튼튼하다면 발복(發福)하는데 지장이 없다는 말입니다.

셋째로는 기운이 치우치면 기괴(奇怪)해져서 부귀(富貴)를 취함에 중화(中和)가 필요 없는 것입니다. 이것은 왕한 세력에 거스르지 않고 순종(順從)해 따라준다는 말이 됩니다. 따라서 천복지재(天覆地載)라는 것도 왕한 세력에 순응(順應)한다는 것이니 왕(旺)하면 역(逆)하지 않고 따라준다는 것은 중화(中和)하고는 개념이 먼 것입니다.

이처럼 거역할 수가 없을 때는 그 기세(氣勢)에 순종해 줘야 하는 것이 필요한데 이것이 순역(順逆)의 도리(道理)라고 말하는 것입니다.

▶ 강유(剛柔)의 도리(道理)는 순응(順應)하는 것이 옳고 거슬러서는 안 된다. 곤륜에서 내려오는 거친 물은 순응(順應)해야지 거슬러서는 안 되는 것이다. 그 기세가 이미 형성(形成)이 되었다면 순응(順應)해야 옳고 거슬러서는 안 되는 것이다.

사주(四柱)라는 것은 기세(氣勢)를 보는데 기세(氣勢)가 형성(形成)이 되면 한 나라를 이루는 것과 같아서 국정(國定)을 운영하는 데 있어서 수월해지는 것입니다. 이것이 격국(格局)이고 형상(形象)인 것입니다. 그런데 이미 기세(氣勢)가 형성(形成)되어 있다면 국가를 이룬 것으로 보고 마치 곤륜산에서 내려오는 큰 물줄기를 따라 흘러가는 것이 좋은 것입니다. 그러므로 마땅히 그 나라의 방침에 따라 순응(順應)하는 것이 올바른 도리가 되는 것입니다. 그리하여 국가를 이룬 것처럼 기세를 형성하였다면 마땅히 국가(國家)의 방침을 따라야 하는 것이 올바른 것입니다. 그런데 만약에 이 왕성한 주장들에 거역하게 되는 팔자는 빈천(貧賤)해지는 것이고 일주가 그 기세를 따라 국가(國家)에 순종한다면 벼슬을 받아 부귀공명(富貴功名)하는 것과 같은 이치입니다.

【예시1】

임수(壬水)가 해자(亥子)에 앉아 있으니 승권(乘權)하였다. 이것이 곤륜산의 물줄기라 하는 것이다. 마치 충천분지(沖天奔地)하여 거침이 없으니 마땅히 이를 거스르면 안 된다. 이것이 강유(剛柔)의 도리(道理)라고 하는 것이다.

기세가 강하면 거스르지 말고 순종해야 마땅한 것이다. 그래서 병신합수(丙辛合水)로 병화(丙火)가 이를 따르고 초년 행운도 수목(水木)으로 흘러갔다.

그러므로 유업이 풍성했고 갑인(甲寅)과 을묘(乙卯)운에는 그 흐름에 순응하여 가업이 날로 융성하였다.

그러나 병화(丙火)운(運)에 이르러 병임충(丙壬沖)으로 왕(旺)한 물줄기를 거스리니 형처극자(刑妻剋子)하였고 형상파모(刑傷破耗)가 심했다. 진토(辰土)운에는 수(水)를 축적하니 무탈하였으나 정사운(丁巳運)에는 연달아 화재(火災)를 당하니 집이 파가(破家)되어 죽고 말았다.

時	日	月	年	건 명
상관		편관	정인	六 神
丙	乙	辛	壬	天 干
子	亥	亥	子	地 支
편인	정인	정인	편인	六 神

▶ 권세(權勢)가 한 사람에게 있다면 순응(順應)해야 하지 거슬러서는 안 된다. 이인동심(二人同心)으로 두 사람이 같은 마음이면 순응(順應)해야지 거슬러서는 안 되는 것이다.

"권세가 한 사람에게 있다"라는 것은 만약에 일주가 월령을 얻고 사주가 모두 합을 하고 있다면 권력이 한 사람의 손에 있다고 하는데 곡직격과 유사한 형태입니다. 이때에는 오직 그의 기세에 순종하여 유통을 시켜주어야만 그것이 유통되어 유복하게 됩니다. 만약 강제로 그것을 억제하여 그 성질을 격노하게 한다면 반드시 흉한 재난을 받게 됩니다. "두 사람이 같은 마음이다"라는 것은 양신성상처럼 두개의 세력이 거슬리지 않고 상생하는 것을 말하는 것입니다. 그러므로 양신을 상생하여 순응하는 오행이 길신이 됩니다.

【예시2】

時	日	月	年	건 명
비견		비견	비견	六神
庚	**庚**	**庚**	**庚**	天干
辰	**申**	**辰**	**辰**	地支
편인	비견	편인	편인	六神

천간은 경금(庚金)으로 하나의 기(氣)가 되니 천전일기(天全一氣)이다. 일지(日支)는 녹왕(祿旺)이고 인성(印星)은 당령(當領)이 되었다. 그러므로 강(剛)이 극(極)에 달했다고 말하는 것이다. 이른바 권재일인(權在一人)에 해당한다.
그러므로 임오(壬午)와 계미(癸未)운에는 수(水)가 순종하고 따르니 좋고 오화(午火)운에는 임오(壬午)가 개두(蓋頭)이니 오화(午火)가 약하여 무탈(無脫)하였다.
갑신(甲申)와 을유(乙酉)운에 이르러서 을경합금(乙庚合金)과 진유합금(辰酉合金)으로모두 합화(合化)가 되니 벼슬이 총병(總兵)에 이르렀다.
그러나 병화(丙火)운에는 왕신(旺神)을 범(犯)하니 군중(軍中)에서 사망하였다.

【예시3】

이 사주는 토금(土金)상관격을 보이지만 토(土)와 금(金)의 기세(氣勢)가 반반(半半)으로 두 기운(氣運)이 상생(相生)하고 있다. 곧 양기성상(兩氣成像)을 이루고 있다. 이것이 이른바 이인동심(二人同心)으로 두 사람이 같은 마음이라는 것이다.

초년의 행운이 모두 북방(北方)으로 되어 있어 수기(秀氣)가 유행하고 있다. 소년으로 과거에 합격하여 벼슬이 황당(黃堂)에 올랐으나 병화(丙火)운으로 바뀌자 신금(辛金)을 파손(破損)하여 녹(祿)이 떨어지게 되었다. 무릇 두 기(氣)가 한마음으로 형상(形象)을 이루고 있다면 일주가 식신(食神)이나 상관(傷官)을 생해야 빼어난 기운이 설기되어 부귀하게 되는 것이다.

時	日	月	年	건 명
상관		상관	비견	六 神
辛	戊	辛	戊	天 干
酉	戌	酉	戌	地 支
상관	비견	상관	비견	六 神

29. 한난(寒暖)

한난(寒暖)의 도리(道理)

天道有寒暖發育萬物人道得之不可過也.
천도유한난발육만물인도득지불가과야.

하늘의 도(道)는 한난(寒暖)이 있는데 만물(萬物)을 발육(發育)시킨다.
사람의 도리(道理)는 이것을 받아들임에 있어서 과(過)해서는 안 된다.

【原文】陰支爲寒陽支爲暖西北爲寒東南爲暖金水爲寒木火爲暖得氣之
【원문】음지위한양지위난서북위한동남위난금수위한목화위난득기지
寒遇暖而發得氣之暖逢寒而成寒之甚暖之至內有一二成象必無好處若五
한우난이발득기지난봉한이성한지심난지지내유일이성상필무호처약오
陽逢子月則一陽之候萬物懷胎陽乘陽位可東可西五陰逢午月則一陰之候
양봉자월칙일양지후만물회태양승양위가동가서오음봉오월칙일음지후
萬物收藏陰乘陰位可南可北.
만물수장음승음위가남가북.

음지(陰支)는 춥고 양지(陽支)는 따뜻하다. 서북(西北)은 춥고 동남(東南)은 따뜻하다. 금수(金水)는 차갑고 목화(木火)는 따뜻하다. 차가운 기운을 얻으면 따뜻함을 만나야 발육이 되고 더운 기운을 얻으면 차가워야 열매를 맺는 것이다. 한(寒)이 심하면 난(暖)에 이르는데 안으로 하나 둘의 성상(成像)을 이루면 결코 좋다고 할 수가 없겠다. 만약에 오양(五陽)이 자월(子月)을 만나면 곧 일양(一陽)의 철이니 만물을 잉태하고 양(陽)이 승(乘)하여 양(陽)의 위치에 있는 것이므로 동(東)과 서(西)가 괜찮은 것이다. 만약에 오음(五陰)이 오월(午月)을 만나게 되면 곧 일음(一陰)의 철이니 만물을 거두어 들여 음이 승(乘)하여 음(陰)의 위치에 있는 것이니 남(南)과 북(北)이 괜찮은 것이다.

▶ 하늘에는 한난(寒暖)이 있는데 만물(萬物)을 발육(發育)시킨다.
사람이 이것을 받아들일 때는 지나쳐서는 안 된다.

하늘에는 한난(寒暖)이 있고 땅에는 조습(燥濕)이 있는데 한난(寒暖)의 도리는 만물을 발육시키는 것이고 조습(燥濕)의 도리는 생(生)하고 결실을 보아 무리의 특성을 만들게 하는 데 있는 것입니다. 사람의 도리는 이것들을 얼음에 치우치거나 과해서는 안 된다는 것입니다.

▶ 차가운 기운을 얻으면 따뜻함을 만나야 발육이 되고 더운 기운을 얻으면 차가워야 열매를 맺는 것이다.

차갑고 따뜻하다고 하는 것은 만물을 키우고 완성하게 하는 도리로서 겨울에는 씨앗이 발육될 수가 없고, 따뜻한 봄에 씨앗이 발육되는 것은 자연의 현상입니다. 또한, 열매를 맺는다는 것은 차가워져야 열매가 수축하여 단단해지는 것이니 이것이 열매가 "무르익는다"라고 말하는 것입니다.

▶ 한(寒)이 심하면 난(暖)에 이르는데 안으로 하나, 둘의 성상(成像)을 이루면 결코 좋다고 할 수가 없겠다.

대개 차가운 것이 극(極)에 도달하면 따뜻하게 되는 계기가 되고 따뜻한 것이 극에 도달하면 찬 것이 생기는 조짐으로 시작이 됩니다.
이것이 이른바 말하는 "음이 극에 도달하면 양이 생성되고 양이 극에 도달하면 음이 생성된다"라고 하는 것입니다.
이것은 천지의 자연스러운 도리인 것인데 동지와 대한을 거치면서 따뜻한 기운이 서서히 생성되므로 봄이 나타나는 것입니다.

▶ 양(陽)이 승(乘)하여 양(陽)의 위치에 있는 것이므로 동(東)과 서(西)가 괜찮은 것이다.

양간(陽干)이 양(陽)자리(寅辰巳申戌亥)에 올라타면 동쪽(木)도 괜찮고 서쪽(金)으로 운(運)이 가도 괜찮습니다.
또한 음간(陰干)이 음(陰)자리(卯午未酉子丑)에 올라타면 남쪽(火)도 괜찮고 북쪽(水)으로 운(運)이 가도 괜찮습니다.

【예시】
이 명조는 지지가 사오미(巳午未)방국을 이루고 또 사시(巳時)에 태어났는데 난기(暖氣)가 지극(至極)하다. 천간에는 2개의 계수(癸水)가 무근(無根)하니 간두반복(干頭反覆)이 되어 있다. 이른바, 난기(暖氣)는 지극(至極)하고 한기(寒氣)는 무근(無根)하니 오히려 한기(寒氣)가 없는 것이 아름답게 되는 길이다.
그러므로 초운 병진(丙辰)운(運)에는 병화(丙火)의 도움으로 계수(癸水)를 파(破)하여 부모(父母)의 복덕(福德)을 입었고 을묘(乙卯)와 갑인(甲寅)대운에는 수(水)를 설기하여 화(火)를 생(生)하니 가업(家業)이 날로 늘어났다. 그러다가 계축(癸丑)운(運)에 이르러 한기(寒氣)가 통근(通根)하여 위세(威勢)를 떨치니 부모(父母)가 함께 돌아가신 슬픔을 당하고 자손은 손상당함이 많았다. 임자(壬子)운(運)에는 화재(禍災)를 만나 집안은 깨어지고 사망(死亡)하였다.

時	日	月	年	건 명
정관		겁재	정관	六神
癸	丙	丁	癸	天干
巳	午	巳	未	地支
비견	겁재	비견	상관	六神

30. 조습(燥溼)

조습(燥溼)의 도리(道理).

地道有燥溼生成品彙人道得之不可偏也.
지도유조습생성품휘인도득지불가편야.

땅의 도(道)는 조습(操溼)이 있는데 품휘(品彙)를 만든다.
사람의 도리는 이것을 얻음에 있어서 치우쳐서는 안 되는 것이다.

【原文】過於溼者滯而無成過於燥者烈而有禍水有金生遇寒土而愈溼火
【원문】과어습자체이무성과어조자렬이유화수유금생우한토이유습화
有木生遇暖土而愈燥皆偏枯也如水火而成其燥者吉木火傷官要溼也土水
유목생우난토이유조개편고야여수화이성기조자길목화상관요습야토수
而成其溼者吉金水傷官要燥也間有土溼而宜燥者用土而後用火金燥而宜
이성기습자길금수상관요조야간유토습이의조자용토이후용화금조이의
溼者用金而後用水.
습자용금이후용수.

습(溼)이 지나친 것은 막혀서 결실이 없고 건조함이 지나친 것은 매서워서 재앙이 있다. 금(金)이 생해주는 수(水)가 있는데 차가운 흙을 만나게 되면 더욱 습(溼)해지고 목(木)이 생하는 화(火)가 있는데 따뜻한 흙을 만나게 되면 더욱 건조해진다. 이것은 모두 편고(偏枯)한 것을 말한다.
예를 들어 수화(水火)로 이루어져 있다면 건조한 것이 길하다. 그러므로 목화상관(木火傷官)은 습(溼)한 것이 긴요(緊要)하다.
토수(土水)로 이루어져 있다면 습(溼)한 것이 길하다. 그래서 금수상관(金水傷官)은 건조한 것이 긴요(緊要)하다.

습토(溼土)는 건조한 것이 적합하다. 그래서 토(土)를 사용한 후에 화(火)를 사용해야 한다. 건조한 금(金)은 습(溼)한 것이 마땅하다. 고로 금(金)을 사용한 후에 수(水)를 사용하는 것이다.

▶ 습(溼)이 지나친 것은 막혀서 결실이 없고 건조함이 지나친 것은 매서워서 재앙이 있다.

습(溼)은 음기(陰氣)입니다. 당연히 조(燥)를 만나야 이루어지고 조(燥)는 양기(陽氣)이니 당연히 습(溼)을 만나야 생(生)하게 됩니다.

그래서 목(木)이 여름에 태어나면 정화(精華)를 발설하여 밖으로는 여유가 있어도 내실은 허탈하게 됩니다. 그래서 임계(壬癸)의 생(生)을 받아야 하고 축진(丑辰) 습토(溼土)의 북돋움을 받아야 합니다.

그런, 즉 화(火)는 맹렬하지 않고 목(木)은 가르지 않고 토(土)는 건조하지 않으며 수(水)는 마르지 않아서 생(生)하려는 의지가 있게 됩니다.

▶ 금(金)이 생해주는 수(水)가 있는데 차가운 흙을 만나게 되면 더욱 습(溼)해지고 목(木)이 생하는 화(火)가 있는데 따뜻한 흙을 만나게 되면 더욱 건조해진다. 이것은 모두 편고(偏枯)한 것을 말한다.

수(水)가 금(金)의 생조(生助)를 받고 있는데 한냉(寒冷)한 토(土)를 만나게 되면 주변이 전부 추운 금(金) 수(水) 토(土)로 형성이 되는데 이렇게 되면 더욱더 음습(陰溼)하게 되므로 습한 기운이 많아져 편고(偏枯)하게 됩니다. 또 화(火)가 목(木)의 생조(生助)를 받고 있는데 조토(燥土)를 만나게 되면 주변이 전부 뜨거운 목(木) 화(火) 토(土)로 형성이 되는데 이렇게 되면 더욱더 건조하게 되는바 그러한 모든 것은 편고(偏枯)한 것입니다.

▶ 예를 들어 수화(水火)로 이루어져 있다면 건조한 것이 길하다. 그러므로 목화상관(木火傷官)은 습(溼)한 것이 긴요(緊要)하다. 토수(土水)로 이루어져 있다면 습(溼)한 것이 길하다. 그래서 금수상관(金水傷官)은 건조한 것이 긴요하다.

이것은 목화상관희인수(木火傷官喜印綬)를 말하고 금수상관희견관(金水傷官喜見官)을 말합니다. 곧 목화상관(木火傷官)의 형상(形象)을 이룬 것은 조후가 되는 수(水)를 만나야 합니다. 또한 금수상관(金水傷官)의 형상(形象)을 이룬 것은 조후신인 화(火)를 만나야 길해집니다.
그러므로 수화(水火)가 대립하면 목(木)이 필요한 것이고 토수(土水)가 대립하면 금(金)이 필요한 것입니다.

▶ 습토(溼土)는 건조한 것이 적합하다. 그래서 토(土)를 사용한 후에 화(火)를 사용해야 한다. 건조한 금(金)은 습(溼)한 것이 마땅하다. 고로 금(金)을 사용한 후에 수(水)를 사용하는 것이다.

토(土)가 습해서 마땅히 건조함을 필요할 때에는 먼저 토(土)를 사용하여 수(水)를 극한 다음에 화(火)를 사용하여 건조시키는 것이 올바른 순서가 됩니다. 그래야만 화(火)가 어두워지지 않게 되고 수(水)도 날뛰지 않게 되는 것입니다. 금(金)이 건조하다면 마땅히 습한 것으로 다스려야 하는데 금(金)을 선용(先用)하여 금(金)으로 힘을 얻게 한 다음에 수(水)를 사용해야 합니다.
그래야만 금(金)이 한냉(寒冷)하지 않게 되고 수(水)가 얼어붙지 않게 되므로 발생(發生)의 기(氣)가 나타나게 되는 것입니다. 이처럼 오행을 다스릴 때는 선용(先用)하는 순서가 있는 것입니다.

【예시】

천간에는 2개의 병화(丙火)이고 지지는 토(土)가 태과(太過)하다. 그러하니 하늘은 따뜻하고 땅은 습(溼)하다고 할만하다. 그러나 천간의 병신합(丙辛合)은 합화(合化)하여 수(水)로 변하고 시간의 병화(丙火)는 한기(寒氣)만 남아 생의(生意)가 없다.

그러므로 초년 임인(壬寅)과 계묘(癸卯)운은 토(土)를 제어하고 수(水)를 투간했으니 의식(衣食)이 풍족하였다. 그러나 병정(丙丁)과 정미(丁未)대운의 남방(南方) 20년간은 처자(妻子)를 모두 상(傷)하게 하고 가업(家業)은 파진(破盡)하여 중이 된 사람이다.

따라서 병정화(丙丁火)가 대길(大吉)한 것처럼 보였지만 실상은 파가(破家)운이니 만약 병신합수(丙辛合水)가 안 되었다고 하면 병오운(丙午運)에 발전했어야 마땅한 것이다.

時	日	月	年	건 명
편관		겁재	편관	六神
丙	庚	辛	丙	天干
子	辰	丑	辰	地支
상관	편인	정인	편인	六神

31. 은현(隱顯)

길신태로(吉神太露)와 흉물심장(凶物深藏).

吉神太露起爭奪之風凶物深藏成養虎之患
길신태로기쟁탈지풍흉물심장성양호지환

길신(吉神)이 크게 노출(露出)이 되어 드러나면 쟁탈(爭奪)의 바람이 일어나게 되고 흉물(凶物)이 깊이 암장(暗藏)이 되면 호랑이를 기르는 우환(憂患)이 생겨나게 된다.

【原文】局中所喜之神透於天干歲運不能不遇忌神必至爭奪所以有暗用
【원문】국중소희지신투어천간세운불능불우기신필지쟁탈소이유암용
吉神爲妙局中所忌之神伏藏於地支者歲運扶之沖之則其爲患不小所以忌
길신위묘국중소기지신복장어지지자세운부지충지칙기위환불소소이기
神明透制化得宜者吉.
신명투제화득의자길.

국(局)중에 희신(喜神)이 있어서 천간에 투출(透出)하면 세운(歲運)에서 기신(忌神)을 만나지 않을 수가 없는데 반드시 쟁탈(爭奪)이 있게 된다. 그래서 길신(吉神)은 암장(暗藏)되어 있어 용(用)하는 편이 묘(妙)한 것이다.

국(局)중에 기신(忌神)이 있어서 지지의 장간에 숨어 있는데 세운(歲運)에서 돕거나, 충(沖)한다면 곧 그 재화(災禍)를 빚어내는 것이 적지 않다. 그래서 기신(忌神)은 밖으로 밝게 투출이 되어 제화(制化)를 얻어야 마땅히 길하게 된다.

▶ 길신(吉神)이 크게 노출(露出)이 되어 드러나면 쟁탈(爭奪)의 바람이 일어나게 되고 흉물(凶物)이 깊이 암장(暗藏)이 되면 호랑이를 기르는 우환(憂患)이 생겨나게 된다.

길신태로(吉神太路)라는 것은 길신(吉神)이 천간(天干)에 노출(露出)이 되어 극충(剋沖)을 받을 수 있는 환경을 말하는 것입니다.

그런데 "길신이 크게 노출이 된다"라는 것은 도로에 재물이 방치되어 있는데 재물을 지키는 사람이 없다거나 혹은 창고에 놓인 재물이 자물쇠도 없이 닫혀 있는 것을 말하는 것입니다.

따라서 재물을 길거리에 쌓아 놓고 지키는 병사가 없는 것이므로 도적떼의 무리로 인하여 쟁탈이 일어나게 되는 것입니다.

그래서 사주의 국(局)중에서 반드시 쟁탈하려는 무리를 제압할 수 있는 오행이 없다면 길신태로(吉神太露)는 위태롭다는 것을 말하는 것입니다.

그러나 길신(吉神)이 천간에 노출되어 있어도 월령에 통근하고 있거나 노출(露出)이 되었다고 하더라도 길신(吉神)을 지켜줄 수 있는 오행의 배치가 적절하다면 길신태로(吉神太露)에 해당하지 않는 것입니다.

또한 흉물심장(凶物深藏)이라는 것은 흉신(凶神)이 "장간에 뿌리가 두텁고 깊다"라는 것인데 이것은 언젠가는 흉신(凶神)이 드러나 국(局)을 크게 해칠 수가 있으니 호랑이를 양육(養育)하는 우환(憂患)이 있다는 말이 되는 것입니다.

그러나 만약 흉물(凶物)이 깊이 잠겨 있다고 하더라도 실시(失恃)하고 휴수(休囚)되거나 암중(暗中)으로 묶여있다면 잠겨 있어도 아무런 재화(財貨)가 없는 것이니 이러한 환경은 흉물심장(凶物深藏)에 해당하지 않습니다.

▶ 국(局)중에 희신(喜神)이 있어서 천간에 투출(透出)하면 세운(歲運)에서 기신(忌神)을 만나지 않을 수가 없는데 반드시 쟁탈(爭奪)이 있게 된다. 그래서 길신(吉神)은 암장(暗藏)되어 있어 용(用)하는 편이 묘(妙)한 것이다.

예를 들어 천간의 갑을(甲乙)이 재성이라고 할 때 운에서 비겁인 경신(庚辛)금(金)을 만나게 되면 비겁(比劫)으로 인하여 쟁탈(爭奪)의 바람이 일어나게 되니 반드시 사주에 병정(丙丁)의 관성이 있어서 비겁을 극을 해 주어야만 재성이 아무런 해가 없게 되는 것입니다.

그러나 만약 병정(丙丁)의 관성이 없다고 해도 임계(壬癸)수의 식상이라도 있어서 식상이 통관한다면 비겁이 재성을 극하지 않고 오히려 생하는 것이 되는 것이므로 제화가 올바르다고 할 수가 있는 것입니다.

또한 "길신은 암장(暗藏)되어 있어 용(用)하는 편이 묘한 것이다" 라는 것은 길신이 노출되면 쟁탈의 우려가 있지만, 만약에 장간에 감추어져 암암리에 작용한다면 기신이라도 해치지 못하는 것이니 다만 암암리에 길신의 작용이 일어나는 것이며 그러한 가운데 세운에서 길신을 다시 만나게 되면 그 힘이 배가 되어 크게 발복함을 말하는 것입니다.

▶ 국(局)중에 기신(忌神)이 있어서 지지의 장간에 숨어 있는데 세운(歲運)에서 돕거나 충(冲)한다면 곧 그 재화(災禍)를 빚어내는 것이 적지 않다. 그래서 기신(忌神)은 밖으로 밝게 투출이 되어 제화(制化)를 얻어야 마땅히 길하게 된다.

흉(凶)한 것이 깊이 저장되어 있으면 지지의 기운은 혼잡 되어 있어 그것을 억제(抑制)하고 화(化)하기가 어렵습니다. 이것은 마치 집 안에 있는 도둑을 지키기가 어려워 재앙(災殃)의 근심을 기르는 것과도 같은 이치입니다.

가령 지지의 인목(寅木) 속에 병화(丙火)가 겁재(劫財)라고 할 때 운에서 신금(申金)을 만나게 되면 신금(申金) 속의 경금(庚金)이 충출(冲出)하니 비록 목(木)

을 극한다고 할 수는 있지만 결국은 병화(丙火)를 제거할 수 없습니다.

만일 세운에서 해자(亥子)가 함께 온다고 하면 오히려 인목(寅木)과 생합(生合)하니 도리어 화(火)의 뿌리를 돕게 될 수 있습니다. 그러므로 흉한 것이 천간에 노출되어 있다면 그것을 쉽게 억계(抑制)하고 화(化)할 수가 있으므로 그래서 길신(吉神)이 깊이 감추어져 있으면 일평생의 복(福)이 되고 흉한 것이 깊이 감추어져 있으면 시종일관 재앙(災殃)이 있게 되는 것이다.

【예시】

정화(丁火)가 사월(巳月)에 태어나고 사주에 겁재가 왕(旺)하고 편인(偏印)까지 있다. 다행인 것은 재성(財星)은 사화(巳火)와 축토(丑土)에 암장(暗藏)이 되어 나타나지 않고 숨어 있다는 점이다.

만약 비겁(比劫)이 왕한 상태에서 약한 재성(財星)이 드러나면 쟁탈(爭奪)의 우려가 크다. 그러므로 겁재(劫財)태왕(太旺)에서는 재성태로(財星太露) 마땅하지 않고 은장(隱藏)됨이 좋다. 이것이 길신(吉神)은 암장(暗藏)되어 있어 용(用)하는 편이 묘(妙)하다고 말한 대목이다.

그래서 초년 병오(丙午)대운과 정미(丁未)대운에서는 겁재(劫財)를 도우니 한미(寒微)한 출신(出身)으로 학문을 이어가지 못하였다. 반갑게도 중년의 운이 30년간 서방(西方)의 토금(土金)으로 가니 겁재(劫財)를 화(化)하고 재성을 생(生)하여 주어 많은 재물을 벌었다.

時	日	月	年	건 명
겁재		편인	정관	六 神
丙	丁	乙	壬	天 干
午	丑	巳	午	地 支
비견	식신	겁재	비견	六 神

32. 중과(衆寡)

강중적과(强衆敵寡)와 강과적중(强寡敵衆)

强衆而敵寡者勢在去其寡强寡而敵衆者勢在成乎衆.
강중이적과자세재거기과강과이적중자세재성호중.

강(强)하고 많은 무리가 적은 수효(數爻)를 대적(大敵)한다면 세력은 그 적은 수효(數爻)를 제거하는 것에 목적이 있고 강(强)하고 적은 수효(數爻)가 많은 무리를 대적한다면 세력(勢力)은 많은 무리를 완성시키는 것에 목적이 있다.

【原文】强寡而敵衆者喜强而助强者吉强衆而敵寡者惡敵而敵衆者滯.
【원문】강과이적중자희강이조강자길강중이적과자악적이적중자체.

강(强)하고 적은 수효(數爻)가 많은 무리를 대적(大敵)한다는 것은 강(强)한 것이 희신이면 강(强)한 세력을 돕는 것이 길하다. 강(强)하고 많은 무리가 적은 수효(數爻)를 대적한다는 것은 적은 수효가 기신(忌神)으로 많은 무리를 대적하게 되면 정체(停滯)가 있게 된다.

구문풀이

▶ 강(强)하고 많은 무리가 적은 수효(數爻)를 대적(大敵)한다면 세력은 그 적은 수효(數爻)를 제거하는 것에 목적이 있고 강(强)하고 적은 수효(數爻)가 많은 무리를 대적한다면 세력(勢力)은 많은 무리를 완성시키는 것에 목적이 있다.

"강하고 많은 무리가 적은 것을 대적한다"라고 하는 것은 어느 특정된 세력이 권세를 장악한 팔자가 되면 그 세력을 대항하는 적은 세력은 제거해야 길해진다는 뜻입니다. 이것이 강중적과(強衆敵寡)입니다.

그래서 강하고 많은 무리가 적은 수효를 대적한다면 세력은 그 적은 수효를 제거한다.라고 말하는 것입니다. 또 "강하그 적은 수효가 많은 무리를 대적한다면 세력은 많은 무리를 완성시키는 것에 있다" 라는 것은 예를 들자면 금(金)은 강하나 그 수가 적고 목(木)은 약하나 그 무리가 많은 것을 말하는 것입니다. 이런 경우에는 많은 목(木)의 세력이 무리를 형성하도록 돕고 완성해주는 데 초점을 맞추어야 합니다. 이것이 강과적중(強寡敵衆)입니다.

▶ 강(強)하고 적은 수효(數爻)가 많은 무리를 대적(大敵)한다는 것은 강(強)한 것이 희신이면 강(強)한 세력을 돕는 것이 길하다. 강(強)하고 많은 무리가 적은 수효(數爻)를 대적한다는 것은 적은 수효가 기신으로 많은 무리를 대적하게 되면 정체함이 있게 된다.

"강하고 적은 것이 많은 무리를 대적한다"라는 말은 금(金)은 강하나 그 수가 적고 목(木)은 약하나 그 무리가 많은 것을 말하는 것입니다. 그러므로 강하고 적은 것이 많은 무리와 대적할 적에 강한 것이 희신(喜神)이면 강한 것을 도와야 하지만 만약 강한 것이 기신일 경우에는 반대로 록록명(碌碌命)이 되는 것이므로 반드시 강한 것을 제거해야 길해지는 것입니다.

또 "강하고 많은 무리가 적은 것을 대적할 적에는 악적(惡敵)이 많은 것을 대항하면 정체(停滯)가 된다"라고 하는 것은 금(金)은 강하고 무리가 많은데 목(木)은 약하고 적게 되면 목(木)을 제거하는 것이 길한 것이지만 만약 악적(惡敵)을 뜻하는 기신인 목(木)이 많은 무리의 금(金)을 대적하게 되면 금목상쟁(金木相爭)이 되어 사주팔자가 정체(停滯)돈다는 사실을 알아야 합니다.

이것을 체(體)가 막힌다고 말하는 것입니다.

【예시】

이 명조는 인오술(寅午戌) 삼합을 구성하는데 천간도 무계합화(戊癸合化)하니 팔자가 모두 화(火)가 득세(得勢)하였다. 그러므로 이런 강한 세력(勢力)은 거스리면 안된다. 그런데 경금(庚金)과 임수(壬水)가 그 강한 세력을 대항하여 맞서고 있다. 즉 강중적과(强衆敵寡)에 해당한다.

그러므로 화(火)를 거역(拒逆)하는 금수(金水)가 손상(損傷)을 당했다.

그런 즉, 금수(金水)는 귀물(鬼物)이고 습토(濕土)로 화(火)를 설기하는 축토(丑土)가 희신(喜神)이 된다. 병진(丙辰)대운에 이르러 병임충(丙壬沖)하여 임수(壬水)의 귀물(鬼物)을 격충(擊沖)하였는데 갑술년(甲戌年)에 재차 갑경충(甲庚沖)으로 귀물(鬼物) 경금(庚金)을 연달아 충극하니 귀물(鬼物)의 재앙(災殃)이 발생한 것이다. 따라서 명주는 폐(肺)와 신장(腎臟)이 둘 다 망가졌는데 폐(肺)는 금(金)이고 신장(腎臟)은 수(水)에 해당하기 때문이다.

時	日	月	年	세운22	대운20	건 명
편인	일간	편관	겁재	식신	편재	六 神
庚	壬	戊	癸	甲	丙	天 干
戌	寅	午	丑	戌	辰	地 支
편관	식신	정재	정관	편관	편관	六 神

33. 진태(震兌)

금목(金木)은 대립하나 양존(兩存)할 수 있다.

震兌主仁義之眞機勢不兩立而有相成者存.
진태주인의지진기세불양입이유상성자존.

진태(震兌)의 주인은 인(仁)과 의(義)의 참된 기운이다. 동(動)과 서(西)의 세력은 양립할 수는 없지만 서로 맞추어 있으면 존재할 수 있다.

【原文】震在內兌在外月卯日亥或未年丑或巳時酉是也主之所喜者在震
【원문】 진 재 내 태 재 외 월 묘 일 해 혹 미 년 축 혹 사 시 유 시 야 주 지 소 희 자 재 진
以兌爲敵國必用火攻主之所喜者在兌以震爲奸宄備禦之而已不必盡去不
이 태 위 적 국 필 용 화 공 주 지 소 희 자 재 태 이 진 위 간 귀 비 어 지 이 이 불 필 진 거 불
必興兵也兌在內震在外月酉日丑或巳年未或亥時卯者是也主之所喜者在
필 흥 병 야 태 재 내 진 재 외 월 유 일 축 혹 사 년 미 혹 해 시 묘 자 시 야 주 지 소 희 자 재
兌以震爲遊兵易於滅而不可黨震也主之所喜者在震以兌爲內寇難於滅而
태 이 진 위 유 병 역 어 멸 이 불 가 당 진 야 주 지 소 희 자 재 진 이 태 위 내 구 난 어 멸 이
不可助兌也以水爲說客相間於上下或年酉月卯日丑時亥年甲月庚日甲時
불 가 조 태 야 이 수 위 설 객 상 간 어 상 하 혹 년 유 월 묘 일 축 시 해 년 갑 월 경 일 갑 시
辛之例亦論主之所喜所忌者何如而論攻備之法然金忌木木不帶火木不傷
신 지 례 역 논 주 지 소 희 소 기 자 하 여 이 논 공 비 지 법 연 금 기 목 목 불 대 화 목 불 상
土者不必去木也若木忌金而金强者不可戰惟秋金而木茂木終不能爲金之
토 자 불 필 거 목 야 약 목 기 금 이 금 강 자 불 가 전 유 추 금 이 목 무 목 종 불 능 위 금 지
害反以成金之仁春木而金盛金實足以制木之性反以全木之義其月是木年
해 반 이 성 금 지 인 춘 목 이 금 성 금 실 족 이 제 목 지 성 반 이 전 목 지 의 기 월 시 목 년
日時皆金者不必問主之所喜所忌而亦宜順木之性凡月是金年日時皆是木
일 시 개 금 자 불 필 문 주 지 소 희 소 기 이 역 의 순 목 지 성 범 월 시 금 년 일 시 개 시 목
者不必問主之所喜所忌而亦宜成金之性.
자 불 필 문 주 지 소 희 소 기 이 역 의 성 금 지 성.

진(震)이 내부에 있고 태(兌)가 바깥에 있다는 것은 진(震)은 곧 동방(東方)이니 월령이 묘(卯)이고 일지가 해(亥)나 미(未), 년지는 축(丑)이나 사(巳) 시지는 유(酉)를 말하는 것이다. 일주가 반기는 것이 진(震)에 있다는 것은 곧 목방(木方)이니 서방(西方)이 되는 태(兌)가 적국(敵國)이 된다는 것을 말한다. 그렇다면 반드시 화(火)를 사용하여 금(金)을 공격하여 목(木)을 보호해야 한다. 서방(西方)을 말하니 동방(東方)인 진(震)은 내란(內亂)의 주역(主役)이 되는 것이다.

그러므로 준비를 하여 방어하면 되는 것일 뿐 전부 제거할 필요가 없는 것이니 밖으로는 출병(出兵)할 필요가 없는 것이다. 태(兌)가 내부에 있고 진(震)이 바깥에 있다는 것은 태(兌)는 서방(西方)이니 월령이 유(酉), 일이 축(丑)이나 사(巳), 년이 미(未) 또는 해(亥), 시가 묘(卯)인 것을 말하는 것이다.

일주가 반기는 것이 태(兌)에 있다면 진(震)은 곧 목방(木方)이니 패잔병(敗殘兵)이 되어 소멸(消滅)하기 쉬우니 진(震)이 무리를 이루지 말아야 한다. 일주가 반기는 것이 진(震)에 있다면 태(兌)가 내란을 일으키는 것이니 소멸하기 어려워서 태(兌)를 돕지 말아야 한다. 수(水)는 상하(上下)간의 세객(說客)으로 삼는데 혹 년이 유(酉), 월이 묘(卯), 일이 축(丑), 시가 해(亥), 년이 갑(甲), 월이 경(庚), 일이 갑(甲), 시가 신(辛)의 사례이다. 역시 일주가 반기고 꺼리는 것을 살펴 공격할 것인지 아니면 방어할 것인지의 방법을 말해야 한다. 금(金)이 목(木)을 꺼리는 것이 분명할 때 목(木)이 화(火)를 데리고 있지 않고 목(木)이 토(土)를 손상하지 않는다면 목(木)을 제거할 필요가 없는 것이다.

만약, 목(木)이 금(金)을 기피한다면 금(金)이 강하다면 싸워서는 안 되는 것이다. 오직 가을의 금(金)이 목(木)이 무성하여도 목(木)은 결국 금(金)의 위해가 되지 못한다. 오히려 성금(成金)을 만드는 목(木)이니 어질다고 말한다. 춘목(春木)이 금(金)이 성하여 금(金)이 가득하면 충분히 목(木)을 제(制)할 수 있다. 도리어 목(木)을 온전하게 만드니 의리(義理)가 있게 된다. 월(月)이 목(木)이고 년일시(年日時)가 모두 금(金)인 것은 일주의 희기(喜忌)를 물어볼 필요도 없이 역시 목(木)의 성정을 거스르지 않아야 한다.

무릇 월(月)이 금(金)이고 년일시(年日時)가 모두 목(木)이라면, 일주의 희기를 물어볼 필요가 없이 역시 성금(成金)의 성품을 이루는 것이 마땅하다.

▶ 진태(震兌)의 주인은 인(仁)과 의(義)의 참된 기운이다. 동(動)과 서(西)의 세력은 양립할 수는 없지만 서로 맞추어 있으면 존재할 수 있다.

진(震)은 양(陽)으로 방위(方位)는 동(東)쪽을 말하며 목(木)으로써 갑을인묘(甲乙寅卯)가 해당하며 인(仁)을 상징합니다. 태(兌)는 음(陰)으로 방위(方位)로는 서(西)쪽을 말하며 금(金)으로써 경신신유(庚辛申酉)이며 의리(義理)를 상징합니다. 이 두 기운은 금(金)과 목(木)의 참된 기운인지라 서로 양립(兩立)할 수가 없는 존재가 됩니다만 배치가 좋아 서로 협력하는 관계가 된다면 금과 목이 서로 양립할 수도 있는 것입니다.

▶ 진(震)이 내부에 있고 태(兌)가 바깥에 있다는 것은 진(震)은 곧 동방(東方)이니 월령이 묘(卯)이고 일지가 해(亥)나 미(未), 년지는 축(丑) 이나 사(巳) 시지는 유(酉)를 말하는 것이다. 일주가 반기는 것이 진(震)에 있다는 것은 곧 목방(木方)이니 서방(西方)이 되는 태(兌)가 적국(敵國)이 된다는 것을 말한다. 그렇다면 반드시 화(火)를 사용하여 금(金)을 공격하여 목(木)을 보호해야 한다. 서방(西方)을 말하니 동방(東方)인 진(震)은 내란(內亂)의 주역(主役)이 되는 것이다. 그러므로 준비를 하여 방어하면 되는 것일 뿐 전부 제거할 필요가 없는 것이니 밖으로는 출병(出兵)할 필요가 없는 것이다.

진(震)이 내부에 있다는 것은 월령(月令)에 있다는 말이고 태(兌)가 바깥에 있다는 말은 시(時)에 있다는 말이 됩니다. 보통 월령을 문안, 즉 내부(內部)라 말하고 시(時)를 문 바깥, 즉 외부(外部)라 표현을 합니다. "일주가 반기는 것이 진(震)에 있다는 것은 태(兌)가 적국이 된다는 것이다" 라는 것은 진(震)은 목(木)으로 월령에 있어 세력이 있고 희신이 진(震)어 있으니 태(兌)가 기신이 되는 것입니다. 태(兌)는 기신이고 금이니 화로써 공격해서 금을 제압하여야 합니다.

"일주가 반기는 것이 태(兌)에 있다면 진(震)은 내란(內亂)의 악인이 되는 것이다"라는 것은 태(兌)는 금(金)으로 희신(喜神)이 된다는 것인데 그러면 목(木)은 진(震)으로 기신(忌神)이 되는 것입니다.

그런데 진(震)이 내부인 월령에 있는 까닭으로 목(木)은 내부의 있는 적이 되는 것입니다. 이러한 간적(奸賊)은 적국의 병사가 아니므로 군대를 일으켜 출병할 필요가 없는 것이고 자체적으로 준비를 하여 방어에 노력하여 일부분만을 제거해 버리면 진압할 수가 있으니 목(木)을 전부 제거할 필요가 없는 것입니다.

▶ 태(兌)가 내부에 있고 진(震)이 바깥에 있다는 것은 태(兌)는 서방(西方)이니 월령이 유(酉), 일이 축(丑)이나 사(巳), 년이 미(未) 또는 해(亥), 시가 묘(卯)인 것을 말하는 것이다. 일주가 반기는 것이 태(兌)에 있다면 진(震)은 곧 목방(木方)이니 패잔병(敗殘兵)이 되어 소멸(消滅)하기 쉬우니 진(震)이 무리를 이루지 말아야 한다. 일주가 반기는 것이 진(震)에 있다면 태(兌)가 내란을 일으키는 것이니 소멸하기 어려워서 태(兌)를 돕지 말아야 한다.

"태(兌)가 내부에 있고 진(震)이 바깥에 있다"라고 하는 것은 태(兌)란 금(金)이고 진(震)은 목(木)인데 금(金)이 월령에 있고 목(木)은 시지에 있는 것입니다.
또한 "일주가 반기는 것이 태(兌)에 있다면 진(震)은 유병(遊兵)이 되어 소멸하기 쉬우니 진(震)이 무리를 이루지 말아야 하고"라고 하는 것은 일주가 반기는 것이 월령에 있으니 태(兌)인 금(金)이 희신이 되는 것이고 목(木)의 진(震)은 기신이 되는 것입니다.
이른 경우에는 목(木)은 힘이 없으므로 금(金)에 의해 쫓겨 떠다니는 병사가 되니 이것을 "유병"이라 말하는 것입니다.
이러한 유병은 금(金)에 의해 쉽게 진압할 수가 있어서 별문제가 안 되는 것이지만, 다만 흩어진 목(木)의 무리가 결합하여 당을 이루면 강성해져서 금(金)에 대적할 수 있으므로 무리를 못 짓게 만들어야 합니다.

또한 "일주가 반기는 것이 진(震)에 있다면 태(兌)가 내란을 일으키는 것이니 소멸하기 어려워서 태(兌)를 돕지 말아야 한다"라고 하는 것은 진(震)은 목(木)이고 태(兌)는 금(金)인데 진(震)이 흐신이 되고 태(兌)가 기신이 되는 경우를 말하는 것입니다.

이 경우에는 월령을 장악한 금(金)이 기신이니 내부의 적이 되는 셈입니다. 이것은 내란을 일으키는 소행인데 월령을 장악한 금(金)의 세력이 완강해서 쉽게 물리치기 어려우니 이 세력을 돕게 되면 내란이 치열해져서 정국이 혼란스럽게 되므로 월령에 있는 태(兌)의 세력인 금(金)을 돕지 말아야 합니다.

▶ 수(水)는 상하(上下)간의 세객(說客)으로 삼는데 혹 년이 유(酉), 월이 묘(卯), 일이 축(丑), 시가 해(亥), 년이 갑(甲), 월이 경(庚), 일이 갑(甲), 시가 신(辛)의 사례이다.

예를 들면 금목(金木)이 대립하면 수(水)를 통관으로 사용하는 것을 말합니다. 세객(說客)이란 논평하는 사람이니 금(金)과 목(木)을 서로 달래주어 연결하는 수(水)를 세객(說客)으로 표현하고 있는 것입니다.

▶ 오직 가을의 금(金)이 목(木)이 무성하여도 목(木)은 결국 금(金)의 위해가 되지 못한다. 오히려 성금(成金)을 만드는 목(木)이니 어질다고 말한다. 춘목(春木)이 금(金)이 성하여 금(金)이 가득하면 충분히 목(木)을 제(制)할 수 있다. 도리어 목(木)을 온전하게 만드니 의리(義理)가 있게 된다.

가을에는 금(金)이 당령한 계절이니 금(金)이 왕하고 목(木)은 휴수기라서 목(木)이 허약하기 마련입니다. 그런데 가을에 오히려 목(木)의 무리가 무성하다면 왕(旺)한 금(金)과 스스로 대적하거나 금(金)이 목(木)을 죽이는 것이 힘들게 됩니다. 도리어 무성한 목(木)으로 인해 가을의 금(金)이 성숙할 수가 있으니 금(金)을 완성해주므로 목(木)이 인자하다고 표현을 하는 것입니다.

또한, 봄에는 목(木)이 당령한 계절이니 목(木)이 왕하고 금(金)은 휴수기라서 허약하기 마련인데 봄에 금(金)의 무리가 왕성하다면 충분히 왕한 목(木)을 제압하여 목(木)을 다스리는 금(金)의 성질을 회복할 수가 있는 것입니다. 그러므로 도리어 목(木)을 온전하게 만들어 주므로 금(金)이 의리(義理)가 있다고 표현을 하는 것입니다.

▶ 월(月)이 목(木)이고 년일시(年日時)가 모두 금(金)인 것은 일주의 희기(喜忌)를 물어볼 필요도 없이 역시 목(木)의 성정을 거스르지 않아야 한다. 무릇 월(月)이 금(金)이고 년일시(年日時)가 모두 목(木)이라면 일주의 희기를 물어볼 필요가 없이 역시 성금(成金)의 성품을 이루는 것이 마땅하다.

월령을 장악하게 되면 계절을 얻는 것이므로 매우 왕성하다고 할 수가 있습니다. 목이 월령이 되면 목의 성정을 따르고 거스르지 말아야 하며 금이 월령이 되면 금을 완성시켜 성품을 이루는 것이 좋은 것입니다. 이것은 팔자 명식을 볼 때 가장 기본적인 것을 서술한 것이므로 당연히 팔자배합에 따라 적절하게 가감을 해야 합니다.

【예시】

갑목(甲木)이 입춘(立春)을 지나 4일에 태어났다. 따라서 이른 봄에 목눈(木嫩)
이다. 그런데 월에는 경금(庚金)이 투간하고 축토(丑土)는 신금(申金)을 생하여
목눈금견(木嫩金堅)하니 화(火)를 용(用)하여 금(金)을 공격해야 길이 열린다.
기쁜 것은 인중(寅中) 병화(丙火)가 장생(長生)으로 투간되어 있는 것이다.

초년 신묘(辛卯)와 임진(壬辰)운에는 병화(丙火)를 상(傷)하게 하니 학업이 좌절
(挫折)되었다. 계사운(癸巳運)에 남방(南方)에 접어들면서 병화(丙火)의 녹왕지
(祿旺地)를 만난 것이다. 국자감에 들어가 공부하였는데 연달아 합격하고 벼
슬은 남궁(南宮)에 올랐다.

時	日	月	年	건명
겁재		편관	식신	六神
乙	甲	庚	丙	天干
丑	申	寅	寅	地支
정재	편관	비견	비견	六神

34. 감리(坎離).

수화(水火)는 기제(旣濟)가 되면 존재할 수 있다.

坎離宰天地之中氣成不獨成而有相持者在.
감리재천지지중기성불독성이유상지자재.

감리(坎離)는 천지의 중기(中氣)를 다스리는데 성립하려면 혼자서는 안 되고 서로 유지하는 것이 있으면 존재하게 된다.

【原文】天干透壬癸地支屬離者乃爲旣濟要天氣下降天干透丙丁地支屬
【원문】천간투임계지지속리자내위기제요천기하강천간투병정지지속

坎者乃爲未濟要地氣上升天干皆水地支皆火爲交媾交媾身强則富貴天干
감자내위미제요지기상승천간개수지지개화위교구교구신강칙부귀천간

皆火地支皆水爲交戰交戰身弱豈能富貴坎外離內謂之未濟主之所喜在離
개화지지개수위교전교전신약기능부귀감외리내위지미제주지소희재리

要水竭主之所喜在坎則不祥離外坎內謂之旣濟主之所喜在坎要離降主之
요수갈주지소희재감칙불상리외감내위지기제주지소희재감요리강주지

所喜在離要木和水火相間於天干以火爲主而水盛者存坎離相見於地支喜
소희재리요목화수화상간어천간이화위주이수성자존감리상견어지지희

坎而坎旺者昌夫子午卯酉專氣也其相制相持之勢宜悉辨之若四生四庫之
감이감왕자창부자오묘유전기야기상제상지지세의실변지약사생사고지

神皆所而黨助子午卯酉者其理亦可推詳.
신개소이당조자오묘유자기리역가추상.

천간에 임계(壬癸)가 투출하고 지지가 리(離)에 속하면 기제(旣濟)가 되는데 천기가 하강하는 것이 필요하다. 천간에 병정(丙丁)이 투출하고 지지가 감(坎)에 속하면 미제(未濟)가 되는데 지기가 상승하는 것이 필요하다. 천간이 모두 수(水)이고 지지가 모두 화(火)이면 교구(交媾)한다고 하는데 교구(交媾)하고 일신

이 강하면 부귀하게 된다. 천간이 모두 화(火)이고 지지가 모두 수(水)이면 교전(交戰)한다고 하는데 교전(交戰)하고 일신이 약하면 어찌 부귀하다고 할 수가 있겠는가. 감(坎)이 밖에 있고 리(離)가 안에 있으면 이것을 미제(未濟)라고 하는데 일주가 반기는 것이 리(離)에 있다면 수(水)를 제거하는 것이 필요하다. 일주의 반기는 것이 감(坎)에 있다면 곧 상서롭지 못한 것이다.

리(離)가 밖에 있고 감(坎)이 안에 있으면 기제(旣濟)라고 말하는데 일주가 반기는 것이 감(坎)에 있다면 리(離)가 항복해야 하고 일주가 반기는 것이 리(離)에 있다면 목(木)이 화해시켜줘야 한다. 수화(水火)가 천간에 떨어져 있는데 화(火)를 일주로 삼는다면 수(水)가 흥성하다면 존재하게 된다.

감리(坎離)가 지지에서 만나게 되면 감(坎)이 희신이고 감(坎)이 왕(旺)한자는 창성(昌盛)한다. 대저 자오묘유(子午卯酉)는 전일(專一)한 기운이다. 서로 억제하고 유지시키는 기세를 마땅히 상세히 살펴야 한다. 사생(四生)과 사고(四庫)의 신(神)은 모두 자오묘유(子午卯酉)를 돕는 무리이다. 그 이치를 상세히 추리하는 것이 옳은 것이다.

구문풀이

▶ 감리(坎離)는 천지의 중기(中氣)를 다스르는데 성립하려면 혼자서는 안 되고 서로 유지하는 것이 있으면 존재하게 된다.

감리(坎離)라는 것은 "감(坎)"은 북(北)이고 "리(離)"는 남(南)이니 수(水)와 화(火)를 대표하는 방위가 됩니다. 수(水)는 무거워 하강하려는 속성이 있고 화(火)는 가벼워 상승하려는 속성이 있는데 이것들이 중간에서 만나게 되면 중기(中氣)가 되고 이렇게 만난 중기(中氣)는 서로 화합하므로 기제(旣濟)가 되어 싸움을 멈추고 서로 유지가 됩니다.

이것을 "수화기제(水火旣濟)"라고 말할 수 있습니다.

▶ 천간에 임계(壬癸)가 투출하고 지지가 리(離)에 속하면 기제(既濟)가 되는데 천기가 하강(下降)하는 것이 필요하다.

기제(既濟)라는 것은 "이미 건넌 것"이고 미제(未濟)라고 하는 것은 아직 건너지 못한 것"이니 수화기제(水火既濟)라고 말하면 수(水)와 화(火)가 서로의 적대적 벽을 건너서 본래의 싸움을 멈추고 서로 교합하여 음양을 이룬 것을 말합니다. 하늘이 수(水)가 되고 지지가 화(火)가 되면 천기는 하강하고 지기는 상승하므로 중간에서 만나 기제를 이루게 됩니다.

▶ 천간에 병정(丙丁)이 투출하고 지지가 감(坎)에 속하면 미제(未濟)가 되는데 지기가 상승하는 것이 필요하다.

미제라고 하는 것은 아직 건너지 못한 것이니 "처리(處理)하는 일이 아직 이루어 끝나지 아니함"을 뜻하는 말입니다. 수(水)와 화(火)가 미제(未濟)가 되면 본래의 속성처럼 서로 싸우는 형태가 됩니다. 미제괘(未濟卦)는 육십사괘(六十四卦)의 하나인데 이괘(离卦)와 감괘(坎卦)가 거듭된 것으로 불 밑에 물이 있어서 물이 불을 이기지 못함을 상징(象徵)합니다. 이것은 물 위에 불이 꺼지지 않고 살아 있으므로 교전(交戰)이 되는 것이고 이런 경우에는 지지의 불의 기운이 상승하므로 위치를 바꿔야 기제(既濟)가 될 수가 있습니다.
즉 물이 위쪽에 있고 불이 아래쪽에 있으므로 교합이 되어야 기제가 될 수 있는 것입니다. 이것은 무거운 물은 하강하려 하고 가벼운 불은 상승하려는 속성이 있어서 이렇게 중간에서 만난 중기가 교류하게 되면 기제가 되고 그렇지 못하면 미제(未濟)가 되는 것입니다.

▶ 천간이 모두 수(水)이고 지지가 모두 화(火)이면 교구(交媾)한다고 하는데 교구(交媾)하고 일신이 강하면 부귀하게 된다.

천간이 수(水)이고 지지가 화(火)이면 무거운 수(水)는 하강하고 가벼운 화(火)는 상승하게 되는데 이렇게 만난 수(水)와 화(火)는 싸움을 멈추고 화합하므로 음양을 이루게 됩니다.
이것을 기제(旣濟)라고 말하는 것입니다. 마치 음양이 교합하는 것이 남녀가 서로 결합하는 것처럼 보이므로 교구(交媾)라고 표현하고 있는 것입니다. 이처럼 천간과 지지가 서로 결합하면서 일신이 강하다면 부귀한 팔자가 되는 것입니다.

▶ 천간이 모두 화(火)이고 지지가 모두 수(水)이면 교전(交戰)한다고 하는데 교전(交戰)하고 일신이 약하면 어찌 부귀하다고 할 수가 있겠는가.

천간이 화(火)이고 지지가 수(水)라는 것은 "불 밑에 물이 있어서 물이 불을 이기지 못함"을 상징(象徵)합니다.
이것은 물위에 불이 꺼지지 않고 살아 있으므로 교전이 되는 것이니 이런 팔자로 신약한 명조라면 부귀를 바랄 수가 없는 것입니다.

▶ 대저 자오묘유(子午卯酉)는 전일(專一)한 기운이다. 서로 억제하고 유지시키는 기세를 마땅히 상세히 살펴야 한다. 사생(四生)과 사고(四庫)의 신(神)은 모두 자오묘유(子午卯酉)를 돕는 무리이다. 그 이치를 상세히 추리하는 것이 옳은 것이다.

자오묘유(子午卯酉)는 한 가지 기운으로 이루어진 순수한 기운입니다.
이 자오(子午)는 감리(坎離)이고 묘유(卯酉)는 진태(震兌)에 대표적인 오행인 것입니다. 이러한 순수한 기운들을 전일(專一)하다고 말하는 것인데 이것들을 사왕(四旺)지라고 말하고 한 가지 기운으로 형성된 왕(旺)한 기운이 되는 것입니다.

그래서 사생(四生)과 사고(四庫)는 왕지를 돕는 무리들이고 한 오행이 생(生)하게 되고 왕(旺)해져서 묘고(墓庫)에 들어가는 이치는 삼합을 만드는 것이므로 마땅히 자세히 살펴봐야 합니다.

【예시】

병화(丙火)가 해월(亥月)에 태어났다. 천간은 리(離)이고 지지는 감(坎)이다.

고로 인목(寅木)을 용(用)하여 오르게 해야 한다.

인운(壬寅)에 과거급제하고 묘운(卯運)에는 벼슬길에 나갔는데 운이 동남(東南)운으로 달리므로 벼슬이 관찰사(觀察使)에 이르렀다.

時	日	月	年	건 명
식신		상관	비견	六神
戊	丙	己	丙	天干
子	寅	亥	子	地支
정관	편인	편관	정관	六神

一問一答
滴天髓

제2장

육친론(六親論)

1. 부부(夫婦)

부부(夫婦)의 인연(因緣)

夫妻因緣宿世來喜神有意傍天財.
부 처 인 연 숙 세 래 희 신 유 의 방 천 재.

부부의 인연(因緣)이란 전생(前生)에서 정해진 것이고 희신(喜神)으로 천간의 재성(財星)을 쫓을 마음이 있다.

【原文】妻與子一也局中有喜神一生富貴在于是妻子在于是大率依財看
【원문】처 여 자 일 야 국 중 유 희 신 일 생 부 귀 재 우 시 처 자 재 우 시 대 율 의 재 간

妻如喜神卽是財神其妻美而且富貴喜神與財神不相妒忌亦好否則剋妻亦
처 여 희 신 즉 시 재 신 기 처 미 이 차 부 귀 희 신 여 재 신 불 상 투 기 역 호 부 칙 극 처 역

或不美或欠和然看財神又須活法如財神薄須用助財財旺身弱又喜比劫財
혹 불 미 혹 흠 화 연 간 재 신 우 수 활 법 여 재 신 박 수 용 조 재 재 왕 신 약 우 희 비 겁 재

神傷印者要官星財薄官多者要傷官財氣未行要沖者沖泄者泄財氣流通要
신 상 인 자 요 관 성 재 박 관 다 자 요 상 관 재 기 미 행 요 충 자 충 설 자 설 재 기 유 통 요

合者合庫者庫若財神泄氣太重比劫透露及身旺無財者必非夫婦全美者也
합 자 합 고 자 고 약 재 신 설 기 태 중 비 겁 투 노 급 신 왕 무 재 자 필 비 부 부 전 미 자 야

至於財旺身强者必富貴而多妻妾看者當審辨輕重何如.
지 어 재 왕 신 강 자 필 부 귀 이 다 처 첩 간 자 당 심 변 경 중 하 여.

처자(妻子)는 하나이다. 국(局)중에 희신(喜神)이 있으면 일생동안 부귀는 희신(喜神)에 달려있고, 처자(妻子)도 희신(喜神)에 달린 것이다. 대체로 재성을 처(妻)로 보는데 가령 희신(喜神)이 곧 재신(財神)이 맞다면 그 처(妻)는 아름답고 또한 부귀(富貴)하다. 희신(喜神)과 재신(財神)이 서로 투기(妒忌)하지 않는다면 역시 좋은 것이다.

만약 그렇지 않고 처(妻)를 극(剋)하면 또 혹은 아름답지 못하고 혹은 화목(和睦)하지 않다. 재신(財神)을 볼 때는 또한 활법(活法)으로 보아야 한다.

만일 재신이 얇다면 모름지기 재성(財星)을 돕는 것을 용(用)해야 하고 재성(財星)이 왕(旺)하고, 신약(身弱)하면 또한 비겁(比劫)이 희신(喜神)이다.

재신(財神)이 인수(印綬)를 상(傷)하게 하면 관성(官星)이 필요하고 재신(財神)이 얇고 관성(官星)이 많은 것은 상관(傷官)이 필요하다.

재성(財星)의 기운(氣運)이 유통(流通)되지 못한다면 충(沖)이 필요한 것은 충(沖)해주고 설기(泄氣)해야 하는 것은 설기(泄氣)해줘야 한다. 재성(財星)의 기운이 유통(流通)이 된다면 합(合)이 필요한 것은 합(合)해 주고 고(庫)에 들어갈 것은 입고(入庫)해 주어야 한다.

만약, 재신(財神)의 설기(泄氣)가 태중(太重)하다거나 비겁(比劫)이 천간에 투출하거나 혹은 신왕(身旺)하여도 재성(財星)이 없는 것은 부부가 온전히 아름다운 것이 아님이 확실하다.

신왕(身旺)하고 재성이 강하면 반드시 부귀하고 처첩(妻妾)이 많다.

그러므로 간명하는 사람은 경중(輕重)여하를 잘 분별하여 살펴야 한다.

구문풀이

▶ 부부의 인연(因緣)이란 전생(前生)에서 정해진 것이고 희신(喜神)으로 천간의 재성(財星)을 쫓을 마음이 있다.

부부(夫婦)의 인연은 불가(佛家)에서 말하길 전생(前生)에 만난 인연으로 인해 다시 현세(現世)에 만난다고 합니다. 그것기 팔자에 처(妻)와 남편으로 나타나는 것이니 이것을 알면 전생(前生)에 나의 남편이 어떠한가를 알 수가 있게 됩니다. 그러므로 남자에게 있어서 자성(財星)은 처성(妻星)이 되는 것이며 재성(財星)은 마땅히 천간에 드러나야 하고 희신(喜神)이 되면 좋은 처(妻)가 되는 것입니다.

▶ 처자(妻子)는 하나이다. 국(局)중에 희신(喜神)이 있으면 일생동안 부귀는 희신(喜神)에 달려있고 처자도 희신(喜神)에 달린 것이다.

사주팔자에 희신(喜神)이 분명히 나타나 있고 극충(剋冲)으로 훼손(毀損)을 당하지 않으면 일생 부귀(富貴)하다고 말해도 됩니다.
그런데 재성(財星)이나 관성(官星)이 희신(喜神)이 되거나, 또는 희신(喜神)으로부터 생(生)함을 받는다면 그러한 재성(財星)과 관성(官星)은 길하게 되는 것입니다. 그렇게 되면 일생동안 부귀함은 말할 필요가 없는 것입니다. 그래서 일생의 부귀(富貴)와 처자(妻子)는 희신(喜神)에 달려있다고 말하는 것입니다.

▶ 대체로 재성을 처(妻)로 보는데 가령 희신(喜神)이 곧 재신(財神)이 맞다면 그 처(妻)는 아름답고 또한 부귀(富貴)하다. 희신(喜神)과 재신(財神)이 서로 투기하지 않는다면 역시 좋은 것이다. 만약 그렇지 않고 처(妻)를 극하면 또 혹은 아름답지 못하고 혹은 화목(和睦)하지 않다.

희신(喜神)이 재신(財神)이 되면 그 처(妻)는 아름답고 현모양처(賢母良妻)하다고 말할 수가 있습니다. 반대로 기신(忌神)이 재신(財神)이 된다면 그 처(妻)가 악처(惡妻)로 불량하다고 말해도 되는 것입니다. 그러므로 희신(喜神)과 재신(財神)이 서로 사이가 좋다면 그 처(妻) 역시 선량(善良)하다고 보는 것입니다.

▶ 재신(財神)을 볼 때에는 또한 활법(活法)으로 보아야 한다. 만일 재신이 얇다면 모름지기 재성(財星)을 돕는 것을 용(用)해야 하고 재성(財星)이 왕(旺)하고 신약(身弱)하면 또한 비겁(比劫)이 희신(喜神)이다. 재신(財神)이 인수(印綬)를 상(傷)하게 하면 관성(官星)이 필요하고 재신(財神)이 얇고 관성(官星)이 많은 것은 상관(傷官)이 필요하다.

활법(活法)이란 살아있는 법(法)이니 유용(有用)하게 응용(應用)하여 보아야 한다는 말이 됩니다. 즉 적절히 응용할 줄 알아야 합니다.

재신(財神)이 얇다는 것은 재성(財星)이 약하다는 말이니 당연히 재신(財神)을 생(生)하는 오행이 용신(用神)이 됩니다.

만약, 재성(財星)이 왕(旺)한데 신약(身弱)하면 일신(日身)을 생조하는 비겁(比劫)으로 희신(喜神)을 삼아야 합니다. 재신(財神)이 인수(印綬)를 상(傷)하게 한다는 것은 재(財)가 인수(印綬)를 재극인(財剋印)하는 것이므로 인수(印綬)를 다치게 하면 안 되는 경우가 됩니다.

마땅히 관성(官星)이 있어서 재생관(財生官), 관생인(官生印)으로 통관(通關)시켜 재(財)가 인수(印綬)를 극(剋)하지 못하게 하여야 합니다.

재신(財神)이 얇고 관성(官星)이 많으면 상관(傷官)이 있어서 상관생재(傷官生財)하여 재성을 돕고 상관이 관성(官星)을 극(剋)해 재성(財星)의 설기(洩氣)를 막아줘야 길하게 됩니다. 이러한 배치법은 모두 팔자 안에서 중화를 이루는 데 사용하는 용신법이 되는 것입니다.

▶ 재성(財星)의 기운(氣運)이 유통(流通)되지 못한다면 충(沖)이 필요한 것은 충(沖)해주고 설기(洩氣)해야 하는 것은 설기 해 주어야 한다.

재성(財星)의 기운이 유통(流通)된다면 합(合)이 필요한 것은 합(合)해 주고 고(庫)에 들어갈 것은 입고(入庫)해 줘야 한다.

재성(財星)의 기운(氣運)이 유통(流通)되지 못한다고 하는 것은 재성(財星)의 기운이 막혀 흐르지 못하는 것이 됩니다. 즉 재성(財星)이 겁재로 인해 손상당하거나 혹은 재성이 고(庫)에 들어가는 구조에서 재성정체가 발생하게 됩니다. 어떤 오행이라도 정체(停滯)가 되면 길하지 못하게 되는 것입니다.

다만 희신(喜神)은 유통이 되어야 좋고 기신(忌神)은 오히려 정체되는 것이 좋은 것입니다.

이처럼 재성(財星)이란 길한 오행이므로 반드시 흘러 줘야 길하며 막히면 안 되는 것이니, 이때에는 반드시 충(沖)해 줘서 막힘을 깨트려 유통시켜 줘야 길하게 됩니다. 이것은 재신(財神)이 살아나야 돈의 흐름이 아신(我神)인 나에게 실질적인 금전으로 획득이 된다는 것을 말하는 것입니다. 또한 재성(財星)의 흐름이 너무 태중(太重)하면 이것은 금전이 없는 것과 마찬가지이니 마땅히 합해줘서 흐름을 자제시켜 주어야 길하며 마땅히 일신으로 합생(合生)시켜 줘야 길하게 됩니다. 또는 만약 재성(財星)이 둥둥 떠 있다면 재성을 뿌리에 안착하도록 하여야 하며 재성(財星)을 훼손하는 글자는 고(庫)에 거두어들이는 것이 좋습니다.

▶ 만약 재신(財神)의 설기(泄氣)가 태중(太重)하다거나 비겁(比劫)이 천간에 투출하거나 혹은 신왕(身旺)하여도 재성(財星)이 없는 것은 부부가 온전히 아름다운 것이 아님이 확실하다. 신왕(身旺)하고 재성이 강하면 반드시 부귀하고 처첩(妻妾)이 많다. 그러므로 간명(看命)하는 사람은 경중(輕重)여하를 잘 분별하여 살펴야 한다.

재신(財神)의 설기(泄氣)가 심하다는 것은 관성(官星)이 많은 경우를 말합니다. 즉 재성이 설기되는 것이니 금전(金錢)이 밖으로 나간다는 말이 됩니다. 또한 비겁(比劫)이 천간에 투출하여 신왕(身旺)해지면 군겁(群劫)에 해당하므로 재성(財星)을 극하게 되는데 재성(財星)이 손상을 당하게 되는 것입니다.
따라서 금전(金錢) 혹은 처(妻)의 문제가 발생이 되어 부부가 온전히 아름답지 못하다고 하는 것입니다. 그러나 일반적으로 신왕(身旺)하고 재왕(財旺)하다면 부귀(富貴)하고 처첩(妻妾)이 많다고 보아도 되는 것입니다.

1) 처(妻)의 도움으로 부자(富者)가 되는 경우.

(1) 일주가 재성(財星)에 앉아 있는데 재성(財星)이 희신(喜神)이 된다.

(2) 일주가 강하고 살(殺)이 쇠약한데 재성(財星)이 살(殺)을 생해 준다.

(3) 관성(官星)이 쇠약하고 상관(傷官)은 왕(旺)한데 재성(財星)이 상관(傷官)을 변화해 관성을 생(生)해준다.

(4) 인성(印星)이 가득한데 재성(財星)이 기운을 얻고 있다.

(5) 일주가 재성을 좋아하는데 재성(財星)이 한신(閑神)과 합해서 재성(財星)으로 화(化)한다.

2) 처(妻)로 인해서 재앙(災殃)을 입거나 죽는 경우.

(1) 칠살(七殺)이 왕(旺)하고 일주가 쇠약(衰弱)한데 재성(財星)이 칠살(七殺)을 도와주고 있다.

(2) 관성(官星)이 많아서 인성(印星)을 화살생신(化殺生身)하는데 재성(財星)이 인성(印星)을 손상한다.

(3) 상관패인(傷官佩印)인데 재성(財星)이 국을 이루고 있다.

(4) 일주가 재성(財星)을 좋아하는데 재성(財星)이 한신(閑神)과 합해서 기신(忌神)으로 화(化)한다.

(5) 일주가 재성(財星)을 싫어하는데 재성(財星)이 한신(閑神)과 합해서 재성(財星)으로 화(化)한다.

【예시1】

이 명조는 병화(丙火)가 진월(辰月)에 태어났다.

인수(印綬)와 재성(財星)이 통근(通根)하여 모두 생왕(生旺)하다.

그런데 임수(壬水)칠살(七殺)이 투간하고 신진합작(申辰合作)이 되니 칠살(七殺)이 국(局)을 이루었다.

곧 재성(財星)이 변해 칠살(七殺)로 화(化)한 것이다. 또한 식신(食神)이 재성(財星)을 생하고 재성(財星)은 칠살(七殺)을 생하니 식제(食制)가 불가능(不可能)하였다.

따라서 을목(乙木) 인수(印綬)로 화살(化殺)해야 하는데 을경합(乙庚合)으로 을목(乙木)은 괴인(壞印)이 되어 버렸다.

그러므로 재성(財星)기신(忌神)이니 그 처(妻)가 현명(賢明)하지 못하고 투기(妬忌)가 심했는데 보통이 넘었다.

자식이 없이 손(孫)이 끊기고 말았다.

時	日	月	年	건 명
편관		편재	정인	六神
壬	丙	庚	乙	天干
辰	申	辰	亥	地支
식신	편재	식신	편관	六神

【예시2】

이 명조는 축월(丑月)의 경금(庚金)이니 한금(寒金)이다.

경신(庚申)일주는 일간이 록(祿)에 앉아 있그 인수(印綬)가 당권(當權)하니 충분히 화(火)를 용하여 한기(寒氣)를 대적할 수 있다.

꺼리는 것은 년간의 계수(癸水)가 정화(丁火)를 극하는 것이니 병(病)이 된다. 따라서 월간 을목(乙木)이 수(水)를 설기(泄氣)하여 정화(丁火)를 생하여 보호를 한다. 또한, 기쁜 것은 을경(乙庚)합으로 재성(財星)이 일간과 합하여 득재(得財)한 것이다. 고로 천간의 재성(財星)을 희신(喜神)으로 쫓는다는 말이 바로 이것이다.

그러므로 재성(財星)희신(喜神)이니 그 처(妻)가 현숙(賢淑)하고 부지런하며 능력이 있었다. 아들 셋을 낳았는데 모두 학문을 이루었다.

時	日	月	年	건 명
정관		정재	상관	六神
丁	庚	乙	癸	天干
丑	申	丑	卯	地支
정인	비견	정인	정재	六神

2. 자녀(子女)

자녀(子女)는 관성(官星)으로 본다.

子女根枝一世傳喜神看與殺相連.
자녀근지일세전희신간여살상연.

자녀(子女)의 뿌리와 가지는 한 세대를 전해져 내려오는데 희신(喜神)이 관살 (官殺)과 이어져 있는가를 보아야 한다.

【原文】大率依官看子如喜神卽是官星其子賢俊喜神與官星不相妒亦好
【원문】대률의관간자여희신즉시관성기자현준희신여관성불상투역호
否則無子或不肖或有剋然看官星又要活法如官輕須要助官殺重身輕只要
부즉무자혹불초혹유극연간관성우요활법여관경수요조관살중신경지요
印比無官星只論財若官星阻滯要生扶沖發官星洩氣太重須合助遙會若殺
인비무관성지논재약관성조체요생부충발관성설기태중수합조요회약살
重身輕而無制者多女.
중신경이무제자다녀.

대체로 관성(官星)을 자식(子息)으로 보는데 희신(喜神)이 곧 관성(官星)이 맞 다면 그 자식은 현준(賢俊)하게 된다. 희신(喜神)이 관성(官星)과 서로 질투하 지 않으면 역시 좋다.

그렇지 않으면 무자(無子)하던지 혹은 불초(不肖)하다. 혹은 극(剋)함이 있다. 그러나 관성을 보는 법에도 또한 활법이 필요하다.

예를 들어 관성(官星)이 경(輕)하면 반드시 관성(官星)을 도와주어야 하고 살 중신경(殺重身輕)하다면 인비(印比)가 필요하다. 무관성(無官星)이라면 다만 재 성(財星)만 논한다.

만약, 관성(官星)이 막히고 지체되면 충발(冲發)하여 생부(生扶)하는 것이 필요하다. 관성이 설기(洩氣)가 태중(太重)하면 반드시 멀리서 모이거나 합하여 도와야 한다. 만약, 살중신경(殺重身輕)한데 제복(制伏)이 없다면 딸이 많다.

구문풀이

▶ 자녀(子女)의 뿌리와 가지는 한 세대를 전해져 내려오는데 희신(喜神)이 관살(官殺)과 이어져 있는가를 보아야 한다.

부모(父母)와 자식(子息) 간의 관계는 2세대가 되고 조부(祖父)와 손자(孫子) 간의 관계는 3세대가 됩니다. 그러므로 남자 명조에서는 관살(官殺)이 곧 자녀성(子女星)에 해당하는데 희신(喜神)이 관살(官殺)과 어떠한 관계인가를 분석해 보면 자식의 동향(動向)을 읽어 낼 수가 있는 것입니다.

▶ 대체로 관성(官星)을 자식(子息)으로 보는데 희신(喜神)이 곧 관성(官星)이 맞다면 그 자식은 현준(賢俊)하게 된다.

희신(喜神)이 관성(官星)이 되거나 관성과 좋은 관계라면 자식은 현명(賢明)하고 준수(俊秀)하다고 볼 수가 있습니다.

▶ 희신(喜神)이 관성(官星)과 서로 질투하지 않으면 역시 좋다.
그렇지 않으면 무자 하던지 혹은 불초(不肖)하다. 혹은 극함이 있다.

희신(喜神)이 관성(官星)과 서로 관계가 좋다고 하면 자식 운이 좋은 것이고 그렇지 않다면 품성(品性)이 불량하여 부모(父母)를 극(剋)하여 불초(不肖)한 것입니다. 그러므로 자식은 희신(喜神)이면 귀(貴)하고 기신(忌神)이면 근심이 늘 따라다니게 됩니다.

▶ 관성(官星)이 경(輕)하면 반드시 관성(官星)을 도와주어야 하고 살중신경(殺重身輕)하다면 인비(印比)가 필요하다.

관성(官星)의 뿌리가 약하다면 관성(官星)을 생하는 재성(財星)이 필요하고 혹은 운에서 다시 관성운(官星運)을 만나야 합니다. 그런데 만약 관살(官殺)이 중(重)한데 신약(身弱)하면 관살(官殺)이 나를 공격할 수가 있기 때문에 인수(印綬)로 화살하여 일간을 보호할 필요가 있습니다. 혹은 관살(官殺)에 맞서 버티어 낼 수 있는 비겁(比劫)이 필요한 것입니다.

▶ 만약 관성(官星)이 막히고 지체되면 충발(沖發)하여 생부(生扶)하는 것이 필요하다. 관성이 설기(洩氣)가 태중(太重)하면 반드시 멀리서 모이거나 합하여 도와야 한다.

관성(官星)이 정체(停滯)가 되면 답답한 팔자가 되는 것이므로 그 정체됨을 해소(解消)시켜 줘야 운이 열리게 됩니다.
그러므로 충(沖)으로 정체됨을 깨뜨려 주게 되면 관성(官星)이 동(動)하여 움직이게 되는데 이것을 충발(衝發)한다고 말하는 것입니다.
또한 관성(官星)이 설기(泄氣)가 심하면 관성(官星)의 기운(氣運)을 재성이 돕거나 혹은 설기(泄氣)하는 오행을 합(合)하여 설기를 못하게 막아주면 좋습니다.

【예시1】

이 명조는 정화(丁火)일간이 자월(子月)에 태어났다. 그런데 해수(亥水)가 첩신(貼身)하고 계수(癸水) 칠살(七殺)이 2개 투간(透干)하여 당령(當領)하였다. 그런 즉, 수(水)로 종살(從殺)함이 좋았는데 월간의 갑목(甲木)이 출현(出現)해 기명종살(棄命從殺)은 불가능(不可能)하다. 그런 연유로 관살(官殺)태왕(太旺)한 팔자가 살인상생(殺印相生)이 되어 유통(流通)이 된 것이다. 그래서 처(妻)가 8녀를 낳고 첩(妾)도 8녀를 낳았다. 그런 즉, 살왕신쇠(殺旺身衰)하면 딸이 많다고 한 것이다.

時	日	月	年	건 명
편관		정인	편관	六神
癸	丁	甲	癸	天干
卯	酉	子	亥	地支
편인	편재	편관	정관	六神

【예시2】

이 명조는 무토(戊土)일간이 사월(巳月)에 출생하였다. 화토(火土)가 왕(旺)하고 습토(濕土)가 없으니 을목(乙木) 정관(正官)은 마른 잎나무인데 미토(未土) 고(庫)에 외로이 앉아 을신충(乙辛沖)을 당하고 있다.마른 잎이 제초(除草)당한 모습이다. 따라서 재성(財星)이 없으니 정관(正官)을 생하지 못해 정관(正官)이 문제가 되었다. 그런 까닭에 처(妻)둘을 극하고 12명의 자식을 낳았지만 모두 잃고 2명만 살아남았다.

時	日	月	年	건 명
정인		상관	정관	六神
丁	戊	辛	乙	天干
巳	戌	巳	未	地支
편인	비견	편인	겁재	六神

3. 부모(父母)

부모(父母)는 년월(年月)이 주체가 된다.

父母或隆與或替歲月所關果非細.
부모혹융여혹체세월소관과비세.

부모가 융성(隆盛)한가 혹 쇠퇴(衰退)한가 하는 것은 년월(年月)의 소관(所關)
이지만 결과는 정확한 것은 아니다.

【原文】子平之法以財爲父以印爲母以斷其吉凶十有九驗然看歲月爲緊
【원문】 자 평 지 법 이 재 위 부 이 인 위 모 이 단 기 길 흉 십 유 구 험 연 간 세 월 위 긴

歲氣有益于月令者及歲月不傷夫喜神者父母必昌歲月財氣斲喪於時干者
세 기 유 익 우 월 령 자 급 세 월 불 상 부 희 신 자 부 모 필 창 세 월 재 기 착 상 어 시 간 자

先剋父歲月印氣斲喪於時支者先剋母又須活看其局中之大勢不可專論財
선 극 부 세 월 인 기 착 상 어 시 지 자 선 극 모 우 수 활 간 기 국 중 지 대 세 불 가 전 논 재

印中間者隱露其興亡之機而不必在於財印者與財生印生之神而損益舒配
인 중 간 자 은 노 기 흥 망 지 기 이 불 필 재 어 재 인 자 여 재 생 인 생 지 신 이 손 익 서 배

得所及陰陽多寡之論無有不驗.
득 소 급 음 양 다 과 지 논 무 유 불 험.

자평법에는 재성(財星)을 부친(父親)으로 삼고 인수(印綬)를 모친(母親)으로 하
여 그 길흉(吉凶)을 판단하는데 열에 아홉은 영험하다.
그런데 년월(年月)을 중요하게 보아서 년(年)의 기운이 월령(月令)에 유익(有
益)하고 년월(年月)이 대저 희신을 상(傷)하게 하지 않는데 미친다면 부모(父
母)는 반드시 번창(繁昌)한다.
년월(年月)의 재성의 기운이 시간(時干)에 의해 착상(斲喪)을 당하면 부친이
먼저 세상을 뜨게 되고 년월(年月)의 인수의 기운이 시지(時支)에 의해 착상

(斬喪)을 당하면 모친(母親)이 먼저 세상을 뜨게 된다.

또한, 반드시 국(局)중의 대세(大勢)를 활간(活看)하여 봐야지 오로지 재성(財星)과 인수(印綬)만을 논해서는 안 되는 겻이다. 사주 중간에는 부모(父母)가 흥망(興亡)하는 계기(契機)가 숨어 있거나 드러나 있다.

그러나 그 원인을 반드시 재성(財星)이나 인수(印綬)에서만 구하려 하지 말고 재성(財星)을 생(生)하는 신(神)이나 인수(印綬)를 생(生)하는 신(神)에서 그 원인을 찾을 필요가 있다.

또한 손익(損益)이 적절히 배치되던지 마땅히 있어야 할 곳에 있던지 음양의 많고 부족함을 논하는 데까지 미친다던 영험(靈驗)하지 않은 것이 없다.

[구문풀이]

▶ 부모가 융성(隆盛)한가 혹 쇠퇴(衰退)한가 하는 것은 년월(年月)의 소관(所關)이지만 결과는 정확한 것은 아니다.

보통 사주팔자를 근묘화실(根苗花實)이라고 해서 년주궁(年主宮)과 월주궁(月主宮), 일주궁(日主宮)과 시주궁(時主宮)으로 나눠 관찰합니다. 이것은 육친궁(六親宮)이라 정의(定義)하는데 년주궁(年柱宮)을 조상(祖上)으로 보고 월주궁(月柱宮)을 부모(父母)로 정(定)하는 것입니다. 그러므로 만약 년주(年柱)와 월주(月住)가 서로 극충(克沖)을 하는가 아니면 년월(年月)에 재관(財官)이 있는데 이 재관(財官)이 기신(忌神) 혹은 희신(喜神)이 되는가를 보아 조상(祖上)과 부모(父母)의 흥망성쇠(興亡盛衰)를 예측(豫測)하는 것입니다.

그러나 궁성법(宮星法)만으로는 부족하니 육친성(六親星)도 함께 살펴보아야 정확(正確)한 판단의 자료로 삼을 수가 있는 것입니다.

▶ 자평법에는 재성(財星)을 부친(父親)으로 삼고 인수(印綬)를 모친(母親)으로 하여 그 길흉(吉凶)을 판단하는데 열에 아홉은 영험(靈驗)하다. 년월(年月)을 중요하게 보아서 년(年)의 기운이 월령에 유익(有益)하고 년월(年月)이 대저 희신을 상(傷)하게 하지 않는데 미친다면 부모는 반드시 번창(繁昌)한다.

부모(父母)란 나를 낳아준 근본이므로 년(年)과 월(月)이 주재(主宰)합니다. 그 흥(興)하고 망(亡)함을 알려고 하면 년월(年月)의 관인상생(官印相生)을 알아야 하고 혹은 식신생재(食神生財)를 보아 부모(父母)의 흥망(興亡)을 예측할 수 있습니다. 따라서 년월(年月)에 희신(喜神)이 자리잡고 있다면 부모(父母)의 복운(福運)이 좋다고 보아도 됩니다. 년월(年月)에 부모의 육친성(六親星)이 있는데 이것이 월령에 뿌리가 깊고 희신(喜神)과 서로 좋은 관계에 있다면 부모가 번창(繁昌)한다고 보아도 되는 것입니다.

예를 들어 년월(年月)에 관인상생(官印相生)이 되는데 일시(日時)에서 재성(財星)이 인수(印綬)를 침범하지 않는다면 위로부터 은혜(恩惠)를 받는다하여 음덕(陰德)으로 해석하였습니다. 그러나 년월(年月)에서 관인상생(官印相生)하는데 일시(日時)에서 형상충범(刑傷沖犯)하면 조업(祖業)을 파(破)하거나 가문을 욕되게 하니 파가(破家)하게 됩니다. 그러나 년(年)이 관성(官星)이고 월(月)이 인성(印星)이거나 혹은 월(月)이 관성(官星)이고 년(年)이 인성(印星)이면 그 조상의 청고(淸高)하였고 또한 일주가 관성(官星)을 기뻐하는데 일시(日時)에 재성(財星)을 만나거나 일주가 인수(印綬)를 기뻐하는데 일시(日時)에서 정관(正官)을 만나면 반드시 조상(祖上)의 가업(家業)을 이어 이름을 날린다고 하였습니다. 그러나 일주가 정관(正官)을 기뻐하는데 일시(日時)에 상관(傷官)을 만나거나 일주가 인수(印綬)를 기뻐하는데 일시(日時)에서 재성(財星)을 만나면 반드시 가업(家業)을 망치고 조상을 욕되게 할 것이라고 말하고 있습니다. 그러므로 재관인(財官印)이 년월(年月)에 있고 일주(日柱)의 희신(喜神)이 되면 부모(父母)가 귀(貴)하지 않으면 부(富)하고 일주의 기신(忌神)이면 가난(家難) 하지 않으면 천(賤)하다고 보면 됩니다.

▶ 년월(年月)의 재성의 기운이 시간(時干)에 의해 착상(斲喪)을 당하면 부친이 먼저 세상을 뜨게 되고 년월(年月)의 인수의 기운이 시지(時支)에 의해 착상(斲喪)을 당하면 모친(母親)이 먼저 세상을 뜨게 된다. 또한, 반드시 국(局) 중의 대세(大勢)를 활간(活看)하여 봐야지 오로지 재성(財星)과 인수(印綬)만을 논해서는 안 되는 것이다.

'착상(斲喪)'이라는 것은 깎여서 죽인다는 뜻입니다.
년월(年月)에 재성(財星)이 있다면 부친(父親)으로 보는데 이 재성(財星)이 자녀를 뜻하는 시간으로부터 극충(剋沖)을 당한다면 부친(父親)이 먼저 세상을 뜨게 되고 년월(年月)에 인수(印綬)는 어머니로 보는데 이 인수(印綬)가 시지(時支)로부터 극충(剋沖)을 당한다면 모친(母親)이 먼저 세상을 뜨게 됩니다. 그런데 부모(父母)를 해석할 때에는 년주(年柱)와 월주(月柱)만을 볼 것이 아니라 부모(父母)의 육친성(六親星)도 함께 보아야 정확하다고 말할 수 있습니다.
곧 육친궁과 육친성의 배치가 매우 중요한 것입니다. 희신이 배치되면 부모의 복덕이 길하고 기신이 배치되면 부모의 복덕이 불리한 것입니다.

▶ 사주 중간에는 부모(父母)가 흥망(興亡)하는 계기가 숨어 있거나 드러나 있다. 그러나 그 원인을 반드시 재성(財星)이나 인수(印綬)에서만 구하려 하지 말고 재성(財星)을 생(生)하는 신(神)이나 인수(印綬)를 생하는 신(神)에서 그 원인을 찾을 필요가 있다.
또한 손익(損益)이 적절히 배치되던지 마땅히 있어야 할 곳에 있던지 음양의 많고 부족함을 논하는 데까지 미친다면 영험(靈驗)하지 않은 것이 없다.

'은로(隱露)'라는 것은 "드러난 것과 감추어진 것"을 말합니다.
부모의 흥망성쇠의 계기가 되는 것이 반드시 재성(財星)과 인수(印綬)에 있을 필요는 없는 것입니다. 또는 재성(財星)을 생하는 신(神)이나 인수(印綬)를 생하는 신(神)이란 재성(財星)의 원신(原神)을 말하고 인수(印綬)의 원신(原神)을 말하는 것이니, 국(局)중의 대세(大勢)를 활간(活看)하여 봐야 하므로 재성(財星)과 인수(印綬)의 손익(損益)이 적절히 배치되고 마땅히 있어야 할 곳에 있다면 부모의 흥망도 읽어낼 수가 있을 것이고, 더불어 음양(陰陽)의 많고 부족함까지도 말할 수가 있다면 적중하지 못할 것이 없을 것입니다.

【예시】

이 명조는 사주(四柱)중에 3 화(火), 2 토(土)가 있어 화토(火土)가 왕상(旺相)한 것 같다. 그러나 해자(亥子)가 당령(當領)하여 사해충(巳亥沖)과 자오충(子午沖)으로 인수(印綬)를 충괴(沖壞)하고 있음을 알아야 한다. 그러므로 년주의 인성인 화(火)가 허탈(虛脫)하니 조상(祖上)이 큰 부자였으나 부친대에 이르러 파재(破財)하였다. 게다가 초년운이 서방(西方)이니 금지(金地)로 인해 수(水)를 생하므로 인수(印綬)를 더욱 꺼버렸는데 몹시 가난하여 어려움이 많았고 불우(不遇)하였다.

정미(丁未)운에 이르니 남방운(南方運)으로 바뀌면서 병오(丙午)운까지 20년 간은 인수(印綬)를 구해주니 경영(經營)이 원하는 대로 크게 성장하였는데 발재(發財)하여 많은 재산(財産)을 일구었다.

時	日	月	年	건 명
비견		상관	정인	六神
戊	戊	辛	丁	天干
午	子	亥	巳	地支
정인	정재	편재	편인	六神

4. 형제(兄弟)

形제(兄弟)는 월령(月令)의 재신(財神)으로 본다.

형제 중에 누가 흥(興)하고 누가 망(亡)하는가는 월령의 용신(用神)인 재신(財神)
의 경중(輕重)으로 판단한다.

【原文】敗財比肩羊刃皆兄弟也要在提綱之神與財神喜神較基重輕財官
【원문】패 재 비 견 양 인 개 형 제 야 요 재 제 강 지 신 여 재 신 희 신 교 기 중 경 재 관
弱三者顯其攘奪之迹兄弟必强財官旺三者出其助主之功兄弟必美身與財
약 삼 자 현 기 양 탈 지 적 형 제 필 강 재 관 왕 삼 자 출 기 조 주 지 공 형 제 필 미 신 여 재
官兩平而三者伏而不出兄弟必貴比肩重而傷官財殺亦旺者兄弟必富身弱
관 양 평 이 삼 자 복 이 불 출 형 제 필 귀 비 견 중 이 상 관 재 살 역 왕 자 형 제 필 부 신 약
而三者不顯有印而兄弟必多身旺而三者又顯無官而兄弟必衰.
이 삼 자 불 현 유 인 이 형 제 필 다 신 왕 이 삼 자 우 현 무 관 이 형 제 필 쇠 .

패재(敗財), 비견(比肩), 양인(陽刃)은 모두 형제(兄弟)인데 핵심은 제강(提綱)의
신(神)에 머물러 있는 재신(財神)과 희신(喜神)의 그 경중(輕重)을 비교해야 한
다. 재성(財星)과 관성(官星)이 약한데 이 삼자(三者)가 탈취(奪取)하는 흔적이
뚜렷하다면 형제(兄弟)는 반드시 사납다.
재성(財星)과 관성(官星)이 왕(旺)한데 이 샴자(三者)가 일주를 돕는 공로(功勞)
로 나간다면 형제는 반드시 아름답다. 일신(日身)과 재관(財官)의 힘이 평등
(平等)한데 삼자(三者)가 숨어 나타나지 않는다면 형제는 반드시 귀(貴)하게
된다. 비견(比肩)이 중(重)하고 상관(傷官), 재성(財星), 관살(官殺)이 역시 왕(旺)
한 것은 형제가 반드시 부유(富裕)한 것이다.

신약(身弱)한데 이 삼자(三者)가 뚜렷하지 않고 인성(印星)이 있다면 형제가 반드시 많으며 신왕(身旺)한데 이 삼자(三者)가 또한 뚜렷하고 무관(無官)이라면 형제가 반드시 쇠퇴(衰退)한다.

[구문풀이]

▶ 패재(敗財), 비견(比肩), 양인(陽刃)은 모두 형제(兄弟)인데 핵심은 제강(提綱)의 신(神)에 머물러 있는 재신(財神)과 희신(喜神)의 그 경중(輕重)을 비교해야 한다.

패재(敗財)는 겁재(劫財)의 다른 이름인데 재성을 파괴하므로 겁재를 패재(敗財)라 합니다. 형제의 운이 재신(財神)과 연관이 된다는 것은 비견(比肩)과 겁재(劫財)가 재성(財星)을 극재(剋財)할 수 있는 힘을 가지고 있기 때문입니다. 그러므로 비견겁(比肩劫)이 극재(剋財)하여 재물을 비견(比肩)이 가질 수가 있는 구조로 된 사주는 형제운이 길하다고 볼 수가 있고 비견겁이 재성(財星)을 극해서 재물을 비견이 가질 수가 없는 것은 형제운이 쇠락(衰落)한다고 볼 수가 있는 것입니다.

▶ 재성(財星)과 관성(官星)이 약한데 이 삼자(三者)가 탈취(奪取)하는 흔적이 뚜렷하다면 형제(兄弟)는 반드시 사납다. 재성(財星)과 관성(官星)이 왕(旺)한데 이 삼자(三者)가 일주를 돕는 공로(功勞)로 나간다면 형제는 반드시 아름답다.

겁재(劫財)와 비견(比肩)과 양인(陽刃)을 삼자(三者)라고 하는데 이 삼자가 재성(財星)을 살리거나 보호하게 되면 일주를 돕는 것입니다.
그러나 반대로 재성을 죽이거나 약탈하게 되면 일주를 곤궁하게 만드는 겁니다. 그래서 탈취(奪取)한다는 것은 겁재가 일주에게 돌아가는 재성의 몫을 빼앗아 자신의 것으로 만든다는 것을 말합니다.

따라서 이 경우에는 겁재(劫財)가 탈취자가 되니 사납다고 말하는 것이며 만약, 재관이 강해서 일주가 감당하기 어려운 경우에는 겁재가 일주를 도와 재관을 다스릴 수 있게 됩니다. 이런 경우는 겁재가 일주는 돕는 공로가 있으니 형제애(兄弟愛)가 두텁다고 말할 수가 있습니다.

▶ 일신(日身)과 재관(財官)의 힘이 평등(平等)한데 삼자(三者)가 숨어 나타나지 않는다면 형제는 반드시 귀(貴)하게 된다.

일신(日身)과 재관(財官)의 힘이 같다면 균형이 맞아 중화를 이루는 것인데 만약, 겁재, 비견, 양인의 삼자(三者)가 과잉(過剩)되면 서로 재관(財官)을 놓고 다투는 형국이 되는데 형제 관계가 나빠질 수가 있는 것입니다. 그래서 힘이 균형을 이룰 경우는 마땅히 숨어 있는 것이 좋은 것이며 그렇게 되면 형제는 귀(貴)하게 될 수가 있는 것입니다.

▶ 비견(比肩)이 중(重)하고 상관(傷官), 재성(財星), 관살(官殺)이 역시 왕(旺)한 것은 형제가 반드시 부유(富裕)한 것이다. 신약(身弱)한데 이 삼자(三者)가 뚜렷하지 않고 인성(印星)이 있다면 형제가 반드시 많으며 신왕(身旺)한데 이 삼자(三者)가 또한 뚜렷하고 무관(無官)이라면 형제가 반드시 쇠퇴(衰退)한다.

비견(比肩)이 많아 신왕(身旺)하고 상관(傷官)과 재성(財星), 관살(官殺)도 역시 왕(旺)하면 힘이 균형을 이루게 되므로 형제가 반드시 부유하게 됩니다. 비견(比肩)과 겁재(劫財)나 양인(陽刃)이 뚜렷하여 신왕(身旺)한 팔자로 관성(官星)이 없으면 형제가 쇠퇴(衰退)하게 됩니다. 이것은 일간(日干)이나 비견겁(比肩劫)이 관록(官祿)을 취하여 가질 수가 없다는 말이니 형제가 쇠(衰)하는 상(象)을 보이기 때문입니다.

【예시】

이 명조는 양인(陽刃)이 당권(當權)하여 왕(旺)한데 천간의 무계합화(戊癸合火)가 되어 화(火)로 변하니 화상위겁(化傷爲劫)으로 겁재(劫財)가 태왕(太旺)하게 되었다.

그러므로 시간의 편재는 겁재의 무리에 의해 겁탈을 당하고 있다.

이러한 상황을 말하여 재관약삼자현기양탈지적형제필강(財官弱三者顯其攘奪之迹兄弟必强)이라 하였는데, 겁재(劫財)태왕(太旺)한데 재관(財官)이 무기(無氣)하면 그 형제가 사납고 또한 별 도움이 안 된다고 말한 것이다.

그래서 형제가 모두 6명인데 모두 성공한 인재(人才)가 없었고 고생들이 막심(莫甚)하였다.

時	日	月	年	건 명
편재		식신	정관	六神
庚	丙	戊	癸	天干
寅	午	午	巳	地支
편인	겁재	겁재	비견	六神

5. 하지장(何知章)

1) 그 사람이 부자라는 것을 어찌 알 수가 있겠는가.

> 何知其人富財氣通門戶.
> 하지기인부재기통문호.

그 사람이 부자(富者)라는 것을 어찌 알 수가 있겠는가. 재성의 기(氣)가 문호(門戶)에 통(通)하고 있으면 그 사람은 부유한 사람이다.

> 【原文】財旺身强官星衛財忌印而財能壞印喜印而財能生官傷官重而財
> 【원문】재왕신강관성위재기인이재능괴인희인이재능생관상관중이재
> 神流通財神重而傷官有限無財而暗成財局財露而傷亦露者此皆財氣通門
> 신유통재신중이상관유한무재이암성재국재노이상역노자차개재기통문
> 戶所以富也夫論財與論妻之法可相通也然有妻賢而財薄者亦有財富而妻
> 호소이부야부논재여논처지법가상통야연유처현이재박자역유재부이처
> 傷者看刑沖會合但財神淸而身旺者妻美財神濁而身旺者家富.
> 상자간형충회합단재신청이신왕자처미재신탁이신왕자가부.

재성이 왕(旺)하고 일신(日身)이 강한데 관성(官星)이 재성(財星)을 지켜주고 인성(印星)이 기신(忌神)인데 재성(財星)이 능히 인수(印綬)를 무너뜨리고 인수(印綬)가 희신(喜神)인데 재성(財星)이 능히 관성(官星)을 생(生)해주고 상관(傷官)이 중(重)한데 재신(財神)이 상관(傷官)을 유통(流通)해준다든지 재신(財神)이 중(重)한데 상관(傷官)이 한계(限界)가 있다든지 재성(財星)이 없는데 암암리에 재성(財星)이 국(局)을 이룬다든지 재성(財星)이 노출되어 있는데 상관(傷官)도 역시 노출이 된 팔자는 이러한 사람은 모두 재기(財氣)가 문호(門戶)에 통(通)한다고 말할 수가 있겠다. 그러므로 부자(富者)이다.

지아비가 재물을 논하는 법은 처(妻)를 논하는 법과 같아서 서로 상통(相通)한다. 처(妻)가 어질어도 재물이 박(薄)한 사람이 있고 역시 재물(財物)이 많으나 처(妻)가 다치는 사람도 있는 이유는 이것은 형충회합(刑沖會合)을 살펴보아야 한다. 다만 재신(財神)이 청(清)하고 일신이 왕(旺)한 사람은 아내가 좋다. 재신(財神)이 탁(濁)하고 일신(日身)이 왕(旺)한 사람은 집이 부유(富裕)할 뿐이다.

구문풀이

◆ 재기(財氣)가 문호(門戶)에 통(通)하여 부자가 되는 명조.
   (1) 재성이 왕(旺)하고 일신(日身)이 강한데 관성이 재성을 지켜준다.
   (2) 인성이 기신(忌神)인데 재성이 능히 인수를 무너뜨린다.
   (3) 인수가 희신(喜神)인데 재성이 능히 관성을 생해준다.
   (4) 상관이 중(重)한데 재신(財神)이 상관을 유통(流通)시켜준다.
   (5) 재신(財神)이 중(重)한데 상관이 한계(限界)가 있다.
   (6) 재성이 없는데 암암리에 재성(財星)이 국(局)을 이룬다.
   (7) 재성이 은혜를 베풀고 있는데 상관도 역시 은혜를 베푼다.

▶ 재성이 왕(旺)하고 일신(日身)이 강한데 관성(官星)이 재성(財星)을 지켜준다.

관성이 재성을 보호한다는 말은 비겁(比劫)이 많으면 재성(財星)을 겁탈(劫奪)하게 되는데 이때 관성이 있어서 비겁을 억제해 주게 되면 비겁이 재성을 겁탈하는 작용을 할 수가 없게 되는 것입니다.
그래서 재성의 입장에서는 관성이 옆에 붙어 있으면 비겁이 근접을 못 하게 하므로 재성을 지켜준다고 말할 수가 있습니다.

▶ 인성(印星)이 기신(忌神)인데 재성(財星)이 능히 인수(印綬)를 무너뜨린다.

이것은 인다우재(印多遇財)를 말하는데 인성(印星)이 너무 많으면 재성(財星)을 사용해서 인성의 중(重)함을 덜어 주게 되면 길해지게 됩니다. 이것은 재성의 역할이 중요하게 되어 재성이 유익하게 사용이 되는 것입니다.

▶ 인수(印綬)가 희신(喜神)인데 재성(財星)이 능히 관성(官星)을 생해준다.

재성은 인성을 극하는 존재이지만 관성이 있게 되면 재성이 재생관(財生官)으로 관성을 생(生)해주게 되고 관성이 다시 관생인(官生印)으로 인성을 생(生)해 줄 수가 있게 되어 재성이 인성을 극하지 못하게 되는 것입니다.
그러므로 인수가 희신(喜神)일 경우에 재성(財星)이 있으면 곤란하지만, 관성이 있게 되면 관성(官星)이 통관(通關)하여 재성(財星)이 인수(印綬)를 극(剋)하지 못하게 하고 오히려 인수(印綬)를 생(生)하게 만들어 주므로 길해지는 명조가 됩니다.

【예시1】

時	日	月	年	대운42	건 명
편재		식신	정재	정인	六 神
辛	丁	己	庚	甲	天 干
丑	亥	卯	申	申	地 支
식신	정관	편인	정재	정재	六 神

이 명조는 인수격(印綬格)이다.

그런데 재성(財星)인 경신금(庚申金)이 묘목(卯木)을 극하려 하는바, 괴인(壞印)의 상(象)이 염려가 되었다. 그런데 해수(亥水) 정관(正官)이 설기하여 재생관(財生官)을 하고 있어 해묘합(亥卯合)이 가능해졌다. 만약, 해수(亥水) 정관(正官)이 없고 미토(未土) 식상(食傷)으로 묘미합(卯未合)을 하려고 하면 해수가 없는 연고로 금극목(金克木)하여 인수국이 형성 되지 못했을 것이다.

그러나 해수(亥水) 정관(正官)으로 인해 능히 재생관(財生官)하여 해묘합(亥卯合)에 성공한 것이다. 따라서 인수(印綬)가 국(局)을 이루어 재성(財星)을 상대할 수 있고 일간을 생하니 힘을 얻고 있다.

이 명주는 갑신(甲申)대운에 발재하여 100억 원대의 재산을 이루었다.

▶ 상관이 중(重)한데 재신(財神)이 상관을 유통(流通)시켜준다.

사주에서 상관(傷官)이 많으면 재성(財星)으로 설기시켜 주어 상관(傷官)의 부담을 덜어 주어야 좋습니다. 이것을 상관생재(傷官生財)라고 하는데 상관과 재성이 유정(有情)한 관계가 되어 재기(財氣)가 문호(門戶)에 통했다고 볼 수가 있는 것입니다.

문호(門戶)라는 것은 "집으로 드나드는 문에 연결이 된 것"이므로 재성의 기운이 문호(門戶)에 통한다고 하는 것은 재성이 자기 집 문을 수시로 드나드는 것이므로 재물의 넉넉함을 말하는 것입니다.

▶ 재신(財神)이 중(重)한데 상관이 한계(限界)가 있다.

재성이 중(重)하게 되면 상관의 생조(生助)가 부담이 됩니다. 재성이 태과(太過)할 수가 있어서 파재(破財)가 될 수가 있기 때문입니다.

그래서 상관(傷官)이 한계(限界)가 있다는 것은 상관(傷官)이 약하여 재성을 생하는 것이 크지 못함을 의미한다고 볼 수 있습니다.

▶ 재성(財星)이 노출되어 있는데 상관(傷官)드 역시 노출이 된 팔자

재성이 투출(透出)하였는데 상관도 투출(透出)하여 상관생재(傷官生財)가 확실한 명조를 말하는 것입니다. 그러므로 상관생재가 된 명조는 재기통문(財氣通門)한 사주가 되는 것입니다.

▶ 지아비가 재물을 논하는 법은 처(妻)를 논하는 법과 같아서 서로 상통(相通)한다.

남자에 있어서 재물과 처는 같은 것입니다. 그래서 재물을 보는 방법이나 처를 보는 방법이 똑같게 됩니다.

▶ 처(妻)가 어질어도 재물이 박(薄)한 사람이 있고 역시 재물이 많으나 처(妻)가 다치는 사람도 있는 이유는 이것은 형충회합을 살펴보아야 한다.

남자에게 있어서 처(妻)와 재물(財物)은 동일한 것이지만, 사람마다 차별이 있을 수가 있습니다. 이것은 형충회합(刑沖會合)으로 인해 다르게 나타나는 것이므로 마땅히 형충회합을 잘 살펴봐야 하는 것입니다.
예를 들어 만약 신왕(身旺)한데 인성(印星)이 있어 관성을 설기(洩氣)하고 사주에 식상(食傷)이 나타나지 않는 팔자이거나 혹은 식신(食神)이 편인(偏印)의 충극을 당한 팔자라면 재성(財星)을 사용해서 관성을 생(生)하는데 많은 부족을 느끼게 됩니다.
따라서 식상이 없는 것은 곧 재성(財星)도 깊지 못한 것입니다. 그러므로 부족한 재성(財星)이 되므로 비록 명주(命主)의 처(妻)는 아름답지만 재물(財物)은 적다고 보는 것입니다.

▶ 재신(財神)이 청(淸)하고 일신이 왕한 사람은 아내가 좋다. 재신(財神)이 탁(濁)하고 일신이 왕한 사람은 집이 부유할 뿐이다.

재신(財神)이 청(淸)하다는 것은 사주팔자 중에서 일점(一點) 재신이 뚜렷하여 재성이 생왕(生旺)한 가운데 형충(刑沖)이 없어 재신(財神)이 손상되지 않았다면 이것을 청(淸)하다라고 말할 수가 있는 것입니다. 이러한 사람은 아내가 어질고 친절합니다.

반대로 재신(財神)이 탁(濁)하다라는 것은 재신(財神)이 왕(旺)하더라도 형충(刑沖)으로 깨져 있거나 다재성(多財星)이 되면 재성(財星)이 탁(濁)하다라고 말할 수가 있는 것입니다. 이러한 사람은 부유하게는 될지언정 "아내가 어질고 성실하다"라고 장담을 하지 못하는 것입니다.

【예시】

현대그룹 고(故) 정주영(鄭周永) 회장 명조이다.

경신(庚申)일주가 해묘(亥卯)가 반합(半合)하고 을목(乙木)이 투간하였다.

을목 재성(財星)이 목국(木局)을 지으니 재기(財氣)가 통문(通門)하여 왕(旺)하다.

이것은 을목(乙木)재성의 기운이 취합(聚合)하여 국을 이룬 것이다.

정화(丁火)관성(官星)이 재생관(財生官)하여 수기유통(秀氣流通)해 주고 있다.

따라서 을경(乙庚)이 합생(合生)하고 경신(庚申)일주가 정화(丁火)를 만나 화련진금(火鍊眞金)이 된 사주이다.

時	日	月	年	건 명
정관		정관	정재	六 神
丁	庚	丁	乙	天 干
丑	申	亥	卯	地 支
인수	비견	식신	정재	六 神

2) 그 사람이 귀(貴)하다는 것을 어찌 알 수가 있겠는가.

何知其人貴官星有理會.
하지기인귀관성유리회.

그 사람이 귀(貴)하다는 것을 어찌 알 수가 있겠는가. 관성(官星)이 도리(道理)에 맞게 관여(關與)하고 있어야 한다.

【原文】官旺身旺印綬衛官忌劫而官能去刦喜印而官能生印財神旺而官
【원문】관왕신왕인수위관기겁이관능거겁희인이관능생인재신왕이관
星通達官星旺而財神有氣無官而暗成官局官星藏而財神亦藏者此皆官星
성통달관성왕이재신유기무관이암성관국관성장이재신역장자차개관성
有理會所以貴也夫論官與論子之法可相通也然有子多而無官者身顯而無
유리회소이귀야부론관여논자지법가상통야연유자다이무관자신현이무
子者亦看刑沖會合但官星清而身旺者必貴官星濁而身旺者必多子至於得
자자역간형충회합단관성청이신왕자필귀관성탁이신왕자필다자지어득
象得氣得局得格者妻子富貴兩全.
상득기득국득격자처자부귀양전.

관성(官星)이 왕(旺)하고 신왕(身旺)한데 인수(印綬)가 관성(官星)을 보호해 주고 있는 경우는 귀(貴)하게 된다. 겁재(劫財)가 기신(忌神)인데 관성(官星)이 능히 겁재(劫財)를 제거할 수 있는 경우도 귀(貴)하다. 인수(印綬)가 희신(喜神)인데 관성(官星)이 능히 인수(印綬)를 생조해 줄 수가 있다. 혹은 재신(財神)이 왕(旺)한데 관성(官星)과 막힘없이 통하고 있다.

또한 관성(官星)이 왕(旺)한데 재신(財神)이 유기(有氣)하거나 혹은 관성(官星)이 없는데 암암리에 관성(官星)의 국(局)을 이루고 있다면 귀해질 수 있다. 관성(官星)이 장간에 있는데 재신(財神)도 역시 담장되어 있는 경우도 이 모든 것은 관성(官星)이 관여하고 있다고 보면 된다. 그러면 존귀한 사람이다.

지아비를 관성(官星)으로 논하는 법이나 자식을 관성(官星)으로 논하는 법이 가히 서로 상통(上通)한 것이다. 그런데 자식(子息)은 많으나 관직(官職)이 없는 사람과 일신(日身)은 영달(榮達)하나 자식이 없는 사람은 무슨 까닭인가? 역시 형충회합(刑沖會合)을 살펴봐야 한다.

다만 관성(官星)이 청(淸)하고 신왕(身旺)한 사람은 반드시 귀(貴)한 사람이고 관성(官星)이 탁(濁)하지만 신왕(身旺)한 사람은 반드시 자식(子息)이 많은 사람이다. 상(象)도 갖추고 기(氣)도 얻고 격국(格局)도 얻으면 처(妻)와 자식(子息), 부귀(富貴)가 모두 있는 사람이다.

구문풀이

▶ 관성유리회(官星有理會)

관성이란 관록(官祿)을 말하는 것이니 사람의 귀(貴)함을 알려면 사주팔자에서 관성이 제 역할을 다하고 있는가를 살펴봐야 합니다.

이것을 "관성이 관여(關與)하여 다스려지고 있다"라고 말하는 것이며 유리회(有理會)라는 것은 "모여 다스리고 있다"가 됩니다. 관성이 관여하여 청해져서 길해지는 경우는 귀한 팔자라고 보시면 됩니다.

◆ 관성이 관여(關與)하고 있다고 보는 경우.

 (1) 관성이 왕(旺)하고 신왕한데 인수가 관성을 보호해 주고 있다.

 (2) 겁재가 기신(忌神)인데 관성이 능히 겁재를 제거할 수 있다.

 (3) 인수가 희신(喜神)인데 관성이 능히 인수를 생조해 줄 수가 있다.

 (4) 재신이 왕(旺)한데 관성과 통(通)하고 있다.

 (5) 관성이 왕(旺)한데 재신(財神)이 유기(有氣)하고 있다.

 (6) 관성이 없는데 암암리에 관성의 국(局)을 이루고 있다.

 (7) 관성이 장간에 있는데 재신도 역시 암장(暗藏)되어 있다.

▶ 관성(官星)이 왕(旺)하고 신왕(身旺)한데 인수(印綬)가 관성(官星)을 보호해 주고 있는 경우는 귀(貴)하게 된다.

인수가 있어서 관성을 보호한다는 것은 정관(正官)을 극하는 것이 식신(食神)과 상관(傷官)인데 인수(印綬)가 상관(傷官)을 극하여 상관(傷官)이 정관(正官)을 손상시키지 못하게 하는 것을 말하는 것입니다.
이렇게 되면 관성이 관여(關與)하는 것이 되는 것입니다.

▶ 겁재(劫財)가 기신(忌神)인데 관성(官星)이 능히 겁재(劫財)를 제거할 수 있는 경우도 귀(貴)하다.

겁재가 왕(旺)하여 기신(忌神)인데 관성(官星)이 겁재(劫財)를 제거하게 되면 관성(官星)이 제 역할을 수행하는 것이라서 관성(官星)이 관여(關與)한다고 말할 수가 있는 것입니다.

▶ 인수(印綬)가 희신(喜神)인데 관성(官星)이 능히 인수(印綬)를 생조해 줄 수가 있다.

인수(印綬)가 희신(喜神)이 되면 관성(官星)이 인수(印綬)를 생조(生助)함을 기뻐하게 되는데 그렇게 되면 관성(官星)이 관여(關與)하게 되는 것입니다.

▶ 재신(財神)이 왕(旺)한데 관성(官星)과 막힘없이 통하고 있다. 또한 관성(官星)이 왕(旺)한데 재신(財神)이 유기(有氣)하다.

재성(財星)이 왕(旺)한데 재생관(財生官)으로 재성(財星)과 관성(官星)이 서로 통(通)하여 유정(有情)하게 되면 관성(官星)이 관여(關與)한다고 볼 수가 있는 것입니다.

▶ 관성(官星)이 없는데 암암리에 관성(官星)의 국(局)을 이루고 있다면 귀해질 수 있다. 관성(官星)이 지장간에 있는데 재신(財神)도 역시 암장(暗藏)되어 있는 경우도 이 모든 것은 관성(官星)이 관여(關與)하고 있다고 보면 된다.

사주팔자에는 관성(官星)이 나타나 있지 않지만, 합(合)으로 인해 관성(官星)의 국(局)을 이루고 있다거나 지장간에 관성(官星)이 있는데 재신(財神)도 지장간에 있어서 암중(暗中)으로 재생관(財生官)의 명식이 되는 것을 말하고 있습니다.

▶ 지아비를 관성(官星)으로 논하는 법이나 자식을 관성(官星)으로 논하는 법이 가히 서로 상통(上通)한 것이다.

여자에게 있어서는 남편(男便)을 관성(官星)으로 보고 통변하거나 남자에게 있어서는 자식(子息)을 관성(官星)으로 보고 통변하는 방법이 동일한 것입니다.

▶ 자식(子息)은 많으나 관직(官職)이 없는 사람과 일신(日身)은 영달(榮達)하나 자식이 없는 사람은 무슨 까닭인가? 역시 형충회합(刑沖會合)을 살펴봐야 한다.

사람마다 관성이 뚜렷한데 차별이 있는 것은 형충회합(刑沖會合)으로 인해 다른 삶을 살게 되는 것이므로 을 잘 살펴봐야 하는 것입니다.
예를 들어 인목(寅木)이 정관(正官)이고 신금(申金)은 식신(食神)이라면 인신충(寅申沖)으로 인해 정관(正官)손상(損傷)이 분명하다면 관성(官星)이 뚜렷하지만 이미 차별(差別)이 있는 것이니 자녀성(子女星)이 탁하다고 보는 것입니다.

▶ 관성(官星)이 청(淸)하고 신왕(身旺)한 사람은 반드시 귀(貴)한 사람이고 관성(官星)이 탁(濁)하지만 신왕(身旺)한 사람은 반드시 자식(子息)이 많은 사람이다.

신왕(身旺)한 사람으로 관성이 청(淸)하다는 것은 관성이 일점(一點) 뚜렷하게 투출하여 생왕(生旺)한데 형충(刑沖)이 없어 관성이 손상 받지 않고 제 역할을 하게 된다면 이것을 관성이 청(淸)하다고 말할 수가 있는 것입니다.

반대로 관성이 다관성(多官星)이거나 또는 관성이 형충(刑沖)을 받아 깨지거나 관살혼잡이 되면 이것을 관성이 탁(濁)하다고 말할 수가 있는 것입니다.

▶ 상(象)도 갖추고 기(氣)도 얻고 격국(格局)도 얻으면 처(妻)와 자식(子息), 부귀(富貴)가 모두 있는 사람이다.

명리에서 가장 핵심이 되는 관법을 설명한 것입니다. 득상(得象)하고 득기(得氣)하며 득국(得局)한 사람은 처자와 부귀가 모두 있다고 말하고 있습니다.

상(象)이라는 것은 형상을 의미하기도 합니다.

진신(眞神)론에서 살펴보면 진신의 조합으로 이루어진 상(象)이 있습니다. 목화통명(木火通明)이라던지 벽갑인정(劈甲引丁)같은 그러한 구체적인 상(象)이 나타나는 것을 말하는 것입니다. 상(象)도 나타나고 격국(格局)도 성격이 되면 가장 귀격(貴格)이라고 보는 것이지요.

【예시】

이 명조는 천간에 계수(癸水) 관살(官殺)이 승권(承權)하여 원래 두려워 할만
하다. 그러나 지지가 해묘합(亥卯合)으로 인수국(印綬局)을 구성했다. 그래서
수세(水勢)를 유통(流通)하니 관성유리회(官星有理會)를 보여주고 있다.

그러나 초년 신유(辛酉)와 경신(庚申)운에 관살(官殺)생신(生新)하면서 인수국
(印綬局)을 파괴하였다. 이것이 관성(官星)이 도리에 벗어나 모여 기신(忌神)이
된 것이다.

그러므로 이 시기 공명(功名)이 헛되고 고달팠다.

기미(己未)운에 들어서 천간은 식신(食神)이 투간하여 관살(官殺)을 제어하면
서 지지는 해묘미(亥卯未)삼합을 이루니 관성(官星)이 제자리를 잡아 유통(流
通)하게 되어 벼슬이 상승하여 상서(尙書)에 이르렀다.

時	日	月	年	건 명
편재		편관	편관	六 神
辛	丁	癸	癸	天 干
亥	卯	亥	卯	地 支
정관	편인	정관	편인	六 神

3) 그 사람이 가난하다는 것을 어찌 알 수가 있겠는가.

何知其人貧財神反不眞.
하 지 기 인 빈 재 신 반 불 진.

그 사람이 가난하다는 것을 어찌 알 수가 있겠는가.
재신(財神)이 참되지 않고 반(反)하는 것이다.

【原文】財神不眞者不但洩氣被刦也傷輕財重氣淺財輕官重財氣洩傷重
【원문】재 신 불 진 자 불 단 설 기 피 겁 야 상 경 재 중 기 천 재 경 관 중 재 기 설 상 중
印輕身弱財重刦輕身弱皆爲財神不眞也中有一味淸氣則不賤.
인 경 신 약 재 중 겁 경 신 약 개 위 재 신 불 진 야 중 유 일 미 청 기 칙 불 천.

재신(財神)이 진실하지 못한다는 것은 단지 재성이 설기(洩氣)당 하고 피동적
으로 겁탈(劫奪)당하는 것만을 말하는 것은 아니다.
상관(傷官)이 가볍고 재성(財星)이 중(重)해서 상관(傷官)의 기운이 깊지가 않
는다든지 혹은 재성이 가볍고 관성이 무거워 재성의 기운이 설기(洩氣)되
거나 혹은 상관(傷官)이 무겁고 인성(印星)이 가벼워 신약(身弱)하거나 혹은
재성(財星)이 무겁고 겁재(劫財)가 가벼워 신약(身弱)하거나 이러한 모두 것이
재신(財神)이 참되지 못하다고 할 수가 있겠다.
그중에서도 청(淸)한 기(氣)가 조금이라도 있다면 천(賤)하지 않겠다.

구문풀이

◆ 원주에서 말하는 재성(財星)이 참되지 못한 경우입니다.

   (1) 재성이 설기(洩氣)당하고 피동적으로 겁탈당한다.

   (2) 상관이 가볍고 재성이 중(重)하여 상관의 기운이 깊지가 않다.

   (3) 재성이 가볍고 관성이 무거워 재성의 기운이 설기 된다.

   (4) 상관이 무겁고 인성이 가벼워 신약(身弱)하다.

   (5) 재성이 무겁고 겁재가 가벼워 신약(身弱)하다.

▶ 재신(財神)이 진실하지 못하다는 것은 단지 재성이 설기(洩氣)당하고 피동적으로 겁탈(劫奪)당하는 것만을 말하는 것은 아니다.

사주에서 관성이 왕(旺)하게 되면 재성이 설기 당하기 쉽게 되고 비겁이 왕(旺)하면 재성이 분탈(分奪)되기 쉽다는 것을 말하는 것입니다.

▶ 상관(傷官)이 가볍고 재성(財星)이 중(重)해서 상관(傷官)의 기운이 깊지가 않다.

재성(財星)이 강해도 재성을 생(生)하는 원신이 식신(食神)과 상관(傷官)이 가볍다고 하면 그 재성(財星)의 원천(原泉)이 끊어질 수가 있는 두려움이 있는 것입니다. 그래서 상관(傷官)의 기운이 깊지가 않으면 재성(財星)도 참되기 어렵다고 본 것입니다.

▶ 재성이 가볍고 관성(官星)이 무거워 재성(財星)의 기운이 설기가 된다.

재성(財星)은 약한데 관성(官星)은 무거워 재생관(財生官)으로 재성(財星)의 기운이 설기가 되면 이것도 탈재(奪財)라 하는데 역시 재신(財神)이 참되지 않다고 보는 것입니다.

▶ 상관(傷官)이 무겁고 인성(印星)이 가벼워 신약(身弱)하다.

상관(傷官)이 무겁다는 것은 일간의 설기(洩氣)가 심하다는 것을 말하는 것이므로 이때 인성(印星)도 가볍게 되면 신약(身弱)한 사주가 됩니다. 신약한 사주가 되면 재신(財神)이 참되더라도 재신(財神)을 다스리지 못하게 되므로 재성을 사용할 수가 없게 되는 것을 말하는 것입니다.

▶ 재성(財星)이 무겁고 겁재(劫財)가 가벼워 신약(身弱)하다.

재성(財星)이 무거워 신약(身弱)한 사주는 겁재(劫財)라도 필요한 것인데 겁재(劫財)가 가벼워 일간을 돕지 못하게 되면 마찬가지로 신약(身弱)한 사주가 되는 것을 말하는 것입니다. 신약(身弱)한 사주가 되면 재신(財神)이 왕(旺)하다고 해도 재신(財神)을 다스리지 못하게 되는 것이라서 재다신약(財多身弱)이 되어 사용할 수가 없게 되는 것입니다.

【예시1】

時	日	月	年	건 명
식신		정인	편관	六 神
己	**丁**	**甲**	**癸**	天 干
酉	**巳**	**寅**	**卯**	地 支
편재	겁재	정인	편인	六 神

이 명조는 시지(時支)에 재성(財星)이 놓이고 년간에 칠살(七殺)이 인수(印綬)에 의해 살인상생(殺印相生)이 된다. 그래서 수생목(水生木), 목생화(木生火), 화생토(火生土), 토생금(土生金)으로 십신(十神)이 구슬을 꿴 듯하니 가히 물려받은 조업(助業)이 수십만에 달하였다.

그런데 인수(印綬)태왕(太旺)하면 재성(財星)으로 구함이 올바르다.

곧 인다우재(印多遇財)이다,

그런데 재신(財神)이 칠살(七殺)에 의해 통관(通關)이 되어 아름답지 못하여 참되지 못하다.

따라서 임자(壬子)운(運)에 이르러 금(金)을 설기하고 목(木)을 생하니 일패도지(一敗塗地)하다가 해운(亥運)에 이르러 태왕한 인수(印綬)가 장생(長生)을 만났다. 결국, 굶어 죽었다고 한다.

【예시2】

時	日	月	年	건 명
편인		편인	정재	六神
乙	丁	乙	庚	天干
巳	丑	酉	辰	地支
겁재	식신	편재	상관	六神

이 명조는 정화(丁火)일간이 시지(時支)에 사화(巳火) 왕지(旺地)를 만나고 2개의 인성(印星)이 생신(生新)하니 일간이 강(强)하고 금(金)은 중첩(重疊)이 되어 있어 마치 부격(富格)처럼 보인다. 하지만 월간의 을목(乙木)이 을경합(乙庚合)을 따라 화(化)하고 지지는 사유축(巳酉丑)삼합하니 사주가 모두 재성(財星)으로 변해 있다. 그래서 재신(財神)이 국(局)을 이루니 마땅히 종(從)해야 참되다고 할 수가 있다. 그러나 시간(時干)의 인수(印綬)가 일간을 생(生)하니 이를 거스른 모습이다. 그러므로 오히려 재신(財神)이 참되지 못하다고 말할 수 있다.

그러므로 초년 병술(丙戌)과 정해(丁亥)운에는 비겁(比劫)이 방신(幫身)하니 재물(財物)운(運)이 좋았다. 무자(戊子)와 기축(己丑)운에는 기신금을 생(生)하니 회화생금(晦火生金)하여 재물은 흩어지고 사람은 떠나고 결국, 굶어 죽었다고 한다.

4) 그 사람이 천(賤)하다는 것을 어찌 알 수가 있겠는가.

> 何知其人賤官星還不見.
> 하지기인천관성환불견.

그 사람이 천(賤)하다는 것을 어찌 알 수가 있겠는가.
관성이 물러서서 보이지 않는 것이다.

> 【原文】官星不見者不但失令被傷也身輕官重官輕印重財重無官官重無
> 【원문】관성불견자불단실령피상야신경관중관경인중재중무관관중무
> 印者皆是官星不見也中有一味濁財則不貧至于用神無力而忌神太過敵而
> 인자개시관성불견야중유일미탁재칙불빈지우용신무력이기신태과적이
> 不受降助旺欺弱主從失宜歲運不輔者旣貧且賤.
> 불수항조왕기약주종실의세운불보자기빈차천.

"관성이 보이지 않는다"라는 것은 다만 실령(失令)하여 피상(彼傷)당하는 것 뿐 만이 아니라 일신(日身)이 가벼운데 관성이 중(重)하다거나 관성(官星)이 가벼운데 인수(印綬)가 중(重)하거나 재성(財星)이 중(重)한데 관성(官星)이 없거나 관성(官星)이 중(重)한데 인수(印綬)가 없는 것을 모두 "관성이 보이지 않는다"라고 할 수가 있다.
그중에 탁한 재성(財星)이 하나라도 있다고 하면 가난하지는 않다.
용신(用神)이 무력(無力)하고 기신(忌神)이 태과(太過)한 정도에 이르거나 적(敵)이 항복하지 않거나 왕(旺)한 것을 돕고 약한 것을 업신여기거나 주종(主從)이 합당하지 않거나 세운(歲運)에서 도와주지를 않는 것은 이미 가난하면서 또한 천한 것이다.

◆ 관성이 팔자에서 보이지 않는 경우.

　(1) 관성이 실령(失令)하여 피상(彼傷)을 당하고 있다.

　(2) 일신(日身)이 가벼운데 관성이 중(重)하다

　(3) 관성이 가벼운데 설기하는 인수가 중(重)하다.

　(4) 재성이 중(重)한데 설기해 줄 관성(官星)이 없다.

　(5) 관성이 중(重)한데 설기할 인수(印綬)가 없다.

▶ 실령(失令)하여 피상(彼傷)당하는 것뿐 만이 아니라 일신(日身)이 가벼운데 관성이 중(重)하다거나 관성(官星)이 가벼운데 인수(印綬)가 중(重)하거나 재성(財星)이 중(重)한데 관성(官星)이 없거나 관성(官星)이 중(重)한데 인수(印綬)가 없는 것을 모두 "관성이 보이지 않는다"라고 할 수가 있다. 그중에 탁한 재성(財星)이 하나라도 있다고 하면 가난하지는 않다.

관성(官星)이 월령에서 실령(失令)했다는 것은 자기 계절을 얻지 못하고 오히려 극(剋)을 당하고 있다는 것입니다.

예를 들어 갑목(甲木)이 신유(申酉)월에 태어났다거나 그러한 상태에서 천간에 투간한 경금(庚金)에 의해 극충(剋沖)을 받는 경우를 말합니다. 일신(日身)이 약한 상태에서 관성이 중(重)하다면 필시 관성이 살(殺)이 되는 경우가 됩니다. 이런 경우에는 관성이 칠살(七殺)로 작용하여 일신(日身)을 극충(剋沖)하는 것이라 "신쇠살중(身衰殺重)"한 경우가 되는 것입니다. 관성(官星)이 약(弱)한데 인수(印綬)가 중(重)하게 되면 관성(官星)을 설기(泄氣)함이 지나치게 되어 탈관(脫官)이 되어 관성이 무력(無力)한 경우가 됩니다.

또한 관성(官星)이 중(重)한 경우에는 인수(印綬)가 있어서 관살(官殺)을 화살(化殺)시켜 줘야 길(吉)하게 되는데 만약 인수(印綬)가 없게 되면 관성(官星)이 칠살(七殺)이 되어 일신(日身)을 곧바로 극충(剋沖)하게 되어 살(殺)의 공격을 받게 되는데 이러한 경우는 모두 관성이 오히려 해롭게 작용하는 경우가 됩니다. 관성(官星)이 태과(太過)한 경우도 오히려 관성(官星)이 진실하지 못한 것이므로 관성이 없는 것과 마찬가지 경우가 됩니다.

예를 들어 관살혼잡(官殺混雜)의 경우에는 오히려 관록(官祿)이 천(賤)하니 한 업종에 종사하지 못하게 됩니다. 그렇지만 이런 와중에 재신(財神)이 하나라도 있다고 하면 가난하지는 않다고 보면 됩니다.

▶ 용신(用神)이 무력(無力)하고 기신(忌神)이 태과(太過)한 정도에 이르거나 적(敵)이 항복하지 않거나 왕(旺)한 것을 돕고 약한 것을 업신여기거나 주종(主從)이 합당하지 않거나 세운(歲運)에서 도와주지를 않는 것은 이미 가난하면서 또한 천한 것이다.

사주가 가난하면서 천(賤)하게 되는 대표적인 경우가 용신(用神)이 힘이 없는 가운데 기신(忌神)이 태과(太過)한 경우가 될 것입니다. 그러면서 기신(忌神)인 적이 항복할 기세가 없고 오히려 왕(旺)한 기신(忌神)을 돕고 약한 일신(日身)을 업신여긴다면 그러한 사람은 이미 가난하면서 천(賤)한 사람이 됩니다.

또한 "주종(主從)이 합당하지 않다"라는 것은 순역(順逆)의 도리(道理)에 의해 순종(順從)하여 따라줘야 하는 경우가 있는데 만약에 거스르게 된다면 주종(主從)이 거역하는 팔자가 되는 것이라서 이런 경우도 가난하면서 천한 팔자가 됩니다. 또 세운에서 조차 기신(忌神)을 돕는다.라든지 아니면 희신(喜神)이 없어 용신을 돕지 않는다면 이러한 경우도 가난하면서 천(賤)한 팔자가 될 수 있습니다.

【예시】

정화(丁火)일간이 자월(子月)에 태어났는데 천간에 임수(壬水)가 투간하고 지지는 해자축(亥子丑)북방을 이루었다. 관성(官星)의 왕(旺)함이 극(極)에 이르렀으나 진토(辰土)는 습토(濕土)로 수(水)를 제어하지 못하고 오히려 정화(丁火)의 빛을 회화(晦火)한다.

따라서 일주는 허약(虛弱)한데 갑목(甲木)은 습목(濕木)이니 불꽃이 없는 정화(丁火)를 생할 수가 없다. 또, 청고지상(淸枯之像)이니 오히려 관성(官星)이 참되지 못한 것이다. 일종에 관성(官星)은 중(重)한데 인수(印綬)가 경(輕)한 경우에 해당한다.

그러므로 위인(爲人)이 청빈(淸貧)하여 서당(書堂)에서 어린이들을 훈육하며 살아갔다.

時	日	月	年	건 명
정인		정관	비견	六 神
甲	丁	壬	丁	天 干
辰	亥	子	丑	地 支
상관	정관	편관	식신	六 神

5) 그 사람이 길(吉)하다라는 것을 어찌 알 수가 있겠는가.

何知其人吉喜神爲輔弼.
하지 기인 길 희 신 위 보 필.

그 사람이 길(吉)하다라는 것을 어찌 알 수가 있겠는가.
희신(喜神)이 보필(輔弼)하고 있으면 그 사람의 길함을 알 수 있다.

【原文】柱中所喜之神左右終始皆得其力者必吉然大勢平順內體堅厚主
【원문】주중소희지신좌우종시개득기력자필길연대세평순내체견후주
從得宜縱有一二忌神適來攻擊亦不爲凶譬之國內安和不愁外寇.
종득의종유일이기신적래공격역불위흉비지국내안화불수외구.

사주 중에서 희신(喜神)이 있어서 좌우(左右)나 처음과 나중에 모두 그 힘을
얻고 있는 자는 반드시 길하다. 그러나 대세(大勢)가 순탄(順坦)하고 안으로
체(體)가 두터워 견고(堅固)하고 주종(主從)이 적절하다면 비록 기신(忌神)이 한
둘이 있어서 공격한다고 해도 역시 흉(凶)하지지는 않는다. 비유하자면 국내
(國內)가 편안하면 외구(外寇)를 두려워하지 않는 것과 같은 것이다.

구문풀이

▸ 사주 중에서 희신(喜神)이 있어서 좌우(左右)나 처음과 나중에 모두 그 힘
을 얻고 있는 자는 반드시 길하다.

희신(喜神)이라고 하는 것은 용신(用神)을 보조하고 일주를 도와주는 것입니
다. 팔자에서는 우선 먼저 희신(喜神)이 있어야 하는데 그러면 용신(用神)이

기세가 있게 되고 일생동안 길하고 흉하지 않게 됩니다. 그러니 희신(喜神)이란 바로 길신(吉神)인 것입니다.

이러한 희신(喜神)이 사주 중에 있어서 힘을 얻고 있는 팔자는 반드시 부귀하다고 말할 수가 있는 것입니다.

▶ 대세(大勢)가 순탄(順坦)하고 안으로 체(體)가 두터워 견고(堅固)하고 주종(主從)이 적절하다면 비록 기신(忌神)이 한 둘이 있어서 공격한다고 해도 역시 흉(凶)해지지는 않는다.

사주에는 강한 세력이 있는데 그 세력이 결정이 나면 그 세력에 거스리지 않고 따라주는 것이 좋은 것입니다. 이것이 대세가 순탄해지는 것이며 안으로 체(體)가 견고하다는 것은 팔자에는 격국이 존재하는데 그 격국이 단단하여 깨지지 않으면 길한 것이 됩니다.

또한 주종(主從)이 적절하다는 것은 대세와 그 대세를 따르는 것이 순탄한 것을 말하는 것이므로 사주가 순일(順一)한 것이 되는 것입니다.

예를 들어 만약 원 사주에 용신은 있고 희신이 없는데 월에 용신이 당령을 하고 아주 웅장하고 큰 기세로 견고하며 사주가 온화하고 평화스럽고 용신이 일주 옆에 바짝 붙어 있고 서로 다투지 않고 있다면 기신을 만난다고 해도 흉하게 되지 않는 것입니다.

【예시】

이 명조는 살왕(殺旺)한데 재생살(財生殺)하는 구조이다.

그런데 병화(丙火)가 투간하여 화살생신(化殺生身)하니 병화(丙火)가 희신이 되어 보필(輔弼)하고 있다. 좋은 점은 자수(子水)가 갑목(甲木)을 수생목(水生木)하고 목생화(木生火)하니 생생불패(生生不悖)하여 또한 재와 인이 장애가 안 되고 있다.

그래서 일찍 과거에 합격(合格)하고 일생동안 길하여 흉함이 없었다. 벼슬은 관찰사(觀察使)에 이르렀고 부부(夫婦)는 돈독(敦篤)하여 6명의 자녀가 성장하여 모두 벼슬을 하였고 수명(壽命)은 팔순을 넘겼다.

時	日	月	年	건명
겁재		편인	편관	六神
己	戊	丙	甲	天干
未	寅	寅	子	地支
겁재	편관	편관	정재	六神

6) 그 사람이 흉(凶)하다는 것을 어찌 알 수가 있겠는가.

何知其人凶忌神輾轉攻.
하 지 기 인 흉 기 신 전 전 공 .

그 사람이 흉(凶)하다는 것을 어찌 알 수가 있겠는가.
기신(忌神)이 전전(輾轉)하면서 공격하면 그 사람은 흉하다.

【原文】財官無氣用神無力不過無所發達而已亦無刑凶也至於忌神太多
【원 문】재 관 무 기 용 신 무 력 불 과 무 소 발 달 이 이 역 무 형 흉 야 지 어 기 신 태 다
或刑或沖歲運助之輾轉攻擊局內無備禦之神又無主從不免刑傷破敗犯罪
혹 형 혹 충 세 운 조 지 전 전 공 격 국 내 무 비 어 지 신 우 무 주 종 불 면 형 상 파 패 범 죄
受難到老不吉.
수 난 도 노 불 길 .

재성(財星)과 관성(官星)의 기(氣)가 없고 용신(用神)이 무력(無力)하면 조금도
발달(發達)하는 바가 없을 뿐이지만 별로 흉한 형벌(刑罰)도 없다.
기신(忌神)이 너무 많거나 혹은 형충(刑沖)하거나 기신(忌神)을 세운이 돕거나
기신(忌神)이 전전(輾轉)하면서 공격하는데 국내에서는 방비할 준비가 없거나
또 주종(主從)이 없게 되면 형상파재(刑傷破財)를 면하기 어렵고 죄(罪)를 범(犯)
하여 재난(災難)을 당하고 늙어서도 길하지 못하다.

▶ 기신(忌神)이 전전(輾轉)하면서 공격하면 그 사람은 흉하다.

기신(忌神)이 득세(得勢)하여 용신(用神)과 희신(喜神)을 공격하는 것을 말하는 것인데 기신(忌神)이라고 하는 것은 체(體)와 용(用)을 손상시키는 것입니다. 그러니 팔자에 우선 먼저 희신(喜神)이 있어야 하는데 그러면 기신(忌神)의 세력이 약화가 됩니다.

그러나 기신(忌神)이 팔자 주변을 돌면서 체(體)와 용(用)을 공격하는 사람은 일평생에 길함이 적고 흉함이 많은 사람으로 모두 기신(忌神)이 세력을 갖고 있다고 보면 되는 것입니다.

그러므로 기신이 병(病)이 되면 희신(喜神)가 약(藥)이니 병(病)이 있고 약(藥)이 있으면 길(吉)한 것입니다. 또한 병(病)이 있는데 약(藥)이 없으면 흉(凶)한 팔자가 됩니다. 일생동안 길(吉)함은 적고 흉(凶)함이 많은 것은 모두 기신이 득세(得勢)한 까닭입니다.

▶ 재성(財星)과 관성(官星)의 기(氣)가 없고 용신(用神)이 무력(無力)하면 조금도 발달(發達)하는 바가 없을 뿐이지만 별로 흉한 형벌(刑罰)도 없다.

재관(財官)이 기운이 없고 용신(用神)이 힘이 없다면 발복하지 못하는 사람일 뿐 그렇다고 흉(凶)하다고 단정해서는 안 됩니다.

왜냐하면 흉한 팔자라는 것은 기신(忌神)이 돌면서 공격하는 팔자가 되어야 흉해지는 것입니다.

보통 용신이 무력하면 록록지명(碌碌之命)으로 한가한 인생을 보내는 사람들이 많습니다.

▶ 기신(忌神)이 너무 많거나 혹은 형충(刑沖)하거나 기신(忌神)을 세운이 돕거나 기신(忌神)이 전전(輾轉)하면서 공격하는데 국내에서는 방비할 준비가 없거나 또 주종(主從)이 없게 되면 형상파재(刑傷破財)를 면하기 어렵고 죄(罪)를 범(犯)하여 재난(災難)을 당하고 늙어서도 길하지 못하다.

사주(四柱) 중에서 기신(忌神)이 너무 많으며 기신(忌神)이 형충(刑沖)해 온다든지 세운에서 기신(忌神)을 도와주는 사주는 기신(忌神)이 사주(四柱) 중에서 전전(輾轉)하는 팔자라고 볼 수가 있습니다.
이러한 사람은 상(傷)하고 망(亡)가지며 재물손실이 많은 사람이 될 수 있습니다. 죄를 쉽게 범하기도 하여 재난(災難)을 수차례 받기도 하고 늙어서도 안정(安定)이 되지 못하는 팔자가 됩니다.
이것을 기신(忌神)이 전전(輾轉)하는 팔자라고 보면 됩니다.
또한 "주종(主從)이 없다"라는 것은 사주(四柱) 중에서 주재(主宰)가 되어 따라주는 신(神)들이 없거나 거역(拒逆)하는 팔자를 말하는 것입니다.

【예시】

병화(丙火)가 인월(寅月)에 태어났는데 시(時)에 오화(午火) 양인(陽刃)을 만나고 갑을(甲乙)이 투간하며 인해(寅亥)합국으로 인수(印綬)태왕(太旺)하다. 반드시 재성(財星)인 금(金)을 사용해 인수(印綬)를 제복(制伏)해야 마땅하지만, 사주에 금(金)이 없으니 희신(喜神)이 없는 것이다. 고로 흉신(凶神)이 득세하였으나 제복(制伏)해 줄 희신(喜神)이 없으니 기신(忌神)이 세력을 얻었다.

또한 자오충(子午沖)으로 충파(沖波)되니 양인(陽刃)충(沖)이 되어 불리한 사주가 되었다. 해자수(亥子水)는 왕(旺)한 목(木)을 생조하니 이른바, 수목(水木)이 병왕(並旺)하여 기신(忌神)이 전전(輾轉)으로 공격하는 형태가 되었다.

그러므로 병자(丙子)운에 병오(丙午)의 양인(陽刃)을 키우는데 인수(印綬)태왕(太旺)과 겁재(劫財)태강(太强)하니 부모(父母)를 극(剋)해서 부모(父母)가 모두 사망하였고 연달아 화재(禍災)를 당하였다.

을해(乙亥)운(運)에는 역시 인해합(寅亥合)으로 수목(水木)이 병왕(並旺)하여 또 화재(禍災)를 만나 삼처(三妻) 사자(四子)를 극(剋)하니 스스로 물에 뛰어들어 죽었다고 한다.

時	日	月	年	건 명
편인		식신	정인	六 神
甲	丙	戊	乙	天 干
午	子	寅	亥	地 支
겁재	정관	편인	편관	六 神

7) 그 사람이 장수(長壽)한다는 것을 어찌 알 수가 있겠는가.

何知其人壽性定元氣厚.
하지기인수성정원기후.

그 사람이 장수(長壽)한다는 것을 어찌 알 수가 있겠는가.
성정(性情)이 안정되고 원기(元氣)가 두터운 사람은 장수함을 알 수 있다.

【原文】靜者壽柱中無沖無合無缺無貪則性定矣元神厚者不特精氣神氣
【원문】정자수주중무충무합무결무탐칙성정의원신후자불특정기신기
皆全之謂也官星不絶財神不滅傷官有氣身弱印旺提綱輔主用神有力時上
개전지위야관성불절재신불멸상관유기신약인왕제강보주용신유력시상
生根運無絶地皆是元神厚處細究之大率甲乙寅卯之氣不過沖戰洩傷偏旺
생근운무절지개시원신후처세구지대률갑을인묘지기불과충전설상편왕
浮泛而安頓得所者必壽木屬仁仁者壽每每有驗故敢施之於筆若貧賤之人
부범이안돈득소자필수목속인인자수매매유험고감시지어필약빈천지인
而亦壽者以其稟得一個身旺或身弱而運行生地小小與他食祿不缺故耳.
이역수자이기품득일개신왕혹신약이운행생지소소여타식녹불결고이.

고요한 사람은 장수(長壽)한다. 사주 중에 충(沖)하는 것이 없고 합(合)하는 것도 없으며 부족한 것도 없고 탐(貪)하는 것도 없다면 곧 성정(性情)이 안정되었다고 할 수 있다.
원신(元神)이 두터운 사람은 정기(精氣)와 신기(神氣)가 모두 온전(穩全)하다고 일컫는 것뿐만이 아니라 관성(官星)이 절지(絶地)가 아니고 재신(財神)이 멸하지 않으며 상관이 유기(有氣)하고 신약(身弱)하나 인성(印星)이 왕(旺)하고 제강(提綱)이 일주를 보필하여 돕고 용신(用神)이 유력(有力)하고 시(時)에 뿌리가 있으며 행운이 절지(絶地)가 아니라면 모두 원신(元神)이 두터운 곳에 있다고 한다.

자세히 연구해 보면 대체로 갑을인묘(甲乙寅卯)의 기(氣)가 충하여 싸우거나 설기되어 상하지 않고 치우침이 왕(旺)하여 물에 뜨지 않아서 지나치지 않고 적절히 배치된 사람은 반드시 장수(長壽)한다.

목(木)이 인(仁)에 속하여 어진 사람은 장수하는데 매번 검증하였으니 그런 까닭에 감히 뜻을 기록하는 바이다.

만일 가난하고 빈천(貧賤)한 사람으로 역시 장수(長壽)하는 사람이 있다면 이것은 개별적으로 신왕(身旺)한 것을 얻었거나 혹 신약(身弱)하지만, 운행(運行)에서 생(生)하거나 적게나마 다른 식록(食祿)이 베풀어 결핍되지 않는 까닭이다.

구문풀이

◈ 성정(性情)이 안정된 사주.
　(1) 사주가 지지를 얻고 오행은 균형을 이루었다.
　(2) 충(沖)해서 제거하는 것은 모두 기신(忌神)이고 머물러 있는 것은 모두 희신(喜神)이다.
　(3) 합하는 것은 모두 한신(閑神)이나 기신(忌神)이고 화(化)하여 변하는 것은 모두 희신(喜神)이다.
　(4) 사주가 결함이 없고 한쪽으로 치우치고 메마르지도 않다.

◈ 원기(元氣)가 두터운 사주.
　(1) 정기(精氣)와 신기(神氣)가 모두 온전하다.
　(2) 관성이 쇠약(衰弱)하지만 재성을 만나 관성이 생함을 얻는다.
　(3) 재성이 쇠약(衰弱)한데 식상을 만나 재성이 생함을 얻는다.
　(4) 일주가 왕(旺)한데 식상이 수기(秀氣) 유통하여 설해준다.
　(5) 일주가 쇠약(衰弱)한데 인성이 월령에 임하고 있다.

(6) 희용신이 모두 월령에 있거나 기신(忌神)은 모두 실령(失令)을 하였다.

(7) 월령과 시지가 서로 유정(有情)하거나 행운(行運)과 희용신(喜用神)이 서로 상극하지 않는다.

▶ 고요한 사람은 장수(長壽)한다. 사주 중에 충(沖)하는 것이 없고 합(合)하는 것도 없으며 부족한 것도 없고 탐(貪)하는 것도 없다면 곧 성정(性情)이 안정되었다고 할 수 있다.

고요한 사람 중에 장수(長壽)하는 사람이 많습니다.

그런데 이렇게 고요하게 되려면 사주가 충(沖)도 없고 합(合)도 없으며 결점(缺點)이 없고 탐(貪)하는 것도 없어야 합니다. 이렇게 되면 성정이 제 자리에 안착(安着)하게 되는 것이라서 잘 흥분하거나 욕심이 일어나는 것이 크지 않게 되는데 이런 사람들은 장수하게 됩니다.

성정(性情)은 타고난 성질과 심정으로 타고난 본성을 말하는 것인데 적천수에서 말하고 있는 "즉성정의(則性定矣)" 중의 성정(性定)이란 어떤 성품이 자리 잡는 것을 말하는 것입니다.

그러니까 사주(四柱)에서 어떤 성질이 바르게 안착(安着)이 되었는가를 보는 것입니다. 만약에 한 성질이 바르게 안착이 되었다면 그 기운은 고요하게 되어 도리(道理)를 알게 되는데 그러므로 장수하는 비결이 되는 것입니다.

▶ 원신(元神)이 두터운 사람은 정기(精氣)와 신기(神氣)가 모두 온전(穩全)하다고 일컫는 것뿐만이 아니라 관성(官星)이 절지(絶地)가 아니고 재신(財神)이 멸하지 않으며 상관이 유기(有氣)하고 신약(身弱)하나 인성(印星)이 왕(旺)하고 제강(提綱)이 일주를 보필하여 돕고 용신(用神)이 유력(有力)하고 시(時)에 뿌리가 있으며 행운이 절지(絶地)가 아니라면 모두 원신(元神)이 두터운 곳에 있다고 한다.

원신(元神)이 두터운 사람은 장수(長壽)한다고 하였는데 원신(元神)이 두터운 사람이란 정기신(精氣神)이 온전한 사람으로 보면 됩니다.

그래서 관성(官星)이 절지(絶地)에 있지 않고 제 역할을 다하고 있는 사람으로 재신(財神)이 충(沖)으로 손상이 되지 않고 상관(傷官)이 유기(有氣)하여 생재(生財)하고 있으며 신약(身弱)한 것 같지만 인성이 왕(旺)하여 월령이 일주를 보필하여 돕고 용신(用神)이 힘이 있어 생왕(生旺)하게 되고 노후를 말하는 시상(時上)에 뿌리가 생(生)하고 운로(運路)가 절지(絶地)로 지나가지 않게 되면 이것은 모두 원신이 두텁다고 말하는 것입니다.

▶ 자세히 연구해 보면 대체로 갑을인묘(甲乙寅卯)의 기(氣)가 충하여 싸우거나 설기되어 상하지 않고 치우침이 왕(旺)하여 물에 뜨지 않아서 지나치지 않고 적절히 배치된 사람은 반드시 장수한다.

예를 들어 갑을인묘(甲乙寅卯)를 살펴보면 원국에서 과(過)한 충(沖)으로 손상이 된 오행이 없거나 상관에 의해서 크게 설기당하지 않고 어떤 오행의 편고(偏枯)함이 없으며 물이 왕(旺)하여 부목(浮木)이 되지 않는다면 이러한 사람은 "안돈득소자(安頓得所者)"가 되는데 이 말의 의미는 적절한 배치로 안정(安定)이 된 사람을 말하는 것이니 반드시 장수하게 됩니다.

▶ 만일 가난하고 빈천한 사람으로 역시 장수하는 사람이 있다면 이것은 개별적으로 신왕(身旺)한 것을 얻었거나 혹 신약(身弱)하지만, 운행(運行)에서 생(生)하거나 적게나마 다른 식록(食祿)이 베풀어 결핍되지 않는 까닭이다.

빈천(貧賤)한 사주라도 그 중에도 장수(長壽)하는 사람이 있는데 그런 사람은 개별적으로 일주가 신왕하여 건강함을 얻고 있거나 일주가 신약해도 운로에서 생지(生地)를 만나 도움을 받기도 하고 다른 식록(食祿)이 소소(小小)하게나마 베푸는 정(情)이 있어서 식(食)과 록(祿)이 단절(斷絶)되지 않는 까닭입니다.

【예시】

이 명조는 유금(酉金)이 원두(源頭)로 시작(始作)하여 해수(亥水)를 생(生)하고 해수(亥水)는 인목(寅木)과 인해합(寅亥合)하여 병화(丙火)를 생(生)하고 병화(丙火)는 다시 무토(戊土)를 생(生)하고 있다.

원신(原神)이 모두 후(厚)하여 두텁다고 할만하다. 그러므로 향방(鄕榜) 출신으로 벼슬이 관찰사(觀察使)에 이르렀고 사람됨이 관후(寬厚)하고 단정(端整)하였는데 아들 아홉에 손자는 24명을 두었다.

부유함이 백만금이고 수명은 120세를 살았으면 질병이 없이 생을 마감하였다.

時	日	月	年	건 명
식신		정인	상관	六 神
戊	丙	乙	己	天 干
子	寅	亥	酉	地 支
정관	편인	편관	정재	六 神

8) 그 사람이 요절(夭折)하는 것을 어찌 알 수가 있겠는가.

何知其人夭氣濁神枯了.
하지기인요기탁신고료.

그 사람이 요절(夭折)하는 것을 어찌 알 수가 있겠는가.
기(氣)가 탁(濁)하고 신(神)이 메말랐으면 二 사람이 요절(夭折)함을 안다.

【原文】氣濁神枯之命極易看印綬太旺日主无着落財殺太旺日主無依倚
【원문】기탁신고지명극역간인수태왕일주무착낙재살태왕일주무의의
忌神與喜神雜而戰四柱與用神反而絶沖而不和旺而無制濕而滯燥而鬱精
기신여희신잡이전사주여용신반이절충이불화왕이무제습이체조이울정
流氣洩月悖時脫此皆無壽之人也.
류기설월패시탈차개무수지인야.

기(氣)가 탁(濁)하고 신(神)이 메마른 명조는 쉽게 살펴 볼 수가 있다.
인수(印綬)가 태왕(太旺)하여 일주(日主)가 안착(安着)하지 못하여 떨어지거나
재성(財星)과 관살(官殺)이 태왕(太旺)하여 일주가 의탁할 곳이 없다.
기신(忌神)과 희신(喜神)이 뒤섞여 싸움을 주고받고 사주(四柱)와 용신(用神)이
반(反)하여 끊어져 있고 충(沖)하여 조화롭지 않고 왕(旺)한데 제(制)함이 없
고 습(濕)한데 막혀있고 건조한데 응결(凝結)되고 정(精)이 흐르고 기(氣)가 누
설되며 월지(月支)가 어그러지고 시지(時支)가 벗어난다. 이 모든 것은 장수
를 누리지 못하는 사람이다.

◈ 기(氣)가 탁(濁)하고 신(神)이 메마른 명조.

   (1) 인수가 태왕(太旺)하여 일주(日主)가 안착하지 못하여 떨어진다.

   (2) 재성과 관살이 태왕(太旺)하여 일주가 의지(依支)할 곳이 없다.

   (3) 기신과 희신이 뒤섞여 싸움을 주고받고 있다.

   (4) 사주와 용신이 반(反)하여 가로 막는다.

   (5) 충(沖)하여 조화롭지 않다.

   (6) 왕(旺)한데 제(制)함이 없다.

   (7) 습(濕)한데 막혀있다.

   (8) 건조한데 응결(凝結)이 된다.

   (9) 정(精)이 흐르고 기가 누설이 된다.

   (10) 월지(月支)가 어그러지고 시지(時支)가 벗어난다.

▶ 인수(印綬)가 태왕(太旺)하여 일주(日主)가 안착(安着)하지 못하여 떨어지다.

'모자멸자(母慈滅子)'와 같은 용어라 보시면 됩니다.
즉 어머니의 사랑이 심하여 자식이 오히려 흉해지는 경우가 됩니다.
예를 들어 갑목(甲木)일간이 지지가 인수가 많아 수왕(水旺)하다면 부목(浮木)
이 될 염려가 있는데 지지에 안착(安着)하지 못하는 경우가 됩니다.
이러한 경우가 되면 요절할 가능성이 커집니다.

▶ 재성(財星)과 관살(官殺)이 태왕(太旺)하여 일주가 의탁할 곳이 없다.

사주에서 일간은 신약(身弱)한데 재성(財星)이나 관살(官殺)이 태왕(太旺)하다
면 군주인 일간이 권력이 없다는 것을 말합니다.
그러므로 일간이 얻을 수 있는 물건이 하나도 없으므로 가난하게 살거나

요절할 운명이 됩니다. 이것은 사주팔자의 병이 있어서 의지할 곳이 없게 되는 것을 말하는데 이러한 팔자를 대흉(大凶)하다고 말합니다. 일간이 의지(依支)할 곳이 없게 된다면 기(氣)가 탁(濁)하고 신(神)이 마른 명조가 되어 요절(夭折)할 가능성이 많게 됩니다.

▶ 기신(忌神)과 희신(喜神)이 뒤섞여 싸움을 주고받고 사주(四柱)와 용신(用神)이 반(反)하여 끊어져 있고 충(沖)하여 조화롭지 않고 왕(旺)한데 제(制)함이 없다.

사주에서는 희신(喜神)이 왕(旺)하다거나 기신(忌神)이 있어도 희신(喜神)을 극(剋)하지 못하는 배합이 되면 좋은 명조가 될 수 있습니다.

그러나 만약 기신(忌神)과 희신(喜神)이 서로 싸움을 하는 상쟁(相爭) 사주가 되든지 아니면 희신(喜神)을 충(沖)하여 희신(喜神)을 제거한다든지 또 기신(忌神)이 왕(旺)하면 제(制)해야 좋은데 기신(忌神)을 제함이 없다든지 하면 이러한 명조는 길하기 어렵습니다.

또한, 사주와 용신이 서로 반하여 끊어진다는 것은 용신이 사주의 대세를 이끌지 못하고 오히려 반대로 역행한다는 것이 됩니다.

사주는 주종(主從)이 있게 되는데 주재(主宰)하는 것이 있으면 종(從)이 따라와야 길한 사주가 됩니다. 종(從)이 오히려 주(主)를 극(剋)하거나 역행하면 이것이 용신이 사주에 반하는 것이 됩니다.

이러한 것들은 사주에 병(病)을 키우는 요인들로서 기(氣)가 탁(濁)해지고 신(神)을 메마르게 하는 원인이 되는 것이므로 구제해 줄 수 있는 약신(藥神)이 없는 것을 말하는 것입니다.

그래서 이러한 것들은 요절(夭折)하는 원인이 됩니다.

▸ 습(濕)한데 막혀있고 건조한데 응결(凝結)되다.

습하여 흐르는 물은 통로가 없으면 막히고 정체(停滯)되기 쉽고 건조한 것
은 굳어져서 응결(凝結)되기 쉽습니다.
그러므로 체(體)가 막혀 정체된 사주는 응결이 되어 마르게 됩니다.
일종의 화다토초(火多土焦)의 상(象)이므로 나무가 성장할 수가 없습니다.
이런 증상은 모든 질병(疾病)의 공통적인 증세(症勢)가 됩니다.

▸ 정(精)이 흐르고 기(氣)가 누설된다.

말의 의미는 정령(精靈)이 흩어지고 기(氣)가 세어나간다는 말입니다. 이렇
게 되면 죽음이 임박(臨迫)한 사람인 것입니다. 살상겁인(殺傷劫刃)의 4흉신
이 사주에 가득하다고 보면 되는데 만약 상관살(傷官殺)이 있으면 관성(官星)
을 극할 것이고 편인(偏印)살(殺)이 있으면 모자멸자(母慈滅子)에 가깝고 겁살
(劫殺)이 많으면 도적을 만나는 것과 같고 칠살(七殺)이 많으면 빈곤(貧困)하거
나 병약(病弱)하기 마련입니다. 이러한 모든 것이 일주(日主)의 정(靜)과 기(氣)
를 누설(漏泄)시키는 작용을 하는 것으로 나의 정령(精靈)을 흩어지게 만드는
것입니다. 그렇기 때문에 흉신(凶神)이 많아 희신(喜神)을 죽이는 팔자가 되면
요절명이 많고 병약(病弱)자가 많으며 파란만장한 인생을 살게 됩니다.

▸ 월지(月支)가 어그러지고 시지(時支)가 벗어난다.

월지(月支)가 용신(用神)을 반대하여 극하게 되면 월지가 어그러지게 됩니다.
또 시지(時支)가 월령의 용신(用神)과 반대가 되면 벗어나게 되는데 이러한
것들도 여러 가지 흉함을 일으켜 병을 발생시킨다는 말이 됩니다. 그러므
로 월지와 시지가 사주배합에 있어서 사리에 맞지 않고 도리에서 벗어나지
않아야 길한 사주가 되는 것입니다.

【예시】

이 명조는 습토(溼土)가 중중(重重)하고 한금(寒金)이 첩첩(疊疊)하다.

그런데 계수(癸水)는 탁(濁)하고 또한 얼어있다.

이른바, 조후(調候)가 안 되어 음기(陰氣)가 심하고 한기(寒氣)도 지극한 것이다. 털끝만큼의 생발(生發)의 의지가 없다.

기탁신고(氣濁神枯)한 팔자가 분명하다.

따라서 목화(木火)를 얻어야 하는데 토금수는 한기(寒氣)를 더할 뿐이니 흉(凶)하다. 사람이 우매(愚昧)하기가 감당하기 어려울 정도였고 평생 한 가지 일도 이룬 것도 없었다.

무술(戊戌)운에 이르러 금(金)을 생하고 수(水)를 극하니 요절하였다.

時	日	月	年	건 명
비견		편인	편인	六 神
癸	癸	辛	辛	天 干
丑	酉	丑	丑	地 支
편관	편인	편관	편관	六 神

6. 여명장(女命章)

남편(男便)과 자식(子息)을 논하다.

論夫論子要安詳氣靜平和婦道章三奇二德虛好語咸池驛馬半推詳
논부논자요안상기정평화부도장삼기이덕허호어함지역마반추상

남편과 자식을 논함에 있어서 안정(安定)되어 있는가를 살피는 것이 중요하다. 그러한 기(氣)의 고요함이란 평화로워야 하는데 이것은 아내가 지켜야 할 자세이다. 삼기(三奇)와 이덕(二德)은 헛된 말이고 함지(咸池)와 역마(驛馬)는 살펴볼 만하다.

【原文】局中官星明順夫貴而吉理自然矣若官星太旺以傷官爲夫官星太
【원문】국중관성명순부귀이길리자연의약관성태왕이상관위부관성태
微以財爲夫比肩旺而無官以傷官爲夫傷官旺而無財官以印爲夫滿局官星
미이재위부비견왕이무관이상관위부상관왕이무재관이인위부만국관성
欺日主者喜印綬而夫不剋身也滿局印綬洩官星之氣者喜財星而身不剋夫
기일주자희인수이부불극신야만국인수설관성지기자희재성이신불극부
也大體與男命論子論貴之理相似局中傷官淸顯子貴而親不必言也若傷官
야대체여남명논자논귀지리상사국중상관청현자귀이친불필언야약상관
太旺以印爲子傷官太微以比肩爲子印綬旺而無傷官者以財爲子也財神旺
태왕이인위자상관태미이비견위자인수왕이무상관자이재위자야재신왕
而洩食傷者以比肩爲子也不必專執官星而論夫專執傷食而論子但以安祥
이설식상자이비견위자야불필전집관성이논부전집상식이논자단이안상
順靜爲貴二德三奇不必論咸池驛馬縱有驗總之于理不長其中究論不可不詳
순정위귀이덕삼기불필논함지역마종유험총지우리불장기중구론불가불상

국(局)중에 관성이 명확(明確)하여 순조로우면 남편이 귀(貴)하고 길(吉)한 것은 자연적인 이치이다. 만약, 관성(官星)이 태왕(太旺)하면 상관(傷官)을 남편으로 삼는다.

관성(官星)이 너무 쇠약(衰弱)하면 재성(財星)을 남편으로 삼는다.

비견(比肩)이 왕(旺)한데 관성(官星)이 없으면 상관(傷官)을 남편으로 삼는다.

상관(傷官)이 왕(旺)한데 재관이 없다면 인수가 남편이 된다.

관성(官星)이 국(局)에 가득하여 일주를 업신여기고 있을 때 인수(印綬)가 희신(喜神)이라면 남편은 일주를 극(剋)하지 않는다.

인수(印綬)가 국(局)에 가득하여 관성(官星)의 기운(氣運)을 설기하고 있을 때에 재성(財星)이 희신(喜神)이라면 일주가 남편을 극하지 않는다.

재성(財星)과 관성(官星)이 없으면 인성(印星)을 남편으로 삼는다.

대체로 남자의 사주에서 자녀(子女)를 논하고 귀(貴)를 논하는 이치와 비슷하다. 국(局)중에서 상관(傷官)이 맑고 뚜렷하다면 자녀(子女)가 귀(貴)하면서 친밀(親密)하여 가까운 것은 말할 필요가 없다.

만약, 상관(傷官)이 태왕(太旺)하다면 인수(印綬)를 자녀(子女)로 삼는다.

상관(傷官)이 쇠약(衰弱)하다면 비견(比肩)을 자녀로 삼는다.

인수(印綬)가 왕(旺)하고 상관(傷官)이 없다면 재성(財星)을 자녀로 삼고 재신(財神)이 왕(旺)하여 식상(食傷)을 설기(泄氣)하고 있다면 비견(比肩)을 자녀(子女)로 본다. 오로지 관성(官星)으로만 남편(男便)을 논할 필요가 없고 오로지 식상을 자녀라고 고집할 필요가 없다.

그렇지만 그것이 안정되고 순조롭고 고요해야 귀한 것이다.

이덕(二德)이나 삼기(三奇)는 논할 필요가 없고 함지(咸池)나 역마(驛馬)는 옛날부터 지금까지 효용(效用)은 있는데 총괄적으로 말하면 이치는 길지 않으니 그중에서 마땅히 상세히 논하여 연구하야 한다.

구문풀이

▶ 남편과 자식을 논함에 있어서 안정(安定)되어 있는가를 살피는 것이 중요하다. 그러한 기(氣)의 고요함이란 평화로워야 하는데 이것은 아내가 지켜야 할 자세이다.

모든 육친의 길함을 알려면 해당이 되는 육친의 기(氣)가 제자리에 안착(安着)이 되어 있는가를 살펴보아야 합니다. 만약 안착(安着)이 되면 그 기(氣)는 안정(安定)이 된 것이며 안정이 되면 곧 기운이 고요해집니다. 한 성질이 제자리에 안착이 된다는 것은 자기 본연의 임무를 맡아 성실히 이행(履行)할 수 있음을 말하는 것이므로 아내로서 그러한 조건을 얻고 있다면 남편이나 자녀가 인생에서 최대한의 활동을 영위할 수가 있다는 것이 되는 것입니다. 그러므로 여자의 사주팔자에서 남편과 자녀성이란 매우 중요한 별이 되는 것이고 그러한 별이 안정된다는 것을 살핀다는 것은 아내의 팔자를 보는 데 있어 매우 중요한 도리가 되는 것입니다.

▶ 국(局)중에 관성이 명확(明確)하여 순조로우면 남편이 귀(貴)하고 길(吉)한 것은 자연적인 이치이다.

여자 사주팔자 중에서 관성(官星)은 남편(男便)을 말하는데 그러한 관성(官星)이 명확(明確)하고 뚜렷하게 나타나 있다면 남편(男便)이 귀(貴)하게 되고 길하게 됩니다.
그러나 만약에 관성(官星)이 태왕(太旺)하거나 쇠약(衰弱)하다면 억제(抑制)하거나 보충(補充)하는 육신이 필요한 것인데 그렇게 되면 관성(官星)이 맑아지게 되므로 뚜렷해진다고 말할 수 있습니다.

▶ 관성(官星)이 태왕(太旺)하면 상관(傷官)을 남편으로 삼는다.

관성(官星)이 너무 태왕(太旺)하다면 억제하는 육신(六神)이 필요합니다. 즉 관성이 너무 많으면 관성을 조절해 줄 수 있는 상관을 남편의 인자(因子)로 보게 된다는 의미입니다.

▶ 관성(官星)이 너무 쇠약(衰弱)하면 재성(財星)을 남편으로 삼는다.

관성이 태약(太弱)하다면 관성(官星)을 생조(生助)해주는 재성(財星)을 남편(男便)의 인자(因子)로 간주한다는 말입니다.

▶ 비견(比肩)이 왕(旺)한데 관성(官星)이 없으면 상관(傷官)을 남편으로 삼는다.

비견(比肩)이 왕(旺)한데 설기(泄氣)함이 없으면 답답함을 느끼게 됩니다. 이때는 관성으로 극하거나 상관으로 설기 시켜줘야 길하게 됩니다.
그런데 비견이 왕(旺)하지만 무관(無官)이 되어 남편성이 없다면 왕(旺)한 비견을 설기(洩氣)해주는 상관을 남편으로 대체하여 본다는 말이 됩니다.
비견은 나의 경쟁자이니 상관으로 비견을 설기하여 정리하면 비견이 맑아지게 되는데 그렇게 되면 나의 경쟁자들인 비견이 관성에 대하여 탈관이 없게 되는 것입니다. 그런 까닭에 상관의 영향에 의해서 남편성이 명확하게 자리 잡는 것을 말하는 것입니다.

▶ 상관(傷官)이 왕(旺)한데 재관(財官)이 없다면 인수가 남편이 된다.

상관이 왕(旺)하면 재성으로 설기(洩氣) 한다든지 인성으로 인극상(印剋傷)하여 다스려 줘야 길합니다. 만약 상관이 왕(旺)한데 재성도 없고 관성도 없고 다만 인성이 나타나 있다면 왕(旺)한 상관을 다스려줄 수 있는 인성(印星)을 남편성을 확인하는 인자(因子)로 본다는 말이 됩니다.

▶ 관성(官星)이 국(局)에 가득하여 일주를 업신여기고 있을 때 인수(印綬)가 희신(喜神)이라면 남편은 일주를 극(剋)하지 않는다.

관성(官星)이 많으면 일간을 극하여 나쁜데 만약 인수(印綬)가 있어서 희신으로 작용한다면 살인상생(殺印相生)으로 인수(印綬)가 통관(通關)하여 오히려 일간을 생(生)하게 되므로 남편이 일간인 아내를 극(剋)하지 않는다는 말이 됩니다.

▶ 인수(印綬)가 국(局)에 가득하여 관성(官星)의 기운을 설기하고 있을 때 재성(財星)이 희신(喜神)이라면 일주가 남편을 극하지 않는다.

인수(印綬)가 가득하게 되면 관성(官星)의 기운을 설기시켜서 관성(官星)을 탈관(脫官)하므로 곧 관성의 기운이 쇠약해지게 됩니다. 만약 재성이 있어서 관성(官星)을 생해주고 인수(印綬)를 극해주면 관성(官星)이 살아나게 됩니다. 그래서 인수(印綬)가 태과(太過)한 사주는 재성(財星)이 희신(喜神)이 됩니다. 재성(財星)으로 인수(印綬)의 중(重)함을 덜어 주는 것이니 관성(官星)이 힘을 얻게 되면 일간이 남편을 극(剋)하는 일이 없게 됩니다.

▶ 대체로 남자의 사주에서 자녀를 논하고 귀(貴)를 논하는 이치와 비슷하다.

남자 사주에서 관성(官星)을 자녀(子女)로 보고 통변하는 이치가 여자 사주에서 관성(官星)을 남편(男便)으로 보고 통변하는 이치가 서로 같다는 말을 하고 있습니다.

▶ 국(局)중에서 상관(傷官)이 맑고 뚜렷하다면 자녀(子女)가 귀(貴)하면서 친밀(親密)하여 가까운 것은 말할 필요가 없다.

여자 사주 중에서 상관(傷官)은 자녀(子女)를 의미하는데 그러한 상관(傷官)이 맑고 뚜렷하면 자녀(子女)가 귀(貴)하다고 보아도 됩니다.
반대로 상관(傷官)이 쇠약(衰弱)하다거나 탁(濁)하여 기신(忌神)이 되면 자녀가 길하지 못하다고 보면 되는 것입니다.

▶ 만약 상관(傷官)이 태왕(太旺)하다면 인스(印綬)를 자녀(子女)로 삼는다. 상관(傷官)이 쇠약(衰弱)하다면 비견(比肩)을 자녀로 삼는다.

여자 사주에서 상관은 자녀성이지만, 상관이 태왕(太旺)하게 되면 오히려 자녀가 없다거나 불길해지지만, 만약 태왕(太旺)한 상관을 다스려 줄 수가 있는 인수(印綬)가 있다면, 인수(印綬)에 의해서 상관(傷官) 자녀성(子女星)이 안착(安着)할 수가 있게 되는 것입니다. 그렇게 되면 상관을 조절해 주는 인수(印綬)를 자식성(子息星)의 인자(因子)로 본다는 말이며 반대로 상관이 태약(太弱)하게 되면 자녀가 없거나 불길해지지만, 상관(傷官)을 생조해 줄 수 있는 비견(比肩)이 있다면 비견(比肩)으로 인해서 상관(傷官) 자녀성(子女星)이 안착(安着)할 수가 있게 되는 것입니다. 그렇게 되면 상관을 생(生)해주는 비견(比肩)을 자식성(子息星)의 인자(因子)로 본다는 말을 하는 것입니다.

▶ 인수(印綬)가 왕(旺)하고 상관(傷官)이 없다면 재성(財星)을 자녀로 삼고 재신(財神)이 왕(旺)하여 식상(食傷)을 설기(泄氣)하고 있다면 비견(比肩)을 자녀(子女)로 본다.

상관(傷官)이 없는데 인수(印綬)가 왕(旺)한 사람은 왕(旺)한 인수(印綬)를 다스려 줄 수 있는 재성(財星)을 자식성의 인자(因子)로 본다는 말이 됩니다. 원래 인수(印綬)가 중(重)하면 재성(財星)으로 인수(印綬)를 극해서 중(重)함을 덜어주는 것이 도리가 됩니다.
또한 재신(財神)이 왕(旺)하면 식상(食傷)을 설기(泄氣)하여 식상(食傷)이 약하게 되기 마련인데 식상(食傷)이 쇠약(衰弱)해지면 자녀가 유약(柔弱)하고 불길해지게 마련이므로 약한 식상(食傷)을 생해즈는 비견(比肩)이 필요하게 됩니다. 즉 비견(比肩)으로 식상(食傷)을 생(生)하고 재성(財星)을 극해주면 길하게 되는 것입니다. 이때 식상을 생(生)해주는 비견을 자녀성(子女星)의 인자(因子)로 볼 수 있게 됩니다.

▶ 오로지 관성(官星)으로만 남편(男便)을 논할 필요가 없고 오로지 식상을 자녀라고 고집할 필요가 없다. 그렇지만 그것이 안정되고 순조롭고 고요해야 귀한 것이다.

여자 사주에서는 관성(官星)이 남편(男便)이 되고 식상(食傷)이 자녀(子女)가 되는 것이 원칙이지만 만약 사주가 치우치거나 메마르게 되면 그것을 중화(中和)하는 억부(抑扶)나 조후(調候)에 해당하는 육신성이 남편이나 자녀가 될 수가 있습니다.

왜냐하면, 사주에서는 치우치거나 메마른 것이 흉한 명조가 되는 것이므로 마땅히 중화하여 올바르게 안착하게 만드는 육신이 자녀성이 되고 남편성이 되는 것임을 알아야 하겠습니다.

그래서 궁통보감에서는 조후신을 해당 자녀와 남편성으로 파악하기도 한 것입니다. 다만 조절하는 모든 것은 육친성의 배경 요인이 되는 것이므로 곧 실질적인 육친성이라 단정하면 안 되는 것입니다.

【예시1】

時	日	月	年	곤 명
정재		식신	편관	六神
丁	壬	甲	戊	天干
未	寅	寅	申	地支
정관	식신	식신	편인	六神

이 명조는 임수(壬水)가 인월(寅月)에 태어났으니 토(土)는 허약하고 목(木)은 왕성(旺盛)하다. 식신(食神)이 태과(太過)하여 칠살(七殺)을 극하는 것이 지나쳐 제살태과(制殺太過)한 명(命)이 되었다.

비록 신금(申金)이 인신충(寅申沖)하여 제압(制壓)하려 하지만 왕목(旺木)을 충하는 신금(申金)이 오히려 손상(損傷)을 당하고 있다.

따라서 무토(戊土)는 지지에 뿌리를 내리기 어려우니 살 수가 없고 일간 임수(壬水)는 정화(丁火) 재성(財星)을 따라간다.

그러므로 남편(男便)이 죽자 가업(家業)이 파산(破産)되어 아들을 버리고 다른 사람을 따라 집을 떠났다.

【예시2】

갑오(甲午)일주가 사월(巳月)에 태어났는데 지지가 사오미(巳午未) 남방(南方)을 이루었다. 그런데 천간에는 정화(丁火)가 2개 투간하니 화(火)의 기세가 더욱 맹렬(猛烈)하여 설기(泄氣)함이 심했다.

초년운이 화지로 흐르는데 더구나 수기(水氣)가 일절 없으니 남편성이 되는 금(金)이 출현하기 힘들었다.

따라서 남편(男便)이 일찍 사망하였는데 그 후에 경박(輕薄)함이 보통이 아니므로 수절(守節)은 지킬 수가 없었다.

時	日	月	年	곤 명
상관		겁재	상관	六神
丁	甲	乙	丁	天干
卯	午	巳	未	地支
겁재	상관	식신	정재	六神

7. 소아(小兒)

사주가 평화로우면 아이를 양성(養成)하기가 쉽다.

論財論殺論精神四柱和平易養成氣勢攸長無斷喪殺關雖有不傷身
논재논살논정신사주화평역양성기세유장무착상살관수유불상신

재성(財星)를 논하고 살(殺)을 논하고 정신(精神)을 논하는 데 있어서 사주가
평화로우면 아이를 양성(養成)하기가 쉽다. 기세(氣勢)가 오래가고 착상(斷喪)
으로 극을 당하지 않으면 비록 살관(殺關)이 있다고 해도 일신(日身)이 손상
을 받지 않는다.

【原文】財神不黨七殺主旺精神貫足干支安頓和平又要看氣勢如氣勢在
【원문】재신불당칠살주왕정신관족간지안돈화평우요간기세여기세재
日主而日主雄壯者氣勢在財官而財官不叛日主氣勢在東南而五七歲之前
일주이일주웅장자기세재재관이재관불반일주기세재동남이오칠세지전
不行西北氣勢在西北而五七歲之前不行東南行運不逢斷喪此爲氣勢攸長
불행서북기세재서북이오칠세지전불행동남행운불봉착상차위기세유장
雖有關殺亦不傷身.
수유관살역불상신.

재신(財神)이 칠살(七殺)과 무리를 짓지 않고 일주가 왕(旺)하여 정신(情神)이
충족이 되면 기세(氣勢)가 오래간다고 말한다. 또한 간지(干支)가 적절히 배치
되어 평화롭게 됨을 살펴야 하는데 요지(要旨)는 기세(氣勢)를 살펴야 한다.
예를 들어 기세(氣勢)가 일주에 있어서 일주가 웅장(雄壯)한 것과 기세(氣勢)
가 재관(財官)에 있는데 재관(財官)이 일주를 배반(背叛)하지 않는 것과 기세
(氣勢)가 동남(東南)에 있는데 오칠세 이전에 행운이 서북(西北)으로 향하지
않는 것, 기세(氣勢)가 서북(西北)에 있는데 오칠세 이전에 행운이 동남(東南)

으로 향하여 거스르지 않는다면 이러한 것은 행운이 착상(斮喪)을 만나지 않은 것이라 말한다.

그러므로 이것은 기세(氣勢)가 유장(攸長)한 것이다. 비록 관살(官殺)이 있더라도 역시 일신을 손상(損傷)하게 하지 않는다.

[구문풀이]

▶ 재신(財神)이 칠살(七殺)과 무리를 짓지 않는다.

이것은 재당생살(財黨生殺)이 안 됨을 말하는 것인데 재성(財星)과 칠살(七殺)이 무리짓게 되면 재생살(財生殺)로 이어져 살관(殺關)이 된다고 본 것입니다. 그러므로 칠살이 재성을 보는 것은 일간을 공격하여 일신을 손상케 하는 것으로 살관(殺關)이 깊으면 일주의 기세가 끊어지게 됨을 말합니다.

▶ 일주가 왕(旺)하여 정신(情神)이 충족되면 기세(氣勢)가 오래간다고 말한다. 또한 간지(干支)가 적절히 배치되어 평화롭게 됨을 살펴야 하는데 요지는 기세(氣勢)를 살펴야 한다.

사주팔자를 간명한다는 것은
첫째로 일주(日主)의 정신(精神)을 보고
둘째로 간지(干支)의 배치를 보고
셋째로 기세(氣勢)의 유장함을 보는 것입니다.
일단 사주팔자가 주종(主從)이 순조로워서 평화롭다면 그 다음에는 기세(氣勢)를 읽어야 합니다. 이 기세(氣勢)가 오래가게 되면 흥하는 팔자라고 간명할 수가 있는 것인데 이 기세(氣勢)는 반드시 일주와 관계가 좋아야 합니다.

기세(氣勢)가 일주를 배척한다면 길한 팔자라고 보기 어려우며 팔자의 기세(氣勢)가 목화(木火)인데 행운이 금수(金水)로 흐른다고 하던지 팔자의 기세(氣勢)가 금수(金水)인데 행운이 목화(木火)로 흘러 서로 역행한다고 한다면 이것은 기세(氣勢)가 행운에 의해서 착상(斲喪)을 당하는 것이 되어서 기세(氣勢)가 오래가는 것이 아니라서 흉하게 될 수 있습니다.

"간지(干支)가 적절히 배치되어 평화롭게 되면"이라는 것은 예를 들어 사주가 너무 편고(偏枯)하여 한쪽으로 치우치거나 메마르지 않은 것을 말하는데 충(沖)하거나, 극(剋)하는 것이 없어야 하고 월지에 통근을 하고 기운이 시(時)에까지 관통이 된다.

만약, 살(殺)이 왕(旺)하다면 인성이 있어 화살(化殺)해야 좋고 인성(印星)이 쇠약(衰弱)하면 관성(官星)이 있어 생(生)해주어야 좋고 관성(官星)이 쇠약(衰弱)하면 재성(財星)이 있어 생해줘야 좋고 재성(財星)이 쇠약하면 식상(食傷)이 있어 생(生)해주어야 좋은 것인데 서로 생(生)하고 화하여 유정(有情)하고 유통(流通)되어 막힘이 없고 싸우지를 않게 되면 이런 것을 보고 천간과 지지가 잘 정리되어 화평하다고 말을 할 수가 있는 것입니다.

▶ 기세(氣勢)가 일주에 있어서 일주가 웅장(雄壯)하다.

"기세(氣勢)가 일주에 있다"라는 것은 일주가 힘이 있어서 체(體)가 되는 것을 말하는 것인데 일주가 힘이 있어서 체(體)가 되면 웅장한 것이니 재관(財官)의 극(剋) 충(沖)을 감당할 수가 있게 됩니다.

이러한 조건이 충족되면 기세가 오래가는 것이므로 기세가 유장한 것이고 기세가 유장하게 되면 비록 살을 만나더라도 일신을 해롭게 하지 못하는 것이 됩니다.

▶ 기세(氣勢)가 재관(財官)에 있는데 재관(財官)이 일주를 배반하지 않는다.

기세(氣勢)가 재관(財官)에 있게 되면 일신(日身)이 재관(財官)을 수용할 수 있어야 합니다. 이것이 "재관(財官)이 일주를 배반하지 않는다"라는 것이며 이러한 조건이 충족되면 기세가 오래가는 것이므로 기세가 유장(攸長)한 것이고 기세가 유장하게 되면 비록 살을 만나더라도 일신을 해롭게 하지 못하는 것이 됩니다.

▶ 기세(氣勢)가 동남(東南)에 있는데 오칠세 이전에 행운이 서북(西北)으로 향하지 않는 것, 기세(氣勢)가 서북(西北)에 있는데 오칠세 이전에 행운이 동남(東南)으로 향하여 거스르지 않는다면 이러한 것은 행운이 착상(斲喪)을 만나지 않은 것이라 말한다.

만일 기세가 목화(木火)의 세력을 가진 아이가 있다면 5, 7세 이전에 대운이 금수(金水)운으로 지나간다면 금수(金水)가 목화(木火)를 극하게 되는 것이고 만일 기세(氣勢)가 금수(金水)의 세력을 가지는 아이가 있다면 5, 7세 이전에 대운이 목화(木火)운으로 흐르게 되면 금수(金水)가 절(絶)지운으로 흐르게 되는 것이므로 이렇게 되면 아이의 몸을 손상시키는 것이 되므로 잘 자라기 어렵다고 말하는 것입니다.
그러나 만일 이런 경우를 만나지 않게 된다면 기세가 오래가는 것이므로 비록 관살이 있다고 해도 몸을 상하게 하지 못하는 것입니다.

【예시】

이 명조는 병화(丙火)일간이 임수(壬水)가 칠살(七殺)이다.

그런데 지지가 인오술(寅午戌)삼합이고 인해(寅亥)도 합목(合木)하여 화(火)를 생(生)하고 있다.

따라서 일주의 기세가 치열(熾熱)한데 천간의 경금(庚金)과 임수(壬水)는 이를 거스르고 있다. 한마디로 기세(氣勢)가 동남(東南)에 있는데 오칠세 이전에 행운이 서북(西北)으로 향하고 있다는 점이다.

그래서 정사년(丁巳年) 8세에 이르러 사해충(巳亥沖)하고 정화(丁火)는 임수(壬水)를 정임합거(丁壬合去)하니 홍역(紅疫)으로 사망하였다.

時	日	月	年	건 명
상관		편관	편재	六神
己	丙	壬	庚	天干
亥	寅	午	戌	地支
편관	편인	겁재	식신	六神

8. 재덕(才德)

군자지풍(君子之風)과 다능지상(多能之象)

德勝才者局合君子之風才勝德者用顯多能之象.
덕승재자국합군자지풍재승덕자용현다능지상.

덕(德)이 재능(才能)을 능가하면 원국이 군자지풍(君子之風)에 부합하고 재능(才能)이 덕(德)보다 뛰어나면 용(用)에서 다능지상(多能之象)이 나타난다.

【原文】淸和平順主輔得宜所合者皆正神所用者皆正氣不必節外生枝不
【원문】청화평순주보득의소합자개정신소용자개정기불필절외생지불
必弄假成眞財官喜神皆足以了其生平不乏貪變之私度量寬宏施爲必正皆
필농가성진재관희신개족이료기생평불핍탐변지사도량관굉시위필정개
君子之風也財薄而力量足以貪之官輕而心志必欲求之混濁被害主弱輔强
군자지풍야재박이력양족이탐지관경이심지필욕구지혼탁피해주약보강
爭合邪神三四用神皆心事奸貪作事僥倖皆爲多能之象大率陽在內陰在外
쟁합사신삼사용신개심사간탐작사요행개위다능지상대률양재내음재외
不激不亢者爲德勝才如丙寅戊辰月日己卯癸卯年時者是陽在外陰在內畏
불격불항자위덕승재여병인무진월일기묘계묘년시자시양재외음재내외
勢趨利者爲才勝德如己卯己巳月日丙寅戊寅年時者是.
세추리자위재승덕여기묘기사월일병인무인년시자시.

사주가 맑고 화평(和平)하고 순조(順調)롭고 일주가 마땅히 도움을 얻는다고 하면 이런 사람은 군자(君子)의 기세(氣勢)가 있다고 말한다. 또한 합(合)하려 는 것이 모두 정신(精神)이고 용(用)하려는 것은 모두 정기(精氣)이고 거짓을 말하고 진실을 숨겨 다른 재난을 불러오지 않는다면 군자(君子)의 풍모(風貌) 가 있는 것이다.

재관(財官)의 희신(喜神)이 그 팔자에 충분하고 사욕(私慾)은 없으며 도량(度量)이 관대하여 넓고 베푸는 것을 좋아하면 이는 모두 군자(君子)의 풍채를 갖고 있는 것이다.

재성(財星)이 박(薄)한데 족히 탐하려는 힘이 있거나 관성(官星)이 가벼운데 포부가 그것을 얻으려는 욕구(欲求)로 가득하고 혼탁(混濁)으로 상해(傷害)를 입거나 일주(日主)를 약하게 만드는 것을 돕는 것이 강하거나 사신(邪神)과 쟁합(爭合)하거나 용신(用神)이 서너 개가 되면 모두 마음의 행사(行事)가 간사(奸邪)하고 탐욕스러워 매사에 요행(僥倖)을 바라는데 이것은 모두 다능(多能)의 상(象)이 되는 것이다.

대체로 양(陽)이 내재하고 음(陰)이 밖에 있으며 격동(激動)하지 않고 거만(倨慢)하지 않은 것은 덕(德)이 재능(才能)을 능가하는 것이 된다. 예를 들어 병인(丙寅), 무진(戊辰)월일에 기묘(己卯), 계묘(癸卯)년(年), 시(時)가 바로 그러하다.

그러나 양(陽)이 밖에 있고 음(陰)이 내재(內在)하고 이윤을 추구하는 자는 재능(才能)이 덕을 능가하는 것이다. 예를 들어 기묘(己卯), 기사(己巳) 월일에 병인(丙寅), 무인(戊寅)년시가 바로 그러하다.

구문풀이

▶ 덕(德)이 재능(才能)을 능가하면 원국이 군자지풍(君子之風)에 부합하고 재능(才能)이 덕(德)보다 뛰어나면 용(用)에서 다능지상(多能之象)이 나타난다.

대체로 양(陽)이 내재(內在)하고 음(陰)이 밖에 있으며 격동하지 않고 거만하지 않은 것은 덕(德)이 재능(才能)을 능가하는 것이 됩니다. 반대로 양(陽)이 밖에 있고 음(陰)이 내재하면서 이윤의 세력에 빌붙어 이익을 추구하는 사람이니 재능(才能)이 덕(德)을 능가하는 것이 됩니다. 이 재덕이 잘 배합이 되면 군자로 보았고 실패하는 상을 소인으로 보았던 것만큼은 틀림이 없는 것 같습니다.

◈ 사주에서 군자(君子)의 풍채를 갖고 있는 것.

(1) 사주가 맑고 화평하고 순조롭다.

(2) 일주가 마땅히 도움을 얻는다.

(3) 합하려는 것이 모두 바른 신(神)이다.

(4) 용(用)하려는 것은 모두 바른 기(氣)이다.

(5) 다른 문제가 일어날 수가 없고

(6) 거짓으로 꾸민 것이 진실이 될 수가 없다.

(7) 재관(財官)의 희신이 그 사람의 생애에서 충분히 다 완료되기에 족하다.

(8) 사욕(私慾)이 생기지 않는다.

(9) 도량(度量)이 관대하여 넓고 베푸는 것이 반드시 올바르다.

◈ 재능(才能)의 상(象)이 되는 것.

(1) 재성이 박(薄)한데 족히 탐하려는 힘이 있다.

(2) 관성이 가벼운데 포부가 그것을 얻으려는 욕구(欲求)로 가득 찬다.

(3) 혼탁(混濁)으로 상해(傷害)를 입는다.

(4) 일주(日主)를 약하게 만드는 것을 돕는 것이 강하다.

(5) 사신(邪神)과 쟁합(爭合)한다.

(6) 용신(用神)이 서너 개가 된다.

【예시】

이 명조는 축월(丑月)에 기토(己土)이니 금(金)이 차갑고 목(木)은 시들어있다. 그래서 병화(丙火)에 의지하여 금(金)을 녹이려 하는데 병신합(丙辛合)으로 제거가 된 것이다.

양(陽)이 음(陰)으로 뭉치니 한습(寒濕)한 기운을 더욱 증가시켜 주고 축술(丑戌)의 땅은 얼어붙었다. 그러므로 사람됨이 간사한 계략이 가득하고 세도에 아첨하여 재물을 탐내었다.

이른바, 이것이 재능(才能)이 덕(德)을 뛰어넘어선 것이니 재능(才能)이 많은 형상이라 말할 수가 있겠다.

時	日	月	年	건명
정관		식신	정인	六神
甲	己	辛	丙	天干
子	卯	丑	戌	地支
편재	편관	비견	겁재	六神

9. 분울(奮鬱)

분발(奮發)과 침체(沈滯)

> 局中顯奮發之機者神舒意暢象內多沈埋之氣者心鬱志灰.
> 국중현분발지기자신서의창상내다침매지기자심울지회.

국(局)중에 분발(奮發)하는 기틀이 나타나 있으면 정신(精神)이 신장(伸長)되고 뜻이 화창(和暢)하다. 상(象) 내(內)에 침체(沈滯)되고 매금(埋金)의 기운이 있으면 마음이 우울하고 의기가 소침하다.

> 【原文】陽明用事用神得力天地交泰神顯精通必多奮發陰晦用事情多戀
> 【원문】양명용사용신득력천지교태신현정통필다분발음회용사정다연
>
> 私主弱臣强神藏精洩人多困鬱若純陽之勢身旺而財官旺者必奮純陰之局
> 사주약신강신장정설인다곤울약순양지세신왕이재관왕자필분순음지국
>
> 身弱而官殺多者多困.
> 신약이관살다자다곤.

밝은 양(陽)을 사용하고 용신(用神)이 힘을 얻으며 천지가 교태(交泰)하고 신(神)이 정통(精通)하여 나타나면 반드시 분발(奮發)이 많다. 어두운 음(陰)을 사용하고 정(情)이 사사로움이 많고 일주는 약한데 신하는 강하고 신(神)이 암장이 되고 정(精)이 설기되면 사람이 우울(憂鬱)하여 곤란하다.

만약에 순수한 양(陽)의 세력이고 신왕(身旺)하여 재관(財官)이 왕(旺)한 자는 반드시 분발(奮發)한다. 순수한 음(陰)의 국(局)이고 신약(身弱)하여 관살(官殺)이 많은 자는 곤궁(困窮)이 많은 사람이다.

▶ 국(局) 중에 분발(奮發)하는 기틀이 나타나 있으면 정신(精神)이 신장(伸長)되고 뜻이 화창(和暢)하다. 상(象) 내(內)에 침체(沈滯)되고 매금의 기운이 있으면 마음이 우울하고 의기가 소침하다.

이 장은 사주에서 분발과 우울함의 기운을 보는 방법을 설명하고 있습니다. 분발하는 사주는 일주의 정신이 넓게 펼쳐지며 뜻하는 것이 저절로 이루어지는 것이고 이것은 용신이 힘을 얻어야 하고 천지가 교태 해야 하고 신(神)이 맑게 통하여 드러나야 하는 것입니다. 반면에 우울한 사주는 정(情)이 사사로움이 많고 일주는 약한데 일주를 극하는 다른 신은 강하고 올바른 신(神)이 암장이 되고 정(精)이 설기되면 우울하여 의기소침한 사주라고 할 수가 있습니다.

◈ 분발(奮發)하는 사주.
　　⑴ 밝은 양(陽)을 사용한다.
　　⑵ 용신이 힘을 얻는다.
　　⑶ 천지가 교태(交泰)한다.
　　⑷ 신(神)이 통하여 나타난다.
　　⑸ 신왕(身旺)하여 재관(財官)이 왕(旺)하다.

◈ 우울(憂鬱)하여 소침한 사주.
　　⑴ 어두운 음을 사용 한다.
　　⑵ 정(情)이 사사로움이 많다.
　　⑶ 일주는 약한데 재관은 강하다
　　⑷ 신(神)이 암장이 많다
　　⑸ 정(精)이 설기가 많다
　　⑹ 신약(身弱)하여 관살(官殺)이 많다.

【예시】

이 명조는 임수(壬水)가 자월(子月)에 태어나서 해자(亥子)로 녹왕한데 진자합수(辰子合水)하므로 이른바, 곤륜(崑崙)의 물이 되었다.

그러므로 이것은 가순불가역(可順不可逆)이다. 곧 그 세력(勢力)에 순응(順應)하여 거스름은 마땅치가 않은 것이다.

따라서 갑목(甲木)으로 범람하는 수(水)를 설기해야 한다.

이것은 국중의 분발지기(奮發之機)가 나타나 있는 것이다.

그래서 초년운이 병인(丙寅)과 정묘(丁卯)로 나아가니 한목(寒木)이 화(火)를 만나 발영(發榮)하였는데 음습(淫習)한 토금(土金)을 제거하니 일찍이 과거에 급제하였고 한원(翰苑)에 이름이 높았다.

무진(戊辰)대운에서는 수(水)의 기세를 거역해서 죽고 말았다.

時	日	月	年	건 명
정인		식신	편관	六神
辛	壬	甲	戊	天干
亥	子	子	辰	地支
비견	겁재	겁재	편관	六神

10. 은원(恩怨)

유정(有情)함과 무정(無情)함

兩意情通中有媒雖然遙立意尋追有情却被人離間怨起恩中死不灰
양 의 정 통 중 유 매 수 연 요 입 의 심 추 유 정 각 피 인 이 간 원 기 은 중 사 불 회

두 사람의 정(情)이 통하는데 중간에 중매인이 있으면 비록 멀리 떨어져 있
더라도 뜻을 세워 좇아서 찾는다. 정(情)이 있어도 사람에게 이간(離間)을 당
해 물러난다면 은혜중에 원한이 일어나 죽어서도 잊지를 못한다.

【原文】喜神合神兩情相通又有人引用生化如有媒矣雖是隔遠分立其情
【원문】 희 신 합 신 양 정 상 통 우 유 인 인 용 생 화 여 유 매 의 수 시 격 원 분 입 기 정
自相和好則有恩而無怨合神喜神雖有情而忌神離間求合不得終身多怨至
자 상 화 호 칙 유 은 이 무 원 합 신 희 신 수 유 정 이 기 신 이 간 구 합 불 득 종 신 다 원 지
于可憎之神遠之爲妙可愛之神近之尤切又有一般邂逅相逢者得之不勝其
우 가 증 지 신 원 지 위 묘 가 애 지 신 근 지 우 절 우 유 일 반 해 후 상 봉 자 득 지 불 승 기
樂私情偸合者去之亦足爲奇.
낙 사 정 투 합 자 거 지 역 족 위 기.

희신(喜神)이 합(合)하면 둘 사이에 정(情)이 서로 통하는데 또다시 생화(生化)
하여 이끌어 쓰는 사람이 있으면 중매인이 존재하는 것과 같은 것이다.
비록 분리되어 멀리 떨어져 있더라도 그 정(情)은 자연히 좋아서 서로 화목
(和睦)한 것이니 은혜가 있을 뿐 원한은 없다.
합신(合神)하는 희신(喜神)이 비록 정(情)이 있다고 해도 기신(忌神)이 이간(離
間)을 시킨다면 합을 구하려 해도 얻지 못하니 종신토록 원한이
많다. 가증(可憎)한 신(神)으로 말한다면 멀리 있는 편이 좋고 자애(慈愛)스러
운 신(神)은 가까이하면 할수록 더욱더 적절한 것이다.

또 그 이외에 우연히 만나 상봉(相逢)하는 것을 얻게 되면 그 즐거움은 대단한 것이고 삿된 정(情)을 탐하여 합하는 것은 제거해 주면 역시 대단히 좋은 것이다.

구문풀이

▶ 희신(喜神)이 합(合)하면 둘 사이에 정(情)이 서로 통하는데 또다시 생화(生化)하여 이끌어 쓰는 사람이 있으면 중매인이 존재하는 것과 같은 것이다.

일주와 희신(喜神)의 사이는 두 마음이 서로 통한다고 하는 것인데 만약에 합신(合神)이 있어서 합화(合化)한 신이 희신이 되면 이것이 "생화(生化)하여 이끌어 쓴다"라고 말하는 것입니다.
다시 말하자면 희신이 멀리 떨어져 있는데 다른 것이 와, 그것을 이끌어 서로 사이좋게 해주면 화목하게 되니 그렇게 되면 당연히 일주와 가까워지게 되는 것입니다.
그렇게 되면 은혜가 있을 뿐 원한은 없게 되는 것입니다. 중간에서 이러한 역할을 하는 것을 중매 자라고 말하는 것입니다.

▶ 합신(合神)하는 희신(喜神)이 비록 정(情)이 있다고 해도 기신(忌神)이 이간(離間)을 시킨다면 합을 구하려 해도 얻지 못하니 종신토록 원한이 많다.

희신(喜神)과 일주(日柱)가 바짝 붙어 있으면 정(情)이 있다고 할 수 있는데 합하여 기신(忌神)으로 화하거나 혹은 희신과 일주가 비록 바짝 붙어 있지는 않더라도 일주와 정이 있는데 그 중간에 기신(忌神)이 막고 있거나 혹은 희신이 한신과 합해서 기신을 도와주고 있다면 이는 중간에 다른 사람이 끼어들어 이간질하는 것과 같아 은혜가 원한으로 변하게 되는 것입니다.
이것은 죽을 때까지도 그 마음이 풀어지지 않는다고 말하는 것입니다.

▶ 또 그 이외에 우연히 만나 상봉(相逢)하는 것을 얻게 되면 그 즐거움은 대단한 것이고 삿된 정(情)을 탐하여 합하는 것은 제거해 주면 역시 대단히 좋은 것이다.

한신(閑神)이나 기신(忌神)이 있고 희신(喜神)이 없을 때 대운에서 오는 것이 있어서 한신이나 기신을 합하여 희신(喜神)으로 변화해버린다고 하면 이는 우연히 상봉한 것이라고 합니다.
예를 들어 일주의 희신이 화(火)라고 할 때 사주에 화(火)는 없고 도리어 기신 계수(癸水)가 있는데 무토(戊土)가 있어 계수(癸水)와 무계(戊癸)합화하여 화(火)희신으로 화(化)한다면 이는 우연히 상봉한 것이라고 합니다.
그런데 만약 사주에 희신이 있는데 대운에서 합하는 것이 오면서 합신이 기신으로 화한다면 이것을 삿된 정을 탐하여 합한다고 하는 것이니 당연히 제거해 주면 유익하다고 말할 수가 있는 것입니다.

【예시】

이 명조는 병화(丙火)가 오월(午月) 오시(午時)에 태어나 화(火)가 강렬하다.

그런데 일점 계수(癸水)는 무토(戊土)와 합하고 또 화(火)의 맹렬함을 돕고 년지(年支)의 유금(酉金)은 본래 진(辰)과 합하고자 하는데 중간에 오화(午火)가 방해를 놓고 있다.

이른바, 합하고자 하나 중간에서 이간질하는 모습이다.

그러므로 원기은중(怨起恩中)하니 은혜(恩惠) 가운데 원한(怨恨)이 생긴다고 말하는 것이다.

대운이 기신(忌神)인 동남(東南) 목화(木火)로 달리는데 평생 형상파모(刑傷破耗)가 많았다. 4건의 화재(禍災)를 만나 3처(妻) 7자(子)를 극(剋)하다가 인목(寅木)운(運)에 사망하였다.

時	日	月	年	건 명
편인		식신	정관	六神
甲	**丙**	**戊**	**癸**	天干
午	**辰**	**午**	**酉**	地支
겁재	식신	겁재	정재	六神

11 한신(閑神)

1) 한신(閑神)은 무해(無害)한 신(神)이다.

> 一二閑神用去麽不用何妨莫動他半局閑神任閑着要緊之場作自家
> 일 이 한 신 용 거 마 불 용 하 방 막 동 타 반 국 한 신 임 한 착 요 긴 지 장 작 자 가

한 두 개의 한신(閑神)은 없애 버릴 필요는 없는 데 사용하지 않는 이상 움직임이 없다면 무슨 상관이 있겠는가.

한신(閑神)이 반국(半局)을 이루어도 빈둥거리도록 놓아두되 긴급하게 될 경우에 내 편으로 만들 수 있으면 된다.

> 【原文】喜神不必多也一喜而十備矣忌神不必多也一忌而十害矣自喜忌
> 【원문】희 신 불 필 다 야 일 희 이 십 비 의 기 신 불 필 다 야 일 기 이 십 해 의 자 희 기
> 之外不足以爲喜不足以爲忌皆閑神也如以天干爲用成氣成合而地支之神
> 지 외 불 족 이 위 희 불 족 이 위 기 개 한 신 야 여 이 천 간 위 용 성 기 성 합 이 지 지 지 신
> 虛脫無氣沖合自適升降無情如以地支爲用成助成合而天干之神游散浮泛
> 허 탈 무 기 충 합 자 적 승 항 무 정 여 이 지 지 위 용 성 조 성 합 이 천 간 지 신 유 산 부 범
> 不礙日主主陽輔陽而陰氣停泊不沖不動不合不助主陰輔陰而陽氣停泊不
> 불 애 일 주 주 양 보 양 이 음 기 정 박 불 충 불 동 불 합 불 조 주 음 보 음 이 양 기 정 박 불
> 沖不動不合不助日月有情年時不顧日主無害日主無氣無情日時得所年月
> 충 불 동 불 합 불 조 일 월 유 정 년 시 불 고 일 주 무 해 일 주 무 기 무 정 일 시 득 소 년 월
> 不顧日主無害日主無沖無合雖有閑神只不去動他但要緊之地自結營寨至
> 불 고 일 주 무 해 일 주 무 충 무 합 수 유 한 신 지 불 거 동 타 단 요 긴 지 지 자 결 영 채 지
> 於運道只行自家邊界亦足爲奇.
> 어 운 도 지 행 자 가 변 계 역 족 위 기 .

희신(喜神)은 많을 필요가 없는 것이니 하나만 있어도 일체를 갖추는 것이고, 기신(忌神)도 많이 있을 필요가 없고 하나의 기신(忌神)만으로 십악의 해

로움이 있는 것이다. 나의 희신(喜神)과 기신(忌神) 이외에 희신(喜神)으로 삼기에는 부족하거나 기신(忌神)으로 삼기에도 부족한 것은 모두 한신(閑神)이라고 한다.

예를 들어 천간의 용(用)하는 신(神)이 기세를 이루고 합을 이루는데 지지의 신(神)은 허탈하여 무기(無氣)하다. 충합(沖合)이 스스로 적당하지만 천간과 지지의 오르고 내림이 무정(無情)하다. 이런 경우를 한신(閑神)이라 말한다.
또 예를 들어 지지의 용(用)하는 신(神)이 도움을 주고 합을 이루고 있는데 천간의 신(神)은 물 위에 떠서 분산되어 흩어진다.
그런데 일주(日主)는 아무런 방해를 받지 않는다.
혹은 일주(日主)는 양(陽)이고 도와주는 것도 양(陽)인데 음기(陰氣)는 정박(停泊)이 되어 충(沖)하지도 않고 동(動)하지도 않고 합하지도 않고 돕는 것도 없다.
혹은 일주(日主)는 음(陰)이고 도와주는 것도 음(陰)인데 양기(陽氣)가 정박(停泊)이 되어 충(沖)하는 것도 없고 움직이는 것도 없고 합하는 것도 없고 돕는 것도 없다.
또는 일월(日月)은 유정(有情)하나 년시(年時)는 방치하여 돌봐주지 않아도 일주(日主)에는 해로움이 없다. 일주(日主)가 무기(無氣)하고 무정(無情)하다. 그런데 일시(日時)가 제대로 되어 있는데 년월(年月)이 돌봐주지 않아도 일주(日主)에 해로움이 없다.
일주(日主)는 충(沖)이 없고 합(合)도 없는데 비록 한신(閑神)이 있다고 해도 다른 곳으로 움직여 주지 않게 하면 된다.
단지 지지가 급박해지면 행운(行運)에서 저절로 성채(城砦)를 이루어 변방(邊防)에서 내 편이 될 수가 있다면 이 역시 한신이 기특(奇特)하다고 할 수 있다.

▶ 한 두 개의 한신(閑神)은 없애 버릴 필요는 없는 데 사용하지 않는 이상 움직임이 없다면 무슨 상관이 있겠는가.

희신(喜神)과 기신(忌神)을 제외한 좋지도 않고 나쁘지도 않은 것은 모두 한신(閑神)에 해당합니다. 그래서 한신(閑神)이 체(體)와 용(用)을 손상하지 않고 희신(喜神)를 방해하지 않는다면 그것을 움직이게 할 필요도 없이 마음대로 내 버려두어야 괜찮습니다.

▶ 한신(閑神)이 반국(半局)을 이루어도 빈둥거리도록 놓아두되 긴급하게 될 경우는 내 편으로 만들 수 있으면 된다.

행운(行運)에서 격을 손상하고 용신을 손상하여 희신(喜神)이 격을 돕지 못하고 용신을 보호하지 못할 때는 "긴급하게 필요할 때"라고 하는데 이 때에 한신이 행운의 기신을 억제하여 격국과 희용신을 크게 도와주거나 혹은 한신이 행운과 합하여 희용신으로 화(化)하여 격을 돕고 용신을 도와준다고 하면 이는 저절로 내 집안사람으로 되는 것과 마찬가지인 것입니다.

▶ 천간의 용(用)하는 신(神)이 기세를 이루고 합을 이루는데 지지의 신(神)은 허탈하여 무기(無氣)하다. 충합(沖合)이 스스로 적당하지만 천간과 지지간의 오르고 내림이 무정(無情)하다.

천간은 용신의 기세가 힘이 있는데 지지가 도와주지 못하는 경우입니다. 이러한 지지의 기운이 허탈하여 기세가 없게 되면 무기(無氣)하다고 할 수가 있습니다. 이러한 무기(無氣)한 기운은 천간으로 올라가기 어렵게 되는 것인데 천간으로 올라가거나 천간의 기운이 지지로 내려오지 못하여 정(情)

이 없는 것을 무정(無情)하다고 합니다. 이렇게 되면 한신이 될 수가 있는 것입니다.

▶ 지지의 용(用)하는 신(神)이 도움을 주고 합을 이루고 있는데 천간의 신(神)은 물 위에 떠서 분산되어 흩어진다. 그런데 일주(日主)는 아무런 방해를 받지 않는다.

지지의 용신은 합생(合生)이나 희신의 생으로 도움을 받고 있는데 천간은 지지에 뿌리가 없어 무정하다거나 부목(浮木)처럼 물 위에 뜨게 되면 기세가 없게 되는 것입니다. 그렇다고 하더라도 이러한 오행이 일주를 방해하지는 않고 있다면, 한신이라고 말할 수가 있는 것입니다.

▶ 일주(日主)는 양이고 도와주는 것도 양인데 음기(陰氣)는 정박(停泊)이 되어 충(沖)하지도 않고 동(動)하지도 않고 합(合)하는 것도 없고 돕는 것도 없다.

일주가 양이고 돕는 무리가 양이라면 반드시 음기(陰氣)는 기신이 되게 됩니다. 이러한 음기(陰氣)가 충(沖)하여 움직임이 없어서 머물러 흐르지 않는다면 이러한 것은 한신이 될 수가 있는 것입니다.

▶ 일주(日主)는 음이고 도와주는 것도 음인데 양기(陽氣)가 정박(停泊)이 되어 충(沖)하는 것도 없고 움직이는 것도 없고 합(合)하는 것도 없고 돕는 것도 없다.

일주가 음이고 돕는 무리가 음이라면 반드시 양기(陽氣)는 기신이 되게 됩니다. 이러한 양기(陽氣)가 충(沖)하여 움직임이 없어서 머물러 흐르지 않는다면 이러한 것은 한신이 될 수가 있는 것입니다.

▶ 일월(日月)은 유정(有情)하나 년시(年時)는 방치하여 돌봐주지 않아도 일주(日主)에는 해로움이 없다.

일월(日月)이 유정(有情)하면 좋은 것인데 년시(年時)가 유정(有情)한 일월(日月)을 돕지 않더라도 일주를 방해하지 않는다면 기신이라고 할 수가 없는 것입니다. 비록 기(氣)가 없고 정이 없다고 하더라도 이것은 한신이 될 수가 있는 것입니다.

▶ 일시(日時)가 제대로 되어 있는데 년월(年月)이 돌봐주지 않아도 일주(日主)에 해로움이 없고 일주(日主)는 충이 없고 합도 없다.

일시(日時)가 유정(有情)하면 좋은 것인데 년월(年月)이 유정(有情)한 일시(日時)를 돕지 않더라도 일주를 방해하지 않는다면 기신이라고 할 수가 없는 것입니다. 비록 일주가 충이 없고 합도 없더라도 이러한 것은 한신이 될 수가 있는 것입니다.

◆ 한신(閑神)이 될 수 있는 조건.
한신(閑神)이란 희신으로 삼기에는 부족하고 기신으로 삼기에도 부족한 것을 모두 한신(閑神)이라고 합니다. 한신(閑神)에 적합하다고 볼 수 있는 조건은 아래와 같습니다.

⑴ 천간의 용신이 기세를 이루고 합을 이루는데 지지의 신은 허탈하여 무기(無氣)하지만 충합(沖合)이 스스로 적당하여 천간과 지지간의 오르고 내림이 무정하다.
⑵ 지지의 용신이 도움을 주고 합을 이루고 있는데 천간의 신은 물 위에 떠서 분산되어 흩어지지만, 일주를 방해하지 않는다.
⑶ 일주(日主)는 양이고 도와주는 것도 양인데 음기는 정박(停泊)이 되어 충하지도 않고 동하지도 않고 합하는 것도 없고 돕는 것도 없다.

⑷ 일주(日主)는 음이고 도와주는 것도 음인데 양기가 정박(停泊)이 되어 충(冲)하는 것도 없고 움직이는 것도 없고, 합(合)하는 것도 없고 돕는 것도 없다.

⑸ 일월(日月)은 유정하나 년시(年時)는 방치하여 돌봐주지 않아도 일주(日主)에는 해로움이 없고 일주가 무기(無氣)하고 무정(無情)하다.

⑹ 일시(日時)가 제대로 되어 있는데 년월(年月)이 돌봐주지 않아도 일주(日主)에 해로움이 없고 일주(日主)는 충(冲)이 없고 합(合)도 없다.

【예시】

인성(印星)은 일간을 생하고 지지에 비견(比肩)이 3개가 놓이니 목(木)이 왕(旺)하여 견고하다. 따라서 한목(寒木)은 따뜻한 양(陽)을 향하므로 시간의 병화(丙火) 투간은 바람직하다. 그래서 자월(子月)의 한기(寒氣)를 대적하여 정영(精英)을 설기하니 병화(丙火)가 희신이 된다.

경금(庚金)은 절지(絶地)에 임하니 목(木)을 극하기 불가능하다. 또한 금(金)은 수(水)를 생하니 오히려 기신(忌神)이 된다. 따라서 금(金)은 기신(忌神)이 되고 수(水)는 구신(仇神)이고 목화(木火)는 희신(喜神)이 된다. 무토(戊土)는 기신(忌神) 금을 생조하기도 하고 자수(子水) 구신(仇神)을 극제하기도 하니 한신(閑神)이 된다. 그러므로 묘목(卯木)운에 이르러 자수(子水)를 설기하고 병화(丙火)를 생하니 과거급제하였다. 또한 임진(壬辰)과 계사(癸巳)운에 무토(戊土)가 구신(仇神)이 되는 수(水)를 제어하고 합하니 벼슬길이 평탄하였다. 또한 갑오(甲午)와 을미(乙未)운은 화왕지(火旺地)이므로 벼슬이 상서(尙書)에 이르렀다.

時	日	月	年	건명
식신		편재	편관	六神
丙	甲	戊	庚	天干
寅	寅	子	寅	地支
비견	비견	정인	비견	六神

2) 기반(羈絆)이란 묶여 있는 글자를 말한다.

出門要向天涯遊何事裙釵恣意留.
출문요향천애유하사군채자의류.

대장부가 문을 열어 천하를 돌아다니려고 하는데 무슨 일로 아녀자에게 정
(情)을 두어 머물게 하는가.

【原文】本欲奮發有爲者也而日主有合不顧用神用神有合不顧日主不欲
【원문】본욕분발유위자야이일주유합불고용신용신유합불고일주불욕
貴而遇貴不欲祿而遇祿不欲合而遇合不欲生而遇生皆有情而反無情如裙
귀이우귀불욕녹이우녹불욕합이우합불욕생이우생개유정이반무정여군
釵之留不去也.
채지류불거야.

원래는 분발하고 장래가 유망한 사람이건만 일주가 합하느라고 용신(用神)
을 돌봐 주지 않거나 용신(用神)이 합(合)하느라고 일주를 돌봐 주지 않거나
귀(貴)함을 원하지 않는데 귀(貴)함을 만났거나 록(祿)을 원하지 않는데 록
(祿)을 만났거나 합(合)을 원하지 않는데 합(合)을 만났거나 생(生)하여 주는
것을 바라지 않는데 생(生)하여 주거나 하면 이 모든 것은 유정(有情)한 것이
반대로 무정(無情)하게 된다.
이것은 마치 부녀자에게 정(情)을 두어 머물러 밖을 나가지 않는 것과 같다.

◈ 기반(羈絆)이란 무엇인가?

본래 기반(羈絆)이라고 하면 용신(用神)기반(羈絆)만을 떠 올리게 되는데 적천수에서 말하고 있는 기반(羈絆)의 의미는 용신기반을 포함해서 여러 가지 경우의 상황을 말하고 있습니다. 즉 기반(羈絆)이란 원래 굴레를 의미하고 메여 묶이는 것을 말합니다. 그러니까 기반(羈絆)의 진정한 뜻은 용신기반(用神羈絆)을 말하는 것이 아니라 사주 안에서 굴레가 되어 고통을 주는 것을 총체적으로 의미한다고 보면 됩니다.

그래서 귀(貴)함을 원하지 않는데 귀함을 간나게 되면 오히려 귀함이 기신으로 작용하여 그 사람의 팔자에 굴레로 작용하게 되므로 그것도 기반(羈絆)이라고 말하고 있는 것입니다.

또한 록(祿)을 필요로 하지 않는 일주가 태왕한 사주에서 록(祿)을 만나면 록(祿)이 부담되어 재신(財神)을 극하여 재물을 분탈(分奪) 시키게 되므로 이것 역시 기반(羈絆)이라고 지칭할 수가 있는 것입니다.

그래서 기반(羈絆)이란 굴레가 되어 메여 두임으로 유정(有情)한 관계가 무정(無情)한 관계로 돌아서므로 흉하게 작용하는 것을 총체적으로 말하는 것입니다.

◈ 기반(羈絆)이 된 경우.

  (1) 일주가 합(合)하느라고 용신을 돌봐 즈지 않는다.

  (2) 용신이 합(合)하느라고 일주를 돌봐 즈지 않는다.

  (3) 귀함을 원하지 않는데 귀함을 만났다.

  (4) 록(祿)을 원하지 않는데 록을 만났다.

  (5) 합(合)하는 것을 원하지 않는데 합을 만났다.

  (6) 생(生)하여 주는 것을 바라지 않는데 생하여 준다.

▶ 대장부가 문을 열어 천하를 돌아다니려고 하는데 무슨 일로 아녀자에게 정(情)을 두어 머물게 하는가.

이것은 사주팔자에서 대장부가 크게 세상을 위해 일하려고 집을 떠나는데 작은 정(情)에 얽매여 집을 나서질 못하는 것을 말합니다. 곧 기반(羈絆)이 되어 묶이므로 뜻을 펴지 못하는 것을 말하고 있습니다.
이것은 마치 할 일 많은 대장부가 아녀자에게 한눈을 팔아 치마폭에 빠져 인생을 허비하고 있는 것과 같다고 말하는 것입니다.

▶ 일주가 합하느라고 용신(用神)을 돌봐 주지 않는다.

일주가 합하느라고 용신(用神)을 돌보지 않게 되면 일주 따로 용신 따로 움직이는 것이니 군주(君主)가 용신(用神)의 덕(德)을 얻을 수가 없는 것입니다.
이것은 마치 상나라의 주왕이 애첩(愛妾)인 달기에 빠져 신하를 멀리한 것과 같습니다.
팔자에서 신하는 용신과 같은 위치인데 주왕이 국정(國政)을 돌보지 않는 것이 마치 합을 탐하느라 용신을 돌보지 않음을 비유한 것입니다.

▶ 용신(用神)이 합(合)하느라고 일주를 돌봐 주지 않는다.

기반(羈絆)의 원래 의미는 용신(用神)기반(羈絆)이 큰 것입니다.
합을 하였으나 변화하지 않는 것은 서로 얽매어 머무는 것을 말합니다.
그래서 용신이 기반이 되면 용신을 사용할 수 없는 것이 됩니다.
용신이 합하면 일주가 하고자 하는 것을 돌보아 주지 않고 그가 성공하는 것을 도와주지 않는 것입니다. 이것은 마치 전장(戰場)에서 무기 없이 전투에 임하는 것과 같은 것입니다. 그래서 용신기반(用神羈絆)이 된 사람은 용신이 무력하여 인생을 허비하는 사람들이 많게 됩니다.

▶ 귀함을 원하지 않는데 귀함을 만났다.

이 말의 의미는 귀함이 들어오면 기신(忌神)이 된다는 말입니다.
예를 들어 정관이 중관이 된 팔자에서는 다시 정관을 만나는 것을 꺼리게
됩니다. 그러므로 정관이 존귀하지만 너무 많아도 귀(貴)가 손상을 당하게
됩니다.

▶ 록(祿)을 원하지 않는데 록을 만났다.

록(祿)도 적당해야 좋은데 록(祿)을 만나 록(祿)이 많아지게 되면 재신(財神)을
극하여 재물을 분탈(分奪)시키게 마련입니다. 이렇게 되는 것도 사주에서는
굴레가 되어 일주를 괴롭히는 운명이 되는 것입니다.

▶ 합(合)하는 것을 원하지 않는데 합한다.

희용신으로 작용하는 육신은 합을 바라지 않는 것인데 원국에서 합하여 묶
이게 되거나 운에서 만나서 합하여 묶이는 것을 말하고 있습니다.
희신이 합으로 묶이게 되면 희신은 더 이상 희신이 아닌 것으로 보는 것입
니다.

▶ 유정(有情)한 것이 도리어 무정(無情)하게 된다.

서로 사이가 좋아 생(生)해주고 덜어 주는 관계가 좋은 것인데 합과 충이나
기반으로 이것이 막히고 과(過)해지면 오히려 태과불급이 된 것처럼 서로의
관계가 나빠지는 관계를 말합니다. 이러한 것을 유정(有情)한 것이 무정(無
情)하게 변했다고 표현을 합니다.

【예시】

무토(戊土)가 진월(辰月)에 태어났다.

그런데 지지가 모두 토(土)로 구성이 되었으니 마땅히 을목(乙木)으로 소토(燒土)함이 좋다.

그런데 을경합(乙庚合)으로 기반(羈絆)이 된 것이니 곧 을목(乙木)이 경금(庚金)을 탐합망극(貪合亡剋)을 하고 있다.

그러므로 21세에 소시(小試)에 낙방(落榜)하더니 그 이후로 다른 일에는 힘을 쓰지 않았다.

평생에 이룬 것이 없이 세월을 탕진하다가 죽었다.

時	日	月	年	건 명
편인		식신	정관	六 神
丙	**戊**	**庚**	**乙**	天 干
辰	**辰**	**辰**	**未**	地 支
비견	비견	비견	겁재	六 神

3) 일주와 용신이 건재(健在)하면 큰 뜻을 이룬다.

不管白雪與明月任君策馬朝天闕.
부 관 백 설 여 명 월 임 군 책 마 조 천 궐.

백설(白雪)이든 명월(明月)이든 막론하고 군주가 되면 대궐을 향해 말을 달려라.

【原文】日主乘用神而馳驟無私意牽制也用神隨日主而馳驟無私情羈絆
【원문】일 주 승 용 신 이 치 취 무 사 의 견 제 야 용 신 수 일 주 이 치 취 무 사 정 기 반
也足以成其大志是無情而有情也.
야 족 이 성 기 대 지 시 무 정 이 유 정 야.

일주가 용신(用神)을 타고 달리면 개인적인 일에 막힘이 없고 용신(用神)이 일주를 따라 달리면 개인의 사사로움에 덤매임이 없게 되어 큰 뜻을 이루기 충분하다. 이것이 무정한 것이 유정하지 되는 것이다.

구문풀이

▶ 일주가 용신(用神)을 타고 달리면 개인적인 일에 막힘이 없다.

사주에 용신(用神)이나 희신(喜神)을 제외한 다른 신(神)이 있는데 일주가 다른 신(神)과 합하는 것을 탐내고 있을 때 용신이나 희신이 그것을 충(沖)하여 제거하게 되면 일주가 사사로이 그 마음이 묶이지 않게 되고 희신의 기세에 따라 앞으로 달리게 되는 것을 말합니다.

▶ 용신(用神)이 일주를 따라 달리면 개인의 사사로움에 얽매임이 없게 되어 큰 뜻을 이루기 충분하다. 이것이 무정(無情)한 것이 유정(有情)하게 되는 것이다.

사주에 용신(用神)이나 희신(喜神)이 다른 신(神)과 합하는 것을 탐내고 있을 때 일주가 그 합하는 신(神)을 충(沖)하고 극(剋)해 버리면 사사로운 정(情)으로 인해 얽매이는 것이 없어지고 일주를 따라서 앞으로 달리게 되는 것입니다. 이것이 바로 무정(無情)하나 도리어 유정(有情)하게 되는 것으로서 마치 대장부의 뜻이 사사로운 정(情)에 이끌리지 않으면 장래에 큰 뜻을 성취하는 것과 같습니다.

【예시】
임수(壬水)가 신월(申月)에 태어났으니 추수통원(秋水通源)이 되었다. 곧 가을철의 물이 통근한 것이다.
그러나 인수(印綬)가 태왕(太旺)하므로 재성 병화(丙火)로 제복한다. 그런데 천간의 병신합(丙辛合)은 합화(合化)가 되면 일주를 방신(幫身)하지만, 만약 합이불화(合而不化)가 되면 반대로 기반(羈絆)이 되어 일주의 희용신(喜用神)을 돌보지 못하게 된다. 그러나 묘한 것은 병임충으로 일간이 병신합을 방해하는 것이다. 따라서 병화(丙火)재성이 살아나 인수(印綬)를 제압하고 있다.
그러므로 계사(癸巳)운에 과거급제하고 벼슬은 관찰사에 이르렀다.

時	日	月	年	건 명
편인		편재	정인	六神
庚	壬	丙	辛	天干
戌	寅	申	巳	地支
편관	식신	편인	편재	六神

12 종상(從象)

종상(從象)에서 진종(眞從)을 말하다.

종(從)하는 것이 참되다면 다만 종(從)을 논하는데 종(從)하는 신(神)에는 다시 화목(和睦)하여 길한 것이 있고 흉한 것이 있다.

【原文】日主孤立無氣天地人元絶無一毫生扶之意財官强甚乃爲眞從也
【원문】일주고입무기천지인원절무일호생부지의재관강심내위진종야
旣從矣當論所從之神如從財只以財爲主財神是木而旺又看意向或要火要
기종의당론소종지신여종재지이재위주재신시목이왕우간의향혹요화요
土要金而行運得所者吉否則凶餘皆仿此金不可剋木剋木財衰矣.
토요금이행운득소자길부칙흉여개방차금불가극목극목재쇠의.

일주는 고립되어 무기(無氣)하고 천지인(天地人)삼원은 단절(斷絶)되어 어느 것 하나 생(生)하여 도우려는 의지가 없지만, 재성(財星)과 관성(官星)은 심히 강하다면 이것을 진종(眞從)이라 말한다. 이미 종(從)하였다면 마땅히 종(從)하는 신(神)으로 논하는 것이다.

예를 들어 종재(從財)한다고 하면 다만 재성(財星)을 일주로 삼는데 재신(財神)이 목(木)으로 왕(旺)하다면 다시 의향(意同)을 살펴보아 화(火)를 요구하는지 토(土)를 요구하는지 혹은 금(金)을 요구하는지를 가려 줘야 한다. 그래서 행운에서 그것을 얻게 되는 자는 길하나, 다니라면 흉한 것이다. 나머지도 모두 이와 같다. 금(金)이 목(木)을 극해서는 안 되는데 목(木)을 극(剋)하면 재성이 쇠약해지기 때문이다.

▶ 종(從)하는 것이 참되다면 다만 종(從)을 논하는데 종(從)하는 신(神)에는 다시 화목(和睦)하여 길한 것이 있고 흉한 것이 있다.

종(從)을 하는 형상에는 여러 가지가 있는데 다만 재성(財星)과 관성(官星)만이 아닙니다. 일주가 고립되고 기운이 없는데 사주에 그것을 생하여 도와주려고 하는 것이 없고 사주에 관성이 가득하다면 관성을 따르는 것이고 사주에 재성이 가득하다면 재성에 따르게 됩니다.

이런 구조를 종상(從象)이라 합니다. 종화(從化)하게 되면 종(從)하여 따르는 신(神)이 길신이 됩니다. 즉 수기유통(秀氣流通)하여 종(從)을 돕는 무리를 모두 길신으로 사용할 수가 있는 것입니다.

관살의 운은 왕한 것을 침범하게 되니 재앙이 바로 발생하며 그래서 행운에서 종(從)하는 신을 역행하는 운을 만나게 되면 불길하여 흉해지는 것입니다.

▶ 일주는 고립되어 무기(無氣)하고 천지인(天地人)삼원은 단절(斷絶)되어 어느 것 하나 생(生)하여 도우려는 의지가 없지만, 재성(財星)과 관성(官星)은 심히 강하다면 이것을 진종(眞從)이라 말한다.

일주가 고립되고 기운이 없는데 사주에 그것을 생(生)하여 도와주려고 하는 것이 없고 사주에 관성이 가득하다면 관성을 따르는 것이고 사주에 재성이 가득하다면 재성에 따르게 됩니다.

원국에 종하는 기운이 많고 거역하는 오행이 없으면 진종이 됩니다.

【예시】

을목(乙木)이 축월(丑月)에 태어났는데 사유축(巳酉丑)으로 금국(金局)이 되었다. 따라서 금의 세력에 의해 을목(乙木)은 유중(酉中)의 경금(庚金)과 을경합화(乙庚合化)로 금으로 변했다.

고로 진정한 종살(從殺)격(格)이 되었다.

무술(戊戌)운에 연달아 급제하고 한원(翰苑)에 입학하였다.

정유(丁酉)와 병신(丙申)운에는 화(火)가 절각이고, 금(金)이 득지(得地)하니 벼슬길이 순조로웠다.

그러나 을미(乙未)대운에 이르러 축미충(丑未沖)으로 금국(金局)을 충파(沖波)하고 목(木)이 뿌리를 내리니 종살(從殺)을 파괴하므로 사망하였다.

時	日	月	年	건 명
비견		편관	편관	六神
乙	乙	辛	辛	天干
酉	酉	丑	巳	地支
편관	편관	편재	상관	六神

13. 화상(化象)

화격(化格)에서 진화(眞化)를 말하다.

化得眞者只論化化神還有幾般話.
화 득 진 자 지 논 화 화 신 환 유 기 반 화.

화(化)한 것이 참되면 화격(化格)을 논(論)하고 화신(化神)에도 또한 몇 가지
사례(事例)들이 있다.

【原文】如甲日主生於四季單遇一位己土在月時上合之不遇壬癸甲乙戊
【원문】여 갑 일 주 생 어 사 계 단 우 일 위 기 토 재 월 시 상 합 지 불 우 임 계 갑 을 무
而有一辰字乃爲化得眞又如丙辛生於冬月戊癸生於夏月乙庚生於秋月丁
이 유 일 진 자 내 위 화 득 진 우 여 병 신 생 어 동 월 무 계 생 어 하 월 을 경 생 어 추 월 정
壬生於春月獨自相合又得龍以運之此爲眞化矣旣化矣又論化神如甲己化
임 생 어 춘 월 독 자 상 합 우 득 용 이 운 지 차 위 진 화 의 기 화 의 우 논 화 신 여 갑 기 화
土土陰寒要火氣昌旺土太旺又要取水爲財木爲官金爲食傷隨其所向論其
토 토 음 한 요 화 기 창 왕 토 태 왕 우 요 취 수 위 재 목 위 관 금 위 식 상 수 기 소 향 논 기
喜忌再見甲乙亦不作爭合妒合論蓋眞化矣如烈女不更二夫歲運遇之皆閑
희 기 재 견 갑 을 역 불 작 쟁 합 투 합 논 개 진 화 의 여 렬 녀 불 경 이 부 세 운 우 지 개 한
神也.
신 야.

예를 들어 갑(甲)일주가 사계(四季)에 태어났는데 하나의 일위(一位) 기토(己
土)가 월(月)이나 시(時)에 있다. 그런데 일간과 상합(上合)하고 임계갑을무(壬
癸甲乙戊)를 만나지 않으며 진(辰)글자 하나가 있다고 하면 이것을 "화(化)하
는 것이 참되다"라고 한다.

예를 들면 병화(丙火)와 신금(辛金)일간이 겨울에 태어나고 무토(戊土)와 계수
(癸水)일간은 여름에 태어나고 을목(乙木)과 경금(庚金)은 가을에 태어나고 정

화(丁火)와 임수(壬水)가 봄에 태어났는데 단독으로 상합(相合)하고 또 행운이 용(龍)을 얻는 운지(運地)로 나간다면, 이것을 진화(眞化)라고 한다. 이미 화(化)하였다면 역시 화신(化神)으로 논(論)하는 것이다.

예를 들어 갑기합화토(甲己合化土)하는데 토(土)는 음랭(陰冷)하므로 화기(火氣)가 창왕(昌旺)함이 필요하다. 토(土)가 태왕(太旺)하니 수(水)를 취하면, 재(財)가 되는 것이고 목(木)을 취(取)하면 관(官)이 되고 금(金)은 식상이 되는 게 요점이다. 그 소향(所向)에 따라 그 희기(喜忌)를 논(論)하면 된다.

갑을(甲乙)을 다시 보게 된다면 역시 쟁합(爭合)이나 투합(妬合)한다고 논하지 않으며 진화(眞化)로 덮어씌우는 것이다. 이것은 마치 열녀(烈女)가 두 남편을 섬기지 않는 것과 같은 것이며 세운(歲運)에서 만나는 것은 모두 한신(閑神)으로 논하는 것이다.

구문풀이

▶ 예를 들어 갑(甲)일주가 사계(四季)에 태어났는데 하나의 일위(一位) 기토(己土)가 월(月)이나 시(時)에 있다. 그런데 일간과 상합(上合)하고 임계갑을무(壬癸甲乙戊)를 만나지 않으며 진(辰)글자 하나가 있다고 하면 이것을 "화(化)하는 것이 참되다"라고 한다.

갑(甲)일주가 진술축미(辰戌丑未)의 4계절에 태어나 오직 하나의 기토(己土)가 월간(月干)이나 시간(時干)에 있어서 갑(甲)일간을 중심으로 합해야 합니다. 이때에는 갑기합토(甲己合土) 화신(化神)을 방해하고 일간을 돕는 임계(壬癸)수 인성을 꺼리며 갑을(甲乙)목 비겁도 기피합니다. 또한 재성 무토(戊土)를 만나 쟁합이 되면 불리합니다. 고로 임계갑을무(壬癸甲乙戊)를 만나지 말아야 합니다. 그러나 지지에 진토(辰土)는 괜찮습니다. 진토 글자가 있으면 오히려 화생토로 화신 토를 돕게 되니 이것을 진화(眞化)라고 하는데 진화(眞化)라는 것은 "합하여 변하는 것이 진실하다"라는 뜻입니다.

▶ 갑을(甲乙)을 다시 보게 된다면 역시 쟁합(爭合)이나 투합(妬合)한다고 논하지 않으며 진화(眞化)로 덮어씌우는 것이다.
이것은 마치 열녀(烈女)가 두 남편을 섬기지 않는 것과 같은 것이며 세운(歲運)에서 만나는 것은 모두 한신(閑神)으로 논하는 것이다.

세운에서 만나는 갑을(甲乙)목은 쟁합(爭合)으로 보질 말고 모두 한신(閑神)으로 대접하라는 의미가 됩니다.
예를 들어 진월(辰月)에 태어난 갑(甲)일간이 시간의 기토(己土)를 만나 갑기합토(甲己合土)인데 주변에 화토(火土)가 많으면 진화(眞化)가 됩니다. 그런데 세운에서 다시 갑(甲)목을 만나면 쟁합(爭合)이라 말하지 않고 모두 한신처럼 대우하여 진화가 된다고 판단하는 것입니다.

【예시】

화(化)를 좇아서 격을 정하는 것이 있다.

그럴 때는 화출(化出)한 것이 반드시 득시(得時), 병령해야 하고 사지(四支)의 국(局)이 완전해야 한다.

예를 들면 정임화목(丁壬化木)이 되면서 지지에서 해묘미(亥卯未)나 인묘진(寅卯辰)이 온전하게 갖추어지면서 봄에 출생하면 대귀한다.

그렇지 않고 해월(亥月) 혹은 미월(未月)에 출생했다면 차등(次等)의 귀를 누린다.

예를 들면 아래 명조는 화격으로 일품(一品)의 귀를 누린 사주이다.

지지는 인묘진(寅卯辰) 방국(方局)으로 목(木)이 득세하였으니 임수(壬水)가 정화(丁火)를 만나 정임화목(丁壬化木)으로 변했다.

운은 화(化)한 오행이 오거나 화(化)한 오행에게 인수(印綬)가 되는 운이 좋고 화(化)한 오행에게 재(財)나 식상(食傷)이 도는 운도 무방하지만 화(化)한 오행에게 관살(官殺)이 되는 운은 좋지 않다.[자평진전]

時	日	月	年	건 명
식신		정재	식신	六神
甲	壬	丁	甲	天干
辰	寅	卯	戌	地支
편관	식신	상관	편관	六神

14. 가종(假從)

종상(從象)에서 가종(假從)을 말하다.

眞從之象有幾人假從亦可發其身.
진종지상유기인가종역가발기신.

진종(眞從)의 상(象)은 몇 사람이 안 되고 가종(假從)이라도 흥성할 수가 있다.

【原文】日主弱矣財官强矣不能不從中有比助暗生從之不眞至於歲運財
【원문】일주약의재관강의불능불종중유비조암생종지불진지어세운재

官得地雖是假從亦可取富貴但其人不能免禍或心術不端耳.
관득지수시가종역가취부귀단기인불능면화혹심술불단이.

일주가 약하고 재관(財官)이 강하다면 종(從)하지 않을 수가 없다.
그중에 비견(比肩)이 있어서 도와주거나 암암리 생하여 주게 되면 종(從)하는
것이 참되지 못한 것이다. 그러나 행운(行運)이 재관(財官)의 득지(得地)로 흐
른다면 비록 가종(假從)이라 해도 부귀(富貴)를 취할 수가 있는 것이다. 다만
그 사람은 재앙을 면할 수는 없거나 혹은 마음 씀씀이가 단정되지 못하다.

> 구문풀이

▶ 진종(眞從)의 상(象)은 몇 사람이 안 되고 가종(假從)이라도 흥성할 수가 있다.

종(從)하는 것이 참된 명조는 몇 사람이 안 됩니다. 대부분이 가종(假從)인데
가종(假從)이라 해도 다양하여 행운에서 그 가짜를 제거하여 병을 없앨 수
가 있다면 진종(眞從)이 되어 부귀할 수가 있게 됩니다.

▶ 일주가 약하고 재관(財官)이 강하다면 종(從)하지 않을 수가 없는데 그중에 비견이 있어서 도와주거나 암암리 생(生)하여 주게 되면 종(從)하는 것이 참되지 못한 것이다.

그러나 행운이 재관(財官)의 득지(得地)로 흐른다면 비록 가종(假從)이라 해도 부귀를 취할 수가 있는 것이다. 다만 그 사람은 재앙을 면할 수는 없거나 혹은 마음 씀씀이가 단정하지 못한 것이다.

종상(從象)에는 진종(眞從)과 가종(假從)이 있는데 진종(眞從)은 종(從)하는 것을 거스르는 오행이 없으며 종신(從神)이 계절을 얻어 득용(得龍)하고 또 종신(從神)을 생하는 오행이 있게 된다면 "종(從)하는 것이 참되다"라고 말할 수가 있는 것입니다.

그러나 가종(假從)이라는 것은 팔자 안에 비겁(比劫)이나 인성(印星)이 있어서 일간을 돕는 것으로 이로 인해 종(從)하는 것을 방해하는 것이 됩니다. 그러나 비록 비겁이나 인성이 있다고 해도 자기 자신을 돌볼 겨를이 없어 일주가 그것에 의지할 수가 없다면 다른 사람을 따라갈 수밖에 없는 것을 가종(假從)이라 말합니다.

그런데 가종(假從)에 있어서 행운이 잘 배합되어 있어 가신을 제거하면 진종(眞從)으로 화(化)하여 부귀해질 수 있습니다. 만약 행운에서 가신을 억제하고 진신을 도와준다면 비록 출신은 비천하더라도 가문을 일으켜 세울 것이며 하는 행위도 반드시 바르게 될 수가 있는 것입니다.

【예시1】

기토(己土)가 묘월(卯月)에 태어났다. 춘목(春木)이 당령(當令)하여 해묘미(亥卯未)목국을 이루었다. 시간(時干)의 정화(丁火)는 년간의 계수(癸水)에 정계충(丁癸沖)을 받아 일간을 생(生)하기 어렵다. 그러므로 기명종살(棄命從殺)하였다. 과거급제하여 벼슬이 관찰사에 이르렀다.

時	日	月	年	건 명
편인		편관	편재	六 神
丁	己	乙	癸	天 干
卯	未	卯	亥	地 支
편관	비견	편관	정재	六 神

【예시2】

월주가 경신(庚申)이고 년지에 신금(申金)이 있다. 그러면 진유합금(辰酉合金) 이 된다. 팔자 전체가 금(金)으로 이루어진 사주이다.

그런데 겁재(劫財)가 있어 종(從)하지 못하게 만든다. 그러므로 가종(假從)이 되었다. 초년 신유(辛酉)운에 집안이 부유(富裕)했다.

만약 내격(內格)이라면 금(金)이 편고(偏枯)하여 기신(忌神)이 되므로 대흉한 것인데 부유하다는 말은 금(金)이 희신(喜神)이라는 증거이다. 그래서 가종 (假從)으로 보는 것이다. 진종(眞從)이 되려면 겁재(劫財)를 제거해야 한다. 따 라서 북방운(北方運)에 이르러 매우 부귀해졌다고 한다. 따라서 임술(壬戌)과 계해(癸亥)운에 정임합(丁壬合)과 정계충거(丁癸沖去)로 겁재(劫財)를 제거하여 진종(眞從)이 된 것이다.

時	日	月	年	건 명
겁재		편재	식신	六 神
丁	丙	庚	戊	天 干
酉	辰	申	申	地 支
정재	식신	편재	편재	六 神

15. 가화(假化)

화격(化格)에서 가화(假化)를 말하다.

> 假化之人亦多貴孤兒異姓能出類.
> 가화지인역다귀고아리성능출유.

가화(假化)의 사람이라도 역시 귀(貴)한 사람이 많고 고아(孤兒)로 입양(入養)되어도 뛰어난 사람이 있다.

> 【原文】日主孤弱而遇合神眞不能不化但暗扶日主合神又虛弱及無龍以
> 【원문】일주고약이우합신진불능불화단암부일주합신우허약급무용이
> 運之則不眞化至於歲運扶起合神制伏忌神雖爲假化亦可取富貴雖是異性
> 운지칙불진화지어세운부기합신제복기신수위가화역가취부귀수시리성
> 孤兒亦可出類拔萃但其人多執滯偏拗作事迍邅骨肉欠遂.
> 고아역가출유발췌단기인다집체편요작사둔전골육흠수.

일주가 의지할 때가 없이 약한데 참된 신(神)을 만나 의기투합(意氣投合)이 되면 화(化)하지 않을 수가 없다.

그러나 암신(暗神)이 일주(日主)를 돕고 합신(合神)이 역시 허약하고 운지(運地)에서 용(龍)을 얻지 못하면 진화(眞化)가 아니다.

세운(歲運)에서 합신(合神)을 일으켜주고 기신(忌神)을 제압한다면 비록 가화(假化)라 하더라도 역시 부귀(富貴)를 취할 수가 있다.

비록 입양아(入養兒)라 해도 역시 평범한 무리 중에서 뛰어날 수가 있게 되는 것이다.

다만 그러한 사람은 집착(執著)하여 막히고 치우쳐서 완고(頑固)함이 많아서 하는 일에 주저함이 많고 가정이 원만하지 못한 것이 흠이다.

◆ 가화(假化)가 되는 조건.

 (1) 화신(化神)은 왕하지만 일주가 비겁이나 인성의 도움을 받고 있다.

 (2) 합신(合神)이 진실하지 않고 일주에 뿌리가 없다,

 (3) 화신이 쇠약하고 일주가 무기하다.

 (4) 이미 합하여 화신(化神)이 되었는데 한신(閑神)이 와서 그 화(化)한 기운
  을 손상 시킨다.

▶ 가화(假化)의 사람이라도 역시 귀(貴)한 사람이 많고 고아(孤兒)로 입양(入養)되어도 뛰어난 사람이 있다.

가짜로 화(化)한 사람이라도 행운에서 그 가짜를 제거(除去)해주는 운에는 발복할 수가 있다는 말이 됩니다. 이것은 일종의 "제거기병(除去其病)"을 말하는 것인데 "제거기병(除去其病)"이라는 것은 팔자 안에서 진화(眞化)를 방해하는 신(神)을 병(病)이라 보고 그 병(病)이 되는 신(神)을 행운에서 제거(除去)시켜주게 되면 진화(眞化)를 이루는 것이 됩니다. 그 진화(眞化)가 되는 시점에서는 발복(發福)이 이루어지는 것이므로 이러한 것은 마치 고아(孤兒)출신이라 어려서 고생을 하더라도 기회를 만나 성(姓)이 다른 집에 입양(入養)이 되면 그 가문의 지원을 밑바탕으로 하여 성공할 수가 있는 것과 같은 이치가 됩니다.

◆ 제거기병(除去其病)이란 무엇인가?

제거기병(除去其病)이란 사주(四柱)의 병(病)을 제거(除去)시킨다는 뜻인데 그 병(病)이란 뜻은 사주(四柱) 중에서 제일(第一)로 귀중(貴重)하게 작용(作用)하는 신(神)을 해(害)치는 자(者), 또는 사주(四柱) 중에 태과(太過)하게 많은 자(者)를 말함인데 이러한 병(病)을 제거시켜 주는 운에 발복(發福)이 되는 것을 말합니다.

▶ 일주가 의지할 때가 없이 약한데 참된 신을 만나 의기투합(意氣投合)이 되면 화(化)하지 않을 수가 없다.

이것은 진화(眞化)가 되는 조건을 설명한 것입니다.
진화(眞化)가 되려면 일단 일주(日主)가 무기(無氣)하여 주변에서 일주(日主)를 생해주는 것이 없어야 합니다. 이것은 인수(印綬)나 비견(比肩)이 없어야 하는 것을 말하는 것입니다. 그러한 후에 합신(合神)을 만나야 하는데 이 합신(合神)이 확실하게 화(化)하여야 변해야 합니다.
이것을 화신(化神)이라고 하며 이 합신이 불화(不化)가 되면 안 되는 것입니다. 불화(不化)라는 것은 화(化)하지 못하여 묶이는 것이므로 기반(羈絆)이 되면 화상(化象)이라고 말할 수가 없는 것입니다.

▶ 암신(暗神)이 일주(日主)를 돕고 합신(合神)이 역시 허약하고 운지(運地)에서 용(龍)을 얻지 못하면 진화(眞化)가 아니다.

진화(眞化)가 되는 것을 방해하는 조건이 있는데 이것은 지장간의 암신(暗神)이 암암리에 일주를 도와주게 되면 일주가 미련을 가지게 되므로 합하려는 마음이 멀어지게 됩니다.
이러한 가운데 합신(合神)마저도 지지에 뿌리가 있어 참되게 화하여 변하지 못하게 되면 이것은 진화(眞化)가 되지 못하고 가화(假化)가 되는 것입니다.
이러한, 즉 가화(假化)가 된 명조가 행운어 서 화신(化神)을 만나거나 혹은 방해하는 신을 제거하거나 혹은 화신(化神)을 생(生)해 주는 신을 만나, 마치 용을 얻는 것과 같이 된다면 진화(眞化)가 될 수가 있는 것입니다.

▶ 세운(歲運)에서 합신(合神)을 일으켜주고 기신(忌神)을 제압한다면 비록 가화(假化)라 하더라도 역시 부귀(富貴)를 취할 수가 있다.

가화(假化)라 하더라도 행운에서 화신(化神)을 강하게 생(生)해주는 신을 만나거나 화신(化神)을 방해하는 기신(忌神)을 제거한다면, 가화(假化)가 진화(眞化)되는 것이므로 이때 발복 할 수가 있게 됩니다.

▶ 비록 입양아(入養兒)라 해도 역시 평범한 무리 중에서 뛰어날 수가 있게 되는 것이다. 다만 그러한 사람은 집착(執著)하여 막히고 치우쳐서 완고(頑固)함이 많아서 하는 일에 주저함이 많고 가정이 원만하지 못한 것이 흠이다.

이러한 가화(假化)는 비유하자면 고아(孤兒)가 되어 어린 시절에 고생하다가도 좋은 인연을 만나서 입양(入養)하게 되면 그 가문의 지원으로 교육을 받아 훌륭한 사람이 되어 입신출세(立身出世)할 수가 있는 것처럼 가화(假化)라도 좋은 조건을 만나 진화(眞化)가 되면 부귀를 얻을 수가 있는 것입니다.
다만 가화(假化)가 된 명조는 병(病)이 존재하는 것이므로 격이 진실하지 못하다 보니 역시 그 병(病)에 의해 치우쳐지거나 고집이 세고 집착함이 커서 운수가 막히고 정체가 되는 것이 많습니다.
그러다가 그 병(病)을 제거해주는 시점에 진화(眞化)가 되어 발복하게 된다는 것을 말합니다. 결국, 원만히 중화된 성격이 성공을 만드는 것으로 군자가 되는 도리라고 보는 것입니다.

【예시】

천간에 2개의 갑목이 갑기합토(甲己合土)하고 지지는 묘술합화(卯戌合火)을
한다. 그런데 일지에 수(水)와 년지의 묘(卯)가 일간을 생하고 돕는 인수와
비겁이라서 화신(化神)을 방해하는 존재가 되고 있다.

그런데 묘(卯)는 묘술합(卯戌合)이고 자수(子水)도 자사암합(子巳暗合)하니 그
세력이 무력하다.

그러므로 가화(假化)라 할 수 있다. 따라서 남방(南方)운에 가화(假化)를 도와
진화(眞化)가 되어 큰 발전이 있었다.

고로 미(未)운에는 자수(子水)를 극하니 향방(鄕榜)에 합격(合格)하였고 경오(庚
午)와 기사(己巳)운에는 화신(化神)을 생조하여 벼슬길로 나갔는데 금당(琴堂)
에 올랐다.

時	日	月	年	건 명
정재		비견	정재	六神
己	甲	甲	己	天干
巳	子	戌	卯	地支
식신	정인	편재	겁재	六神

16. 순국(順局)

종아상(從兒象)을 말하다.

> 一出門來只見兒吾兒成氣構門閭從兒不管身强弱只要吾兒又得兒
> 일출문래지견아오아성기구문여종아불관신강약지요오아우득아

대문(大門)을 나서면 다만 보이는 것은 아이들뿐이고 내 아이가 기세(氣勢)를
이루어 마을의 어귀를 지키고 있다. 종아(從兒)는 일신(日身)의 신강약(身强弱)
과는 상관(相關)이 없고 다만 내 아이가 또 아이를 얻고 있어야 한다.

> 【原文】此與成象從象傷官不同只取我生者爲兒如木遇火成氣象如戊己
> 【원문】차여성상종상상관불동지취아생자위아여목우화성기상여무기
> 日遇申酉戌成西方氣或巳酉丑全會金局不論日主强弱而又看金能生水氣
> 일우신유술성서방기혹사유축전회금국불론일주강약이우간금능생수기
> 轉成生育之意此爲流通必然富貴.
> 전성생육지의차위류통필연부귀.

이것은 성상(成象), 종상(從象), 상관(傷官)과 같지 않은데 다만 내가 생(生)하
는 것을 자식으로 삼아 취하는 것이다.
예를 들어 목(木)이 화(火)를 만나서 기상(氣象)을 이루고 있는 것과 같다.
또 무기(戊己)일에 신유술(申酉戌)을 만나 서방(西方)의 기(氣)로 되어 있거나
혹은 사유축(巳酉丑)으로 전부 합하여 금국(金局)으로 이루어져 있다면 일주
(日主)의 강약을 논하지 않고도 금(金)이 능히 수(水)를 생(生)하는 것으로 보
고 생육(生育)의 뜻으로 바뀐 것인데 이것은 유통(流通)되는 것이니 반드시
부귀하게 된다.

▶ 대문(大門)을 나서면 다만 보이는 것은 아이들뿐이고 내 아이가 기세(氣勢)를 이루어 마을의 어귀를 지키고 있다. 종아(從兒)는 일신(日身)의 신강약(身强弱)과는 상관(相關)이 없고 다만 내 아이가 또 아이를 얻고 있어야 한다.

다만 "아이만 보인다"고 하는 것은 식상(食傷)이 많다는 것이며 '마을의 어귀를 지키고 있다'고 하는 것은 월령(月令) 주변이 식상(食傷)인 것을 말합니다. 월(月)이란 것은 문호(門戶)인데 종아(從兒)는 반드시 식상(食傷)이 제강(提綱)으로 되어야 합니다.

예를 들어 자신은 평범하고 보잘것없어 아무런 출세도 하지 못했지만 아들이 있어 손자들이 번창하면 가문의 명성을 떨치게 되는 것이고 또 행운이 재성으로 되어 있으면 아들이 또 손자를 낳는 이치이니 가히 자식들의 복을 누리게 되는 것과 마찬가지입니다.

일신(日身)의 신강약과는 상관이 없다고 하는 것은 사주에 비록 비겁이 있다고 하더라도 그것이 오히려 식상(食傷)을 생(生)하여 주고 있는 것을 말하므로 순국(順局)인 종아(從兒)는 종재(從財)나 종관(從官)과는 특성이 다른 것이 됩니다. 즉 일주가 극신약하여 자기의 명을 버리고 종(從)하는 기명종재(棄命從財)나 기명종살(棄命從殺)과는 달라서 종아(從兒)는 단순히 순국(順局)하는 명조를 말하는 것이 됩니다.

그래서 자평진전에서도 기명종재(棄命從財)와 기명종살(棄命從殺)은 거론하고 있어도 기명종아(棄命從兒)는 설명이 없는 것입니다.

즉 종아(從兒)는 종격(從格)도 아니고 정격(正格)도 아닌 것입니다.

또 '내 아이가 또 아이를 얻고 있어야 한다.'라고 하는 것은 사주에 반드시 식신이 생하는 재성이 있어서 생육(生育)의 뜻이 있어야 한다는 것을 말합니다. 즉 식신(食神)이 재성(財星)을 생(生)하면 또 다른 자식이 되는 것입니다.

▶ 이것은 성상(成象), 종상(從象), 상관(傷官)과 같지 않은데 다만 내가 생하는 것을 자식으로 삼아 취하는 것이다.

일주가 극신약(極身弱)하여 자기의 명(命)을 버리고 종(從)하는 기명종재(棄命從財)나 기명종살(棄命從殺)과는 달라서 종아(從兒)는 자기의 명을 버리는 것이 아니라 생(生)하는 식상을 따르는 것이므로 단순히 순국(順局)하는 명조를 말하는 것이 됩니다.
그래서 종아(從兒)는 종격(從格)이라 말하면 안 됩니다.

연해자평, 삼명통회, 자평진전에서는 종아(從兒)라는 격국(格局)이 정격(正格)과 종격(從格)에서 존재하지 않습니다.
이 종아(從兒)는 단순히 순국(順局)명조인 것입니다. 즉 천전일기 혹은 지전삼물처럼 그 대세를 따르는 명조를 말하는데 순(順)이라고 하는 것은 내가 생(生)하는 것을 따르는 것이니 순국(順局)이라 말합니다.

그래서 자평진전에서도 외격(外格)을 설명하면서도 기명종재(棄命從財)와 기명종살(棄命從殺)은 거론하고 있어도 기명종아(棄命從兒)는 언급 자체가 없는 것입니다. 이것은 자기의 명(命)을 버리는 것이 아니라 자기가 생(生)하는 자식을 따르는 것이 되므로 일반적인 종상(從像)하고는 다른 점이 있는 것입니다.

또한 양기성상(兩氣成象) 하고도 다른데 양기성상(兩氣成象)은 모든 오행에서 상생(相生)이 되는 두 오행이 존재하면 성립이 되는 것이지만 종아(從兒)는 오직 일간 기준으로 볼 때 상관(傷官)의 국이 이루어져야만 성립이 되는 점이 다르다고 말할 수 있습니다.
그렇다고 정격(正格)도 아닙니다.

▶ 예를 들어 목(木)이 화(火)를 만나서 기상(氣象)을 이루고 있는 것과 같다.

목(木)이 화(火)를 만나서 기상(氣象)을 이루는 것으로는 양기성상(兩氣成象)도 있으며 종아(從兒)도 있을 수가 있습니다. 다만 양기성상(兩氣成象)은 화목(火木) 혹은 목화(木火)의 두 오행이 주종(主從)이 서로 반대가 될 수가 있지만, 종아(從兒)는 오직 상관(傷官)의 기상을 이룬다는 것이 차이점이 됩니다.
즉 양기성상(兩氣成象)은 월령이 목(木)이 되고 일간이 화(火)가 된다면 인수격(印綬格)으로 목화(木火) 양기성상(兩氣成象)으로 이루어지게 되지만 종아(從兒)는 목(木)이 일간이 되고 화(火)가 월령이 되어 상관(傷官)의 국으로 구성이 되어 있어야 한다는 것입니다.

▶ 예를 들어 무기(戊己)일에 신유술(申酉戌)을 만나 서방(西方)의 기(氣)로 되어 있거나 혹은 사유축(巳酉丑)으로 전부 합하여 금국(金局)으로 이루어져 있다면 일주(日主)의 강약을 논하지 않고도 금(金)이 능히 수(水)를 생(生)하는 것으로 보고, 생육(生育)의 뜻으로 바뀐 것인데 이것은 유통(流通)되는 것이니 반드시 부귀하게 된다.

무기(戊己)일주가 신유술(申酉戌)을 만나게 되면 방국(方局)을 이루는데 상관(傷官)이 강해지게 됩니다.
또 사유축(巳酉丑)삼합국을 이루게 되더라도 금국(金局)을 이루어 상관이 강해지는 것이므로 순국(順局)하여 자식을 따르는 것이 올바른 도리가 되는 것입니다.
여기에서 금(金)이 왕(旺)하면 수(水)를 생(生)하는 것으로 본다.라고 하였는데 수(水)재성이 있어도 좋고 없어도 허자(虛字)로, 암생(暗生) 한다는 말로 이해해도 좋습니다.

【예시】

이 명조는 병화(丙火)가 축월(丑月)에 태어났는데 사주가 토(土)가 가득하니 화토(火土)의 종아상(從兒象)을 형성하였다. 종아(從兒)는 일간의 신강약(身强弱)을 따지지 않으며 그렇다고 종상(從象)도 아니다.

오직 상관(傷官)의 세력을 쫓아가는 순국(順局)명조이므로 식상(食傷)과 재성(財星)이 희신(喜神)이 된다.

인수(印綬)는 식상(食傷)을 훼방하니 기신(忌神)이다. 종아(從兒)는 신강약(身强弱)을 따지지 않으므로 비겁(比劫)은 무관(無關)하다.

중년(中年)운이 계유(癸酉)와 임신(壬申)으로 흘러가니 재성(財星)의 향지(鄕地)이다. 따라서 벼슬길이 순조로웠다.

時	日	月	年	건 명
식신		겁재	상관	六神
戊	丙	丁	己	天干
戌	戌	丑	未	地支
식신	식신	상관	상관	六神

17. 반국(反局)

1) 군뢰신생(君賴臣生)

君賴臣生理最微.
군 뢰 신 생 리 최 미.

군주가 신하에 의지하여 살아나는 이치는 가장 미묘(微妙)하다.

【原文】木君也土臣也水泛木浮土止水則生木木旺火熾金伐木則生火火
【원문】목 군 야 토 신 야 수 범 목 부 토 지 수 칙 생 목 목 왕 화 치 금 벌 목 칙 생 화 화
旺土焦水克火則生土土重金埋木克土則生金金旺水濁火克金則生水皆君
왕 토 초 수 극 화 칙 생 토 토 중 금 매 목 극 토 칙 생 금 금 왕 수 탁 화 극 금 칙 생 수 개 군
賴臣生也其理最妙.
뢰 신 생 야 기 리 최 묘.

목(木)이 군주이고 토(土)는 신하(臣下)이다. 그런데 수범목부(水泛木浮)가 될 적에 토(土)가 수(水)를 억제하면 목(木)이 곧 살아난다.
또한 목(木)이 왕(旺)하고 화(火)가 치열(熾熱)한 목왕화치(木旺火熾)가 되면 금(金)이 목(木)을 벌목하게 되면 곧 화(火)가 살아난다.
화왕토초(火旺土焦)가 될 적에는 수(水)가 호-(火)를 극(剋)해주면 곧 토(土)가 살아난다.
토중금매(土重金埋) 할 적에는 목(木)이 토(土)를 극(剋)해주면 금(金)이 살아나고 금왕수탁(金旺水濁)할 적에는 화(火)가 금(金)을 극(剋)해주면 수(水)가 살아난다.
이런 종류들은 모두가 군뢰신생(君賴臣生)이라고 하는 것인데 그 이치는 아주 미묘한 것이다.

▶ 목(木)이 군주이고 토(土)는 신하(臣下)이다. 그런데 수범목부(水泛木浮)가 될 적에 토(土)가 수(水)를 억제하면 목(木)이 곧 살아난다.

군뢰신생(君賴臣生)이란 임금이 신하에 의지하여 살아난다고 하는 것을 말하는데 인성(印星)이 너무 왕(旺)하면 불길하므로 재성(財星)이 구제해주는 것을 말하는 것입니다. 즉 인성(印星)이 너무 과(過)하게 되면 이로 인해 **"모자멸자(母慈滅子)"**처럼 부작용이 생겨나는 것을 말합니다. 그런데 재성이 있어서 인수를 극(剋)해주면 이것이 신하에 의해 군주가 살아가는 명조가 되는 것입니다. 그래서 비유하자면 수범목부(水泛木浮)라고 하는 것은 물이 범람하면 나무가 물에 뜨게 되는데 이때 토(土)가 물을 억제하면 목(木)이 살아나게 되는 것을 뜻합니다.
그래서 목(木)은 토(土)를 극(剋)하므로 토(土)를 지배할 수가 있으니 목(木)은 임금이 되고 토(土)는 신하가 되게 됩니다.
만약에 수(水)가 범람(汎濫)하므로 목(木)을 부목(浮木)으로 만들게 되면 임금이 뿌리를 못 내리고 떠돌게 되는데 이때 토(土)가 수(水)를 극(剋)하여 수(水)의 방자함을 제거하게 되면 임금은 토(土)라는 신하에 의지하여 살 수 있게 되는 것입니다.

▶ '**목왕화치(木旺火熾)**'가 되면 금(金)이 목(木)을 벌목(伐木)하게 되면 곧 화(火)가 살아난다.

목왕화치(木旺火熾)라고 하는 것은 목(木)이 왕성하면 불길이 치열하게 타오르는 것을 말합니다. 이때 목(木)은 인수(印綬)이고 화(火)는 일간이 됩니다. 그러므로 화(火)는 군주가 되고 목(木)은 태과한 인수가 되어 지나친 생으로 오히려 화를 극(剋)하게 됩니다.

그런데 만약 금(金)이라는 재성이 있게 도면 금(金)은 태과한 목(木)을 쳐서 제거하니 화는 재성에 의지해서 국정이 안정되는 것이니 곧 군뢰신생이 되는 것입니다.

▶ **'화왕토초(火旺土焦)'**가 될 적에는 수(水)가 화(火)를 극(剋)해주면 곧 토(土)가 살아난다.

화왕토초(火旺土焦)라고 하는 것은 화(火)가 왕성(旺盛)하면 토(土)가 말라 갈라 터지는 것을 말합니다.

이때 화(火)는 인수(印綬)이고 토(土)는 일주가 됩니다.

고로 태과(太過)한 인수(印綬)가 맹렬하게 타오르면 일간인 토(土)는 메마르게 됩니다. 이런 상황에 만약 수(水)가 화(火)를 진정시키게 되면 마른 토(土)가 생기를 얻어 살아나게 되는 것을 뜻합니다.

그래서 임금인 토(土)는 인성(印星)인 화(火)의 생을 받는 것이지만 너무 과(過)하게 되면 화왕토초(火旺土焦)가 되는 것이므로 재성(財星)인 수(水)에 의지하여 살아나게 됨을 말하는 것이 됩니다.

▶ **'토중금매(土重金埋)'** 할 적에는 목(木)이 토(土)를 극(剋)해주면 금(金)이 살아난다.

토중금매(土重金埋)라고 하는 것은 토(土)가 많으면 금(金)이 묻히게 되는데 이때 만약 목(木)이 있어 토(土)를 극(剋)하게 되면 금(金)이 살아나게 되는 것을 뜻합니다.

그래서 임금인 금(金)은 인성인 토(土)의 생을 받는 것이지만, 너무 과(過)하게 되면 토중금매(土重金埋)가 되는 것이므로 재성인 목(木)에 의지하여 살아나게 됨을 말하는 것이 됩니다.

▶ '금왕수탁'(金旺水濁)할 적에는 화(火)가 금(金)을 극(剋)해주면 수(水)가 살아난다.

금왕수탁(金旺水濁)이라고 하는 것은 금(金)이 많으면 수(水)가 탁(濁)하게 됩니다. 그런데 만약 화(火)가 있어서 금(金)을 극(剋)하여 주면 수(水)가 되살아나게 되는 것을 뜻합니다.
그래서 임금인 수(水)는 인성인 금(金)의 생을 받는 것이지만 너무 과(過)하게 되면 금왕수탁(金旺水濁)하게 되는 것이지만 만약, 재성인 화(火)에 의지하여 살아나면 이것을 군뢰신생(君賴臣生)이라 말합니다.

▶ 모두가 군뢰신생(君賴臣生)이라고 하는 것인데 그 이치는 아주 미묘한 것이다.

이 모든 것은 다 임금이 신하(臣下)에 의지하여 살아난다는 것인데 태과한 인성(印星)을 재성(財星)으로 극(剋) 해버리고 군주(君主)가 살아나는 것을 말합니다. 이것은 태과한 세력에 반하는 것으로 마치 윗사람을 거역한다는 뜻이므로 반국(反局)이라고 말합니다.

◆ 모자멸자(母慈滅子)와 군뢰신생(君賴臣生)

모자멸자는 어머니의 자애로움이 지나쳐서 자식을 멸한다는 뜻으로 인수(印綬)가 태왕(太旺)한 명조를 말합니다.
그런데 군뢰신생은 인수태왕(印綬太旺)인데도 모자멸자와 군뢰신생(君賴臣生)과는 차이가 있습니다. 모자멸자는 재성(財星)이 무기(無氣)하여 인수를 극(剋)할 수 있는 용재파인(用財破印)이 될 수 없으니 다만 그 기세에 순응하여야 한다는 뜻으로 보면 됩니다. 그러나 군뢰신생(君賴臣生)은 재성을 사용하여 인수태왕을 견제할 수가 있다는 것이 다른 것입니다.

【예시】

갑목(甲木)이 자월(子月)에 태어났다. 비록 일주가 건록(建祿)에 앉아 있으니 부목(浮木)의 위험은 없다고 하겠으나 수(水)의 기세가 너무 왕(旺)하다.

이른바, 모왕(母旺)한 것인데 일간은 재성(財星)에 의지하여 모왕(母旺)을 제압할 수가 있다.

그래서 비견(比肩)과 재성(財星)은 희신(喜神)이 된다. 따라서 군뢰신생(君賴臣生)의 팔자가 되었다. 초년운이 동방(東方)운이니 비견(比肩)을 대희(大喜)하는 까닭에 일찍이 과거급제하고 중년운에는 남방(南方)운으로 진행하므로 재성을 생(生)하니 녹위(祿位)가 높고 한원(翰苑)에 이름이 높았다.

時	日	月	年	건 명
편재		편인	편인	六神
戊	甲	壬	壬	天干
辰	寅	子	辰	地支
편재	비견	정인	편재	六神

2) 아능구모(兒能救母)

자식이 능히 어머니를 구할 수 있다고 하는 것은 천기를 누설하는 것이다.

목(木)을 어머니로 삼으면 화(火)는 자녀가 되는데 금(金)이 목(木)을 상(傷)하게 할 적에 자녀가 되는 화(火)가 금(金)을 극(剋)하여 주면 목(木)이 되살아난다. 이것을 아이가 능히 어머니를 구한다는 뜻인데 곧 아능생모(兒能生母)라 한다.

수(水)가 화(火)를 극(剋)해 불리해지면 토(土)가 수(水)를 극하여 주면 화(火)가 살아난다. 토(土)가 목(木)을 만나 상(傷)하는데 만약 금(金)이 있어 목(木)을 극(剋)하여 주면 토(土)가 살아난다. 금(金)이 화(火)로부터 극을 받는데 만약 수(水)가 있어 화(火)를 극하여 주면 금(金)이 살아난다. 수(水)가 토(土)로 인해 길이 막혀있다고 하면 만약, 목(木)이 있어 토(土)를 극하여 주면 수(水)가 살아나게 된다. 이 모든 것은 아이가 능히 어머니를 살아나게 하는 것인데 이것이야말로 능히 천기를 헤아리는 것이리라.

![구문풀이]

▶ 목(木)을 어머니로 삼으면 화(火)는 자녀가 된다.

아능생모(兒能生母)란 나의 아이(兒) 즉 상관(傷官), 식신(食神)을 인용(引用)하여 나의 적이 되는 관살(官殺)을 격퇴시키는 것을 말합니다. 여자에게는 상관, 식신은 나의 아이(兒)요, 상관 식신의 입장에서는 일주가 모(母)가 되는 것이므로 이 아이로서 살(殺)을 제거하여 일주를 살려준다고 하여 **"아능생모(兒能生母)"**라 하는 것입니다.

이것은 모자(母子)가 서로 의지하는 정(情)을 이루게 하는 것이므로 아능생모(兒能生母)의 이치가 되는 것입니다. 즉 어머니를 극(剋)하는 아버지에 맞서서 일간인 아들을 내세워 아버지에 대항하는 것이니 천기를 무시하는 것이므로 반국(反局)이 되는 것입니다.

▶ 금(金)이 목(木)을 상(傷)하게 할 적에 자녀가 되는 화(火)가 금(金)을 극하여 주면 목(木)이 되살아난다. 이것을 아이가 능히 어머니를 구한다는 뜻인데 곧 아능생모(兒能生母)라 한다.

"목피금상(木被金傷)"이라고 하는 것은 목(木)이 금(金)으로부터 손상을 받는 것을 말하는데 만약 화(火)가 있어 금(金)을 극(剋)하여 주게 되면 금(金)이 목(木)을 극(剋)하지 못하므로 목(木)이 살아나게 되는 것을 말합니다.

이것은 목(木)은 인수 어머니에 해당하고 금(金)은 재성 아버지에 해당하여 재성이 인수를 극(剋)하는 사례가 되는 것입니다.

즉 재극인(財剋印)의 위험에 놓인 모성을 살리기 위해서는 자녀가 되는 일간이나 비겁(比劫)인 화(火)가 화극금(火剋金)으로 금(金)을 극(剋)하여 주면 목(木)인 모친이 살아남을 말하는 것입니다.

▶ 수(水)가 화(火)를 극(剋)해 불리해지면 토(土)가 수(水)를 극(剋)하여 주면 화(火)가 살아난다.

"화조수극(火遭水克)"이라고 하는 것은 화(火)가 수(水)를 우연히 만나 수(水)로부터 극(剋)을 받게 되는 것을 말하는데 만약 토(土)가 있어 토가 수(水)를 극(剋)하여 주게 되면 수(水)가 화(火)를 극(剋)하지 못하므로 화(火)가 살아나는 것을 말하는 것입니다.

이것은 화(火)는 인수 어머니에 해당하고 수(水)는 재성 아버지에 해당하여 재성(財星)이 인수(印綬)를 극(剋)하는 사례가 되는 것입니다.

즉 재극인(財剋印)의 위험에 놓인 모성을 살리기 위해서는 자녀가 되는 일간이나 비겁인 토(土)가 토극수(土剋水)하여 수(水)를 극(剋)하여 주면 화(火)인 모친이 살아남을 말하는 것입니다.

▶ 토(土)가 목(木)을 만나 상(傷)하는데 만약 금(金)이 있어 목(木)을 극하여 주면 토(土)가 살아난다.

"토우목상(土遇木傷)"이라고 하는 것은 토(土)가 목(木)을 만나 목(木)으로부터 손상을 당하는 것을 말하는 것인데 만약에 금(金)이 있어 목(木)을 극하여 주게 되면 토(土)가 살아나는 것을 말하는 것입니다.

이것은 토(土)는 인수 어머니에 해당하고 목(木)은 재성 아버지에 해당하여 재성(財星)이 인수(印綬)를 극(剋)하는 사례가 되는 것입니다.

즉 재극인(財剋印)의 위험에 놓인 토(土)모성을 살리기 위해서는 자녀가 되는 일간이나, 비겁 금(金)이 금극목(金剋木)으로 목(木)을 극(剋)하여 주면 토(土)인 모친이 살아남을 말하는 것입니다.

▶ 금(金)이 화(火)로부터 극을 받는데 만약 수(水)가 있어 화(火)를 극(剋)하여 주면 금(金)이 살아난다.

"금봉화련(金逢火煉)"이라고 하는 것은 금(金)이 화(火)를 만나 화(火)로부터 금(金)이 극을 받는 것을 말하는 것인데 만약에 수(水)가 있어 화(火)를 극하여 주게 되면 금(金)이 살아나게 되는 것을 말합니다.

▶ 수(水)가 토(土)로 인해 길이 막혀있다고 하면 만약, 목(木)이 있어 토(土)를 극(剋)하여 주면 수(水)가 살아나게 된다.

"수인토새(水因土塞)"라고 하는 것은 수(水)가 토(土)로 인하여 막혀있는데 만약에 목(木)이 있어 토(土)를 극(剋)하여 즈면 수(水)가 살아나게 되는 것을 말하는 것입니다.

▶ 이 모든 것은 아이가 능히 어머니를 살아나게 하는 것인데 이것이야말로 능히 천기를 헤아리는 것이리라.

"아능생모(兒能生母)"란 모자(母子)가 서로 의지하는 정(情)을 이루어 어머니를 살리는 이치를 논하는 것이므로 하늘의 바른 이치가 되므로 천기를 누설하는 것과 같다고 말하는 것입니다.

【예시】

갑(甲)일간이 인월(寅月)에 태어났다.

그런데 두 신금(申金)이 인목(寅木)을 충하고 시간에는 경금(庚金)이 투간하였다. 고로 칠살(七殺)태강(太强)하여 일간을 극하는게 심하다.

그러므로 병화(丙火) 식신(食神)에 의지하여 살아났는데 곧 자식이 능히 어머니를 구제하는 것이다. 이것이 아능생모(兒能生母)이다.

따라서 남방운(南方運)을 지나가는 사화(巳火)운에 이르러 병화(丙火) 건록지를 만난 것이니 곧 향방에 합격하였고 경오(庚午)운에 급제(及第)하여 신미(辛未)운에는 벼슬이 현령이 되었다.

다만, 경신금(庚辛金)이 개두(蓋頭)가 된 점이 아쉽다. 그러하니 벼슬길에 승진(昇進)이 불가능하였다.

時	日	月	年	건 명
편관		식신	비견	六 神
庚	**甲**	**丙**	**甲**	天 干
午	**申**	**寅**	**申**	地 支
상관	편관	비견	편관	六 神

3) 모자멸자(母慈滅子)

> 母慈滅子關頭異.
> 모 자 멸 자 관 두 이.

어머니가 인자(仁慈)하여 자식을 멸하는 것에는 상황마다 다르다.

【原文】木母也火子也太旺謂之慈母反使火熾而焚滅是謂滅子火土金水
【원문】목 모 야 화 자 야 태 왕 위 지 자 모 반 사 화 치 이 분 멸 시 위 멸 자 화 토 금 수
亦如之.
역 여 지.

목(木)이 어머니이면 화(火)는 자식이 된다. 너무 왕(旺)하면 인자(仁慈)한 어
머니라고 하는데 도리어 화(火)가 치열(熾烈)하여 분멸(焚滅)시켜 버리는데 이
것이 자식을 멸한다고 하는 것이다.
화(火)토(土)금(金)수(水)도 역시 이처럼 논하면 된다.

구문풀이

▶ 어머니가 인자(仁慈)하여 자식을 멸하는 것에는 상황마다 다르다.

어머니가 인자하여 자식이 멸하게 되는 이치를 "모자멸자(母慈滅子)"라고 말
하는데 이것은 어머니가 자식을 너무 사랑한 나머지 자식이 예의범절이 없
이 방자하게 키우는 결과물이 되는 것과 마찬가지입니다. 따라서 모왕(母旺)
으로 인해 자식이 멸하는 방법은 상황마다 다르게 나타납니다.
즉 일간이 신금(辛金)인데 토왕(土旺)이면 개금(埋金)으로 멸자(滅子)가 되고,
일간이 갑목(甲木)이고 수왕(水旺)이면 부목(浮木)으로 멸자가 됩니다. 이것은

멸자(滅子)의 상황이 다르다고 설명한 것입니다.

모자멸자(母慈滅子)는 군뢰신생(君賴臣生)과 비슷한데 자세히 살펴보면 모두가 다 인성이 왕(旺)하다는 것입니다.

그러나 군뢰신생(君賴臣生)은 인수가 왕(旺)하다고 하더라도 능히 재성으로 억제가 가능한 것이므로 재성에 의지하여 살아나는 것인데 반하여 모자멸자(母慈滅子)는 인수가 너무 왕(旺)한 나머지 재성으로 억제할 수가 없는 것이 다른 점이 됩니다.

즉 모자멸자는 인수태왕으로 억제가 안 되므로 어쩔 수 없이 어머니에 순종하여 비겁(比劫)에 의해 살아나는 것이 틀린다고 할 수 있습니다. 한마디로 모자멸자(母慈滅子)라도 재성에 의해 살아난다면 이것은 모자멸자(母慈滅子)가 아니라, 군뢰신생(君賴臣生)에 해당하는 것이라는 의미가 됩니다. 인수(印綬)가 너무 태왕한 상황이 된다면 왕(旺)한 대세를 거스르지 말고 따라줘야 합니다.

그러나 모자멸자(母慈滅子)에서는 재성(財星)이 오히려 왕(旺)한 인수를 건드려서 거역하게 만들어 흉해지는 것이 되는 것이므로 군뢰신생에 해당하지 못하는 것이 됩니다. 군뢰신생(君賴臣生)이 되지 못하고 모자멸자가 되는 것이라면 마땅히 왕한 인수인 어머니의 뜻에 따라 순종하고 어머니는 자식을 도와줄 수밖에 없는 것입니다.

만약, 행운이 비겁으로 간다고 하면 대체로 어머니가 인자하고 자식도 편안한데 한번 재성이나 식상의 운을 만나게 된다면 어머니의 뜻을 거역하는 것으로 생육의 정이 없게 되니 반드시 재난을 면하기 어려운 것이 되는 것입니다.

▶ 목(木)이 어머니이면 화(火)는 자식이 된다. 너무 왕(旺)하다면 인자(仁慈)한 어머니라고 하는데 도리어 화(火)가 치열(熾烈)하여 분멸(焚滅)시켜 버리는데 이것이 자식을 멸한다고 하는 것이다.

일간이 화(火)가 되고 월령이 목(木)이 되면 인수격이지만, 인수가 너무 태왕하여 억제할 수가 없다면 일간은 인수의 생을 지나치게 받게 되어 스스로 타버리게 됩니다. 이것은 왕(旺)한 어머니의 뜻에 따라갈 수밖에는 없는 것인데 그러나 그러한 도움이 자신을 스스로 불태워 버려 분멸시키는 경지까지 가는 것이니 이것을 보고 자식을 멸망시킨다고 말하는 것입니다.

【예시】

신금(辛金)이 봄철에 생(生)하여 사주(四柱)에 모두 토왕(土旺)하므로 토중금매(土重金埋)로 구성이 된 모자멸자(母慈滅子)이다. 모자멸자(母慈滅子)가 상황마다 다르다는 것은 이런 종류를 말한다.

초년(初年) 무오(戊午)와 기미(己未)운은 화토운(火土運)이니 모왕(母旺)을 도와 형상파모(刑喪破耗)로 모두 탕진하여 남은 것이 없었다.

경신운(庚申運)으로 바뀌어 일주(日主)를 도와 일으켜 모성에 순종(順從)하니 순모지리(順母之理)가 되어 크게 이득을 추했다.

또한 신유운(辛酉運)에도 비겁(比劫)이 모왕(母旺)을 설기하는바 재물(財物)을 바치고 벼슬에 나갔는데 이것은 모자멸자(母慈滅子)는 비겁(比劫)을 대희(大喜)한다는 이야기에 합당한 이치다.

그러나 임술운(壬戌運)에는 토(土)가 또 득지(得地)하고 인수(印綬)태왕(太旺)은 임수(壬水) 상관을 파료상관(破了傷官)하니 잘못을 저지르고 낙직(落職)하였다.

時	日	月	年	건 명
정인		정관	정인	六神
戊	辛	丙	戊	天干
戌	丑	辰	戌	地支
정인	편인	정인	정인	六神

4) 부건파처(夫健怕妻)

夫健何爲又怕妻.
부 건 하 위 우 파 처 .

남편이 강건한데 어찌하여 아내를 두려워하는가.

【原文】木是夫也土是妻也木雖旺土能生金而克木是謂夫健而怕妻火土
【원문】목 시 부 야 토 시 처 야 목 수 왕 토 능 생 금 이 극 목 시 위 부 건 이 파 처 화 토
金水如之其有水逢烈火而生土火逢寒金而生水水生金者潤地之燥火生木
금 수 여 지 기 유 수 봉 렬 화 이 생 토 화 봉 한 금 이 생 수 수 생 금 자 윤 지 지 조 화 생 목
者解天之凍火焚木而水竭土滲水而木枯皆反局學者細須詳其元妙.
자 해 천 지 동 화 분 목 이 수 갈 토 삼 수 이 목 고 개 반 국 학 자 세 수 상 기 원 묘 .

목(木)이 남편이라면 토(土)는 아내가 된다. 목(木)이 비록 왕하다고 해도 토(土)가 능히 금(金)을 생하여 목(木)을 극할 수가 있는데 이것이 남편은 강하다 하더라도 아내를 무서워한다고 말하는 것이다.

화토금수(火土金水)도 이와 같이 논한다. 여기에는 수(水)가 맹열한 화(火)를 만나 토(土)를 생하게 하고 화(火)가 차가운 금(金)을 만나 수(水)를 생(生)하게 하는 것 등이 있다. 수생금(水生金)이라는 것은 건조한 땅을 윤택(潤澤)하게 만드는 것이고 화생목(火生木)이라는 것은 차가운 날씨를 해동(解凍)하는 것이다.

화(火)가 목(木)을 불태워 수(水)를 마르게 하고 토(土)가 수(水)를 흡수하여 목(木)을 메마르게 하는 것 등은 모두 반국(反局)에 속하니 학자들은 반드시 그 현묘함을 상세히 살펴봐야 한다.

▶ 목(木)이 남편이라면 토(土)는 아내가 된다. 목(木)이 비록 왕(旺)하다고 해도 토(土)가 능히 금(金)을 생(生)하여 목(木)을 극(剋)할 수가 있는데 이것이 남편은 강하다 하더라도 아내를 무서워한다고 말하는 것이다. 화토금수(火土金水)도 이와 같이 논한다.

"부건파처(夫健怕妻)"라는 말은 일주(日主)가 남편이라면 재성이 처(妻)가 되는 것인데 일주가 건왕(建旺)하더라도 저성(財星)을 두려워하게 되는 상(象)을 의미합니다. 보통 일주가 강건(强健)하면 재성(財星)을 두려워하지 않는 것이 올바른 것인데 재성(財星)이 관살(官殺)을 생조하게 된다면 이것은 재성(財星)과 관살(官殺)이 당(黨)을 이루어 무리를 짓고 일주를 공격하는 것이 되므로 일주인 남편이 두려워하는 대상이 됨을 말하는 것입니다.
파처(怕妻)는 처를 두려워하는 것인데 대표적인 것으로 재다신약(財多身弱)과 부건파처(夫健怕妻)가 있습니다만, 재다신약(財多身弱)은 일간이 신약(身弱)한 것이므로 부건(夫建)에 해당하지 않습니다. 따라서 부건파처(夫健怕妻)와 재다신약(財多身弱)의 파처(怕妻)는 다른 것이 됩니다. 부건파처(夫健怕妻)라는 말은 일주가 강건한 것을 기본 전제로 말하는 것입니다.
예를 들어 목(木)이 남편이라면 토(土)는 아내가 되는 것인데 목이 왕하고 토(土)가 많은데 금(金)이 없으면 두려울 것이 없으나 일단 경신(庚申)이나 신유(辛酉)가 있게 되면 토(土)가 금(金)을 생하여 금(金)이 목(木)을 극하게 되는 두려움이 있는 것입니다. 이것을 두고 "남편은 강하지만 아내를 무서워한다"라고 말하는 것입니다. 여기에는 관살(官殺)이 재성(財星)의 생조를 받아 무리를 지어야 부건파처(夫健怕妻)의 정확한 답을 얻을 수가 있는 것입니다.
병화(丙火)를 일주(日主)로 예를 든다면 병화(丙火)일간이 다스리는 금(金) 재성은 처(妻)가 됩니다. 병화(丙火)는 지아비(夫)가 되는 것이고 금(金)재성은 처(妻)가 되는 것입니다.

병화(丙火)가 사오월(巳午月)에 태어나면 록근득령(祿根得令)하여 강건하므로 부건(夫健)이 되어 년주와 시주 등에 금(金) 재성(財星)이 많아도 처를 두려워(怕妻)할 이유가 없는 것입니다. 그러나 천간에 임계(壬癸)수 관살(官殺)이 투출하면 금(金) 재성은 임계(壬癸)수 관살(官殺)을 생조(生助)하므로 수극화(水克火)하여 병화를 위협할 수가 있으므로 파처(怕妻)가 되어 처를 두려워하게 되는 것입니다. 이것이 바로 부건파처(夫健怕妻)가 되는 것인데 "남편이 강하더라도 처를 두려워한다"로 해석되는 것입니다. 즉 처(妻)의 입장에서 지아비가 힘으로 자신을 겁박하면 처(妻)는 자식인 관살(官殺)을 생하여 지아비에 맞선다는 의미로도 해석할 수 있는 것이므로 반국(反局)에 해당하는 것이 됩니다.

▶ 여기에는 수(水)가 맹렬한 화(火)를 만나 토(土)를 생하게 하고 화(火)가 차가운 금(金)을 만나 수(水)를 생하게 하는 것 등이 있다.

일주가 수(水)가 되면 화(火)는 재성이 되는데 재성인 화(火)가 관살인 토(土)를 생해주면 재성과 관살이 당(黨)을 지어 일간을 공격할 수가 있게 됨을 말하는 것입니다. 또 일주를 화(火)라고 한다면 금(金)은 재성이 되는데 재성인 금(金)이 관살인 수(水)를 생해주게 되면 재성과 관살이 당(黨)을 지어 일간을 공격할 수가 있게 됨을 말하는 것입니다.

▶ 수생금(水生金)이라는 것은 건조한 땅을 윤택하게 만드는 것이고 화생목(火生木)이라는 것은 차가운 날씨를 해동하는 것이다.

수(水)가 금(金)을 생하고, 화(火)가 목(木)을 생하는 것을 말합니다. 즉 수생금(水生金)이란 마른 금(金)이 수(水)의 생을 받아 생기를 띄는 것인데, 마른 땅을 윤택하게 만드는 것을 말하는 것입니다. 목생화(木生火)란 목(木)이 화(火)를 생하고, 나무가 꽃을 피우는 것이지만, 화생목(火生木)이란 얼어있는 나무를 불로 해동한다고 보면 되는 것입니다.

▶ 화(火)가 목(木)을 불태워 수(水)를 마르게 하고 토(土)가 수(水)를 흡수하여 목(木)을 메마르게 하는 것 등은 모두 반국(反局)에 속하니 학자들은 반드시 그 현묘함을 상세히 살펴봐야 한다.

불이 치열하면 나무 속에 있는 물기를 증발시키게 할 수가 있습니다. 또 자갈밭에서는 물이 그대로 투과되어 땅속으로 흡수가 되는 것이므로 그곳에 뿌리 내린 나무를 고사(枯死)시킬 수가 있습니다.

즉 이것은 화(火)가 수(水)를 극하는 것을 말하며 토(土)가 목(木)을 극하는 것을 말하는 것입니다. 이상의 모든 것은 오행이 거꾸로 작용하는 것인데 여기에는 심오한 이치가 있어 모두 반국(反局)이라 하니 명리학을 공부하는 사람은 마땅히 이 심오한 이치를 상세하게 잘 알아야 하고 또한 명리학의 미묘한 이치가 모두 여기에 있다고 하겠습니다.

【예시】

이 사주는 갑인(甲寅)일주인데 사주에 토(土)재성(財星)이 많고 시간에 신금(辛金) 정관(正官)이 투간하여 토(土)가 금(金)을 생하니 금(金)이 목(木)을 극하고 있다. 이른바, 일주는 강건(强健)하지만, 재관(財官)이 강하니 곧 부건파처(夫健怕妻)에 해당한다.

초년운이 목화(木火)로 가니 토금(土金)을 억제하여 일찍 과갑(科甲)에 합격하였다. 갑자(甲子)와 계해(癸亥)운에는 인수(印綬)가 왕하고 일주가 생을 만나니 일주는 재관(財官)을 감당하여 벼슬길에 장애가 없었다.

時	日	月	年	건 명
정관		편재	정재	六神
辛	甲	戊	己	天干
未	寅	辰	亥	地支
정재	비견	편재	편인	六神

18. 전국(戰局)

천지교전(天地交戰)

天戰猶自可地戰急如火.
천전유자가지전급여화.

천간(天干)의 싸움은 오히려 용납(容納)할 만하나 지지(地支)의 싸움은 급하기
가 불과 같다.

【原文】干頭遇甲庚乙辛謂之天戰而得地支順靜者無害地支寅申卯酉謂
【원문】간두우갑경을신위지천전이득지지순정자무해지지인신묘유위
之地戰則天干不能爲力其勢速凶蓋天主動地主靜故也庚申甲寅乙卯辛酉
지지전칙천간불능위력기세속흉개천주동지주정고야경신갑인을묘신유
之類是也皆見謂之天地交戰必凶無疑遇歲運合之會之視其勝負亦有可存
지류시야개견위지천지교전필흉무의우세운합지회지시기승부역유가존
可發者其有一沖兩沖者只得一個合神有力或無神庫神貴神以收其動氣息
가발자기유일충양충자지득일개합신유력혹무신고신귀신이수기동기식
其爭氣亦有佳者至于喜神伏藏死絶者又要沖動引用生發之氣.
기쟁기역유가자지우희신복장사절자우요충동인용생발지기.

천간에 갑경(甲庚)과 을신(乙辛)을 만나면 천간(天干)의 싸움이라고 하는데 지
지(地支)가 거스르지 않고 조용하다면 아무런 해(害)가 없는 것이다. 지지(地支)
가 인신(寅申)과 묘유(卯酉)라면 지지에서 싸운다고 하는데 곧 천간은 힘쓸 능
력이 없다. 그 기세가 신속하여 흉한 것인데 대개 천간은 동적(動的)이고 지지
는 정적(靜的)인 까닭이리라.
경신(庚申)과 갑인(甲寅), 을묘(乙卯)와 신유(辛酉)의 무리가 바로 이런 것인데
모두 갖춘다면 천지교전(天地交戰)이라 하는 것이니 반드시 흉하여 의심할
여지가 없다.

세운(歲運)에서 회합(會合)하는 운을 만나 그 승부(勝負)가 보인다면 역시 남는 것인지 발(發)하는지를 알 수가 있다.

그와 같이 하나의 충(沖)이 있거나 혹은 두 개의 충이 있는 것은 부득이, 한 개의 합신(合神)이 힘이 있고 혹은 무신(無神)이거나 고신(庫神)이나 귀신(貴神)이 힘이 있어서 그 동(動)하는 기운을 거두어 다툼을 쉽게 한다면 역시 좋은 것이다.

희신(喜神)이 암장(暗藏)되어 사절(死絶)이 된 경우에는 충(沖)하여 움직이게 하므로 발생하는 기운을 끌어내 쓰는 것이 또한 필요하다.

[구문풀이]

▶ 천간(天干)의 싸움은 오히려 용납(容納)할 만하나 지지(地支)의 싸움은 급하기가 불과 같다.

천간의 기(氣)가 집중되어 있는데 지지가 안정되어 있으면 그것을 억제하고 화하기가 쉽습니다. 그러므로 천간에서의 싸움은 괜찮다고 하는 것입니다. 지지의 기는 혼잡하니 천간이 순하게 조용히 있다고 해도 억제하기가 어렵습니다. 그러니 지지에서의 싸움은 급하기가 불과 같다고 하는 것입니다.

▶ 천간에 갑경(甲庚)과 을신(乙辛)을 만나면 천간(天干)의 싸움이라고 하는데 지지(地支)가 거스르지 않고 조용하다면 다무런 해(害)가 없는 것이다. 지지(地支)가 인신(寅申)과 묘유(卯酉)라면 지지에서 싸운다고 하는데 곧 천간은 힘쓸 능력이 없다. 그 기세가 신속하여 흉한 것인데 대개 천간은 동적(動的)이고 지지는 정적(靜的)인 까닭이리라.

천간은 동(動)해야 하고 지지는 정(靜)해야 한다고 말하는데 이것은 천간은 움직이는 것이고 지지는 고정이 되어 있어야 뿌리가 상하지 않는다고 말하는 것입니다. 그러므로 천간은 충으로 동(動)한다고 하여도 지지가 이에 응하지 않는다고 한다면 별로 큰 상해가 있을 수 없습니다.

그러나 지지가 동(動)하여 싸운다고 한다면 그것은 뿌리가 손상되는 것이므로 천간이 힘을 쓰지도 못하고 날아가는 것이니 "부목(浮木)"이 되던지 "합거(合去)"가 되던지 반드시 천간에 큰 손실을 안겨주게 됩니다.

그러니 지지가 충(沖)하여 싸우게 되면 곧 천간이 힘쓸 능력이 없다고 하는 것이니 지지의 충으로 인한 뿌리를 잃은 천간의 충격은 신속하게 이루어지므로 매우 흉하다고 하는 것입니다.

▶ 경신(庚申)과 갑인(甲寅), 을묘(乙卯)와 신유(辛酉)의 무리가 바로 이런 것인데 모두 갖춘다면 천지교전(天地交戰)이라 하는 것이니 반드시 흉하여 의심할 여지가 없다.

時	日	月	年
	甲	庚	
	寅	申	

천간의 갑경(甲庚)충과 지지에 인신(寅申)충으로 천지교전(天地交戰)이 된 사례입니다.

▸ 하나의 충(沖)이 있거나 혹은 두 개의 충이 있는 것은 부득이, 한 개의 합신(合神)이 힘이 있고 혹은 무신(無神)이거나 고신(庫神)이나 귀신(貴神)이 힘이 있어서 그 동(動)하는 기운을 거두어 다툼을 쉬게 한다면 역시 좋은 것이다.

時	日	月	年
甲	庚	壬	
寅	申	子	

신자(申子)의 합신(合神)이 인신(寅申)충을 해소되고 있습니다.

時	日	月	年
甲	庚		
寅	申		丑

축토(丑土)는 금(金)의 고장지(庫藏支) 인데 신금(申金)의 기운을 저장하려는 움직임으로 인해 신금(申金)이 인목(寅木)을 크게 충(沖)하지 못하게 됩니다.

▸ 희신(喜神)이 암장(暗藏)되어 사절(死絶)이 된 경우에는 충(沖)하여 움직이게 하므로 발생하는 기운을 끌어내 쓰는 것이 필요하다.

희신이 암장(暗藏)되어 있거나 혹은 용신이 합을 만나서 쓸 수가 없을 때에는 도리어 그것을 충(沖)해서 움직이게 해야 비로소 그것을 사용 할 수가 있게 됩니다. 그래서 합충(合沖)은 경우에 따라 마땅한 것도 있고 마땅치 못한 것도 있습니다.

【예시】

천간은 갑경(甲庚)과 을신(乙辛)이고 지지는 사해(巳亥)와 자오(子午)이니 곧 천지(天地)교전(交戰)이다.

국중에는 화(火)가 왕하고 수(水)는 쇠하다.

인수(印綬)는 관살(官殺)의 생을 기대하지만, 경(庚)과 신(辛)은 사(巳)와 오(午)에 앉아 있으니 해자(亥子)를 도울 수가 없다. 그러므로 인수는 일간을 돕지 못한다. 고로 극설교가(剋洩交加)하니 3처(妻) 4자(子)를 극(剋)하였다.

정축(丁丑)운에 이르러 인수(印綬) 자수(子水)를 합거(合去)하니 이루는 것이 없이 살다가 죽었다.

時	日	月	年	건 명
편관		정관	겁재	六 神
庚	甲	辛	乙	天 干
午	子	巳	亥	地 支
상관	정인	식신	편인	六 神

19. 합국(合局)

합(合)은 마땅하고 부당(不當)한 것이 있다.

合有宜不宜合多不爲奇.
합유 의불 의합다 불위 기.

합(合)에는 마땅한 것이 있고 마땅하지 않은 합(合)이 있는데 합(合)이 많으면 특이하지는 못한 것이다.

【原文】喜神有能合而助之者如以庚爲喜神得乙合而助金凶神有能合而
【원문】희신유능합이조지자여이경위희신득을합이조금흉신유능합이

去之者如以甲爲凶神得己合而去之動局有能合而靜者如子午相沖得丑合
거지자여이갑위흉신득기합이거지동국우능합이정자여자오상충득축합

而靜生局有能合而成者如甲生于亥,得寅合而成,皆是也若助起凶神之合
이정생국유능합이성자여갑생우해,득인합이성,개시야약조기흉신지합

如己爲凶神甲合之則助土羈絆喜神之合如乙是喜神庚合之則羈絆掩蔽動
여기위흉신갑합지칙조토기반희신지합여을시희신경합지칙기반엄폐동

局之合丑未喜神子午合之則閉助其生局之合不喜甲木寅亥合之則助木皆
국지합축미희신자오합지칙폐조기생국지합불희갑목인해합지칙조목개

不宜也大率多合則不流通不奮發雖有秀氣亦不爲奇矣.
불의야대률다합칙불류통불분발수유수기역불위기의.

희신을 능히 합(合)하여 도와줄 수 있는 것이 있는데, 예를 들어 경(庚)이 희신인데 을(乙)을 얻게 되면 합(合)으로 경(庚)을 돕는 것이다. 흉신을 능히 합(合)하여 제거해 버릴 수가 있는 것이 있는데, 예를 들어 갑(甲)이 흉신인데 기(己)를 얻게 되면 합(合)으로 제거해 버리는 것이다. 동(動)하는 국(局)을 능히 합(合)으로 정(靜)하게 하는 것이 있는데, 예를 들어 자오(子午)가 서로 충(沖)하는데 축(丑)을 얻게 되면 합(合)으로 정(靜)하게 된다.

생(生)하는 국(局)을 능히 합(合)으로 이루어지게 하는 것이 있는데 예를 들어 갑(甲)이 해(亥)에서 생(生)하는데 인(寅)을 얻게 되면 합(合)으로 이루어지는 것이다. 이 모든 것은 합당(合當)한 것이다.

만약에 흉신(凶神)이 일어나게 도와주는 합이 있는데, 기(己)가 흉신(凶神)이라 한다면 갑(甲)이 합하려고 하면 곧 토(土)를 돕는 것이고 희신을 기반(羈絆)하려는 합이 된다.

예를 들어 을(乙)이 희신이 맞다면 경(庚)이 합하려고 한다면 곧 기반(羈絆)이다. 동(動)하는 국(局)을 엄폐(掩蔽)하는 합(合)이 있는데 축미(丑未)가 희신이라면 자오(子午)가 합하려고 간다면 곧 닫히는 것이다.

생(生)하는 국을 도와주는 합(合)이 있는데 갑목(甲木)이 희신이 아닌데 인해(寅亥)가 합(合)하려고 오는 것은 곧 목(木)을 도와주는 것이다. 이 모든 것은 합당(合當)하지 않는 것이다.

대체로 합(合)이 많으면 잘 소통이 안 되고 분발(奮發)하지 못하는데 비록 빼어난 기운(氣運)이 있다고 하더라도 역시 특이(特異)하지는 못한 것이다.

구문풀이

▶ 합(合)에는 마땅한 것이 있고, 마땅하지 않은 합(合)이 있는데 합(合)이 많으면 특이하지는 못한 것이다.

대체로 기신(忌神)은 합해서 가버리고 희신(喜神)은 합해서 와야 좋은 것인데 그래서 합(合)에는 마땅한 것이 있고 마땅하지 않은 것이 있다고 하는 것입니다.

예를 들어 "마땅한 합"이라는 것은 흉신(凶神)이 있는데 합거(合去)하여 가버리면 좋은 것이고 한신(閑神)과 기신(忌神)이 있는데 서로 합하여 희신으로 화(化)한다면 좋은 것입니다.

"마땅하지 않은 합"이라는 것은 희신(喜神)과 한신(閑神)이 있는데 합해서 기신(忌神)으로 화(化)하는 것이 있고 기신(忌神)과 한신(閑神)이 있는데 합하여 흉신(凶神)으로 화(化)하는 것이 있는 것을 말하는 것입니다. 길신(吉神)이든 흉신(凶神)이든 오던가 혹은 오지 않던가 하는 것은 즉 화(化)하는가 화(化)하지 못하는가 하는 것에 있으니 상세히 살펴보아야 합니다.

▶ 희신을 능히 합(合)하여 도와줄 수 있는 것이 있는데 예를 들어 경(庚)이 희신인데 을(乙)을 얻게 되면 합(合)으로 경(庚)을 돕는 것이다.

이것은 을경(乙庚)합하여 금(金)으로 변하는 것을 말하는 것인데 경(庚)이 금(金) 희신이라면 을(乙)은 목(木)인데 을(乙)이 찾아와서 을경합(乙庚合)이 된다면, 금(金)으로 변하는 것이 되므로 경금(庚金)을 돕게 되는 것을 말하는 것입니다. 그러므로 이것은 희신이 합이 되어 희신으로 변하게 되는 경우입니다.

▶ 흉신을 능히 합(合)하여 제거해 버릴 수가 있는 것이 있는데 예를 들어 갑(甲)이 흉신인데 기(己)를 얻게 되면 합(合)으로 제거해 버리는 것이다.

이것은 갑기(甲己)합거를 말하는 것인데 갑(甲)이 흉신이라면 기(己)가 찾아와서 갑기(甲己)합하여 기반(羈絆)으로 묶어 놓는 것입니다.
합거(合去)란 말 그대로 합하여 떠나게 만드는 것입니다.

▶ 동(動)하는 국(局)을 능히 합(合)으로 정(靜)하게 하는 것이 있는데 예를 들어 자오(子午)가 서로 충(沖)하는데 축(丑)을 얻게 되면 합(合)으로 정(靜)하게 된다.

지지는 동(動)하면 좋지 않고 정(靜)해야 좋다고 하였는데 그것은 지지는 뿌리가 상하지 말아야 한다는 원칙이 있는 것입니다.

그러므로 지지에 뿌리내린 희신은 마땅히 동(動)하는 팔자에서는 동(動)하지 못하도록 고정해 줘야 하는데, 예를 들어 지지에 자오(子午)충이 있어서 서로 충동(衝動)한다면 자(子)나 오(午)에 뿌리를 둔 임계(壬癸)수나 병정(丙丁)화가 상(傷)할 수가 있는 것입니다.

그런데 만약 축토(丑土)가 찾아와서 자축합(子丑合)이 되면 자오(子午)의 충이 해소될 수 있는 것입니다. 합(合)으로 충(沖)을 풀어버리는 것이니 자축(子丑)합이 자오(子午)충을 해충(解沖)하는 것이 됩니다.

▶ 생(生)하는 국(局)을 능히 합(合)으로 이루어지게 하는 것이 있는데 예를 들어 갑(甲)이 해(亥)에서 생(生)하는데 인(寅)을 얻게 되면 합(合)으로 이루어지는 것이다. 이 모든 것은 합당(合當)한 것이다.

이것은 국(局)을 이루는 것이 길신(吉神)이 되는 것을 전제로 말하는 것인데 예를 들어 갑(甲)이 해(亥)에서 장생하여 길한데 만약 인(寅)이 찾아와서 인해(寅亥)합을 이루게 되면 목국(木局)을 이루게 되는 것을 말합니다. 위의 열거한 내용은 합(合)이 길하게 나타나게 되는 것들인데 "마땅한 합(合)"이 되는 사례들입니다.

▶ 만약에 흉신(凶神)이 일어나게 도와주는 합이 있는데, 예를 들어 기(己)가 흉신(凶神)이라 한다면 갑(甲)이 합하려고 하면 곧 토(土)를 돕는 것이다.

이것은 갑기(甲己)합하여 토(土)로 변하는 것을 말하는 것인데, 예를 들어 기(己)가 토(土) 흉신이라고 한다면 목(木)이 찾아와서 갑기(甲己)합화가 된다면 오히려 토(土)흉신으로 변하는 것이 되므로 오히려 흉신을 돕게 되는 것을 말하는 것입니다.

그러므로 이것은 흉신이 합이 되어 흉신으로 변하게 되는 경우인데 흉신을 일어나게 돕는 것이 되는 것입니다.

▶ 희신을 기반(羈絆)하려는 합이 있는데 예를 들어 을(乙)이 희신이 맞다면 경(庚)이 합하려고 한다면 곧 기반(羈絆)이다.

이것은 기반(羈絆)이 되어 희신(喜神)이 묶여 쓸 수가 없게 되는 것을 놓고 말하는 것입니다. 예를 들어 을(乙)이 희신이 되는데 경(庚)이 와서 을경(乙庚)합으로 묶는다면 곧 기반(羈絆)이 되는 것입니다.
을(乙)은 사용하지 못할뿐더러 을경(乙庚)합이 변하여 금(金)이 되는 것이므로 목(木)을 극하게 되는 것입니다.

▶ 동(動)하는 국(局)을 엄폐(掩蔽)하는 합(合)이 있는데 축미(丑未)가 희신이라면 자오(子午)가 합하려고 간다면 곧 닫히는 것이다.

보통 지지는 정적(靜的)이면 길(吉)하다고 말하는데 사주를 보아 오히려 지지가 동(動)하는 것이 길(吉)하게 되는 것이 있습니다. 이것은 희신이 암장(暗藏)이 되어 숨어 있는 것을 충동(衝動)하여 꺼내 쓰는 경우를 놓고 말하는 것이 됩니다.
예를 들어 "축미(丑未)충이 동(動)하여 길해지는 것"이라는 말은 충동(衝動)하므로 생겨나는 축(丑)중의 신금(辛金)이나 계수(癸水)가 희신이 되는 경우를 말하는 것입니다.
그러나 만약에 축미(丑未)가 충하는 것이 희신(喜神)인데 자수(子水)나 오화(午火)가 찾아와서 합으로 충을 해소시켜 버리게 되면 지지가 조용해지는 것이 되는데 이것은 합으로 충이 풀리게 되는 것으로 오히려 충동이 해소되어 닫히는 것이 됩니다.
닫힌다는 것은 꺼내 쓸 수가 없게 되는 것이므로 창고가 닫히면, 마음대로 활용하지 못하는 것과 마찬가지인 것입니다.

▶ 생(生)하는 국을 도와주는 합(合)이 있는데 갑목(甲木)이 희신이 아닌데 인해(寅亥)가 합(合)하려고 오는 것은 곧 목(木)을 도와주는 것이다. 이 모든 것은 합당(合當)하지 않는 것이다.

이것은 국(局)을 이루는 것이 흉신이 되는 것을 말하는 것인데 만약에 갑목(甲木)이 흉신이라면 인해(寅亥)가 합하여 목국(木局)이 된다는 것은 흉신인 목(木)을 오히려 도와주는 것이 되는 것이므로 이것은 마땅하지 않은 합이 되는 것입니다.

▶ 대체로 합(合)이 많으면 잘 소통이 안 되고 분발(奮發)하지 못하는데 비록 빼어난 기운(氣運)이 있다고 하더라도 역시 특이(特異)하지는 못한 것이다.

합(合)이 많게 되면 묶이는 성향이 있어서 유통(流通)의 어려움이 따르게 됩니다. 사주가 소통이 안 되면 막혀 정체(停滯)되는 것이므로 길하다고 볼 수가 없는 것인데 사주의 체(體)가 움직이지 못하면 운이 일어나지를 못하게 되는 것입니다.
그러므로 합다(合多)한 사람은 붙임성은 좋겠지만 별로 특이한 운명의 소유자라고 보기 어렵다는 것이 됩니다.

【예시】

갑목(甲木)이 인월(寅月)에 태어났다. 그런데 시지(時支)에 인목(寅木)이 있고
임수(壬水)는 자수(子水)에 통근하여 투간하니 한랭(寒冷)하다.

그러므로 병화(丙火)로써 한목향양(寒木向陽)하는데 임수(壬水)가 병화(丙火)를
충하므로 기신(忌神)이 된다.

그런데 마침 정임합(丁壬合)이 되어 임수(壬水)를 제거하였다.

이것이 흉신(凶神)을 능히 합(合)하여 제거해 버릴 수가 있다는 것인데 마땅
한 합(合)이라고 말하는 것이다.

기토(己土)대운에는 능히 수(水)를 극해 무과(武科)에 급제(及第)하였고 무토(戊
土)운에는 다시 징원급제하였다.

그러나 금수(金水)운으로 흘러갔으므로 임수(壬水)를 생하고 병화(丙火)를 극
(剋)하니 중용(重用)되지 못하였다.

時	日	月	年	건 명
식신		편인	상관	六神
丙	甲	壬	丁	天干
寅	子	寅	未	地支
비견	정인	비견	정재	六神

20. 군상(君象)

군불가항(君不可抗)

군주(君主)에게 대항해서는 안 된다. 귀(貴)함이라는 것은 윗사람을 덜어 아 랫사람을 도와주어야 하는 것이다.

일주가 군주(君主)가 되면 재신(財神)은 신하(臣下)가 된다.

예를 들어 갑을(甲乙) 일주가 만국(滿局)이 모두 목(木)이고 그중에 한, 두 개 의 토(土)가 있게 되면 이것은 군주가 왕성(旺盛)하고 신하가 쇠약(衰弱)한 것 이다.

이러한 형세(形勢)에서는 여러 가지 방법으로 신하를 도와주어야 하는데 화 (火)로 생(生)하여 주든지 토(土)로 실(實)하게 해주든지 금(金)으로 호위(護衛) 해주든지 하여야 바라는 대로 아랫사람이 보존(保存)되고 윗사람도 편안(便 安)해지게 되는 것이다.

▶ 군주(君主)에게 대항해서는 안 된다. 귀(貴)함이라는 것은 윗사람을 덜어 아랫사람을 도와주어야 하는 것이다.

군불가항(君不可抗)이란 윗사람을 범(犯)하지 않는 이치를 말합니다.

그래서 손상(損上)이란 윗사람을 설기(泄氣)하는 것이지 극제(剋制)하는 것이 아닙니다. 곧 윗사람을 설기(泄氣)하여 아래가 받아서 충족해지는 것을 말합니다.

예를 들어 관성은 일간을 극(剋)하는데 인수가 있어 관인상생(官印相生)이 되면 위를 덜어 일간인 군주를 생(生)하게 됩니다.

군주가 힘을 얻게 되면 정신이 강해지므로 바른 통치를 베풀게 되는데 결국 아랫사람들이 편안해지는 것입니다. 이러한 것을 위를 덜어 아래를 생(生)한다고 말한 것입니다

▶ 일주가 군주(君主)가 되면 재신(財神)은 신하(臣下)가 된다.

예를 들어 갑을(甲乙)일주가 만국(滿局)이 므두 목(木)이고 그중에 한, 두 개의 토(土)가 있게 되면 이것은 군주가 왕성(旺盛)하고 신하가 쇠약(衰弱)한 것이다.

갑을(甲乙)이 일간이 되고 사주팔자가 모두 목국(木局)으로 이루어진 상태에서 토(土)재성이 한, 두 개가 나타나 있게 되면 군겁쟁재(群劫爭財)가 일어날 가능성이 큽니다. 쟁재(爭財)가 되면 극처(克妻)나 극재(克財)가 되는 것이므로 재물과 처의 손상이 발생하게 됩니다.

이러한 팔자는 화(火)가 있어 왕성한 비겁을 통관시켜 줘야 재성이 극을 면하고 오히려 토가 생을 받게 되는 것이므로 재성이 보존이 되는 것입니다. 그러므로 결국 일간도 안정이 되는 것입니다.

이것을 국가(國家)라고 생각한다면 국가에 군주와 왕족이 강성하여 대신들이 허약하여 군주를 보필하지 못하는 것이 되는 것인데 이때 화(火)가 있어서 왕족의 강한 기운들을 덜어 대신들에게 나눠주게 된다면 대신이 힘을 얻어 군주를 보필하여 도와줄 수가 있는 것이므로 이것을 두고 윗사람의 강함을 덜어주어 아랫사람을 유익하게 한다고 말하는 손상익하(損上益下)가 되는 것입니다.

▶ 이러한 형세(形勢)에서는 여러 가지 방법으로 신하를 도와주어야 하는데 화(火)로 생(生)하여 주든지 토(土)로 실(實)하게 해주든지 금(金)으로 호위(護衛)해주든지 하여야 바라는 데로 아랫사람이 보존(保存)되고 윗사람도 편안(便安)해지게 되는 것이다.

군주가 강성한데 신하가 허약한 명(命)에서는 신하를 도와줘야 팔자가 안정되는 것입니다. 목이 일간이며 군주인데 비겁이 가득하여 만국이 된다면 군왕성이신쇠극(君旺盛而臣衰極)이 되는 것이니 만약, 화(火)가 있어서 비겁의 왕성함을 설기하여 재성을 생조(生助)하게 되면 군성(君性)에 순응하여 화운(火運)으로 행하는 것이므로 그 군왕(君王)은 화(火)를 통해 신하를 생(生)해줄 수가 있는 법이니 신하를 극(剋)하지 않고 나라를 안정되게 운영해 나갈 수가 있게 됩니다.
만약, 토(土)가 있다면 부실(不實)한 토(土)를 보충하는 효과가 나타나는 것이니 신하가 힘을 얻어 군주를 도와줄 수가 있는 것이며 만약, 금(金)이 있다면 금(金)이 목(木)을 견제(牽制)하여 토(土)를 극(剋)하지 못하게 하므로 신하를 간접적으로 도와줄 수가 있는 것입니다.
이러한 것들이 모두 아랫사람을 보존하므로 윗사람도 안정이 된다는 것이니 고로 백성과 신하가 보전되지 못하고서 어찌 군주가 평안할 수가 있겠습니까.

【예시】

갑인(甲寅)일주가 술월(戌月)에 태어났다.

천간은 모두 목(木)인데 시지는 해시(亥時)이다.

따라서 인해합목(寅亥合木)이 되니 일주가 강(强)하고 신하는 쇠약(衰弱)하다.

이것이 군성신쇠(君盛臣衰)라 한다.

그러므로 술토(戌土) 신하를 살리는 길이 올바르다.

그런데 위를 설기하는 식신(食神)이 없고 왕(旺)한 군주를 생(生)하는 인수(印綬)만 있다. 또한, 꺼리는 바는 사주에 화(火)가 없어서 유통이 안 되어 군겁쟁재(群劫爭財)가 되어 신하가 피박 하는 것이다.

이러한 것을 위를 덜어 아래를 돕지 못한다고 말하는 것이다.

고로 위는 불안하고 아래도 온전하기 어렵다.

초운은 북방수(北方水)가 강하여 왕(旺)한 군주를 도우니 형상파모(刑傷破耗)가 심했다. 정축운(丁丑運)에 이르러 화토(火土)가 술토(戌土)신하를 도우니 약간의 조업(助業)을 일으켰다. 무인(戊寅)과 기묘운(己卯運)에는 토(土)는 힘이 없고 목(木)은 왕지에 임하니 화재(禍災)를 여러 번 당하다가 처자식(妻子息)을 극하고 묘운(卯運)에 사망하였다.

時	日	月	年	건 명
겁재		비견	비견	六神
乙	甲	甲	甲	天干
亥	寅	戌	子	地支
편인	비견	편재	정인	六神

21. 신상(臣象)

신불가과(臣不可過)

臣不可過也貴乎損下而益上.
신불 가 과야 귀호손하이익상.

신하(臣下)는 과(過)해서는 안 되는 것이다.
귀함이란 아랫사람의 힘을 덜어 윗사람을 도와주는 데에 있다.

【原文】日主爲臣官星爲君如甲乙日主滿盤皆木內有一二金氣是臣盛君
【원문】일주위신관성위군여갑을일주만반개목내유일이금기시신성군
衰其勢要多方以助金用帶土之火以洩木氣用帶火之土以生金神庶君安臣
쇠기세요다방이조금용대토지화이설목기용대화지토이생금신서군안신
全若木火又盛無可奈何則當存君之子少用水氣一路行火地方得發福.
전약목화우성무가나하즉당존군지자소용수기일노행화지방득발복.

일주가 신하(臣下)라면 관성(官星)은 군주가 된다. 예를 들어 갑을(甲乙)일주가
바탕에 모두 목(木)으로 가득하고 그 안에 한, 두 개의 금(金)의 기운이 있다
고 하면 이것이 신하는 왕성(旺盛)하고 군주(君主)는 쇠약(衰弱)한 것이 된다.
이러한 형세(形勢)에서는 여러 가지 방법으로 금(金)을 도와주어야 하는데 토
(土)를 거느린 화(火)를 사용하여 목(木)의 기운을 설기(洩氣)하여 금(金)을 돕
던지 화(火)를 거느린 토(土)를 사용하여 금(金)의 신(神)을 생(生)하여 도와주
면 군주는 편안(便安)해지고 신하는 안전(安全)하게 된다.
만약, 목화(木火)가 역시 왕성(旺盛)하여 어찌할 수가 없다면 곧 군주(君主)의
자녀를 적당히 보존시켜 수(水)의 기운을 적게 사용하되 화(火)의 지방으로
같이 흘러줘야 발복(發福)하게 되는 것이다.

▶ 신하(臣下)는 과(過)해서는 안 되는 것이다. 귀함이라는 것은 아랫사람을 덜어서 윗사람을 도와주어야 하는 것이다.

예를 들어 아랫사람이 왕(旺)하고 윗사람이 약하다면 아랫사람의 왕(旺)함을 덜어서 윗사람을 돕는 방편이 좋은 것입니다. 또한, 아랫사람이 약(弱)하고 윗사람이 왕(旺)하다면 윗사람의 왕(旺)함을 덜어서 아랫사람에게 나누어주는 것이 좋은 방편이 됩니다. 이렇게 되면 마땅히 윗사람이 편안하고 아랫사람도 순조롭게 되는 것이니, 안정되어 국가가 번성할 수가 있게 되는 것입니다.

이것은 이른바 신하가 왕(旺)하면 그의 성질에 따르는데 임금이 쇠약하면 임금이 인자해야 왕(旺)한 사람과 대립하지 않게 되어 국정운영이 원만히 돌아갈 수가 있는 이치가 됩니다.

만약, 신하는 왕(旺)하고 임금은 허약한데에도 임금이 권위로 왕(旺)한 신하를 억누르려 한다면 반드시 무력으로 혁명이 일어나 군주가 교체될 수가 있는 것이므로 임금의 위치가 불안정해지므로 국정운영이 불안해지는 이유가 되는 것입니다.

▶ 일주가 신하라면 관성은 군주가 된다.
예를 들어 갑을(甲乙)일주가 바탕에 모두 목(木)으로 가득하고 그 안에 한, 두 개의 금(金)의 기운이 있다고 하면 이것이 신하는 왕성(旺盛)하고 군주는 쇠약(衰弱)한 것이 된다.

이러한 형세(形勢)에서는 여러 가지 방법으로 금(金)을 도와주어야 하는데 토(土)를 거느린 화(火)를 사용하여 목의 기운을 설기(洩氣)하여 금을 돕던지 화(火)를 거느린 토(土)를 사용하여 금(金)의 신(神)을 생(生)하여 도와줘야 바라는 대로 군주는 편안(便安)해지고 신하는 안전(安全)하게 되는 것이다.

일주가 갑을(甲乙)인데 사주에 목(木)이 가득하고 그중에 한 두 개의 금(金)밖에 없다고 하면 신하는 왕성하고 임금은 극도로 쇠약한 것으로 됩니다. 이때 만약 행운이 금(金)으로 되어 군주를 돕는데 신하를 억제한다고 하면 이것은 쇠약한 힘에서도 위엄이 있는 명령을 내리는 것이지만 금목상쟁(金木相爭)이 되어 반드시 저항하는 뜻을 품게 되어 군주가 위태롭게 되는 것입니다.

그러니 행운이 반드시 화(火)를 거느린 토(土)로 되어야 왕목(旺木)이 화(火)를 만나 목생화로 상생하게 되어 신하의 마음이 순종하게 되는 것이고 또한 금(金)이 토(土)를 만나면 토생금으로 도움을 받게 되니 임금의 마음도 편안하게 되는 것입니다.

▶ 만약 목화(木火)가 역시 왕성(旺盛)하여 어찌할 수가 없다면 곧 군주(君主)의 자녀를 적당히 보존시켜 수(水)의 기운을 적게 사용하되 화(火)의 지방으로 같이 흘러줘야 발복(發福)하게 되는 것이다.

이것이 이른바 신하가 왕(旺)하면 그의 성질에 따르고 임금이 쇠약하면 인자해야 윗사람이 편안하고 아랫사람도 도움을 받게 된다고 하는 것입니다. 만약, 순수하게 토금(土金)으로 용신을 삼아서 왕(旺)한 목(木)을 격노하게 한다면 윗사람도 편안하게 되지 못하고 아랫사람도 도움을 받지 못하게 되는 것입니다.

예를 들어 사주에 목화(木火)가 가득하면 쇠약한 금(金)이 병들어 있게 되는 것인데 만약 임금이 병들어 제 역할을 못 하는 경우가 되면 임금의 아들을 보존시키는 일이 중요합니다.

왜냐하면, 임금이 후사를 이어 나가야만 나라가 안정되는 것이기 때문입니다. 그런데 군주의 자녀가 병든 임금을 대신하여 국정에 개입하여 왕(旺)한 신하를 누르려고 한다면 군주의 아들도 역시 위태롭기는 마찬가지가 되는 것이라서 "군주(君主)의 자녀를 적당히 보존시켜 수(水)의 기운을 적게 사용하여야 한다고 말하고 있는 것입니다.

이것은 암장(暗藏)간에 잠복이 된 수(水)의 기운으로 이해하면 되는 것인데 이렇게 목화(木火)가 왕(旺)한 팔자에서는 왕목을 거스르지 말고 순행할 수 있는 화(火)의 대운으로 흘러줘야 발복한다고 말하고 있는 것입니다.

【예시】

갑인(甲寅)일주가 지지에 인목(寅木)이 3개니 목(木)이 가득한 팔자가 된다. 그런데 시간(時干)의 경금(庚金)은 통근(通根)이 불가하니 곧 신성군쇠(臣盛君衰)하다고 할 수 있다.

즉 신하(臣下)는 강(强)하고 군주(君主)는 쇠(衰)한 것이다. 다행인 점은 무토(戊土)는 비록 목(木)의 극(剋)이 심하나 인목(寅木)은 무토(戊土)의 장생지(長生地)이므로 경금(庚金)을 생할 수 있다.

또한, 기쁜 것은 오시(午時)에 출생한 것이다. 오화(午火)가 목(木)을 유통하므로 신하(臣下)를 경금과 대립하지 않고 순종하게 만들고 있다. 그러므로 병진(丙辰)과 정사(丁巳), 무오(戊午), 기미(己未) 대운은 소위 대토지화(帶土之火)이니 토(土)를 동반한 화(火)가 되는데 목생화(木生火)하고 어그러지지 않아 신하는 순종하고 군주는 평안하다고 할 수 있다. 일찍이 과거급제하고 벼슬이 시랑에 이르렀다.

그러나 경신(庚申)운에는 신하를 바로 충극(沖剋)하니 사망하였다.

時	日	月	年	건 명
편관		비견	편재	六 神
庚	甲	甲	戊	天 干
午	寅	寅	寅	地 支
상관	비견	비견	비견	六 神

22. 모상(母象)
자모구휼(慈母救恤)의 도리

知慈母恤孤之道始有瓜瓞無疆之慶.
지 자 모 휼 고 지 도 시 유 과 질 무 강 지 경.

자애로운 어머니가 자식을 구휼(救恤)하여 돌보는 도리(道理)를 알게 되면 비로소 자손이 번성하는 복이 있게 된다.

【原文】日主爲母日之所生者爲子如甲乙日主滿柱皆木中有一二火氣是
【원문】일 주 위 모 일 지 소 생 자 위 자 여 갑 을 일 주 만 주 개 목 중 유 일 이 화 기 시
母旺子孤其勢要多方以生子孫成瓜瓞之緜緜而後流發于千世之下.
모 왕 자 고 기 세 요 다 방 이 생 자 손 성 과 질 지 면 면 이 후 유 발 우 천 세 지 하.

일주(日主)를 어머니로 삼으면 일주(日主)의 소생자(所生者)는 자식이 된다. 예를 들어 갑을(甲乙)일주가 만주(滿柱)가 모두 목(木)이고 그 중에 한, 두 개의 화기(火氣)가 있다면 이것은 어머니가 왕(旺)하고 자식이 외로운 것이다. 이러한 형세(形勢)에서는 여러 가지 방법으로 자손(子孫)을 생(生)하여 주게 되면 자손이 번성함을 이루어 흥성(興盛)함이 후대(後代)에 세전(世傳)하여 흐르는 것이다.

구문풀이

▶ 일주(日主)를 어머니로 삼으면 일주(日主)의 소생자(所生者)는 자식이 된다.

일주를 어머니로 삼을 적에 "일주의 소생자"라는 말은 어머니가 생(生)하는 것이니 곧 자식이 되니, 그러므로 식상을 뜻하는 것입니다.

예를 들어 갑을(甲乙) 일주가 어머니라고 할 때 사주에 다만 한, 두 개의 화(火)만 있고 그 나머지 모두가 목(木)이라고 하면 이것은 어머니가 많아서 자식이 병이 든 것으로 됩니다. 이러한 것을 놓고 목다화식(木多火熄)이라고 말하는데 곧 목(木)이 많으면 도리어 불이 꺼지는 현상을 말합니다.

이런 경우 자식인 불이 외롭고 도움을 오히려 받지 못하고 어머니로부터 오히려 해악(害惡)을 받게 되는 경우가 됩니다. 그러나 이러한 형세에서도 화(火)토가 와서 식상을 돕게 되면 곧 외로운 자식을 양육한다고 말하는 것입니다.

【예시】

을묘(乙卯)일주가 갑인(甲寅)월, 묘시(卯時)에 태어났으니 목(木)이 가득하다. 그런데 년지(年支) 오화(午火)가 있으니 모왕자고(母旺子孤)하다. 즉 모성(母性)은 강한데 자녀(子女)는 외롭다는 뜻이다.

기쁜 것은 수(水)가 없어 화(火)를 극(剋)하지 않으며 인오합(寅午合)이 되니 어머니의 성정이 식신(食神)으로 순조롭게 유통(流通)이 된 점이다. 더욱 좋은 것은 대운이 화토(火土)로 흐르고 있다.

그런 까닭에 모왕(母旺)하여 자식이 외롭지만, 행운이 자식을 돕는 운으로 흘러간다고 말하는 것이다. 그러므로 젊어서 일찍 과거에 급제하여 벼슬이 시랑에 이르렀다. 다만, 경신(庚申)운으로 바뀌자 왕(旺)한 모성(母性)을 충격하니 쇠신충발(衰神衝發)하여 사망하였다.

時	日	月	年	건 명
편재		겁재	정재	六神
己	乙	甲	戊	天干
卯	卯	寅	午	地支
비견	비견	겁재	식신	六神

23. 자상(子象)
효자봉친(孝子奉親)의 도리

효자(孝子)가 부친(父親)을 봉양(奉養)하는 법을 알면 비로소 화합(和合)을 아니 순풍(順風)을 만난 것처럼 크게 성공할 수 있다.

【原文】日主爲子生日者爲母如甲乙滿局皆是木中有一二水氣爲子衆母
【원문】일주위자생일자위모여갑을만국개시목중유일이수기위자중모
衰其勢要多方以安母用金以生水用土以生金則成母子之情爲大順矣設或
쇠기세요다방이안모용금이생수용토이생금칙성모자지정위대순의설혹
無金則水之神依乎木而行木火金盛地亦可.
무금칙수지신의호목이행목화금성지역가.

일주를 자식으로 삼으면 일주를 생(生)하는 것은 어머니가 된다.

예를 들어 갑을(甲乙)이 만국(滿局)으로 모두 목(木)인데 그중에 한, 두 개의 수기(水氣)가 있다면 자중모쇠(子衆母衰)가 된다.

이러한 형세(形勢)에서는 여러 가지 방법으로 어머니를 안정시켜줘야 하는 데, 금(金)을 사용하여 수(水)를 생(生)하여 주든지 토(土)를 사용하여 금(金)을 생(生)하여 주면 곧 모자(母子)지간의 정(情)이 이루어지게 되어 크게 순조로운 것이다. 설혹 금(金)이 없다고 한다면 수(水)의 신(神)은 목(木)에 의지하게 되니, 행운이 목(木) 화(火) 금(金)의 흥성(興盛)한 지지로 흘러도 좋다.

▶ 효자(孝子)가 부친(父親)을 봉양(奉養)하는 법을 알면 비로소 화합(和合)을 아니 순풍(順風)을 만난 것처럼 크게 성공할 수 있다.

사람은 사회적인 동물이라서 조직 체계에서 인정받는 사람이 성장할 수가 있는 것입니다. 사람의 도움 없이 혼자 일어선다는 것은 무척 어려운 일입니다. 그런 의미에서 자기의 부모나 친척들을 잘 모시고 효도할 줄 아는 사람이라면, 사회에 나아가서도 똑같이 윗사람들을 잘 섬길 것이 분명한 것입니다. 그렇다면 윗사람들의 인정을 받게 될 것이고 또한 그들이 이끌어 줄 터이니 성공의 가도를 달린다고 생각해도 좋은 것입니다.

▶ 일주를 자식으로 삼으면 일주를 생하는 것은 어머니가 된다.
예를 들어 갑을(甲乙)이 만국(滿局)으로 모두 목(木)인데 그중에 한, 두 개의 수기(水氣)가 있다면 자중모쇠(子衆母衰)가 된다.

일주가 자식이라면 일주를 생(生)하는 인수가 어머니가 되는 것입니다. 만국(滿局)이란 사주 전체에 가득하다는 말이므로 "목(木)이 만국(滿局)한다" 라고 하는 것은 사주팔자에 갑을(甲乙)의 목(木)이니 형제들이 가득하다는 말이 됩니다. 그런 팔자에서 인수인 수(水)가 한, 두 개가 존재한다면 자중모쇠(子衆母衰)가 되는 것인데 자중모쇠(子衆母衰)란 자식이 많아 강성하고 어머니는 쇠(衰)하다.라는 말인 것입니다.

▶ 이러한 형세(形勢)에서는 여러 가지 방법으로 어머니를 안정시켜줘야 하는데, 금(金)을 사용하여 수(水)를 생(生)하여 주던지 토(土)를 사용하여 금(金)을 생(生)하여 주면 곧 모자(母子)지간의 정(情)이 이루어지게 되어 크게 순조로운 것이다.

일단 자중모쇠(子衆母衰)로 자식이 많아서 어머니가 쇠약하게 되면 어머니
는 자식에게 의지하게 되니 반드시 어머니의 마음을 편안하게 해 주어야
하는데 또한 자식의 성질도 거역해서도 안 되는 것입니다.

그래서 여러 가지 방법으로 어머니인 수(水)를 도와줘야 팔자가 안정되는
것인데 만약, 어머니가 허약하여 병이 들어 있는데 자식이 왕(旺)한들 편안
할 리가 없는 것입니다.

그러므로 어머니인 수(水)를 돕는데, 금(金)을 사용하여 수(水)를 생하여 주든
지 아니면 금(金)이 있긴 하지만 허약하다면 토(土)를 사용하여 금(金)을 생하
므로 수(水)를 간접적으로 돕는 방법이 있는 것입니다. 이렇게 되면 팔자가
안정되는 것이므로 모자(母子)간의 정(情)이 살아나게 되는 것입니다.

만약, 금(金)이 없다고 한다면 수(水)의 인성은 오로지 목(木)에 의지하는 것
이 되는데 수(水)를 극하는 토(土)가 있어서는 안 되는 것이며 왕목(旺木)을
설기(洩氣)해주는 화(火)의 운이 오거나 수(水)를 생(生)하는 금(金)의 운으로
흐르면 좋게 되는 것입니다.

【예시】

時	日	月	年	건 명
비견		정재	겁재	六神
甲	甲	己	乙	天干
子	寅	卯	亥	地支
정인	비견	겁재	편인	六神

갑인(甲寅)일주가 묘월(卯月)에 태어났는데 을목(乙木)이 투간하고 해묘합(亥卯合)하니 사주에 목(木)이 가득하였다.

그러므로 자수(子水)는 극히 쇠약(衰弱)하였으니 소위 자중모쇠(子衆母衰)하다는 것은 이런 종류를 말한다. 그래서 그 쇠약한 모성의 정(情)은 더욱 목(木)에 의지하였다.

정축(丁丑)운(運)에는 화토(火土)가 함께 오니 자수(子水)를 극하여 형상파모(刑傷破耗)가 있었다.

병자(丙子)운(運)에는 병화(丙火) 식신(食神)이 목(木)을 설기하고 지지의 수는 시지의 자수(子水)가 도왔다. 고로 허물이 없었다.

을해(乙亥)운(運)에는 생화(生化)의 거스름이 없으니 사별 후 새 아내를 만나 아들을 낳고 집안을 다시 일으켰다.

그러나 갑술(甲戌)운(運)에는 또 토를 만나 군겁쟁재가 되니 재산이 깨지고 흩어짐이 보통이 아니었다.

계유(癸酉)와 임신(壬申)운(運)에는 비록 지지가 묘유충(卯酉沖)과 인신충(寅申沖)으로 충극하였지만, 금생수(金生水)하므로 인수(印綬)를 도우니 만년의 형편은 오히려 좋았다고 한다.

24. 성정(性情)

1) 오행이 어그러지지 않는다.

五氣不戾性情中和濁亂偏枯性情乖逆.
오 기 불 려 성 정 중 화 탁 란 편 고 성 정 괴 역 .

다섯 가지 기운이 어그러지지 않으면 성정(性情)이 중화(中和)가 된다.
탁(濁)하고 혼란(混亂)하며 편고(偏枯)하면 성정(性情)을 거슬러 괴팍하다.

【原文】五氣在天則爲元亨利貞賦在人則仁義禮智信之性惻隱羞惡辭讓
【원문】오 기 재 천 칙 위 원 형 리 정 부 재 인 칙 인 의 례 지 신 지 성 측 은 수 악 사 양
是非成實之情五氣不戾者則其存之而爲性發之而爲情莫不中和矣反此者
시 비 성 실 지 정 오 기 불 려 자 칙 기 존 지 이 위 성 발 지 이 위 정 막 불 중 화 의 반 차 자
乖戾.
괴 려 .

다섯 가지 기운이 하늘에 있으면 원형이정(元亨利貞)이고 사람에게 있으면
인의예지신(仁義禮智信)의 성(性)이고 측은(惻隱), 수치(羞恥)와 혐오(嫌惡), 사양
(辭讓), 시비(是非), 성실(誠實)한 정(情)이 된다.
다섯 가지 기운이 어지럽지 않은 사람은 곧 그것이 존재하게 되면 성(性)이
고 발(發)하게 되면 정(情)이 되는 것으로 중화되지 않는 것이 없다.
그러나 이와 반대가 되면 성정(性情)이 괴팍하게 된다.

▶ 다섯 가지 기운이 하늘에 있으면 원형이정(元亨利貞)이고 사람에게 있으면 인의예지신(仁義禮智信)의 성(性)이고 측은(惻隱), 수치(羞恥)와 혐오(嫌惡), 사양(辭讓), 시비(是非), 성실(誠實)한 정(情)이 된다.

원형이정(元亨利貞)이라는 것은 사물의 근본원리가 되는 것을 말합니다. 즉 하늘이 갖추고 있는 덕(德)으로 세상의 모든 것이 생겨나서 자라고 이루어지고 거두어짐을 뜻하는 것입니다. 이러한 원형이정(元亨利貞)이 사람에게 보이면 성정(性情)이 됩니다.
곧 "인의예지신(仁義禮智信)"의 덕목으로 나타나게 되는 것입니다.
즉 측은하다는 생각, 수치심으로 부끄러워하는 생각, 악한 행동을 혐오하는 생각, 사양하고 거절하는 생각, 시시비비를 논하는 생각, 성실하여 정직하려는 생각으로 마음의 작용이 일어나는 것입니다.

▶ 다섯 가지 기운이 어지럽지 않은 사람은 곧 그것이 존재하게 되면 성(性)이고 발(發)하게 되면 정(情)이 되는 것으로 중화되지 않는 것이 없다. 그러나 이와 반대가 되면 성정(性情)이 괴팍하게 된다.

다섯 가지 기운이라는 것은 목화수금토(木火水金土)의 다섯 기운을 말하는 것인데 사람 안에 이 다섯 기운이 존재하게 되면 성(性)이 되는 것이고 이 기운이 발하여 일어나면 정(情)이 되는 것입니다.
이 다섯 기운이 중화(中和)되어 일어나면 성정(性情)이 어지럽지 않게 돼서 고르게 되는 것이니, 올바른 성품이 일어나는 것이고 만약 탁(濁)하거나 혼잡하여 치우쳐서 일어난다면 성정(性情)을 거스르는 것이니 괴팍한 성품이 일어나는 것입니다.

【예시】

병화(丙火)가 미월(未月)에 태어났는데 시지는 오화(午火) 양인(陽刃)이 된다.
비견(比肩)이 투간하고 갑을(甲乙) 목은 2개의 병화를 생하니 화(火)가 맹렬하
다. 싫은 것은 자수(子水)가 양인(陽刃)을 충극하여 편고탁란(偏枯濁亂)한 것이
다. 그러하니 성정(性情)이 비뚤어지고 처세(處世)는 오만(傲慢)하였다. 또한,
조급함은 풍전(風前) 같았다.

상관격(傷官格)이니 그 성질을 따르는 사람은 천금(千金)도 아까워하지 않고
베풀었지만, 만약 그 성질을 거스르면 겨자 하나도 반으로 나누었다.

이런 괴팍(乖愎)한 성격 때문에 가업은 파재(破財)하고 남는 것이 없었다.

時	日	月	年	건 명
편인		정인	비견	六 神
甲	丙	乙	丙	天 干
午	子	未	戌	地 支
겁재	정관	상관	식신`	六 神

2) 화(火)가 맹렬하고 조급한 사람

火烈而性燥者遇金水之激.
화열이성조자우금수지격.

화(火)가 맹렬(猛烈)하여 조급한 사람은 금수(金水)를 만난 것이다.

【原文】火烈而能順其性必明順惟金水激之其燥急不可禦矣.
【원문】화열이능순기성필명순유금수격지기조급불가어의.

화(火)가 맹렬(猛烈)한데 능히 그 성질을 따른다면 반드시 사리가 밝지만 금
수(金水)가 격동하면 그 조급함을 제어할 수가 없는 것이다.

구문풀이

▶ 화(火)가 맹렬(猛烈)한데 능히 그 성질을 따른다면 반드시 사리가 밝지만,
금수(金水)가 격동하면 그 조급함을 제어할 수가 없는 것이다.

화(火)가 맹렬(猛烈)할 때는 그 타오르는 성질에 순종(順從)하여 목화(木火)로
따라주거나 습토(濕土)로 설기하여 주면 그 빛을 흡수하고 맹렬한 것을 거
두게 되는데 곧 성격이 밝게 될 수가 있는 것입니다.
그러면 화(火) 본래의 예절을 알고 자애로운 덕성이 있게 됩니다.
그러나 만약 맹렬한 화(火)를 금수(金水)가 충격하게 된다면 화(火)의 기세는
더욱 거세어지는 것이므로 예절을 모르기 되고 성질은 초조해지므로 자제
를 모르니 억제할 줄 몰라 반드시 재앙이 받게 됩니다.
거센 화(火)의 조급함을 스스로 제어할 수가 없기 때문입니다.

【예시】

병화(丙火)가 월(月)과 일(日)에 오화(午火) 양인(陽刃)을 보았다.

그런데 년월(年月)에 또 갑(甲)과 병(丙)이 투간하니 맹렬함이 극(極)에 이른다. 다행인 것은 기축(己丑)으로 간지(干支)가 모두 습토(濕土)이니 능히 병화(丙火)의 맹렬함을 거두고 오화(午火)의 빛을 능히 어둡게 할 수 있었다.

이것을 말하길 화(火)가 맹렬(猛烈)하여도 그 성질을 따른다면 반드시 사리가 밝다는 이야기이다.

그러므로 명주의 성(性)은 순탄하였고 그 정(情)은 자애로워 아랫사람을 업신여기지 않았다. 위엄이 저절로 갖추어지니 명리쌍휘(名利雙輝)하였다.

時	日	月	年	건 명
상관		편인	비견	六神
己	丙	甲	丙	天干
丑	午	午	戌	地支
상관	겁재	겁재	식신	六神

3) 수(水)가 강한데도 성질이 유연(柔軟)한 사람

水奔而性柔者全金木之神.
수 분 이 성 유 자 전 금 목 지 신.

수(水)가 세차게 달리는데도 성질이 유연(柔軟)하다면 금목(金木)으로 소통이
된 것이다.

【原文】水盛而奔其性至剛至急惟有金以行之木以納之則柔矣.
【원 문】수 성 이 분 기 성 지 강 지 급 유 유 금 이 형 지 목 이 납 지 즉 유 의.

수(水)가 왕성하게 내달리면 그 성질은 강하고 급하다. 그런데 금(金)이 있으면
나아가고 목(木)이 있으면 수(水)를 받아드릴 수 있다. 이렇게 되면 수(水)가 유
연(柔軟)하게 된다.

구문풀이

▶ 수(水)가 세차게 달리는데도 성질이 유연(柔軟)하다면 금목(金木)을 구전(俱
全)한 것이다.

수(水)가 왕성하여 광분(狂奔)하는데도 성품이 부드러운 자는 사주에 금목(金
木)이 있기 때문입니다. 즉 금(金)으로 다스려지고 목(木)으로 받아들이기 때
문이니 그렇게 되면 성품이 순수하고 덕이 있게 되는 것입니다.
만약 태왕(太王)한 수(水)를 화토(火土)로 거스른다면 사람이 시비(是非)가 많
고 삿된 행동을 하며 나서기를 좋아하게 됩니다.
그러나 금목(金木)이 충돌하는 상황에서 수(水)가 광분하게 되면 오히려 금

(金)을 받아들이고 목(木)을 보충하니 수(水)의 광분(狂奔)으로 금목의 다툼이 없어져 곧 안정되는 것입니다.

▶ 수(水)가 왕성하게 내달리면 그 성질은 강하고 급하다.
그런데 금(金)이 있으면 나아가고 목(木)이 있으면 수(水)를 받아드릴 수 있다. 이렇게 되면 수(水)가 유연(柔軟)하게 된다.

수(水)의 성질은 본래 유연(柔軟)하나 앞으로 내달린다고 하는 것은 왕(旺) 하기가 극에 도달한 것을 말합니다.
수(水)가 태왕(太旺)하여 광분하면 그 세력을 화(火) 토(土)로 멈출 수 없으니 금목(金木)으로 유통(流通)시키는 것이 좋습니다.
금(金)을 사용해서 그 기세에 순종하거나 목(木)을 사용해서 그 거센 물결을 받아들이게 되면 이것은 이른바 그 왕(旺)한 기세를 따르고 그가 발광하는 것을 받아들이는 것으로 되니 그의 성질이 도리어 유순(柔順)하게 된다는 것을 말하는 것입니다.

【예시】

임신(壬申)일주가 자월(子月)에 태어났다. 년(年)과 시(時)가 해자(亥子)이고 천간에는 계수(癸水)와 경금(庚金)이 투간하였다. 그런데 신자합수(申子合水)하니 수(水)가 충분(冲奔)하므로 그 세력을 쉽게 막지를 못한다. 이것이 수(水)가 세차게 달린다는 말이다.

그러나 만약 금목(金木)이 있어서 광분(狂奔)하는 수(水)를 다스릴 수 있게 되면 수(水)의 광분(狂奔)은 오히려 통관신(通關神)이 되어 안정될 수 있는 것이다.

그러므로 월간의 갑목(甲木)으로 수(水)를 설기 유통하였는데 사람됨이 강유상제(剛柔相濟)하여 인덕(仁德)을 갖추었다. 학문을 쌓아 공부하고 명예를 구하지 않았다.

초년 계해(癸亥)운에 그 왕신(旺神)에 종(從)하니 음덕(陰德)이 많았고 임술(壬戌)운에는 수(水)가 통근하지 못하고 술토(戌土)가 충격(衝激)하니 형상파모(刑傷破耗)가 있었다.

신유(辛酉)와 경신(庚申)운에는 입반(入泮)하여 녹(祿)을 받는 장학생이 되었고 또 4명의 아들을 얻어 가업(家業)을 키웠다.

기미(己未)운으로 바뀌자 그 충분지세(冲奔之勢)를 격동(激動)하니 연달아 세 명의 아들을 극하고 파모(破耗)하다가 무토(戊土)운에 이르러 사망하였다.

時	日	月	年	건 명
편인		식신	겁재	六神
庚	壬	甲	癸	天干
子	申	子	亥	地支
겁재	편인	겁재	비견	六神

4) 목(木)이 연약하고 소심한 사람

木奔南而軟怯.
목분남이연겁.

목(木)이 남쪽으로 향해 가면 연약(軟弱)하고 소심(小心)해진다.

【原文】木之性見火爲慈奔南則仁之性行於禮其性軟怯得其中者爲惻隱
【원문】목지성견화위자분남칙인지성행어례기성연겁득기중자위측은
辭讓偏者爲姑息爲繁縟矣.
사양편자위고식위번욕의.

목(木)의 성질이란 화(火)를 보게 되면 자애롭게 되는 것이다.
그래서 목(木)이 남쪽으로 향해 간다면 곧 인자(仁慈)한 성질이 예절(禮節)로써
나타나게 되고 그 성질은 연약하고 소심하다.
이것이 중화(中和)를 얻게 되면 측은(惻隱), 사양(辭讓)함이 있고, 편중(偏重)하게
되면 제멋대로 하거나 자질구레하여 번잡하다.

구문풀이

▶ 목(木)의 성질이란 화(火)를 보게 되면 자애롭게 되는 것이다.
그래서 목(木)이 남쪽으로 향해 간다면 곧 인자(仁慈)한 성질이 예절(禮節)로
써 나타나게 되고 그 성질은 연약하고 소심하다.

목(木)일주가 여름에 생하여 화기(火氣)가 많으면 통명(通明)하게 되므로 자애
로워지고 총명하다. 그러나 목은 남방이 사지가 되므로 설기하는데 그 결과
소심(小心)하거나, 우유부단(優柔不斷)하여 의심(疑心)이 많고 결단력(決斷力)이

부족할 수가 있게 됩니다. 그러나 사주에 금수토(金水土)가 적절히 배합하여 중화(中和)를 이룬다면 측은(惻隱), 사양(辭讓)함이 있게 되고 반대로 편고(偏枯)해지면 제멋대로 행동하여 편안함을 찾으려고 하고 지나친 예의를 차리게 됩니다.

【예시】
갑오(甲午)일주가 오월(午月)에 태어났다. 곧 목분남방(木奔南方)이다. 곧 목(木)이 남방(南方)을 향해 달려가는 모습이다. 비록 시지(時支)에 인목(寅木)의 록지(祿地)를 만났지만, 병화(丙火)가 생을 만나고 인오합(寅午合)하니 화국(火局)으로 변했다. 고로 인목(寅木)은 일주의 것이 아니다. 그런데 기쁜 것은 월간에 임수(壬水)가 투간하여 화(火)를 다스린다. 임수(壬水)는 경금(庚金)에 의지하고 경금(庚金)은 진토(辰土)에 의지하니, 이 명조의 묘(妙)함은 진토(辰土)가 된다. 습토(濕土)인 진토(辰土) 한 글자에 의지해 중화(中和)의 상(象)을 이루었다.
그래서 신(申)대운에 임수(壬水)는 장생(長生)을 만나고 을유(乙酉)운에는 금(金)이 왕하여 임수(壬水)를 생하는데 부족함이 없다. 따라서 입반(入泮)하여 우수(優秀)하였고 향시(鄕試)에 뽑혔다.
병술(丙戌)운에 병임충(丙壬沖)으로 임수(壬水)를 극하니 화토(火土)가 병왕(竝旺)하여 상복(喪服)을 여러 차례 입었다.

時	日	月	年	건 명
식신		편인	편관	六神
丙	甲	壬	庚	天干
寅	午	午	辰	地支
비견	상관	상관	편재	六神

5) 금(金)이 수(水)를 보면 유통(流通)된다.

金見水以流通.
금견수이유통.

금(金)이 수(水)를 보면 유통(流通)하게 된다.

【原文】金之性最方正有斷制執毅見水則義之性行而爲智智則元神不滯
【원문】금지성최방정유단제집의견수칙의지성행이위지지칙원신불체

故流通得氣之正者是非不苟有斟酌有變化得氣之偏者必泛濫流蕩.
고유통득기지정자시비불구유짐작유변화득기지편자필범람유탕.

금(金)의 성질은 가장 반듯하여 결단성과 집행력이 있다.
수(水)를 보게 되면 곧 의로운 성질이 나타나는데 지혜로움이다.
지혜는 원신(元神)이 막히지 않은 것이므로 곧 유통(流通)되는 것이다.
기(氣)를 바르게 얻는 자는 시비(是非)가 분명하여 심사숙고함이 있고 변화
가 있지만 기(氣)를 치우쳐 얻는 자는 반드시 범람하므로 방종하게 된다.

구문풀이

▶ 금(金)의 성질은 가장 반듯하여 결단성과 집행력이 있다.
수(水)를 보게 되면 곧 의로운 성질이 나타나는데 지혜로움이다.
지혜는 원신(元神)이 막히지 않은 것이므로 곧 유통(流通)되는 것이다.

금(金)이라고 하는 것은 강건(剛健)하여 모이면 살성(殺性)을 품고 있는데 큰
일을 감당(堪當) 하고 큰 계획을 결정하는데 두려움이 없는 것입니다.
그렇지만 살성(殺性)이라고 하는 것은 적의(敵意)를 품고 있어 남을 해할 수

도 있으니 반드시 타인을 손상하여 다툴 수도 있는데 만약 수(水)가 있다면 금(金)의 살성을 설기하여 의리와 지혜가 나타나게 됩니다. 따라서 큰일을 맡아 처리하여 결단하며 나갈 자리와 물러날 자리를 잘 알아서 처세할 수 있게 됩니다.

그래서 금(金)이 지혜롭게 쓰이려면 반드시 수(水)를 만나 유통이 되어야 하고 정체되면 안 되는 것입니다.

▶ 기(氣)를 바르게 얻는 자는 시비(是非)가 분명하여 심사숙고함이 있고 변화가 있지만, 기(氣)를 치우쳐 얻는 자는 반드시 범람하므로 방종하게 된다.

왕(旺)한 금(金)이 적당한 수(水)를 얻어 기(氣)가 바르게 안착이 되었다고 한다면 이런 사람은 시비(是非)가 분명하여 함부로 성내는 일이 적으며 모든 일에 심사숙고하게 됩니다.

그래서 좋은 결과를 맞이하여 성공할 수가 있는 사람이 됩니다. 그러나 허약한 금(金)이 왕(旺)한 수(水)를 얻어 금(金)이 침수할 수가 있게 되면 물이 범람하는 것이니 막을 수가 없어서 금의 의로움이 침수되고 물의 방종함만이 나타나게 되는 것입니다.

【예시】

경금(庚金)이 유월(酉月)에 태어났다.

년시(年時)에 신유(申酉)금(金)이니 추금(秋金)이 매우 예리하다.

기쁜 것은 일지(日支)가 자수(子水)이고 계수(癸水)가 투간하여 상관(傷官)으로
유통(流通)된다.

그러므로 사람이 막힘이 없고 지혜가 출중하니 번잡함을 싫어하여 매사에
그릇됨이 없었다.

또한, 기개(氣槪)가 있고 베풀기를 좋아해 경금(庚金)의 의리(義理)가 충만하다.

時	日	月	年	건 명
정재		상관	편재	六神
乙	庚	癸	甲	天干
酉	子	酉	申	地支
겁재	상관	겁재	비견	六神

6) 가을철의 물이 남(南)으로 흐르면 완고(完固)하다.

最拗者西水還南.
최요자서수환남.

가장 완고(完固)하다는 것은 추수(秋水)가 남쪽으로 선회(旋回)하는 것이다.

【原文】西方之水發源最長其勢最旺無土以制之木以納之如浩蕩之勢不
【원문】 서 방 지 수 발 원 최 장 기 세 최 왕 무 토 이 제 지 목 이 납 지 여 호 탕 지 세 불

順行反行南方則逆其性非强拗而難制.
순 행 반 행 남 방 칙 역 기 성 비 강 요 이 난 제 .

추수(秋水)는 서방(西方)의 수(水)로 발원지가 가장 긴 것으로 그 세력이 가장
왕(旺)하다. 토(土)로써는 억제할 수가 없고 목(木)으로써 받아들여야 순조롭
다. 예를 들어 호탕(浩蕩)한 기세가 순행(順行)하지 않고 오히려 남방(南方)으
로 나간다면 곧 그 성질을 거슬리는 것이니 강함을 억누르지 못해 제하기가
어렵다.

구문풀이

▶ 추수(秋水)는 서방(西方)의 수(水)로 발원지가 가장 긴 것으로 그 세력이 가
장 왕(旺)하다. 토(土)로써는 억제할 수가 없고 목(木)으로써 받아들여야 순조
롭다.

추수는 가을철의 물로 서방(西方)의 물이니 곤륜(崑崙)에서 발원(發源)하여 그
세력이 가장 호탕(浩蕩)하니 막을 수가 없습니다. 그 성질에 순응함이 올바
른 것입니다. 다만 목(木)을 사용하여 받아들이면 순응하는 것이니 곧 성품

은 지혜롭고 행동은 인자합니다.

그러나 만약 토(土)를 써서 제어하면 오히려 충분(沖奔)하는 근심이 있으니 그 성품은 완고하고 고집스럽다고 하는 것입니다.

▶ 예를 들어 호탕(浩蕩)한 기세가 순행(順行)하지 않고 오히려 남방(南方)으로 나간다면 곧 그 성질을 거스르는 것이니 강함을 억누르지 못해 제하기가 어렵다.

이러한 서북(西北)의 거센 물결이 만약 남방(南方)으로 흘러간다면 거센 수(水)와 맹렬한 화(火)가 만나 자오충(子午沖)으로 수화상쟁(水火相爭)이 되니, 그 충격하는 기세는 정말로 막기 어려워 두려운 것입니다.

그러므로 수화상쟁의 큰 충격을 가진 사람은 그 성질이 반항하여 고집이 세므로 굳세지 못하다고 말하는 것입니다.

時	日	月	年	건 명
편재		편인	겁재	六神
丙	壬	庚	癸	天干
午	子	申	亥	地支
정재	겁재	편인	비견	六神

【예시】

임자(壬子)일주는 양인(陽刃)인데 신자합수(申子合水)한다. 또한 년지가 해수(亥水)인데 계수(癸水)가 투간하였다. 그런데 경금(庚金)이 투간하여 임수(壬水)를 생하니 가히 서방(西方)의 물이라 할 만하다.

그러나 목(木)이 없으니 호탕(浩蕩)한 세력이 귀납(歸納)할 곳이 없다. 시(時)에 병오(丙午)를 만나는데 이것이 추수(秋水)가 남쪽으로 선회(旋回)한다는 것이다.

따라서 자오충(子午沖)으로 충격(衝激)하여 그 성질을 거스르고 있다.

그러므로 사람됨이 강하고 완고하였는데 무례하기까지 하였다.

더욱이 운이 남방(南方)으로 달리니 가업(家業)이 피폐(疲弊)하고 오운(午運)에 이르러 남방(南方)의 기운(氣運)이 서방(西方)의 수(水)를 자오충(子午沖)하니 남의 아내를 강간하다가 사람들에게 맞아 즉었다

【예시】

時	日	月	年	세운32	대운23	곤 명
상관		정관	비견	겁재	편재	六 神
癸	庚	丁	庚	辛	甲	天 干
未	子	亥	戌	巳	申	地 支
정인	상관	식신	편인	편관	비견	六 神

이 사주는 북서(北西)의 강물이 창궐(猖獗)하는 팔자이니 어찌 토(土)로써 제어할 수 있으랴?

말하길 창궐(猖獗)하는 수(水)가 남방(南方)으로 선회(旋回)한다고 하면 충격(衝激)을 당해 가장 완고(完固)해진다고 하였다.

그러므로 신(申)대운에 신자합수(申子合水)하니, 수(水)가 국(局)을 이뤄 창궐(猖獗)한데 신사년에는 남방(南方)으로 선회(旋回)한 것이다.

따라서 사해충(巳亥沖)을 만나 정계충(丁癸沖)을 유발하니 천충지격(天沖地擊)이 된다. 왕신(旺神)을 충격하는 것이니 대흉(大凶)한 것을 알아야 한다. 그러므로 신사년(辛巳年)에 남편이 사망하였다.

7) 동쪽의 불이 북(北)을 만나면 사납다.

至剛者東火轉北.
지강자동화전북.

사납다는 것은 동쪽의 불이 북(北)쪽으로 돌아선 까닭이다.

【原文】東方之火其氣焰欲炎上局中無土以收之水以制之焉能安焚烈之
【원문】동방지화기기염욕염상국중무토이수지수이제지언능안분렬지

勢若不順行而反行北方則逆其性矣能不剛暴耶.
세약불순행이반행북방칙역기성의능불강폭야.

동방(東方)의 화(火)라는 것은 그 기세가 염상(炎上)하는 것이니 국중(局中)에
서 토(土)로써 거두어들일 수가 없거나 수(水)로써 억제한다면 어찌 불타오
르는 맹렬한 세력을 안정되게 할 수가 있겠는가.
만약에 순행(順行)하지 않고서 오히려 북방(北方)으로 나아간다면 곧 그 성품
을 거역하는 것이니 강폭(剛暴)하지 않을 수가 없는 것이다.

구문풀이

▶ 동방(東方)의 화(火)라는 것은 그 기세가 염상(炎上)하는 것이니 국중(局中)
에서 토(土)로써 거두어들일 수가 없거나 수(水)로써 억제한다면 어찌 불타
오르는 맹렬한 세력을 안정되게 할 수가 있겠는가.

동방(東方)의 화(火)는 화령목세(火逞木勢)합니다.
곧 화(火)는 날뛰고 목(木)은 세력이 있다는 뜻입니다.
그러므로 염상(炎上)하는 성질은 막을 수가 없습니다.

단지, 그 강렬(剛烈)한 성품에 순종할 수밖에 없습니다.

따라서 습토(溼土)를 용(用)하여서 거두어들이면 목화의 강렬지성(剛烈之性)은 자애지덕(慈愛之德)으로 변하게 됩니다.

그러나 목화(木火)가 북방(北方)으로 돌아가면 수화가 충돌하므로 분열지세(焚烈之勢)가 되어 더욱 날뛰게 되니 어찌 제어할 수 있겠습니까. 고로 반드시 그 성질은 강포(剛暴)하고 무례(無禮)할 것입니다.

▶ 만약에 순행(順行)하지 않고서 오히려 토방(北方)으로 나아간다면 곧 그 성품을 거역하는 것이니 강폭(剛暴)하지 않을 수가 없는 것이다.

염상(炎上)의 화염(火焰)은 거스르지 말아야 좋은데 만일 북방(北方)의 수(水)로 진행해 나아간다면 곧바로 맹렬한 불길이 거친 물결과 부딪친다는 것이니 수화상쟁(水火相爭)이 되는 것입니다.

곧 그 성품을 거역하는 것이니 성정(性情)이 강폭(强暴)하여 무례(無禮)하게 되는데 만일 행운이 화목(火木)으로 흘러 그 세력에 따라 줄 적에는 자애롭고 측은하게 여기는 마음이 있게 됩니다.

【예시】

병오(丙午)일주가 오월(午月)에 태어났는데 인오(寅午)합(合)이고 비견(比肩) 병화(丙火)가 투간하였다.

또한, 월간에 갑목(甲木)이 있으니 분열염상(焚烈炎上)하는 세력을 막을 수가 없다.

가히 동방(東方)의 화(火)가 화령목세(火逞木勢) 한다고 말할 수 있겠다.

묘(妙)한 것은 시지(時支) 축토(丑土)이다.

습토(濕土)로 맹렬(猛烈)한 염상(炎上)의 기운을 거두어들인다.

그러므로 사람됨이 겸양(謙讓)할 줄 알고 아첨(阿諂)하지 않았다.

토금(土金)운을 만나니 여전히 축토(丑土)의 식상생재(食傷生財)를 도우므로 과거급제하였고 벼슬은 군수에 이르렀다.

時	日	月	年	건명
상관		편인	비견	六神
己	丙	甲	丙	天干
丑	午	午	寅	地支
상관	겁재	겁재	편인	六神

8) 상생(相生)하는 기운이 충(沖)을 만나면 저항을 한다.

> **順生之機遇擊神而抗.**
> 순 생 지 기 우 격 신 이 항 .

순생(順生)하는 사주가 충격(衝激)하는 신(神)을 만나면 저항(抵抗)하게 된다.

> **【原文】如木生火火生土一路順其性情次序自相和平中遇擊神而不得遂**
> 【원문】여 목 생 화 화 생 토 일 노 순 기 성 정 차 서 자 상 화 평 중 우 격 신 이 불 득 수
> **其順生之性則抗而勇猛.**
> 기 순 생 지 성 칙 항 이 용 맹 .

예를 들어 목(木)이 화(火)를 생하고 화(火)가 토(土)를 생하여 그 성정(性情)의 순서대로 순행(順行)한다면 스스로 서로 화평(和平)하게 된다. 그런데 그 중에서 격신(擊神)을 만나게 된다면 순생(順生)하는 성품을 따르지 못하므로 곧 저항하여 용맹스럽게 된다.

구문풀이

▶ 예를 들어 목(木)이 화(火)를 생하고 화(火)가 토(土)를 생하여 그 성정(性情)의 순서대로 순행(順行)한다면 스스로 서로 화평(和平)하게 되는데 그 중에서 격신(擊神)을 만나게 된다면 순생(順生)하는 성품을 따르지 못하므로 곧 저항하여 용맹스럽게 된다.

목왕(木旺)할 때에 화(火)를 얻게 돼서 통(通)하게 되면 순(順)이라고 하고 그런 후에 토(土)로써 나아가면 생(生)한다고 합니다. 이때 만약 금수(金水)를 보게 되면 금수(金水)는 목(木)을 극하는 격신(擊神)이 되는 것인데 목왕(木旺)

이 금(金)을 보게 되면 금목(金木) 상쟁하게 되므로 저항하게 되는 것입니다. 저항한다는 것은 성정을 따르지 않는다는 것이니 용맹은 하겠으나 전국이 불안정하게 되는 팔자가 되는 것입니다.

【예시】

갑인(甲寅)일주가 인월(寅月)에 태어났는데 인해(寅亥)합목(合木)이다. 비록 목(木)은 왕(旺)하지만, 병화(丙火) 식신(食神)이 투간(透干)하여 유통(流通)되고 있다. 이것이 소위 순생(順生)의 기틀이라고 말하는데 통휘지상(通輝之象)이 된 것이다.

그러므로 학업이 뛰어났는데 한 번 본 것은 모두 암기할 수 있었다.

싫은 것은 시(時)에 임신(壬申)이 출현하여 목왕(木旺)한 일주가 금수(金水)의 충격을 만난 것이다. 이것이 말하길 순생(順生)의 기틀이 충격(衝激)을 만나 대항(對抗)한다는 것이다. 고로 초운(初運)이 북방수(北方水)운이니 충격이 더욱 강해져 대항하니 전국이 혼란하므로 일신(日身)의 공명(功名)을 이루기 어려워 형상파모(刑傷破耗)가 많았다.

신유(辛酉)운에 이르러 금수(金水)가 더욱 왕(旺)하여 목(木)을 충격(衝激)하는 중에 병신합거(丙辛合去)로 사망하였다.

時	日	月	年	건 명
편인		식신	정재	六神
壬	甲	丙	己	天干
申	寅	寅	亥	地支
편관	비견	비견	편인	六神

9) 역으로 생하는 한신(閑神)을 보게 되면 광폭(狂暴)해진다.

> 逆生之序見閑神而狂.
> 역생지서견한신이광.

역으로 생(生)하는 한신(閑神)을 보게 되면 광폭(狂暴)해진다.

> 【原文】如木生亥見戌酉申則氣逆非性之所安一遇閑神若巳酉丑逆之則
> 【원문】여목생해견술유신칙기역비성지소안일우한신약사유축역지즉
> 必發而爲狂猛.
> 필발이위광맹.

예를 들어 목(木)이 해(亥)에서 태어났는데 술유신(戌酉申)을 보게 되면 곧 기
(氣)가 역(逆)하는 것이다. 따라서 이것이 하나의 한신(閑神)이라 해도 성정(性
情)이 편안함을 얻지 못한다. 만약 사유축(巳酉丑)은 역(逆)이니 곧 반드시 발
(發)하므로 사납기가 맹렬하게 된다.

구문풀이

▶ 예를 들어 목(木)이 해(亥)에서 태어났는데 술유신(戌酉申)을 보게 되면 곧 기
(氣)가 역(逆)하는 것이다. 따라서 이것이 하나의 한신(閑神)이라 해도 성정(性情)
이 편안함을 얻지 못한다.
만약, 사유축(巳酉丑)은 역(逆)이니 곧 반드시 발(發)하므로 사납기가 맹렬하게
된다.

해수(亥水)는 목(木)의 장생지(長生地)입니다. 즉, 목(木)이 생겨나는 근원지이
죠. 그런데 술유신(戌酉申)은 서방(金方)의 기운이니 금(金)이 목(木)을 극하는

자리입니다. 따라서 이를 기역(氣逆)한다고 하는데 곧 생(生)의 순서가 거꾸로 되는 것입니다.

한신(閑神)은 본래 영향력이 없는 글자이지만 만약 기운이 역(逆)하게 흐르는 상황에서는 그 역기운이 폭발하여 광맹(狂猛), 즉 거칠고 사나운 성정으로 드러난다는 뜻입니다.

【예시】

갑인(甲寅)일주가 해월(亥月)에 태어났는데 수(水)는 왕(旺)하고 목(木)은 견고(堅固)하다. 왕(旺)함이 극(極)하다고 말할 수 있다.

그런데 신금(辛金)은 왕목(旺木)을 극(剋)하면 불길(不吉)하나 수(水)의 세력에 순종하여 따라가니 금생수(金生水), 수생목(水生木)으로 그 성질을 거역하지 않고 있다. 이러한 구조를 역생지서(逆生之序)라 한다.

묘(妙)한 것은 토(土)가 없어 수성(水性)을 거스르지 않고 있다.

고로 초년은 북방운(北方運)이니 입반(入泮)하여 등과(登科)하였고 갑인(甲寅)과 을묘운(乙卯運)에는 그 왕신(旺神)에 종(從)하니 유명한 지역에 관리로 임명이 되었다.

그런데 병진운에는 병화(丙火)가 위태로웠지만, 병신합(丙辛合)하고 진자합수(辰子合水)하여 비록 낙직(落職)해도 허물은 없었다.

그러나 정사(丁巳)운(運)에 이르러 사해충(巳亥沖)으로 한신(閑神)의 충격을 만났는데 그 성정(性情)을 거슬리니 사망하게 되었다.

時	日	月	年	건 명
비견		정관	편인	六神
甲	甲	辛	壬	天干
子	寅	亥	子	地支
정인	비견	편인	정인	六神

10) 양명(陽明)이 금(金)을 만나게 되면 침울(沈鬱)하다.

陽明遇金鬱而多煩.
양명우금울이다번.

양명(陽明)이 금(金)을 만나게 되면 침울(沈鬱)하여져서 번민이 많다.

【原文】寅午戌爲陽明有金氣伏於內則成其鬱鬱而多煩悶.
【원문】인오술위양명유금기복어내칙성기울울이다번민.

인오술(寅午戌)을 양명(陽明)이라고 한다. 금(金)의 기운이 내재(內在)되어 있으면 곧 우울함을 이루어 답답함이 많아진다.

구문풀이

▶ 양명(陽明)이 금(金)을 만나게 되면 침울하여져서 번민이 많다.

양명(陽明)한 기운은 본래 밝은 기운이라 활짝 펼쳐짐이 많아서 한창 뻗어가는 기운인데 금(金)은 수렴하는 기운이므로 양명(陽明)이 금(金)을 만나게되면 양명(陽明)의 기운이 정체되어 꺾어지게 마련입니다. 이것을 양명우금(陽明遇金)이라고 말하는 것입니다.
양명우금(陽明遇金)이 되면 기운이 막히어 정체되는 것이므로 운기(運氣)가발복(發福) 되지 못하는 까닭에 매사 침울(沈鬱)하게 되어 답답해지는 것입니다. 이것은 하고자 하는 뜻이 성공하지 못하고 재처럼 식는 것과 같은 것이니 침울하여져서 번민이 많다고 말하는 것입니다.

▶ 인오술(寅午戌)을 양명(陽明)이라고 한다. 금(金)의 기운이 내재(內在)되어 있으면 곧 우울함을 이루어 답답함이 많아진다.

양명(陽明)의 기(氣)란 본래 무성하게 자라게 하는 것입니다.
이것은 마음이 본래 밝아 화창하여 맘껏 뻗어가길 염원하지만, 중간에 큰 돌산을 만나면 막혀 그늘이 지는 것과 같은 것입니다.
곧 뻗지 못하므로 뜻하는 바가 재처럼 식어서 정체되는 것이니 마음이 우울하면 뜻이 식기 때문에 마음이 답답하게 되는 것입니다.

【예시】
병화(丙火)가 인오술(寅午戌)삼합이니 화국(火局)을 이루었다.
그런데 시간의 경금(庚金)이 투간하여 맹렬한 양명(陽明)에 의해 극(剋)을 받으니 비견이 쟁재(爭財)하는 것이다. 이러한 것을 양명우금(陽明遇金)이라 한다.
초운에는 을유(乙酉)와 갑신(甲申)인데 축(丑)에 암장한 금(金)을 인통(引通)하니 가업(家業)이 풍성했고 생원(生員)과 초시(初試)에도 합격했다. 그러나 원래 겁재(劫財)가 태왕(太旺)하므로 양명우금이 되어 좋은 운이 지나가니 모든 것이 헛되었다.
10번의 무과시험에 낙제하고 중년운이 남방(南方)에 들어가니 화재를 3번 만나 처 4명을 상하게 하고 아들 5명을 극(剋)하였다.
만년에는 고빈(孤貧)일신(一身)하여 빈궁(貧窮)하였다.

時	日	月	年	건 명
편재		비견	정인	六神
庚	丙	丙	乙	天干
寅	午	戌	丑	地支
편인	겁재	식신	상관	六神

11) 음탁(陰濁)한 팔자에 화(火)는 막히게 된다.

陰濁藏火包而多滯.
음 탁 장 화 포 이 다 체.

음탁(陰濁)한 팔자에 화(火)가 내장(內藏)되면 막힘이 많다.

【原文】酉丑亥爲陰濁有火氣藏於內則不發輝而多滯.
【원문】유 축 해 위 음 탁 유 화 기 장 어 내 칙 불 발 휘 이 다 체.

유축해(酉丑亥)를 음탁(陰濁)하다고 한다. 화기(火氣)가 안으로 잠겨 있게 되면
곧 빛을 발(發)하지 못하므로 막힘이 많게 된다.

구문풀이

▶ 유축해(酉丑亥)를 음탁(陰濁)하다고 한다. 화기(火氣)가 안으로 잠겨 있게 되
면 곧 빛을 발(發)하지 못하므로 막힘이 많게 된다.

음습(淫習)하고 어두운 기운을 음탁(陰濁)하다고 말합니다. 음탁(陰濁)한 사주
가 행운이 순수한 양명(陽明)으로 흘러 목화(木火)의 기운을 끌어내 유통해
주어야만 확연해지고 막힘이 없게 됩니다.
그러나 반대로 음탁함이 심해서 내장이 된 화가 발현되지 못하면 마음으로
는 빨리하려고 하지만 그 의지가 미처 따르지 못하여 일에 부닥치며 이리
저리 생각하여 결단성이 없는데 이른바 의심이 많은 성품이 됩니다.
예를 들어 유축해(酉丑亥)가 있게 되면 음탁(陰濁)하다고 하는데 여기에 화(火)
가 숨어 있다면 음탁장화(陰濁藏火)라고 하여 "화가 음습하고 탁한 곳에 숨어
있다"라고 말하는 것입니다.

이런 환경에서는 화(火)가 빛을 내기 어려운 것입니다.

꺼지거나 식어 버리기 쉬우므로 분발하기 어려워 막히므로 삶에 정체가 많은 것입니다.

【예시】

계수(癸水)가 유월(酉月)에 태어났는데 지지는 유해축(酉丑亥)으로 모두 음탁(陰濁)하다.

그런데 천간은 3수(水), 1금(金)이니 술(戌)중의 정화(丁火)를 내장(內藏)하여 음탁장화(陰濁藏火)가 되었는데 곧 음탁(陰濁)한 사주에 화(火)가 내장된 팔자이다.

해중(亥中)의 갑목(甲木)은 습목(濕木)이니 화(火)가 드러나지 않는 무염지화(無焰之火)를 생(生)할 수가 없다.

좋은 것은 행운(行運)이 동남(東南)으로 흘러 내장(內藏)이 된 술토(戌土)의 양명(陽明)한 기운(氣運)을 인통(引通)할 수 있었다.

따라서 과거급제를 하고 품었던 뜻을 이룬 것이다.

時	日	月	年	건 명
겁재		편인	비견	六 神
壬	癸	辛	癸	天 干
戌	丑	酉	亥	地 支
정관	편관	편인	겁재	六 神

12) 양인(羊刃)이 국(局)을 이뤄 싸우면 사납다.

羊刃局戰則逞威弱則怕事傷官格淸則謙和濁則剛猛用神多者情
양인국전칙령위약칙파사상관격청칙겸화탁칙강맹용신다자정
性不常時支枯者虎頭蛇尾.
성불상시지고자호두사미.

양인(羊刃)이 국(局)을 이뤄 싸우면 사납게 되고 쇠약(衰弱)하면 일을 두려워
한다. 상관격은 청(淸)하면 겸손하고 온화하지만 탁(濁)하면 강하여 사납다.
용신(用神)이 많으면 마음의 변덕(變德)이 심하고 시지(時支)가 메마르면 용두
사미(龍頭蛇尾)이다.

【原文】羊刃局凡羊刃如是午火干頭透丙支又會成會寅或得卯以生之皆
【원문】양인국범양인여시오화간두투병지우회성회인혹득묘이생지개
旺透丁爲露刃子沖爲戰未合爲藏再逢亥水之克壬癸水之制丑辰土之洩則
왕투정위노인자충위전미합위장재봉해수지극임계수지제축진토지설칙
弱矣傷官格如支會傷局干化傷象不重出無食混身旺有財身弱有印謂之淸
약의상관격여지회상국간화상상불중출무식혼신왕유재신약유인위지청
反是則濁夏木之見水冬金之得火淸而且秀富貴非常.
반시칙탁하목지견수동금지득화청이차수부귀비상.

양인국(羊刃局)이라고 하는 것은 양인(羊刃)을 말한다. 예를 들어 오화(午火)가
있는데 천간에 병화(丙火)가 투출되어 있고 지지의 술토(戌土)와 합하거나 인
목(寅木)과 합하거나 혹은 묘목(卯木)이 생하여 주고 있으면 모두 왕한데, 천
간에 정화(丁火)가 있으면 인(刃)이 투출되었다고 한다.
만약, 자수(子水)가 충하면 싸운다고 하며 미토(未土)와 합하면 저장한다고 말
하고 거기다가 또 해수(亥水)가 극하거나, 임계수(壬癸水)가 억제하거나, 축(丑)

진토(辰土)가 설기하면 쇠약(衰弱)하게 된다. 상관격(傷官格)이라고 하는 것은, 예를 들어 지지에 회합(會合)으로 상관국(傷官局)이 있는데, 천간에서 상관(傷官)을 화(化)하여 주어 상관이 중(重)하지 않고 혹은 식신(食神)이 혼잡 되어 있지 않고, 일주가 왕한데 재성(財星)이 있고 일주가 쇠약한데 인성(印星)이 있다면 이것을 청(淸)하다고 한다. 이와 반대로 되면 탁(濁)하다고 한다.

여름의 목(木)에 수(水)가 있고 겨울의 금(金)에 화(火)가 있다면 청(淸)하고 또 수려(秀麗)하니 아주 부귀(富貴)하게 된다.

구문풀이

▶ 양인(羊刃)이 국(局)을 이뤄 싸우면 사납게 되고 쇠약(衰弱)하면 일을 두려워한다. 상관격은 청(淸)하면 겸손하고 온화하지만 탁(濁)하면 강하여 사납다.

원래 양인격(陽刃格)과 양인살(羊刃殺)은 그 형식이 다릅니다.

곧 양인격(陽刃格)은 별양(陽)을 쓰고 신살(神殺)의 양인(羊刃)은 동물의 양(羊)을 사용합니다. 그래서 양인격(陽刃格)을 말할 때는 격국의 명칭으로 별양(陽)을 사용하고 신살을 말할 때는 양(羊)의 글자를 사용합니다.

따라서 원문에서 양인(羊刃)을 사용하면 그건 신살(神殺)을 말하는 것입니다. 그런데 상관격(傷官格)을 언급한 것으로 보면 양인국(羊刃局)은 양인격(陽刃格)을 말하는 것이 분명합니다.

그러므로 신살(神殺)에서 사용하는 양(羊)으로 양인국(羊刃局)을 쓰면 안 되고 격국을 말할 때는 별양(陽)을 사용하여 양인격(陽刃格)으로 말해야 합니다.

그래서 본문은 신살(神殺)을 격국(格局)으로 착각한 것으로 보면 됩니다.

'사주첩경'에서도 양인격(陽刃格)을 별양으로 사용하지 않고, 신살의 양인격(羊刃格)이라 잘못 사용하고 있음을 알고 설명을 이해해야 합니다.

▶ 만약 자수(子水)가 충(沖)하면 싸운다고 하며 미토(未土)와 합하면 저장한다고 말하고 거기다가 또 해수(亥水)가 극하거나, 임계수(壬癸水)가 억제하거나, 축(丑)진토(辰土)가 설기하면 쇠약(衰弱)하게 된다.

오화(午火) 양인(陽刃)이 국을 이루는데 자수(子水)가 자오충(子午沖)을 하면 격돌(激突)하므로 싸우게 되는데 전쟁이 일어나는 것입니다. 사주가 전쟁이 나면 사람이 사납기가 흉폭(凶暴)할 정도로 잔인(殘忍)하게 됩니다. 따라서 칠살(七殺)로 양인(陽刃)을 제압함이 마땅한 것입니다. 따라서 양인합살(陽刃合殺)이란 이것을 두고 말하는 것입니다.

만약 미토(未土)가 있어서 오미합(午未合)하견 양인의 흉살을 저장한다고 하고 해수(亥水) 혹은 임계수(壬癸水)가 수극화(水克火)로 양인(陽刃)을 극함이 심하면 오히려 쇠약해집니다.

양인(陽刃)이 쇠약하면 오히려 일을 만나 해결하는 것을 두려워합니다. 의기소침(意氣銷沈)하여 숨으려고 합니다.

▶ 상관격(傷官格)이라고 하는 것은 예를 들어 지지에 회합(會合)으로 상관국(傷官局)이 있는데, 천간에서 상관(傷官)을 화(化)하여 주어 상관이 중(重)하지 않고 혹은 식신(食神)이 혼잡 되어 있지 않고, 일주가 왕(旺)한데 재성(財星)이 있고 일주가 쇠약한데 인성(印星)이 있다면 이것을 청(淸)하다고 한다.

상관격은 국을 이루어 상관이 태강(太强)하면 탁해질 수가 있습니다.
따라서 재성이 있어서 화상위재하므로 자성으로 상관을 설기해주면 상관이 맑아지게 됩니다. 또는 상관(傷官)이 있는데 식신(食神)도 투간하면 혼식(混食)이 되어 맑지 못하다고 합니다.
그러므로 일주가 왕(旺)한 것이 좋으면 재성이 있어야 하고, 만약 일주가 쇠약한데 상관이 강하면 인수로 해결하는 길이 바람직합니다.

▶ 여름의 목(木)에 수(水)가 있고 겨울의 금(金)에 화(火)가 있다면 청(淸)하고 또 수려(秀麗)하니 아주 부귀(富貴)하게 된다.

목화상관(木火傷官)과 금수상관(金水傷官)은 필히 조후(調候)가 필요한 것을 말합니다. 곧 여름철의 목(木)은 메마르니 물이 필요하니 목화상관희인수(木火傷官喜印綬)가 되고 겨울철의 금(金)은 얼어붙으니 불이 필요하니 금수상관희견관(金水傷官喜見官)이 됩니다.

【예시】
병화(丙火)가 오월(午月)에 태어나 양인(陽刃)이 당령(當領)하였다.
그런데 자(子)가 오(午)를 충하고 5개의 무토(戊土)는 병화(丙火)를 회화(晦火)하니 양인(陽刃)이 쇠함을 알 수 있다. 더구나 행운(行運)이 금수(金水)로 흐르니 양인(陽刃)이 다시 적(敵)을 만난 것이다.
그러므로 부단히 노력했지만, 공명(功名)이 좌절(挫折)되고 재물도 드물게 모였다. 그러다가 갑인년(甲寅年)에 무토(戊土)를 제압하고 인오합(寅午合)으로 신강해지는 시기에 은과(恩科)에 합격하였다.

時	日	月	年	건 명
식신		식신	식신	六神
戊	丙	戊	戊	天干
戌	辰	午	子	地支
식신	식신	겁재	정관	六神

25. 질병(疾病)

1) 오행(五行)이 화목(和睦)하면 편안하다.

> 五行和者一世無災.
> 오행화자일세무재.

오행(五行)이 화목(和睦)한 사람은 일생에 있어서 재앙(災殃)이 없다.

> 【原文】五行和者不特全而不缺生而不克只是全者宜全缺者宜缺生者宜
> 【원문】오행화자불특전이불결생이불극지시전자의전결자의결생자의
> 生克者宜克則和矣主一世無災.
> 생극자의극칙화의주일세무재.

오행이 화목(和睦)하다는 것은 모든 오행(五行)이 온전(穩全)하여 결여(缺如)된 것이 없는 것뿐만이니라 생(生)하고 극(剋)하지 않아야 한다.
다만 갖추어야 할 것은 갖추어야 하고 빠져야 할 것은 빠져야 하고 생해야 할 것은 생(生)해야 하겠고 극(剋)해야 할 것은 마땅히 극(剋)하게 된다면 곧 화목(和睦)한 것이다.
그렇게 된다면 일주는 일생동안 재앙(災殃)이 없게 되는 것이다.

▶ 오행(五行)이 화목(和睦)한 사람은 일생에 있어서 재앙(災殃)이 없다.

오행은 하늘에서는 오기(五氣)로 즉 청적황백흑(靑赤黃白黑)이 되고, 땅에서는 오행(五行)으로 즉 목화토금수(木火土金水)가 되며, 사람에 있어서는 오장(五臟)으로 즉 간심비폐신(肝心脾肺腎)가 됩니다.

사람은 만물의 영장으로 모든 오행이 완전하게 갖춰지어 밖으로는 얼굴에 나타나는데 하늘의 오기(五氣)를 상징하고 안으로는 장부(臟腑)를 나타내는데 땅의 오행을 상징합니다.

그러므로 사람을 하나의 작은 세계라고 하여 장부(臟腑)를 각각 오행의 음양에 배합을 시켜 놓았습니다.

무릇 하나의 장(臟)에 하나의 부(腑)를 배속하여 부는 양(陽)에 속하니 즉 갑병무경임(甲丙戊庚壬)이 되고, 장은 모두 음(陰)에 속하니 즉 을정기신계(乙丁己辛癸)가 됩니다.

이것이 불화하여 너무 태과하거나 너무 쇠약하게 되면 질병이 발생하게 되는데 즉 풍열습조한(風熱濕燥寒)의 증상으로 나타나게 됩니다.

그러나 음양이 조화롭게 자리 잡은 사람은 오행이 화목하다고 할 만하므로 이러한 사람들은 일생에 병이 없고 재앙이 없다고 말해도 되는 것입니다.

【예시】

무토(戊土)가 인월(寅月)에 태어났다.

목(木)은 왕(旺)하고 토(土)는 허(虛)하다. 좋은 것은 무토(戊土)가 술토(戌土) 비견(比肩)에 앉아 통근(通根)함이니 충분히 식신(食神)의 설기(泄氣)를 감당하여 편관(偏官)을 제살(制殺)할 수가 있다는 겄이다. 더구나 경금(庚金)도 자좌(自座) 록(祿)에 앉아 있으니 벌목(伐木)할 역량(力量)이 충분하다. 본래 칠살(七殺)이 태과(太過)한 것이 아니라면 극(剋)이 마땅하다.

년간의 계수(癸水)가 편관(偏官)을 생살(生殺)하지만, 미토(未土)가 억제하니 목(木)을 생(生)하지 못하게 한다. 좋은 것은 생(生)하고 나쁜 것은 버리니 오행(五行)이 화목(和睦)하다고 하는 것이다.

또한 행운(行運)도 서방(西方)으로 흘러 낟방(南方)으로 가니 수명(壽命)이 구순(九旬)에 이르러도 언행(言行)이 총명(聰明)했다.

자식은 왕(旺)하고 손(孫)도 많았으니 수복(壽福)하였다.

이것이 오행이 구전(俱全)하는데 결여(缺如)됨이 없다는 것이니 무재무병(無災無病)하여 일체 재앙이 없었다.

時	日	月	年	건 명
식신		편관	정재	六神
庚	**戊**	**甲**	**癸**	天干
申	**戌**	**寅**	**未**	地支
식신	비견	편관	겁재	六神

2) 혈기(血氣)가 어지러우면 질병(疾病)이 많다.

血氣亂者生平多病.
혈 기 란 자 생 평 다 병.

혈기(血氣)가 어지러운 사람은 평생 질병(疾病)이 많다.

【原文】血氣亂者不特火勝水水克火之類五氣反逆上下不通往來不順謂
【원문】혈 기 란 자 불 특 화 승 수 수 극 화 지 유 오 기 반 역 상 하 불 통 왕 래 불 순 위

之亂主人多病.
지 란 주 인 다 병.

혈기(血氣)가 어지럽다고 하는 것은 화(火)가 수(水)를 능가하거나 혹은 수(水)
가 화(火)를 극(剋)하는 유형뿐 만이 아니다.
오기(五氣)가 반대로 역행(逆行)하고 상하(上下)가 불통(不通)하며 왕래(往來)가
순조롭지 못한 것을 일러 어지럽다고 말한다.
이러한 주인공은 질병이 많게 된다.

구문풀이

▶ 혈기(血氣)가 어지러운 사람은 평생 질병(疾病)이 많다.

오행에서 수(水)를 혈(血)이라 하는데 사람의 몸에 있어서 맥(脉)을 논한다고
하는 것은 즉 혈(血)을 말하는 것입니다.
그래서 혈기가 어지럽다고 하는 것은 수(水)와 화(火)의 싸움뿐만이 아니라
오행이 서로 극하고 순조롭지 못한 것을 말합니다.
또한, 만약 좌우(左右)에서 서로 싸우고 상하(上下)가 서로 극하고, 극(剋)하는

것이 좋은데 생(生)하여 주고, 생(生)하여 주는 것이 좋은데 극(剋)하여 주고 있다면, 모든 것이 오행이 거꾸로 상극(相剋)하고 있으니 사주가 이렇게 된 사람은 반드시 병이 많게 되는 것입니다.

【예시】

병화(丙火)가 미월(未月)에 태어났는데 겁재(劫財)가 투간하고 시지가 오화(午火)이다. 병화(丙火)가 태왕(太旺)한데 년간의 임수(壬水)는 정임합(丁壬合)으로 돕지를 못한다. 일지 신금(申金)이 임수(壬水)를 생하고자 하나 병화(丙火)와 오화(午火)에 의해 극을 받고 인신충(寅申沖)이 되니 임수(壬水)를 생(生)할 수가 없다.

이것이 태왕(太旺)한 화(火)가 금(金)을 극해 상하(上下)가 불통(不通)하여 혈기(血氣)가 어지럽다는 뜻이다.

그래서 신금(申金)은 극(剋)을 받아서 명주는 가래와 기침이 심했는데 폐(肺)가 손상되었다. 술운(戌運)에 이르러 오술합(午戌合)으로 화국(火局)을 이루니 폐는 더욱 쇠약해지고 피를 토하고 죽었다.

時	日	月	年	건 명
편인		겁재	편관	六神
甲	**丙**	**丁**	**壬**	天干
午	**申**	**未**	**寅**	地支
겁재	편재	상관	편인	六神

3) 기신(忌神)이 암장되면 병(病)이 깊다.

忌神入五臟而病凶.
기신입오장이병흉.

기신(忌神)이 오장(五臟)으로 들어가면 병(病)이 흉(凶)하다.

【原文】柱中所忌之神不制不化不沖不散隱伏深固相克五臟則其病凶忌
【원문】주중소기지신불제불화불충불산은복심고상극오장칙기병흉기
木而入土則脾病忌火而入金則肺病忌土而入水則腎病忌金而入木則肝病
목이입토칙비병기화이입금칙폐병기토이입수칙신병기금이입목칙간병
忌水而入火則心病又看虛實如木入土土旺者則脾自有餘之病發於四季月
기수이입화칙심병우간허실여목입토토왕자칙비자유여지병발어사계월
土衰者則脾有不足之病發於春冬月餘皆仿之.
토쇠자칙비유불족지병발어춘동월여개방지.

사주 중에서 소위 기신(忌神)을 억제하지 못하여 화(化)하지 못하고 충(沖)하지 못하여 흩어짐이 없으며 깊은 곳에 흉신이 잠복(潛伏)하여 굳어져 오행(五行)을 서로 극(剋)하게 되면 곧 그 병(病)이 흉(凶)하다.

목(木)이 기신(忌神)으로 토(土)에 들어가면 비장(脾臟)에 병(病)이 있고, 화(火)가 기신(忌神)으로 금(金)에 들어가면 폐장(肺臟)에 병(病)이 있다. 또 토(土)가 기신(忌神)으로 수(水)에 들어가면 신장(腎臟)에 병(病)이 있고, 금(金)이 기신(忌神)으로 목(木)에 들어가면 간장(肝腸)에 병(病)이 있고, 수(水)가 기신(忌神)으로 화(火)에 들어가면 심장(心臟)에 병(病)이 있는데 또한 허실(虛實)도 보아야 한다. 예를 들어 목(木)이 토(土)에 들어가는데 토(土)가 왕(旺)하다면, 곧 비장(脾臟)의 기가 너무 많이 남아돌아 생긴 병으로 사계절(四季節)에 병이 발생하고, 토(土)가 약하다면 곧 비장(脾臟)의 기가 부족하여 생기는 병으로 봄과 겨울에 병이 발생하는 것이다. 나머지도 모두 비슷하게 논한다.

▶ 기신(忌神)이 오장(五臟)으로 들어가면 병(病)이 흉(凶)하다.

사주 중에서 기신(忌神)이란 억제하거나 화(化)하여 사라지게 만드는 것이 필요합니다.

또 충(沖)하므로 기신(忌神)의 기운을 흩어지게도 만들어야 좋은 것인데 만약에 이러한 기신(忌神)을 억제하지도 못하고 화하지도 못하면서 충으로 흩어지지도 못하게 된다면 사주의 지장간에 그 기신(忌神)이 깊이 잠복할 수가 있는 것입니다. 그렇게 되면 흉악한 병이 암장(暗藏)이 되어 평생을 질환으로 괴롭히게 되는 것입니다.

기신(忌神)이 오장(五臟)으로 들어간다고 하는 것은 예를 들어 비장(脾臟)을 상징하는 것은 토(土)인데 목(木)이 기신(忌神)이라고 한다면 목(木)의 기운이 비장(脾臟)에 침투하여 있다는 말이 됩니다.

즉 목(木)이 기신(忌神)으로 토(土)에 들어가면 비장(脾臟)에 병이 발생하고, 화(火)가 기신(忌神)으로 금(金)에 들어가면 폐장(肺臟)에 병이 있고, 토(土)가 기신(忌神)으로 수(水)에 들어가면 신장(腎臟)에 병이 있고, 금(金)이 기신(忌神)으로 목(木)에 들어가면 간장(肝臟)에 병이 있고, 수(水)가 기신(忌神)으로 화(火)에 들어가면 심장(心臟)에 병이 있게 됩니다.

【예시】

신금(辛金)이 해월(亥月)에 태어났으니 금수(金水)가 얼어 있다.

그런데 정화(丁火)는 해해형(亥亥刑)과 정임합(丁壬合)으로 무력(無力)하니 금수 (金水)를 녹일 힘이 없다.

또한 지지에는 목(木)이 모두 암장이 되어 목기(木氣)가 왕(旺)하니 미토(未土) 가 극 받아 비장(脾臟)이 허약하였다.

이것이 기신(忌神)이 오장(五臟)에 들어와 육부(六腑)에 잠복한다고 하는 것이 다. 따라서 평소 위장(胃臟)이 좋지 않았다.

時	日	月	年	건 명
상관		비견	편관	六神
壬	辛	辛	丁	天干
辰	未	亥	亥	地支
정인	편인	상관	상관	六神

4) 객신(客神)이 육신(六神)에 임하면 재앙은 적다.

客神遊六經而災小.
객 신 유 육 경 이 재 소 .

객신(客神)이 육경(六經)을 떠돌아다니면 재앙은 적다.

【原文】客神比忌神爲輕不能埋沒游行六道則必有災如木游於土之地而
【원문】객 신 비 기 신 위 경 불 능 매 몰 유 행 육 도 칙 필 유 재 여 목 유 어 토 지 지 이
胃災火游於金之地而大腸災土行水地膀胱災金行木地膽災水行火地小腸災
위 재 화 유 어 금 지 지 이 대 장 재 토 행 수 지 방 굉 재 금 행 목 지 담 재 수 행 화 지 소 장 재

객신(客神)은 기신(忌神)에 비교하면 가볍지만, 소홀히 해서는 안 되는 것이다.
객신(客神)이 육도(六道)를 떠돌아다니게 되면 반드시 재앙이 있는데 예를 들
어 목(木)이 토(土)의 지역을 유랑하면 위장(胃腸)에 화(禍)가 있고 화(火)가 금
(金)의 지역을 유랑하면 대장(大腸)에 화(禍)가 있고 토(土)가 수(水)의 지역을 유
랑하면 방광(膀胱)에 화(禍)가 있으며 금(金)이 목(木)의 지역을 유랑하면 담낭
(膽囊)에 화(禍)가 있고 수(水)가 화(火)의 지역을 유랑하면 소장(小腸)에 화(禍)가
있게 된다.

구문풀이

▶ 객신(客神)이 육경(六經)을 떠돌아다니면 재앙이 적다.

객신(客神)이 육경에 떠돌아다닌다고 하는 것은 허약한 양의 기운이 천간에
떠 있는 것을 말하는데 양이 허약하게 투출되어 있으면 억제하기가 쉽고
화하기도 쉬우니 재앙은 반드시 적게 됩니다.

이것은 마치 병이 표면에 나타나 있는 것과 같아서 외부로부터 들어온 병은 발산하기 쉬워서 큰 병으로 되지 않는 것과 같습니다.

병(病)이 깊다고 하는 것은 병의 뿌리가 뼛속 깊숙이 뻗어 있을 때이니 웬만한 약으로 병(病)을 치료하기가 어려운 것이지만 병의 뿌리가 없이 겉면에 나타난 염증 같으면 쉽게 고쳐질 수가 있으므로 재앙이 적은 것입니다.

여기에서 병(病)이 깊다고 하는 것은 병(病)의 기신이 천간에 투출하였는데 지지에도 그 뿌리를 내리고 있는 것을 말하는 것입니다.

▶ 예를 들어 목(木)이 토(土)의 지역을 유랑하면 위장에 화(禍)가 있고 화(火)가 금(金)의 지역을 유랑하면 대장에 화(禍)가 있고 토(土)가 수(水)의 지역을 유랑하면 방광에 화(禍)가 있으며 금(金)이 목(木)의 지역을 유랑하면 담낭에 화(禍)가 있고 수(水)가 화(火)의 지역을 유랑하면 소장에 화(禍)가 있게 된다.

목(木)이 토(土)의 지역을 유랑한다는 것은 목의 기운이 토(土)의 기운이 있는 지역을 떠돌게 되면 암묵적으로 목극토(木克土)하여 토의 기운을 억제하는데 이로 인해 토(土)의 성분인 위장(胃腸)에 장애가 올 수가 있는 것입니다.

화(火)가 금(金)의 지역을 유랑한다는 것은 화(火)의 기운이 금(金)의 기운이 있는 지역을 떠돌게 되면 암묵적으로 화극금(火克金)하여 금(金)의 기운을 억제하는데 이로 인해 금(金)의 성분인 대장(大腸)에 장애가 올 수가 있는 것입니다.

토(土)의 기운이 수(水)의 기운이 있는 지역을 떠돌게 되면 암묵적으로 토극수(土克水)하여 수(水)의 기운을 억제하는데 이로 인해 수(水)의 성분인 방광(膀胱)에 장애가 올 수가 있는 것입니다.

금(金)의 기운이 목(木)의 기운이 있는 지역을 떠돌게 되면 암묵적으로 금극목(金克木)하여 목(木)의 기운을 억제하는데 이로 인해 목(木)의 성분인 담낭(膽囊)에 장애가 올 수가 있는 것입니다.

또한 수(水)의 기운이 화(火)의 기운이 있는 지역을 떠돌게 되면 암묵적으로 수극화(水克火)하여 화(火)의 기운을 억제하는데 이로 인해 화(火)의 성분인 소장(小腸)에 장애가 올 수가 있는 것입니다.

【예시】
경오(庚午)일주가 진월(辰月) 술시(戌時)에 태어났다. 오술합(午戌合)하는데 병화(丙火)가 투간하니 살왕(殺旺)하다.
그러므로 칠살(七殺)을 생하는 갑목(甲木)은 객신(客神)에 해당한다.
그런데 갑목(甲木)은 두 진토(辰土)에 장목(藏木)을 얻었으니 육경(六經)을 떠돌면서 오장(五臟)에 들어있다. 다만 안 좋은 것은 식신(食神)이 칠살(七殺)을 제살해야 좋은데 임수(壬水)와 갑목(甲木)이 상생(相生)하므로 병화(丙火)를 극(剋)하지 못하였다.
초운은 남방(南方)이니 생토하니 비위(脾胃)에 병이 없었지만, 무신(戊申)운에 토금(土金)이 병왕(並旺)하니 금(金)은 능히 극(木)을 극한다. 기유(己酉)와 경술(庚戌)운에 30년간 발재하니 재물을 크게 모았다.
목(木)은 풍(風)을 주관하는데 신해(辛亥)운은 임수(壬水)가 장생(長生)을 얻어 갑목(甲木)을 생(生)하므로 근심인 풍질을 앓다가 죽었다.

時	日	月	年	건 명
편관		편재	식신	六神
丙	庚	甲	壬	天干
戌	午	辰	辰	地支
편인	정관	편인	편인	六神

5) 혈액 질환은 수생목(水生木)의 막힘이다.

木不受水者血病.
목 불 수 수 자 혈 병.

나무가 물을 받아들이지 못한다면 혈(血)에 병(病)이 있는 것이다.

【原文】水東流而木逢沖或虛脫皆不受水也必主血病蓋肝屬木納血不納
【원문】수 동 유 이 목 봉 충 혹 허 탈 개 불 수 수 야 필 주 혈 병 개 간 속 목 납 혈 불 납

則病.
즉 병.

수(水)가 동쪽으로 흘러가는데 목(木)이 충(沖)을 만나거나 혹 허탈(虛脫)해 있
으면 모두 수(水)를 받아들이지 못하는 것이다.
반드시 일주(日主)는 혈(血)에 병(病)이 있다. 대개 간장(肝臟)은 목(木)에 속하
여 혈(血)을 받아들이는 작용을 하는데 받아들이지 못하게 되면 곧 병(病)이
생기는 것이다.

─────────────

구문풀이

▶ 나무가 물을 받아들이지 못한다면 혈(血)에 병(病)이 있는 것이다.

춘목(春木)이 수(水)를 받아들이지 않는 것은 목화통명(木火通明)으로 화(火)의
발영(發榮)을 기뻐하는 것입니다.
동목(冬木)이 수(水)를 받아들이지 않는 것은 화(火)의 해동(解凍)을 구하기 때
문입니다.

하목(夏木)이 수(水)를 받아들이는 것은 화(火)의 맹렬함을 제거하고 땅의 건조함을 물로 채워야 하기 때문입니다.

추목(秋木)이 수(水)를 받아들이는 것은 금(金)의 예리함을 설하고 살(殺)의 완고함을 변화하고자 바라는 것입니다.

이와 반대로 목(木)이 수(水)를 받아들이지 못하면 즉 피가 흐르지 못하는 까닭에 혈병(血病)이 생겨납니다.

【예시】

을목(乙木)이 미월(未月)에 태어났다. 을목(乙木)이 월령의 휴수(休囚)한 위치에 있고 년월(年月)에 투출한 두 정화(丁火) 식신의 설기(洩氣)가 태과(太過)하다.

그러므로 을목(乙木)이 메마르니 수(水)를 갈망(渴望)하는데 좋은 것은 시지(時支) 건록(建祿)에 일간이 통근(通根)하고 두 개의 해수(亥水)가 일간을 생(生)하니 조열(燥熱)한 미토(未土)를 해갈(解渴)하고 있다.

묘한 것은 해묘미(亥卯未) 삼합으로 모여 방신(幇身)하니 통휘지상(通輝之象)이 된 것이다. 고로 봄철의 득왕(得旺)으로 변한 것이다.

갑진운(甲辰運)에 이르러 호방(虎榜)에 급제하였다.

時	日	月	年	건 명
편재		식신	식신	六神
己	乙	丁	丁	天干
卯	亥	未	亥	地支
비견	정인	편재	정인	六神

6) 기(氣)의 손상은 화생토의 불통(不通)이다.

土不受火者氣傷
토불수화자기상

토(土)가 화(火)를 받아들이지 못하면 기(氣)가 상(傷)한다.

【原文】土逢沖而虛脫則不受火必主氣病蓋脾屬土而容火不容則病矣
【원문】토 봉 충 이 허 탈 칙 불 수 화 필 주 기 병 개 비 속 토 이 용 화 불 용 칙 병 의

토(土)가 충(沖)을 만나 허탈해지면 화(火)를 받아들이지 못하고 일주의 기(氣)가 병든다. 대개 비장(脾腸)은 토(土)에 속하여 화(火)를 받아들여야 하는데 받아들이지 못하면 병(病)이 된다.

구문풀이

▶ 토(土)가 화(火)를 받아들이지 못하면 기(氣)가 상(傷)한다.

토(土)는 화생토하므로 화(火)를 받아들이게 됩니다. 그러나 간혹 토(土)가 화(火)를 받아들이지 못하는 구조가 있습니다. 건조하고 실한 토(土)가 화(火)를 받아들이지 못하면 수(水)가 부족하기 때문입니다. 허습한 토(土)가 화(火)를 받아들이지 못하는 것은 목(木)의 극이 심하기 때문입니다.

토(土)는 원래 인체에서는 비장(脾臟)에 해당하는데 화(火)를 받아들여 토(土)가 실해지므로 비장(脾臟)이 건강하게 됩니다. 그러나 토(土)가 화(火)를 받아들이지 못하면 비장(脾臟)이 병(病)이 들게 됩니다.

그러므로 뿌리를 내린 겨울의 토(土)가 화(火)를 받아들이면 얼어 있는 천간을 해동(解凍)하고 지지의 습기를 제거할 수 있습니다. 득지(得地)한 가을의

토가 화를 받아들이면 유력한 금(金)을 제어하여 토(土)의 설기를 보충할 수 있게 됩니다.

그러나 너무 건조하면 수(水)가 부족하니 지지가 윤택하지 않고 너무 습하면 화(火)를 받아들이지 못하고 또한 목(木)을 받아들이지 못하게 됩니다.

그러하니 너무 건조하면 기(氣)가 상(傷)한다고 말한 것입니다.

【예시】

무토(戊土)가 미월(未月)에 태어났다. 기시오- 기미토로 술미형이 되니 중첩(重疊)된 후토(厚土)라 말할 수 있다. 좋은 것은 신금을 극하는 화가 천간에 없으니 신금(辛金)이 투출(透出) 되어 이발어표(裏發於表)가 된 것이다. 그러므로 토(土)의 정수(精髓)가 모두 신금(辛金)으로 표출되고 있다.

그래서 행운(行運)이 기사(己巳)와 무진(戊辰)운으로 흐르니 생금(生金)하여 신금(辛金)을 강하게 만들어 유정하게 되어 명리(名利)가 유여(有餘)했다.

그러나 정묘(丁卯)운에는 신금(辛金)이 정화(丁火)에 의해 극을 당해 상했는데 그 까닭은 지지에는 일체 수(水)가 없어 화(火)를 받아들이지 못하는 것이다. 이로 인해 화(火)가 금(金)을 극하므로 신금(辛金)이 크게 손상을 당하였다.

신(辛)은 폐(肺)에 속하고 폐(肺)가 손상되니 혈맥(血脈)이 유통(流通)될 수 없다. 병환(病患)으로 기혈(氣血)이 모두 어그러져 죽었다.

時	日	月	年	건 명
겁재		상관	겁재	六神
己	戊	辛	己	天干
未	戌	未	巳	地支
겁재	비견	겁재	편인	六神

7) 금수상관(金水傷官)이 차면 냉 기침을 한다.

金水傷官寒則冷嗽熱則痰火火土印綬熱則風痰燥則皮痒論痰多
금수상관한칙냉수열칙담화화토인수열칙풍담조칙피양논담다

木火生毒鬱火金金水枯傷而腎經虛水木相勝而脾胃洩.
목화생독울화금금수고상이신경허수목상승이비위설.

금수상관(金水傷官)이 차면 냉 기침을 하고 더우면 가래가 심해진다. 화토인수
(火土印綬)가 뜨거우면 풍담(風痰)이고 건조하면 피부병에 걸린다. 목화(木火)가
많으면 담증(痰症)을 논한다. 화금(火金)이 막히면 독(毒)이 생긴다. 금수(金水)
가 마르고 상하면 신경이 허(虛)해진다.
수목(水木)이 상생하여 편고되면 비장(脾臟)과 위장(胃臟)이 설기된다.

【原文】凡此皆五行不和之病而知其病知其人則可以斷其吉凶如木之病
【원문】범차개오행불화지병이지기병지기인칙가이단기길흉여목지병

何如又看木是日主之何神若木是財而能發土病則斷其財之衰旺妻之美惡
하여우간목시일주지하신약목시재이능발토병칙단기재지쇠왕처지미악

父之興衰亦不必顯驗然有可應則六親與事體又不相符者殆以病而免其咎
부지흥쇠역불필현험연유가응칙육친여사체우불상부자태이병이면기구

者也.
자야.

무릇 이 모든 것이 오행의 불화에서 비롯된 병과 사람임을 앎으로써 가히
길흉을 판단할 수 있다.
가령 목(木)으로 비롯되는 병(病)이 무엇이며 목(木)이 일주에게 어떠한 신(神)
인지 살피는 것이다. 만약, 목(木)이 재성이라면 능히 토(土)에 발병할 것인즉,
재성의 쇠왕(衰旺)에 달려 있다. 처의 아름답고 추함, 부친의 흥하고 쇠함의
판단은 반드시 분명한 검증이 필요한 것이 아니다. 그러나 육친과 일이 돌

아가는 상황이 맞을 때가 있고, 부합하지 않을 때가 있으므로 병에 걸려 위태로운 상황에서도 재난을 면할 수 있다.

구문풀이

▶ 금수상관(金水傷官)이 차면 냉기침을 하고 더우면 가래가 심해진다.

금수상관(金水傷官)이 너무 차가우면 그 기운이 맵고 서늘하여 진기(眞氣)가 이지러지니 반드시 찬 기침이 생기게 됩니다. 뜨거우면 수(水)가 화(火)를 이기지 못하니 화(火)는 반드시 금(金)을 극하게 됩니다.
금(金)은 폐(肺)에 속하니 담화(痰火)가 폐(肺)에 뭉쳐서 나타납니다

▶ 화토인수(火土印綬)가 뜨거우면 풍담(風痰)이고 건조하면 피부병에 걸린다.

토(土)가 윤택하면 혈맥(血脈)의 유행이 짙되어 인체의 영기(營氣)와 위기(衛氣)가 충실하게 됩니다. 그래서 인체의 영양조절(營養調節)이 잘되며 각 기관의 보호 작용이 잘되어 조화롭게 됩니다.
그러나 만약 화토인수(火土印綬)가 너무 드거우면 목(木)이 종(從)하여 화(火)가 왕(旺) 해지게 됩니다. 그런데 화왕(火旺) 하면 분목(焚木)하고 목(木)은 풍(風)에 속하니 주로 풍담(風痰)이 생겨납니다.
피부(皮膚)는 토(土)에 속하고 토(土)는 느슨함을 반기는데 느슨함은 곧 촉촉함입니다. 그래서 토(土)가 너무 메마르면 피부병, 아토피이고 너무 습하면 종기, 부스럼이 생기게 됩니다.

▶ 목화(木火)가 많으면 담증(痰症)을 논한다. 화금(火金)이 막히면 독(毒)이 생긴다.

목화(木火)가 많으면 담증(痰症)을 논한다는 것은 왕(旺)한 화(火)가 목(木)을 만나면 목(木)은 분멸(焚滅)하니 화(火)의 세력(勢力)에 종(從)하게 됩니다.

맹렬한 화(火)는 반드시 금(金)을 극(剋)하게 되니 폐(肺)가 손상을 당하여 아래로 신장의 수(水)를 생(生)하지 못하게 되며 목(木) 또한 수기(水氣)를 설기하여 신장(腎臟)의 수(水)는 반드시 마를 것입니다. 그 결과로 음(陰)이 허(虛)하고 화(火)가 염열(炎熱)하여 폐에 담증(痰症)이 생기는 것입니다.

▶ 금수(金水)가 마르고 상하면 신경이 허해진다. 수목(水木)이 상생하여 편고되면 비장과 위장이 설기된다.

토(土)가 건조(乾燥)하면 생금(生金)할 수 없고 화(火)가 맹렬(猛烈)하면 스스로 능히 물을 말리니 금수(金水)가 말라 손상을 입게 되면 신경(腎經)이 반드시 허(虛)하게 됩니다.

토(土)가 허하면 수(水)를 제어할 수 없고 목(木)이 왕(旺) 하여 스스로 능히 극토(剋土)하여 비위(脾胃)가 반드시 상(傷)하게 된다.

그러므로 수목이 상생함이 너무 편고해지면 반드시 비장과 위장에 질병이 발생하게 됩니다.

▶ 육친과 일이 돌아가는 상황이 맞을 때가 있고, 부합하지 않을 때가 있으므로 병에 걸려 위태로운 상황에서도 재난을 면할 수 있다.

만약 일주가 금(金)이면 목(木)은 재성(財星)이다. 사주 중에 화(火)가 왕(旺) 하면 일주(日主)는 그 재(財)를 감당할 수 없습니다.

반드시 목 재성은 관살이 되는 화(火)를 생(生)하여 칠살을 도우니 도리어 재성이 일주(日主)의 기신이 됩니다. 설사 식상인 수(水)가 있더라도 수(水)는 여전히 목(木)을 생(生)하여 금기(金氣)는 더욱 허(虛) 해 지게 됩니다. 따라서 금(金)은 인체에서 대장(大腸)과 폐(肺)에 속하게 됩니다.

그런데 폐(肺)는 상(傷)하고 대장(大腸)은 오그라져 펴지지 않으니 아래로 신장의 수(水)를 생(生)할 수 없고 목(木)은 수(水)를 설기하여 화(火)를 생(生)하니 반드시 신장(腎臟)과 폐(肺) 양쪽이 상(傷)하는 병(病)이 찾아오게 됩니다.

그러나 또한 이러한 병이 없다면, 재산(財産)을 파모(破耗)하고 의식(衣食)이 부족하니 물상대체(物象代替)로 나타나는데 그 이유는 당연히 그 허물이 있기 때문입니다.

그래서 병(病)에 걸리지 않더라도 재성(財星)이 지나치게 왕성하여 오히려 기신(忌神)이 되면 반드시 처(妻)가 못나고 악(惡)하며 자식도 불효하게 됩니다. 이 몇 가지 중 반드시 하나는 맞게 됩니다.

따라서 만약 병(病)이 서로 들어맞지 않으면 그에 상응하는 해당 육친(六親)의 길흉을 다시 궁구함이 올바르다고 말할 수 있습니다.

【예시】

신금(辛金)이 자월(子月)에 태어나 금수상관(金水傷官)을 구성한다.

그런데 사주 중에 화기(火氣)가 전혀 없으니 금한수냉(金寒水冷)하다 할 만하다. 따라서 토(土)는 습하고 얼어있으니 초년에 냉수(冷嗽)를 앓았다. 이것이 금수상관(金水傷官)이 차면 냉 기침을 한다고 말한 것이다. 그래서 상관패인(傷官佩印)이다.

격국(格局)이 순청(純淸)하여 책을 한번 보면 그대로 외워 이른 나이에 입반(入泮)하였다.

갑인(甲寅)과 을묘(乙卯) 운에 수기(水氣)를 설(泄)하여 상관생재(傷官生財)하니 가업이 많이 늘어났다.

병진(丙辰)운에 이르러 수화상극(水火相剋)하여 질병을 얻었는데 병인년(丙寅年)에 화토(火土)가 왕수(旺水)를 더욱 격발하니 끝내 약증(弱症)에 걸려 죽었다.

금수상관희견관(金水傷官喜見官)이라 하였는데 사주 중에 병정화(丙丁火)가 지장간에라도 있었다면 수화(水火)가 충돌하지는 않았을 것이다.

時	日	月	年	건 명
편인		상관	상관	六神
己	辛	壬	壬	天干
丑	酉	子	辰	地支
편인	비견	식신	정인	六神

26. 출신(出身)

1) 출신(出身)을 알려면 숨은 원기(元機)를 찾아야 한다.

巍巍科第邁等倫一個元機暗裏存.
외외과제매등윤일개원기암리존.

많은 무리중에서 과거에 합격하여 벼슬길에 들어서는 사람은 사주에 하나의
원기(元機)가 암암리에 존재하기 때문이다.

【原文】凡看命看人之出身最難如壯元出身格局淸奇迥異若隱若露奇而
【원문】범간명간인지출신최난여장원출신격국청기형리약은약노기이

難決者必有元機須搜尋之.
난결자필유원기수수심지.

사람의 명(命)을 감정하는 데는 그 출신(出身)을 알기가 가장 어려운 일이다.
예를 들어 장원(壯元) 출신(出身)이라면 격국(格局)의 맑음이 특별하고 대단히
뛰어나다. 만약 보일 듯, 말 듯하고 기이하여 결정하기 어렵다면 반드시 그
속에 원기(元機)가 있는데 반드시 찾아내야 한다.

[구문풀이]

▶ 과거에 합격하여 벼슬길에 들어서는 사람은 사주에 하나의 원기가 암암
리에 존재하기 때문이다.

사람의 명(命)을 감정하는 데는 그 출신(出身)을 알기가 가장 어려운 일입니다.
그러나 사주에는 암암리에 격을 지배하는 원기(元機)가 내재되어 있습니다.

특별히 맑음이 뚜렷하여 장애가 없는 팔자는 군계일학(群鷄一鶴)이 되는 것이지만 보일 듯 말 듯하여 격을 찾기 모호한 경우는 숨어 있는 원기(元機)를 찾는 게 중요합니다.

【예시】

이 명조는 술(戌)중에 무토(戊土)가 투간하니 재격(財格)이 된다.

그런데 국(局)중에 비견겁(比肩劫)이 태과(太過)하다 보니 사주가 탁(濁)하여 군비쟁재(群比爭財)로 보이기도 하여 애매한 사주이다.

그러나 이 사람의 직위(職位)가 53세에 대기업 임원(任員)이 되었고 56세는 해외법인장으로 상무(常務)이사로 근무하다 퇴사(退仕)하였다. 그러므로 이 사람의 사주가 흉(凶)하다고 판단하면 안 된다.

다만, 국(局)중에 비견(比肩)의 기세(氣勢)가 강한데 묘술합(卯戌合)으로 화기(火氣)라는 원기(元機)를 내재(內在)하고 있음을 간과(看過)하면 안 되는 것이다.

따라서 목(木)의 기운이 토(土)를 압도하니 암암리에 재성(財星)을 극(剋)하므로 반드시 화토(火土)로 흘러가야 마땅한 것이다. 좋은 점은 행운이 화토(火土)운(運)으로 흘러 30년간을 번성(繁盛)한 것이다.

時	日	月	年	대운50	건 명
정재		정인	편인	식신	六 神
戊	乙	壬	癸	丁	天 干
寅	卯	戌	卯	巳	地 支
겁재	비견	정재	비견	상관	六 神

2) 사주가 맑으면 과방(科榜)에 오른다.

淸得盡時黃榜客雖存濁氣亦中式.
청득진시황방객수존탁기역중식.

사주가 지극히 맑으면 합격자의 명단에 오르고 비록 탁(濁)한 기(氣)가 있더
라도 과거시험에는 합격한다.

【原文】天下之命未有不淸而發科甲者淸得盡者非必一一成象雖五行盡
【원문】천하지명미유불청이발과갑자청득진자비필일일성상수오행진
出而能安放得所生化有情不混閑神忌客決發科甲卽有一二濁氣而淸氣或
출이능안방득소생화유정불혼한신기객결발과갑즉유일이탁기이청기혹
成一個體段亦可發達.
성일개체단역가발달.

세상의 명조에서 사주가 청(淸)하지 않으면 과거시험에 붙는 자가 없다.
청(淸)함을 얻었다고 하여도 개별적으로 모드 형상을 이루고 있는 것은 아니다.
비록 오행(五行)이 다 있어도 배합(配合)이 잘 되어 있고 생화(生化)하여 유정(有
情)해야 하고 한신(閑神), 기신(忌神), 객신(客神)이 혼잡 되어 있지 않으면 반드시
과거시험에 합격은 할 수 있다.
곧 한, 두 개의 탁기(濁氣)가 있어도 청(淸)훈 기운이 있다거나 혹은 하나의 성
상(成像)을 이루고 있으면 역시 출세할 수 있다.

구문풀이

▶ 사주가 지극히 맑으면 합격자의 명단에 오르고 비록 탁한 기가 있더라도
과거시험에는 합격한다.

청득진(淸得盡)이란 사주의 맑음이 지극하다는 뜻입니다.

그러나 비록 청(淸)한 사주라 하여도 일기(一氣)성상(成象)을 이루고 있다는 말은 아닙니다. 청(淸)하다는 것은 오행이 모두 출현이 되어도 배합이 유정(有情)해야 하고 생화(生化)하는 정(情)이 있어야 합니다. 즉 오행이 막히면 안 되는 것입니다. 또한 한신(閑神)과 기신(忌神)이 많아 희신을 훼방하지 않으면 사주가 청하지 않다고 해도 출세는 할 수 있는 것입니다.

비록 탁기(濁氣)가 있어도 청기(淸氣)가 보호되어 만약 행운에서 탁기(濁氣)를 제거할 수 있게 되면 비록 장원(壯元)은 못하더라도 향시(鄕試)와 회시(會試)는 합격할 수 있다는 뜻입니다

【예시】

이 명조는 전시(殿試)에 합격한 진사(進士)의 사주이다. 기토(己土)가 묘목(卯木) 칠살(七殺)인데 을목(乙木)이 투간하니 살왕(殺旺)하다.

그런데 지지는 동방(東方)의 무리이고 시간의 병화(丙火)는 화살생신(化殺生身)한다. 사주중에 금수(金水)가 없으니 왕목(旺木)을 극하지 못하여 청득진(淸得盡)이 된다.

만약 금수(金水)가 있다면 왕목(旺木)을 건드려 금(金)이 스스로 손상당할 뿐 아니라 불화(不和)하니 사주가 탁(濁)하게 되었을 것이다.

時	日	月	年	건 명
정인		편관	겁재	六神
丙	己	乙	戊	天干
辰	卯	卯	辰	地支
겁재	편관	편관	겁재	六神

3) 수재(秀才)라 하여도 관성이 출현해야 한다.

秀才不是塵凡子淸氣還嫌官不起
수 재 불 시 진 범 자 청 기 환 혐 관 불 기

수재(秀才)는 평범한 사람이 아니다.
청기(淸氣)는 있지만, 관성(官星)이 일어나지 못함을 아쉬워한다.

【原文】秀才之命與異路人貧人富人之命無甚大別然終有一種淸氣虛
【원문】수 재 지 명 여 리 노 인 빈 인 부 인 지 명 무 심 대 별 연 종 유 일 종 청 기 허

但官星不起故無爵祿.
단 관 성 불 기 고 무 작 녹 .

수재(秀才)의 명(命)이 별도로 출세한 사람, 가난한 사람, 부유한 사람의 명(命)
들과 별로 크게 다르지 않다.
종국(終局)에는 청기(淸氣)가 허약(虛弱)하게 되면 다만 관성(官星)이 작용하지
를 못하는 까닭이니 직위(職位)와 봉록(俸祿)이 없는 것이다.

구문풀이

▶ 청기(淸氣)는 있지만, 관성(官星)이 일어나지 못함을 아쉬워한다.

수재(秀才)의 명이 별도로 출세한 사람, 가난한 사람, 부유한 사람의 명들과
별로 크게 다른 점은 없습니다. 그러나 자세히 살펴보면 반드시 청기(淸氣)
가 존재하고 있습니다. 학문이 남보다 뛰어났더라도 평생 벼슬을 하나도 하
지 못하고 공부만 하면서 늙어 가는 사람에게도 청기는 존재하고 있습니다.
다만 그 청기(淸氣)는 있지만 관성(官星)이 작용하지를 못하기 때문에 출세하

기가 어려운 것입니다.

관성(官星)이 일어나지 못한다는 말은 관성(官星)이 너무 왕하여 일주가 그 관성을 사용하지 못하거나 관성(官星)이 너무 쇠약하여 관성(官星)이 일주를 극하지 못하거나, 관성(官星)이 왕하여 인성(印星)을 용(用)하는데 재성(財星)이 있거나 관성(官星)이 쇠약(衰弱)하여 재성(財星)을 용(用)하는데 비겁(比劫)이 있거나, 인성(印星)이 많아 관성(官星)의 기운을 설기하거나, 관성(官星)이 너무 많은데 인성(印星)이 없거나, 관성(官星)은 투출되어 있는데 뿌리가 없거나, 지지에서 실어주지 않거나, 관성(官星)이 상관(傷官)에 앉아 있거나, 상관(傷官)이 관성(官星)에 앉아 있거나, 관성(官星)이 기신(忌神)인데 재성(財星)을 만났거나, 관성(官星)이 희신인데 상관(傷官)을 만났거나, 하는 등의 이 모든 것이 다 관성이 작용하지를 못한다는 것입니다. 그러므로 이 사주는 비록 수재이지만, 출세하기 어렵다고 말하는 것입니다.

【예시】

이 명조는 칠살(七殺)이 인성(印星)을 생하고 인성(印星)은 일주를 생하고 식신(食神)은 설기 유통하니 맑고도 순수하여 학문이 남달리 뛰어났고 품행도 단정하였다. 그러나 무토(戊土) 칠살(七殺)은 금(金)의 설기가 많고 목(木)은 금(金)의 살기로 시들어 있다.

그런데 행운(行運)은 서북의 금수(金水)로 진행하니 관성(官星)이 일어서지를 못한다. 공부를 60년이나 했어도 벼슬은 한 번도 하지 못했다.

時	日	月	年	건 명
식신		편인	편관	六神
甲	壬	庚	戊	天干
辰	申	申	申	地支
편관	편인	편인	편인	六神

4) 이로공명(理路功名)은 재성을 만나야 한다.

異路功名莫說輕日干得氣遇財星.
이로공명막설경일간득기우재성.

벼슬길에 오르지 않고도 공명(功名)을 얻은 사람을 가볍게 보지 말라.

일간이 재성(財星)을 만나 득기(得氣)한 것이다.

【原文】刀筆得成名者與不成名者自異必是財星得個門戶通得官星中有
【원문】도필득성명자여불성명자자리필시재성득개문호통득관성중유

一種淸皦之氣所以得出身其老于刀筆而不能出身者終是財星與官不相通也
일종청교지기소이득출신기노우도필이불능출신자종시재성여관불상통야

도필(刀筆)로 유명한 사람과 유명하지 못한 사람과는 똑같지 않다.

반드시 재성이 월령에 문호를 얻고 있는데 관성이 문호로 통하고 있다.

사주 중에 일종의 맑고 깨끗한 기가 있어서 출세하는 것이다.

도필(刀筆)로도 출세하지 못하는 사람은 자성과 관성이 서로 통하지 못하고 있기 때문이다.

▶ 벼슬길에 오르지 않고도 공명(功名)을 얻은 사람을 가볍게 보지 말라.
일간이 재성(財星)을 만나 득기(得氣)한 것이다.

이로공명(理路功名)이란 벼슬길이 아니고 다른 길로 출세를 한 사람을 말합니다. 보통 문서의 글을 대필(代筆)하는 도필(刀筆)로 출세한 사람도 있고 돈을 내고 출세를 한 사람도 있습니다.
비록 이 두 사이에는 구분이 있겠지만 어쨌든 출세한 사람들의 팔자를 보면 공통된 점이 모두 일간이 유기(有氣)하고 재성(財星)과 관성(官星)이 서로 통하고 있다는 점입니다.
혹은 재성(財星)이 있는데 행운에서 관성(官星)의 국(局)을 이루고 있거나 혹은 관성(官星)이 재성(財星) 안에 암장(暗藏)되어 둘 사이의 뜻이 서로 뜻이 통하고 있거나 혹은 관성(官星)이 쇠약한데 재성(財星)을 만나서 상생하므로 둘 사이가 서로 원만하다면 혹은 인성이 왕하고 관성(官星)이 쇠약한데 재성(財星)이 인성을 극(剋)해 주어 관성(官星)을 살린다면 출세는 가능한 것입니다.
반드시 일종의 청순(淸純)한 기(氣)가 있어야만 출세가 가능한 팔자이니 그 벼슬의 높고 낮은 것은 반드시 사주의 기세와 행운의 손익을 연구해 보면 알 수가 있습니다.

【예시】

무토(戊土)가 오월(午月)에 태어났는데 양인(陽刃)이 월령(月令)이고 시(時)에는 계해(癸亥)를 만났다. 이것이 바로 일간이 재성(財星)을 만나 득기(得氣)한 것이다.

그러나 금(金)의 기운이 너무 왕(旺)하고 또 친지에 습한 토(土)가 화(火)를 어둡게 하고 금(金)을 생하니 월령 오화가 약하게 되었다.

그래서 일주는 도리어 쇠약(衰弱)하고 오화(午火) 인성(印星)도 정계(丁癸) 암충(暗沖)으로 암암리에 손상을 입고 있다.

그러므로 학문을 이루기 어려웠는데 돈을 내고 벼슬을 구했다.

곧 연납(捐納)출신으로 병인(丙寅)과 정묘(丁卯)운에 이르러 목화(木火)의 기세를 따라가니 약해진 월령의 오화(午火)를 생화(生化)하여 벼슬이 황당에 올랐다.

그 후에 행운이 을축(乙丑)으로 되자 회화생금(晦火生金)하니 화(火)를 어둡게 하고 금(金)을 생(生)하니 불록(不祿)하고 말았다.

時	日	月	年	건 명
정재		식신	겁재	六神
癸	戊	庚	己	天干
亥	申	午	丑	地支
정재	식신	정인	겁재	六神

27. 지위(地位)

1) 공경대부(公卿大夫)는 청기(清氣)가 발(發)한 자이다.

臺閣勳勞百世傳天然清氣發機權.
대 각 훈 노 백 세 전 천 연 청 기 발 기 권.

조정에 이름이 백 세 동안 전하는 사람은 청기가 발달한 사람이다.

【原文】能知人之出身至于地位之大小亦不易推若夫爲公爲卿清中又有
【원문】능 지 인 지 출 신 지 우 지 위 지 대 소 역 불 역 추 약 부 위 공 위 경 청 중 우 유

一種權勢出入矣不專在一端而論
일 종 권 세 출 입 의 불 전 재 일 단 이 논

사람의 출신(出身)은 능히 알 수 있어도 그 직위(職位)의 높고 낮음은 역시 추리(推理)하기가 쉽지 않다.

만약 어떤 사람이 공경대부(公卿大夫)라면 청(清)한 기운이 권세(權勢)와 유통이 된다. 단지 한 방향으로만 논할 수 없다.

구문풀이

▸ 조정에 이름이 백 세 동안 전하는 사람은 관성이 청하여 발달한 사람이다.

조정에서 재상(宰相)과 봉강(封疆)의 소임을 맡는 사람은 청기(清氣)가 자연적으로 나타나게 됩니다. 관성의 수기(秀氣)가 맑고 희신(喜神)과 용신(用神)이 유정(有情)하고 꺼리는 물건이 없습니다. 이러한 것을 말하여 청(清)한 기운이 권세(權勢)와 유통이 된다고 말합니다.

【예시】

경금(庚金) 일주가 비록 봄에 태어났지만 앝지에 녹왕(祿旺)이고 시주(時柱)에서 인성(印星)과 비견(比肩)을 얻었다.

충분히 정관(正官)을 용(用)할 수 있다. 특히 정관(正官)이 재향(財鄕)에 앉아 있는데 해묘합(亥卯合)하니 해수(亥水)가 정화(丁火)를 극(尅)하지 못한다.

따라서 목생화(木生火)가 순조로우니 정화(丁火)가 청기(淸氣)하다고 할 만하다.

행운에서 임계수(壬癸水)를 만나도 사주 천간에 기토(己土) 인수(印綬)가 정관(正官)을 보호하고 재성(財星)은 정관(正官)을 생(生)하니 재(財)와 인(印)이 정관(正官)을 보위(保衛)하는 모습이다.

그래서 평생 위험한 길을 가면서도 평탄하겠으니 위험을 전혀 개의치 않고 살았다. 소년 시절에 과거급제하고 벼슬이 봉강(封疆)에 이르렀다.

時	日	月	年	건 명
비견		정관	정인	六神
庚	庚	丁	己	天干
辰	申	卯	亥	地支
편인	비견	정재	식신	六神

2) 병권(兵權)을 잡은 사람은 양인(陽刃) 칠살(七殺)이 맑다.

兵權獬豸弁冠客刃煞神淸氣勢特.
병권해치변관객인살신청기세특.

병권(兵權)을 잡고 있거나 해치관(獬豸冠)을 쓴 법관(法官)들에게는 양인(陽刃)과 칠살(七殺)이 맑고 기세가 특이하다.

【原文】掌生殺之權其風紀氣勢必然超特淸中精神自異又或刃殺兩顯也.
【원문】장생살지권기풍기기세필연초특청중정신자리우혹인살양현야.

사람의 생살(生殺)을 주관할 수 있는 권한(權限)을 가진 사람은 반드시 그 풍기(風紀) 기세(氣勢)가 아주 특이하다.
청(淸)한 가운데 정신(精神)도 남다르다.
혹은 양인(陽刃)과 칠살(七殺)이 함께 발현(發顯)되어 있다.

구문풀이

▶ 병권(兵權)을 잡고 있거나 해치관(獬豸冠)을 쓴 법관(法官)들에게는 양인(陽刃)과 칠살(七殺)이 맑고 기세가 특이하다.

생살대권(生殺大權)하여 병권(兵權)의 중임(重任)을 맡은 사람은 그 정신(精神)의 청기(淸氣)가 자연히 특별합니다.
반드시 양인이 왕(旺)하여 칠살(七殺)을 대적하는 기세(氣勢)가 출입(出入)을 하게 됩니다.

예를 들어 사주 중에 살왕무재(殺旺無財)하여 인수印綬나 양인(陽刃)을 용(用)하는 자를 들 수 있습니다. 곧 칠살이 왕(旺)하지만, 재성이 없는 팔자는 인수로 화살하거나, 양인으로 합살(合殺)하는 경우를 말합니다.

이런 사람은 반드시 생살권(生殺權)을 취하게 됩니다.

정부 관련 병권이 아니라면 법원의 생사를 판결하는 법관이거나 혹은 기업의 인사권을 쥐고 흔드는 사람입니다.

【예시】

경금일간이 유월(酉月)에 태어났으니 양인격(陽刃格)이다.

그런데 병화(丙火) 편관(偏官)이 오월(午月)에 득록(得祿)하였다.

병화는 인목에 장생이고 오화는 제왕이니 생왕을 만난 것이다.

고로 임수 식신으로 병화를 식신제살함이 마땅한 것이나 인목에 앉아 있으니 목에 의해 설기를 당해 제살이 불능하다. 오히려 수생목 목생화로 병화를 생(生)하고 있다.

그래서 양인(陽刃) 유금(酉金)에 전적으로 의지할 수밖에 없는 것이다.

따라서 이것이 양인과 칠살이 청한 것으로 기세가 왕래한다는 말이다

일찍 과거급제하여 여러 차례 병형(兵刑)의 생살지임(生殺之任)을 맡았고 벼슬은 형부상서(刑部尙書)에 이르렀다.

時	日	月	年	건 명
편관		정인	식신	六神
丙	庚	己	壬	天干
戌	午	酉	寅	地支
편인	정관	겁재	편재	六神

3) 지방관리는 재성(財星)과 관성(官星)이 조화(造化)가 있다.

지방관리는 재성(財星)과 관성(官星)이 조화(造化)되어 있다. 사주의 격국이 청순 (淸純)하고 신기(神氣)가 많다.

한 지역을 맡아 다스리는 관리(官吏)는 재성(財星)과 관성(官星)을 중요하게 본 다. 격(格)이 바르고 국(局)이 완전하면 반드시 청(淸)하고 순수하다.
역시 정신(精神)이 구족(具足)하니 생기발랄하다.

구문풀이

▶ 한 지역을 맡아 다스리는 관리(官吏)는 재성(財星)과 관성(官星)을 중요하게 본다.

한 지역을 맡아 다스리는 관리는 재관(財官)이 중요합니다.
그러나 반드시 격국은 청순(淸純)하고 일간은 생왕하여 신(神)이 통하고 기 (氣)가 충족 한 연후에 재관(財官)이 서로 돕게 되면 이를 정기신(精氣神) 삼자 가 충족한 것이라 말을 합니다.
더불어 관성(官星)은 왕(旺)한데 인수(印綬)가 있어 화관(化官)생인(生印)하거나, 혹 만약 관성(官星)이 쇠(衰)하다면 재성(財星)이 있어 관(官)을 돕는다면 재관 (財官)이 있다고 말하는 것입니다.

【예시】

신금(辛金)일간이 인월(寅月)에 태어났다.

재성(財星)이 당령(當領)하였는데 년지(年支)의 자수(子水) 식신(食神)을 만났다.

또한, 월령의 인목(寅木)재성(財星)에서 정관(正官)병화(丙火)가 투간하여 장생(長生)이 된다. 따라서 식신생재(食神生財)하므로 식신(食神)은 정관(正官)을 해롭게 하지 못한다.

또한, 시간의 무토 인수(印綬)가 투간하여 통근(通根)하여 시지(時支)의 자수(子水)를 누르고 있다. 고로 충분히 정관을 용(用)할 수 있다.

이것을 재관이 유통하여 조화롭다고 말한 것이다.

중년(中年)의 남방(南方) 화운(火運)에 출신(出身)하여 벼슬이 황당(黃堂)에 이르렀다.

時	日	月	年	건 명
정인		겁재	정관	六神
戊	辛	庚	丙	天干
子	巳	寅	子	地支
식신	정관	정재	식신	六神

4) 모든 관리자는 청탁(淸濁)으로 형체를 구분한다.

便是諸司幷首領也從淸濁分形影.
변 시 제 사 병 수 영 야 종 청 탁 분 형 영.

모든 관리는 수령(首領)과 다를 바가 없다. 다만 청탁(淸濁)으로 형체(形體)와
음영(陰影)을 구분한다.

【原文】至貴者莫如天也得一以淸而位乎上故膺一命之榮莫不得淸氣所
【원문】지 귀 자 막 여 천 야 득 일 이 청 이 위 호 상 고 응 일 명 지 영 막 불 득 청 기 소
以雜職或佐貳首領等官豈無一段淸氣而與濁氣者自別然淸濁之形影難解
이 잡 직 혹 좌 이 수 영 등 관 기 무 일 단 청 기 이 여 탁 기 자 자 별 연 청 탁 지 형 영 난 해
不專是財官印綬內有淸濁凡格局氣象用神合神日主化氣從氣神氣淸氣以
불 전 시 재 관 인 수 내 유 청 탁 범 격 국 기 상 용 신 합 신 일 주 화 기 종 기 신 기 청 기 이
序收藏發生意向節度性情理勢原流主從之間皆有之先于皮面尋其形影得
서 수 장 발 생 의 향 절 도 성 정 리 세 원 유 주 종 지 간 개 유 지 선 우 피 면 심 기 형 영 득
其形而遂可以尋其精隨乃論大小尊卑.
기 형 이 수 가 이 심 기 정 수 내 논 대 소 존 비.

가장 귀한 것은 하늘보다 더한 것이 없다. 청(淸) 하나를 얻어서 지위가 올라
가므로 한 사람의 명(命)이 영화롭게 되려면 청기(淸氣)를 얻지 않으면 안 된다.
그러니 잡직(雜職)이거나 보좌관(補佐官) 혹은 수령(首領)등의 관리들도 일정한
청기(淸氣)가 어찌 없겠는가. 이것은 탁기(濁氣)와는 다르다. 그러나 청탁(淸濁)
의 형상(形象)을 구분하기가 어렵다.
재성(財星), 관성(官星), 인성(印星)에만 청탁(淸濁)이 있는 것이 아니라 무릇 격국
(格局), 기상(氣象), 용신(用神), 합신(合神), 일주(日柱)화기(化氣), 종기(從氣), 신기(神
氣), 청기(淸氣), 암장되는 순서, 발생의향, 절도성정(節度性情), 이세원류(理勢原
流), 주종지간(主從之間) 등 모든 것에 다 청탁(淸濁)이 있는 것이다.

그러니 먼저 사주의 표면을 보고 형체와 그림자를 찾아야 정수를 얻을 수 있다. 그에 따라 직위의 높고 낮음을 판단할 수 있는 것이다.

구문풀이

▶ 재성(財星), 관성(官星), 인성(印星)에만 청탁(淸濁)이 있는 것이 아니라 무릇 격국(格局), 기상(氣象), 용신(用神), 합신(合神), 일주(日柱)화기(化氣), 종기(從氣), 신기(神氣), 청기(淸氣), 암장되는 순서, 발생의향, 절도성정(節度性情), 이세원류(理勢原流), 주종지간(主從之間) 등 모든 것에 다 청탁(淸濁)이 있는 것이다.

명(命)은 천지(天地) 음양(陰陽) 오행(五行)이 모두 모이는 곳이다.
청(淸)은 귀(貴)이고 탁(濁)은 천(賤)이다. 그래서 잡직(雜職)의 관리자도 역시 한 번쯤은 영광스러운 관록(官祿)을 받을 수 있다.
비록 격(格)이 바르지 않고 국(局)이 맑지 않고 진신(眞神)을 득용(得用)하지 않아도 기상(氣象) 격국(格局) 중에 충합(冲合)의 이기(理氣)가 그 속에 있으면 반드시 일점의 청기(淸氣)가 반드시 있는 것이다. 비록 청기(淸氣)와 탁기(濁氣)의 형영(形影)은 구분하기 어렵지만, 전체적으로 하늘은 청(淸)하고 땅은 탁(濁)한 이치는 벗어나지 못한다. 천간은 하늘의 상(象)이고 지지는 땅의 상(象)이다. 그래서 지지(地支)에서 천간(天干)으로 상승(上昇)하는 것은 가볍고 청(淸)한 기운이다. 천간(天干)에서 지지(地支)로 하강(下降)하는 것은 무겁고 탁(濁)한 기운이다. 천간(天干)의 기(氣)는 본래 청(淸)하여 탁(濁)을 두려워서 하지 않고 지지(地支)의 기(氣)는 본래 탁(濁)한 것이라 청(淸)이 필요(必要)하다.
이것이 명리에서 귀(貴)함을 보는 변통(變通)이다.
지지의 기(氣)가 상승하면 영(影)이고 천간의 기(氣)가 하강하면 형(形)이다.
승강(升降), 형영(形影), 충합(冲合), 제화(制化) 중에서 청탁(淸濁)을 구분하고 경중(輕重)을 살피며 존비(尊卑)를 논(論)하는 것이 가능하다.

【예시】

무토(戊土)가 인월(寅月)에 태어났다.

목(木)은 왕(旺)하고 토(土)가 허(虛)하다. 그런데 천간의 두 임수(壬水)는 병화 (丙火)를 충극하고 인목(寅木)을 생(生)하고 있다.

이것이 말하길 천간의 기(氣)가 탁(濁)하다고 말한 것이다.

따라서 재성(財星)이 인수(印綬)를 괴인(壞印)하니 그런 까닭에 학문을 계속하지 못했다. 인(寅)은 능히 수를 설기하여 화(火)를 생(生)하고 일주는 조토(燥土)인 비견 술토에 앉아서 임수(壬水)의 충분(冲奔)을 막고 있다.

그러므로 청(淸)한 곳이 인목(寅木)에 있다.

이로출신(異路出身)으로 병운(丙運)에 현령(縣令)에 올랐다.

時	日	月	年	건 명
편인		편재	편재	六 神
丙	戊	壬	壬	天 干
辰	戌	寅	辰	地 支
비견	비견	편관	비견	六 神

28. 세운(歲運).

1) 길흉화복(吉凶禍福)은 세운과 관련이 있다.

> 休咎係乎運尤係乎歲戰沖視其孰降和好視其孰切.
> 휴구계호운우계호세전충시기숙항화호시기숙절.

길흉화복(吉凶禍福)은 행운(行運)과 관련이 있는데 특히 세운(歲運)과 관련이 깊다. 전충(戰沖)의 경우에는 어느 것이 항복(降伏)하는지를 보고 합하여 좋아 질 때는 어느 것이 절실(切實)한가를 본다.

> 【原文】日主譬如吾身局中之神譬之舟馬引從之人大運譬所蒞之地故重
> 【원문】일주비여오신국중지신비지주마·인종지인대운비소리지지고중
> 地支未嘗無天干太歲譬所遇之人故重天干未嘗無地支必先明一日主配合
> 지지미상무천간태세비소우지인고중천간미상무지지필선명일일주배합
> 七字權其輕重看喜行何運忌行何運如甲日以氣機看春以人心看仁以物理
> 칠자권기경중간희행하운기행하운여갑일이기기간춘이인심간인이물리
> 看木大率看氣機而餘在其中遇庚辛申酉字面如春而行之於秋斲伐其生生
> 간목대률간기기이여재기중우경신신유자면여춘이행지어추착벌기생생
> 之機又看喜與不喜而行運生甲伐甲之地可斷其休咎也太歲一至休咎卽顯
> 지기우간희여불희이행운생갑벌갑지지가단기휴구야태세일지휴구즉현
> 於是詳論戰沖和好之勢而得勝負適從之機則休咎了然在目.
> 어시상론전충화호지세이득승부적종지기칙휴구요연재목.

일주는 비유하면 내 몸과 같은 것이다. 사주 안의 다른 신(神)은 비유하면 배 나 수레를 끌고 다니는 사람과 같다. 대운(大運)은 비유하면 내가 부임(赴任) 하는 장소와 같은 것으로 지지(地支)를 중요하게 보는데 그렇다고 천간을 보 지 않는 것도 아니다, 태세(太歲)는 비유하자면 만나는 사람과 같으니 천간

을 중요하게 보는데 그렇다고 지지(地支)를 보지 않는 것도 아니다. 반드시 먼저 일주(日柱)의 한 글자를 밝힌 다음 나머지 일곱 글자를 배합하여 보고 그 중요한 것과 중요하지 않은 것을 구분하여 어떤 행운이 좋고 어떤 행운이 나쁘다는 것을 판단해야 한다.

예를 들어 갑(甲)일이라고 할 때 그 기(氣)는 봄이 되고 사람의 마음으로 보면 인(仁)이 되며 물체(物體)로 보면 나무가 된다. 대체로 기(氣)의 이치로 보면 나머지도 모두 그 중에 잔재(殘在)되어 있다. 경신신유(庚辛申酉) 등을 만나면 예를 들어 봄이 가을에 들어선 것처럼 피어나는 생기가 벌채(伐採)를 당하는 것과 같다.

또한, 좋은가 나쁜가를 보려면 즉 행운이 갑목을 생(生)하는가, 그렇지 않으면 극(剋)하는가를 살피면 가히 그 길흉을 판단할 수 있다. 태세(太歲)는 오기만 하면 길흉(吉凶)은 즉시 나타난다.

그러므로 극하고 충(沖)하는 것과 생(生)하고 합(合)하는 기세(氣勢)를 상세히 살펴 그 중의 승부(勝負)에 따라가는 이치(理致)를 알게 되면 길흉(吉凶)이 확연하게 눈앞에 더 오르게 된다.

구문풀이

▶ 일주는 비유하면 내 몸과 같은 것이다. 사주 안의 다른 신(神)은 비유하면 배나 수레를 끌고 다니는 사람과 같다. 대운(大運)은 비유하면 내가 부임(赴任)하는 장소와 같은 것으로 지지(地支)를 중요하게 보는데 그렇다고 천간을 보지 않는 것도 아니다.

부귀(富貴)는 비록 격국(格局)에서 결정되지만, 길흉(吉凶)은 사실 운의 흐름과 관계되는 것이다. 일주는 내 몸과 같고 사주에 희신(喜神)과 용신(用神)은 내가 쓰는 사람과 같다. 운(運)의 흐름은 내가 부임(赴任)하는 곳으로 지지를 중요하게 보는데 천간이 배신하지 않고 상생상부(相生相扶)하면 좋은 것이다.

만약, 목운(木運)으로 가는 것이 좋다면, 필요한 것은 갑인(甲寅)과 을묘(乙卯)
이고 그다음이 갑진(甲辰) 을해(乙亥) 임인(壬寅) 계묘(癸卯)이다. 화운(火運)으
로 가는 것이 좋다면, 필요한 것은 병오(丙午) 정미(丁未)이고 그다음이 병인
(丙寅) 정묘(丁卯) 병술(丙戌) 정사(丁巳)이다. 토운(土運)으로 가는 것이 좋다면
필요한 것은 무오(戊午) 기미(己未) 무술(戊戌) 기사(己巳)이고 그다음이 즉 무
진(戊辰) 기축(己丑)이다.
금운(金運)으로 가는 것이 좋다면 필요한 것은 경신(庚申) 신유(辛酉)이고 그
다음이 무신(戊申) 기유(己酉) 경진(庚辰) 신사(辛巳)이다. 수운(水運)으로 가는
것이 좋다면 필요한 것은 임자(壬子) 계해(癸亥)이고 그 다음이 임신(壬申) 계
유(癸酉) 신해(辛亥) 경자(庚子)이다.

▶ 태세(太歲)는 비유하자면 만나는 사람과 같으니 천간을 중요하게 보는데
그렇다고 지지(地支)를 보지 않는 것도 아니다.

태세(太歲)는 일년의 행과 불행을 관할하는 것으로 마치 만나는 사람과 같으
므로 천간을 위주로 보지만 지지도 살펴 브지 않으면 안 된다.
비록 다른 신과 생극(生剋)을 하더라도 일주와 행운이 전충(戰冲)하면 안되
고 가장 흉한 것은 천극지충(天剋地冲)하는 것이다.
세운에서 충극(冲剋)할 때 일주가 왕상(旺相)하면 비록 흉이라도 거리낄 것
이 없다. 만약, 일주가 휴수(休囚)하면 반드시 재앙을 만난다.
만약, 목운(木運)을 만나면 길(吉)할 때 세운이 목(木)이 되면 도리어 흉하게
되는 것은 모두 전충불화(戰冲不和)하기 때문이다.
이에 따라 추론한다면 길흉이 맞지 않는 것이 없다.

【예시】

병오(丙午)일주는 양인이고 또 사월(巳月)과 오시(午時)에 태어났다. 화(火)의 세력이 치열한데 년지에 신(申)금 재성이 놓여 있으니 군비쟁재(群比爭財)이고 계수(癸水)는 바짝 말라 금(金)을 돕지 못한다.

초운 갑오(甲午)와 을미(乙未)운에는 양인과 겁재가 창광(猖狂)하니 부모를 잃었고 가업이 완전히 망하였다.

병신(丙申)과 정유(丁酉)운에는 비록 금(金)의 향지(鄉地)이나 천간에 화(火)가 개두(蓋頭)하니 금(金)이 여전히 핍박(逼迫)을 받고 있다.

그러므로 여전히 빈궁(貧窮)에서 벗어나지 못하였다.

그러다 무술(戊戌)운으로 바뀌어 점점 발붙이고 살 수 있게 되었는데 무술토(戊戌土)가 통관(通關)하여 도왔기 때문이다.

時	日	月	年	건 명
편인		정관	비견	六 神
甲	丙	癸	丙	天 干
午	午	巳	申	地 支
겁재	겁재	비견	편재	六 神

2) 무엇을 싸운다고 하는가.

何爲戰
하 위 전

무엇을 싸운다고 하는가.

【原文】如丙運庚年謂之運伐歲日主喜庚要丙降得戊得丙者吉日主喜丙
【원문】여병운경년위지운벌세일주희경요병항득무득병자길일주희병

則歲不降運得戊己以和爲妙如庚坐寅午丙之力量大則歲運亦不得不降降
즉세불항운득무기이화위묘여경좌인오녕지역양대칙세운역불득불항항

之亦保無禍庚運丙年謂之歲伐運日主喜庚得戊己以和丙者吉日主喜丙則
지역보무화경운병년위지세벌운일주희경득무기이화병자길일주희병즉

運不降歲又不可用戊己洩丙助庚若庚坐寅午丙之力量大則運自降歲亦保
운불항세우불가용무기설병조경약경좌인오병지역양대칙운자항세역보

無患.
무환.

예를 들어 병(丙)대운에 경(庚)년이면 대운이 세운를 벌(伐)한다고 말한다.
일주의 희신(喜神)이 경금(庚金)년이라면 병화(丙火)대운을 항복(降伏)시키는
일이 필요하다. 그래서 무토(戊土)가 있어 병화(丙火)를 설기하여 경금(庚金)을
생하면 길하다. 일주의 희신(喜神)이 병화(丙火)라고 한다면 경(庚) 세운(歲運)
이 병(丙) 행운(行運)에게 항복하지 않으면 무토(戊土)나 기토(己土)로 화해(和
解)하여 주는 것이 좋다.
만약, 경금(庚金)세운이 인목(寅木)이나 오화(午火)에 앉아 있으면 병화(丙火)의
힘이 크다. 따라서 경(庚)세운이 병(丙)대운에 항복하지 않을 수가 없게 된
다. 그렇게 되면 재난이 없게 된다. 경(庚)대운에 병년(丙年)이라면 세운이 행
운을 벌(伐)한다고 말한다. 일주의 희신(喜神)이 경금(庚金)대운이라면 무토

(戊土)나 기토(己土)로 병화를 설기하여 화해(和解)주면 길(吉)하다. 일주의 희신(喜神)이 병화(丙火)세운이라고 한다면 대운(大運)이 세운(歲運)에 항복하지 않는데 무기토(戊己土)가 병화(丙火)를 설기하여 경금(庚金)을 돕는 것은 불가능하다.

만약, 경금(庚金)대운이 인목(寅木)이나 오화(午火)에 앉아 있다고 하면 병화(丙火)세운의 힘이 크니, 대운이 자연히 세운에 항복하게 되어 재난이 없게 된다.

구문풀이

▶ 일주의 희신(喜神)이 경금(庚金)년이라면 병화(丙火)대운을 항복(降伏)시키는 일이 필요하다. 그래서 무토(戊土)가 있어 병화(丙火)를 설기하여 경금(庚金)을 생하면 길하다.

전(戰)이란 극(剋)을 말합니다. 만약 병(丙)대운 경년(庚年)이면 대운이 세운을 극하는 것이다. 일주의 희신(喜神)이 경금(庚金)이라면 무기(戊己)토가 병화(丙火)을 설기하면 화해하는 것이 되어 길합니다.

이런 경우는 경금(庚金)이 희신(喜神)이므로 병(丙)이 자진(子辰)에 앉아 있게 되면 병화(丙火)가 약해집니다, 또한 경(庚)이 신진(申辰)에 앉아 있으면 경금(庚金)이 강하게 되니 병화(丙火)는 약해지고 경금(庚金)은 강해지니 경금(庚金)이 극을 받지 않게 됩니다. 만일 경운(庚運) 병년(丙年)이면 세운이 대운을 극(剋)하는 것입니다.

일주의 희신(喜神)이 경금(庚金)대운이면 흉(凶)하게 되고 병화(丙火)를 반기면 길하게 됩니다. 경금(庚金)이 희신이면 경금(庚金)이 신진(申辰)에 앉아 경금이 강하게 되거나 병화(丙火)는 자진(子辰)에 앉아 약화되는 것이 중요합니다. 혹은 사주 중에 수토(水土)가 존재해서 병화를 제화하면 길하게 되고 이에 반하면 반드시 흉하게 됩니다.

【예시】

을목(乙木)이 오월(午月)에 태어났다.

년지(年支)와 일지(日支)에 비견(比肩) 묘목(卯木)이 놓이고 갑목(甲木)이 투간(透干)해 있는데 2개의 비견(比肩)이 편관(編官)을 묘유충(卯酉沖)을 하고 있다.

일주의 건록(卯木)을 충(沖)하는데 사주에는 화해(和解)시켜주는 수(水)가 없다. 그러므로 전국이 싸운다고 말하는 것이다.

월령(月令) 오화(午火)가 설기하는 용신(用神)이 되는데 초년운 임진(壬辰)과 계사(癸巳)대운에는 사화(巳火)가 용신(用神)을 도와 금을 견제해주고 진토(辰土)는 진유합(辰酉合)하여 싸움을 중재하고 있다.

또한, 천간에는 인성(印星)이 투출하여 생부(生扶)하니 금(金)과 목(木)의 전투를 화해시키고 있으니 평온하고 순조로웠다.

그러나 신묘(辛卯)대운 신유년(辛酉年)에는 3봉(逢)칠살을 만난 것이다.

그리고 지지는 묘목(卯木)과 묘유충(卯酉沖)하니 형상파모(刑傷破耗)가 심했다.

경금(庚金)대운 병인년(丙寅年)에는 기신(忌神)인 금(金)을 병화(丙火)가 극거하고 또 병화는 인목의 장생이고 오화에 통근하니 생을 만나고 경금은 을경합(乙庚合)으로 제거가 되었다.

그러므로 입반(入泮)에 입학하고 근심이 없어지는 작은 변화가 있었다.

時	日	月	年	건명
비견		겁재	편관	六神
乙	乙	甲	辛	天干
酉	卯	午	卯	地支
편관	비견	식신	비견	六神

3) 무엇을 충(沖)한다고 하는가.

何爲沖.
하 위 충.

무엇을 충(沖)한다고 하는가.

【原文】如子運午年謂之運沖歲日主喜子則要助子又得年之干頭遇制
【원문】여 자 운 오 년 위 지 운 충 세 일 주 희 자 칙 요 조 자 우 득 년 지 간 두 우 제
午之神或午之黨多干頭遇戊甲字者必凶如午運子年謂之歲沖運日主喜
오 지 신 혹 오 지 당 다 간 두 우 무 갑 자 자 필 흉 여 오 운 자 년 위 지 세 충 운 일 주 희
午而子之黨多干頭助子者必凶日主喜子而午之黨少干頭助子者必吉若
오 이 자 지 당 다 간 두 조 자 자 필 흉 일 주 희 자 이 오 지 당 소 간 두 조 자 자 필 길 약
午重子輕則歲不降亦無咎.
오 중 자 경 칙 세 불 항 역 무 구.

예를 들어 자수(子水)대운에 오화년(午火年)이라면 대운(大運)이 세운(歲運)을 충(沖)한다고 한다. 일주의 희신(喜神)이 자수(子水)라면 자수(子水)를 도와주어야 하며 또 년의 천간이 오화(午火)를 제(制)해 주는 천간이 되어야 한다. 혹 오화(午火)가 무리를 짓고 있다면 천간에 무토(戊土)나 갑목(甲木)의 글자가 있다면 반드시 흉(凶)하게 된다.

예를 들어 오화(午火)대운에 자수(子水)년(年)이라면 세운(歲運)이 대운(大運)을 충(沖)한다고 한다.

일주의 희신(喜神)이 오화(午火)인데 자수가 무리를 짓고 있다면 천간에서 또 자수(子水)를 도와준다고 하면 반드시 흉하게 된다.

일주의 희신(喜神)이 자수(子水)인데 오화(午火)를 도와주는 것이 적고 천간이 또 자수(子水)를 도와준다고 하면 반드시 길하게 된다.

만약 오화(午火)가 중하고 자수(子水)가 가벼우면 세운은 항복하지 않으므로 이러면 재난은 없게 된다.

[구문풀이]

▶ 자수(子水)대운에 오화년(午火年)이라면 대운(大運)이 세운(歲運)을 충(冲)한다고 한다.

충(冲)이란 파(破)입니다. 파손(破損)당한다는 의미입니다.
예를 들어 자수운(子水運)에 오년(午年)이면 대운이 세운을 충(冲)한다고 말합니다. 일주의 희신이 자수(子水)이면 천간이 자수를 돕는 경임(庚壬)을 만나야 좋습니다. 또한 오화(午火)의 천간이 갑(甲)이나 병(丙)을 만나도 역시 허물이 없습니다.
만약, 자수(子水)의 천간이 병(丙)이나 무(戊)를 만나고 오화(午火)의 천간이 경(庚)이나 임(壬)을 만나면 오화가 제해지므로 또한 허물이 있게 됩니다. 일주의 희신(喜神)이 오화(午火)이면 자수(子水)의 천간이 갑(甲)이나 무(戊)를 만나고 오화(午火)의 천간이 갑(甲)이나 병(丙)을 만나면 길 하게 됩니다.
또 만약, 자수(子水)의 천간에 경임(庚壬)을 만나고 오화(午火)의 천간에 갑병(甲丙)을 만나면 흉(凶)하게 됩니다.
예를 들어 오운(午運)에 자년(子年)이면 세운이 대운을 충한다고 합니다.
일주의 희신이 오화(午火)이면 대운이 강해야 하는데 오화(午火)의 천간이 병화를 돕는 병무(丙戊)이거나 자수(子水)의 천간이 갑병(甲丙)이면 길(吉)하고, 또 만약, 오화(午火)의 천간에 병무(丙戊)를 만나더라도 자수(子水)의 천간에 경임(庚壬)을 만나면 자수(子水)가 강해지므로 반드시 흉하게 됩니다.

【예시】

이 명조는 임자(壬子)일주가 양인(陽刃)을 얻었는데 인신충(寅申沖)이 있으며 자오충(子午沖)이 있고 병임충(丙壬沖)도 있다.

사주팔자 구성에 있어서 6개가 모두 충(沖)으로 구성이 된 팔자이다.

이것을 전국(全局)이 충(沖)하는 팔자라고 말한다. 주변이 늘 불화(不和)로 인해 시끄럽고 평화로운 마음을 지켜내기가 어렵다.

그래서 이런 사주는 오히려 충(沖)을 사용하는 군인(軍人), 검사(檢事), 변호사(辯護士), 행정심판관(行政審判官), 법원송사(法院訟事), 노동쟁의(勞動爭議) 등의 직업이 바람직하다.

時	日	月	年	곤 명
편재		편관	편인	六 神
丙	壬	戊	庚	天 干
午	子	寅	申	地 支
정재	겁재	식신	편인	六 神

4) 무엇을 합(合)한다고 하는가.

> 何爲和.
> 하 위 화 .

무엇을 화(和)한다고 하는가.

> 【原文】如乙運庚年庚運乙年則和日主喜金則吉日主喜木則不吉子運丑
> 【원문】여을운경년경운을년칙화일주희금칙길일주희목칙불길자운축
> 年丑運子年日主喜土則吉喜水則不吉.
> 년축운자년일주희토칙길희수칙불길 .

예를 들어 을목(乙木)대운에 경년(庚年) 경금(庚金)대운에 을년(乙年)이면 화
(和)한다고 한다. 일주의 희신(喜神)이 금(金)이라면 길(吉)하게 되고 일주의
희신이 목(木)이라면 불길하게 된다.
자수(子水)대운에 축년(丑年), 축토(丑土)대운에 자년(子年)일 때에 일주의 희
신(喜神)이 토(土)라면 길하게 되고, 일지의 희신(喜神)이 수(水)라면 불길하게
된다.

구문풀이

▶ 을목(乙木)대운에 경년(庚年) 경금(庚金)대운에 을년(乙年)이면 화(和)한다고
한다.

화(和)란 일종의 합(合)을 말합니다.
예를 들어 을운(乙運)에 경년(庚年)이나 경운(庚運)에 을년(乙年)이면 합(合)하
여 변화할 수 있을 때 희신(喜神)이 금(金)이라면 길하게 되고 합이불화(合而

不化)는 도리어 기반(羈絆)이 되어 불길(不吉)하게 되는 것입니다.

만약, 자축(子丑)의 합(合)하여 화(化)하지 않아도 역시 수(水)를 극(剋)하게 되니 수(水)가 희신이라면 반드시 불길하게 됩니다.

【예시】

경금(庚金) 관성(官星)이 나의 남자인데 선취합이론에 따라 년상(年上)의 을목(乙木) 비견(比肩)이 먼저 합한다. 그래서 을경합거가 된다.

화(和)하여 합화(合化)가 되어 길신(吉神)이면 길(吉)하고 흉신(凶神)이 나오면 흉(凶)한 것이다.

그러나 합화(合化)가 안 되면 합이불화(合而不化)이니 기반(羈絆)이 된다. 고로 기반(羈絆)은 제거를 말하므로 나의 남편이 없다고 본다.

그래서 년간(年干)의 을목(乙木) 비견(比肩)은 년상(年上)이니까, 연상의 여자가 내 남자를 가로채 갔구나! 보는 것이다.

이 명주는 애를 낳고는 남편이 연상녀와 바람이 나서 헤어졌다.

時	日	月	年	곤 명
정인		정관	비견	六 神
壬	乙	庚	乙	天 干
午	未	辰	卯	地 支
식신	편재	정재	비견	六 神

5) 무엇을 좋다고 하는가.

何爲好.
하 위 호.

무엇을 좋다고 하는가.

【原文】如庚運辛年辛運庚年申運酉年酉逗申年則好日主喜陽則庚與
【원문】여 경 운 신 년 신 운 경 년 신 운 유 년 유 은 신 년 칙 호 일 주 희 양 칙 경 여

申爲好喜陰則辛與酉爲好凡此皆宜例推.
신 위 호 희 음 칙 신 여 유 위 호 범 차 개 의 례 추 .

예를 들어 경금(庚金)대운에 신년(辛年), 신금(辛金)대운에 경년(庚年), 신금(申金)
대운에 유년(酉年), 유금(酉金)대운에 신년(申年)이면 좋다고 한다. 일주의 희신
이 양(陽)이라면 경금(庚金)과 신금(申金)이 좋고, 일주의 희신이 음(陰)이라면
신금(辛金)과 유금(酉金)이 좋다. 나머지도 이와 마찬가지로 분석하면 된다.

구문풀이

▶ 경금(庚金)대운에 신년(辛年), 신금(辛金)대운에 경년(庚年), 신금(申金)대운에
유년(酉年), 유금(酉金)대운에 신년(申年)이면 좋다

호(好)란 무리가 서로 같은 것을 말합니다.
예를 들어 경운(庚運) 신년(申年), 신운(辛運) 유년(酉年)이라면 이를 일컬어 진
호(眞好)라 합니다. 곧 좋음이 참되다는 뜻입니다.
이것은 지지가 녹왕(祿旺)이고 자기의 본기가 같은 오행의 위치에 있다는 의
미입니다. 마치 가족이 천간과 지지에 모두 거주하는 것과 같습니다.

만약 경운(庚運) 신년(辛年), 신운(辛運) 경년(庚年)이라면 천간이 서로 도와주는 것으로 마치 친구들이 도와주는 것과 같지만 가족들이 돕는 구조와는 약한 겁니다. 즉 천간과 지지에 동일한 오행이 통근하는 것을 가족이 돕는다.라고 말하는 것입니다. 먼저 왕성한 운에 통근(通根)하면 자연히 의지하여 따르니 호(好)라고 말하는 것입니다.

【예시】

기미(己未)일주인데 천간(天干)과 지지(地支)가 가족으로 한 오행을 이루어 서로 돕고 있다. 이런 구조를 호(好)라고 말한다.

그러나 너무 많은 가족이 모이면 비겁(比劫) 태과(太過)로 문제가 되는데 다행인 것은 2개의 갑목(甲木)으로 소토(疏土)한다는 점이다.

그러므로 가족들의 일원(日元)이 충분히 다스려지므로 일치된 한목소리를 내고 목적도 같아 혼잡하지 않았다.

그래서 이 명주는 도자기 제조공장의 여사장이다. 수십 명의 직원을 선두 지휘하고 직원들도 가족처럼 사장을 따른다고 한다.

이것은 기토(己土)의 록왕지(祿旺地)가 되는 지지의 토(土)가 많은 까닭인데 만약 천간(天干)에 비겁(比劫)이 존재했다면 가족보다는 친구가 되니 오히려 경쟁상대가 될 수 있어 불리할 수 있었다.

時	日	月	年	곤명
정관		정관	편인	六神
甲	己	甲	丁	天干
戌	未	辰	未	地支
겁재	비견	겁재	비견	六神

29. 정원(貞元).

후손(後孫)의 흥쇠(興衰)을 본다.

造化起於元亦止於貞再肇貞元之會胚胎嗣續之機.
조화기어원역지어정재조정원지회배태사속지기.

조화(造化)는 원(元)에서 시작하여 정(貞)에서 끝난다. 그리고 다시 정원이 모여 다시 시작한다. 이것이 바로 잉태(孕胎)하여 자손(子孫)으로 이어나가는 이치이다.

【原文】三元皆有貞元如以八字看以年爲元月爲亨日爲利時爲貞年月吉
【원문】삼원개유정원여이팔자간이년우원월위형일위리시위정년월길

者前半世吉日時吉者後半世吉以大運看以初十五年爲元次十五年爲亨中
자전반세길일시길자후반세길이대운간이초십오년위원차십오년위형중

十五年爲利後十五年爲貞元亨運吉者前半世吉利貞運吉者後半世吉皆貞
십오년위리후십오년위정원형운길자전반세길리정운길자후반세길개정

元之道然有貞元之妙存焉非特絶處逢生北盡東來之意也至於人之壽終矣
원지도연유정원지묘존언비특절처봉생북진동래지의야지어인지수종의

而旣終之後運之所行果所喜者歟則其家必興果所忌者歟則其家必替蓋以
이기종지후운지소행과소희자여칙기가필흥과소기자여칙기가필체개이

父爲貞子爲元也貞下起元之妙生生不息之機予著此論非欲人知考之年而
부위정자위원야정하기원지묘생생불식지기여저차논비욕인지고지년이

示天下萬世實所以驗奕世之兆而知數之不可逃也學者勗之.
시천하만세실소이험혁세지조이지삭지불가도야학자욱지.

삼원(三元)에는 모두 정원(貞元)이 있다.

예를 들어 팔자에서는 년(年)이 원(元)이 되고 월(月)이 형(亨)이 되며 일(日)이 이(利)가 되고, 시(時)가 정(貞)이 된다. 년월(年月)이 길(吉)한 사람은 전반 생이

길하고, 일시(日時)가 길한 사람은 후반생이 길하다. 대운으로 보면 처음 15년은 원(元)이 되고, 그다음 15년이 형(亨)이 되며, 중간의 15년은 이(利)가 되고, 마지막 15년은 정(貞)이 된다.

원형(元亨)운이 길하면 전반 생이 길하고, 이정(利貞)운이 길하면 후반생이 길하다. 이 모두는 다 정원(貞元)의 도리인 것이다.

그러나 또한 정원(貞元)에도 그 묘함이 있는데 절처봉생(絶處逢生)뿐만 아니라 겨울이 지나면 봄이 오는 의미만 말하는 것이 아니다.

사람의 수명을 볼 때 사람이 죽은 후에도 행운은 흐르고 있다.

만약 사후(死後)의 대운이 희신(喜神)으로 흐르면 그 가족들은 반드시 흥성(興盛)해지고 사후(死後)의 대운이 기신(忌神)의 방향으로 흐르면 그 집안은 반드시 쇠약하게 된다.

여기에서 부친은 정(貞)이 되고 아들은 원(元)이 된다. 정(貞)이 지나간 후 원(元)이 시작되는 묘함이 있다. 이것은 생(生)하고 또 생(生)하여 쉬지 않고 이어나가는 이치이다. 여기에서 이것을 논하는 것은 사람들이 돌아가신 부친의 날짜를 알아야 한다는 말이 아니다. 사실은 여러 세대의 경험을 통해 사람은 운명에서 벗어날 수 없다는 것을 알리려고 하는 데 있다. 명리를 공부하는 자는 힘써 연구하기 바란다.

구문풀이

▶ 사람의 수명을 볼 때 사람이 죽은 후에도 행운은 흐르고 있다는 것이다.

이 장(章)에서 말하고자 하는 것은 인생이 현세(現世)에 살아 있을 때 행운(行運)이 길하면 창성하고 행운이 흉하면 실패한다는 것만 아니라 심지어 죽은 후에도 행운(行運)이 계속되고 있다고 하니 그 행운의 길흉을 살펴본다면 그 자손(子孫)의 성쇠를 알 수 있다는 것입니다.

그러므로 사람은 죽었어도 그 가문이 흥왕(興旺)한 것은 죽은 후의 행운이 반드시 길한 것이고 그 가문이 쇠락하게 되면 죽은 후의 행운은 반드시 흉하기 때문입니다.

이러한 논리가 바로 조화(造化)는 원(元)에서 시작하여 정(貞)에서 끝나지만, 다시 정원(貞元)이 모여 다시 시작한다는 이야기가 됩니다.

만약, 돌아가신 부친(父親)의 사후(死後)의 행운(行運)이 길(吉)하다고 하면 마땅히 후손은 선대(先代)를 계승(繼承) 발전시키게 될 것이고 만약 돌아가신 부친(父親)의 사후(事後)의 행운(行運)이 흉(凶)하다고 하면 마땅히 성실하게 분수를 지키는 자세가 중요합니다.

【예시】

이 명조는 갑인(甲寅) 대운부터 발재(發財)하여 500억원의 부동산 부자가 되었다. 그런데 41세가 되는 갑인(甲寅) 운부터 발재(發財)하기 시작한 까닭은 무엇 때문일까?

근묘화실에서 년월(年月)은 원형(元亨)이 되고 이정(利貞)은 일시(日時)가 된다.

년월(年月)은 식상(食傷)으로 채워져 있는데 일시(日時)는 재성(財星)이 놓여 있다. 그러므로 원형의 초기는 노력을 하여 실패를 하면서 경험을 쌓는 기간이 되고, 후에 이정(利貞)이 되는 시기부터는 유금(酉金) 편재(偏財)가 놓이므로 곧 발재(發財)에 해당한다. 곧, 근묘화실(根苗花實)에서 화실(花實) 궁(宮)에 해당하는 40대부터 발재(發財)가 일어나는 것이다.

時	日	月	年	건 명
정재		식신	상관	六神
庚	丁	己	戊	天干
子	酉	未	子	地支
편관	편재	식신	편관	六神

【참고문헌】

滴天髓闡微적천수천미　중화민국 무릉출판사유한공사

滴天髓徵義적천수징의　중화민국 무릉출판사유한공사

滴天髓補註적천수보주　중화민국 무릉출판사유한공사

淵海子平연해자평　　　중화민국 무릉출판사유한공사

窮通寶鑑궁통보감　　　중화민국 무릉출판사유한공사

命理正宗명리정종　　　중화민국 무릉출판사유한공사

命理約言명리약언　　　중화민국 무릉출판사유한공사

神峰通考신봉통고　　　중화민국 무릉출판사유한공사

自平眞詮자평진전　　　중화민국 무릉출판사유한공사

滴天髓적천수　　　　　중화민국 무릉출판사유한공사